李濟考古學論文集

下

李　濟著

殷虛白陶發展之程序

引　言

　　本文討論所根據的原始資料有三種來源：(一)卽將出版的中國考古報告集之二第三本，殷虛器物：甲編，陶器，上輯。(二)梁思永遺稿中有關白陶的紀錄。(三)其他散見各處已經著錄之有關資料。文中凡引(一)者，以（殷陶）標明；引(二)者以(梁)爲記；引其他資料(三)者，則在引用地位，註明所引用之原文。

　　白陶顯然是殷商時代特製的工藝品。商朝的前期，卽在盤庚以前尚未遷殷的時期，是否有此色陶器，尚難臆說。但遷殷以後，此色陶器似乎出現得很早；侯家莊西北岡西區的八大墓，營造及埋葬時代有個先後的秩序，是必然的；而每一大墓都有這一器物的痕跡可尋。八墓的建築，顯然經了一個很長的時期，所埋藏的白陶又具有多方面的變化。本文的主旨是想就這組資料在各方面的變化中探尋它的發展程序，試定各種形制與文飾之“發生”關係，以爲研究殷商物質文化之一助。

　　卅六年編成的殷虛陶器圖錄，以白陶作代表標本的，有下列各序數（殷陶：76頁後）：70V，186W，203D，208W，256V，256W，291W，923H；以上共器七型，蓋一型。

　　此外尚有與他色陶器式型重複而未列入代表標本者若干件。

　　卅六年後繼續綴合工作，得全形可復的白陶有器十四型，蓋二型，序數如下：23G，120W，204W，243K，258E，260A，279W，283W，284A，287G，287W，290A，310C，316A，921W，923F。

　　此外尚有梅原末治教授，在1941年出版的"河南安陽遺物の研究"(註一) 及其較早出版的（1932）"殷虛出土白色土器の研究"(註二) 兩書中所復原的白陶，形制與上列各器不同者有若干件，今編成下列序數（圖版壹至肆）：

192W　　平底三耳疊形器（遺物：圖版第二十二；本文圖版肆，22）

208Ⅴ　　圜底短圈足豆形器（遺物：一一頁，第三圖；圖版第一；本文圖版肆，23）

208Ⅹ　　圜底高圈足豆形器（白土器：第十一圖；本文圖版貳，9a）

219Ｂ　　有蓋圈足碗形器（遺物：一四頁，第五圖；圖版七；本文圖版肆，24）

256Ⅹ　　有蓋圈足甋形器（遺物：一六頁，第七圖；圖版第十二至第十五；本文圖版肆，26a,b）

273Ｂ　　圈足觶形器（遺物：圖版第十七；本文圖版肆，27）

　　以上三組共列容器廿七型；各型標本除兩器外，形制之剖面及文飾均見圖版壹至圖版肆；圖版伍總集二十七型之外線輪廓以資比較。按照各標本之底形，二十七型可類別如下：

　　　　　　圜底目：二式二型，佔全數百分之七‧四一（7.41％）

　　　　　　平底目：三式三型，佔全數百分之十一‧十一（11.11％）

　　　　　　圈足目：十五式二十型，佔全數百分之七十四‧零七（74.07％）

　　　　　　叁足目：二式二型，佔全數百分之七‧四一（7.41％）

　　上列白陶形制在各目的分佈，若與卅六年編製的圖錄序數各標本相比，各色標本之分配比例如下：

表一：各色陶器代表標本在各目之分配及比例

目別＼色別＼數量種類＼編製時代	卅六年所編序數各色標本分配及比例數												新編白陶	
	灰　陶		紅　陶		黑　陶		釉　陶		白陶(一)		雜　色		白陶(二)	
	數量	百分率	數量	百分率	數量	百分率	數量	百分率	數量	百分率	數量	百分率	數量	百分率
圜底目	23	9.00%							1	14.28%			2	7.41%
平底目	101	39.45%	7	100.00%	5	17.24%			1	14.28%	1	50.00%	3	11.11%
圈足目	94	36.70%			19	65.52%	2	100.00%	5	71.42%			20	74.07%
叁足目	36	14.06%			3	10.34%					1	50.00%	2	7.41%
肆足目	2	.78%			2	6.90%								

（註一）　下引簡稱 "遺物"。

（註二）　下引簡稱 "白土器"。

　　據上表的排列，殷墟出土的紅陶，全屬平底目，釉陶全屬圈足目；黑陶缺圈底標本，白陶無四足的式型。各目形制全備者，只有灰陶一色。

　　五種陶系（雜色不成系，故不算）以黑白二色所具之共同點較多。兩色陶器的形制，若以列入代表標本的數量定其重點，都以屬於圈足目的最多：白陶的圈足器佔白陶全數百分之七十四以上，黑陶的圈足器佔黑陶全數百分之六十五以上。兩色的次多數代表標本都在平底目。

　　今試以卅六年所編之序數標本圈足目中的黑陶，與新編的圈足白陶比較，並將灰色陶類似的式型附列作參考，如下表：

表二：<u>殷墟</u>出土的圈足器，白黑兩色標

本的式型之比較，附錄灰色圈足器之同類式型

陶　　　陶色與陶型　　　式	白　色　陶　型	黑　色　陶　型	灰　色　陶　型
第 2 0 3 式	203 D		203 E
第 2 0 4 式	204 W	204K, M, N	
第 2 0 8 式	208V, W, X		208D, E, F, G, J, K
第 2 0 9 式		209D, R	
第 2 1 7 式		217M	
第 2 1.9 式	219 E		219B, C, E, G
第 2 2 4 式		224 A	224 C
第 2 3 9 式		239 F	239D, E, G, J
第 2 4 1 式		241 P	241M, N
第 2 4 3 式	243 K		243D, E, F, G, K
第 2 4 4 式		244 K, M	
第 2 5 6 式	256V, W, X		256D, F, G, J, K, M, P
第 2 5 8 式	258 E		258 E
第 2 6 0 式	260 A		
第 2 7 3 式	273 B	273B, C	273 A
第 2 7 9 式	279 W	279 F	279 K
第 2 8 3 式	283 W	283K, P	283D, F, J, M
第 2 8 4 式	284 A		
第 2 8 7 式	287G, W		287 G
第 2 9 0 式	290 A	290 M	290 D
第 2 9 1 式	291 W		291 K
第 2 9 3 式		293 F	

上表可注意之點有二：1.除第 204 式外，凡白黑二色陶共同具有之式樣，灰色陶亦出有同式之標本，第 283 式並備有較多之型樣。2.黑陶與灰陶共有之式樣，不見於白陶者有三種；白陶與灰陶共有之式樣不見於黑陶者有八種；黑陶與白陶共有之式樣不見於灰陶者僅一種。以上數字均可證明，圈足器類的白陶與黑陶之關係，直接的甚少，間接的較多。黑陶形制早經出土地層證實，屬於先殷文化系統，或此一系統之蛻存；白陶乃具有代表性的殷商時代的工業；灰陶則自史前到殷商保有白色黑色兩系陶業所沒有的，一種持續性。故白陶之形制，其類似黑陶處，一般地說來，大半經過灰陶之媒介展轉效法而來；直接抄襲之件甚爲罕見。

據上表之比較，三系陶器形制的異同程度可列爲六類：Ⅰ、黑陶獨具之形制；Ⅱ、黑陶與灰陶共具之形制；Ⅲ、黑陶與白陶共具之形制；Ⅳ、黑灰白三色陶共具之形制；Ⅴ、灰陶與白陶共具之形制；Ⅵ、白陶獨具之形制。今再據卅六年所編之殷虛陶器圖錄序數及新編之白陶序數，將此一比較，自圈足目延展到其他各目，按上六類比次，所得之結果如下：

Ⅰ、獨見於黑陶之式型：

123A　　209D　　209R　　217M　　244K　　244M　　293F　　351J　　358D　　371E

Ⅱ、黑陶與灰陶共具之式樣：

式	黑陶型	灰陶型	式	黑陶型	灰陶型
第103式	103A	103B, D, E	第224式	224A	224C
第114式	114A	114C, E, K	第239式	239F	239D, E, G, J
第191式	191F	191A, G, J, K, M, N			

Ⅲ、黑陶與白陶共具之式樣：

式	黑陶型	白陶型
第204式	204K, M, N	204W

Ⅳ、黑陶灰陶與白陶共具之式樣：

式	黑陶型	灰陶型	白陶型
第192式	192P	192A, B, D, E, G, N, P, Q	192W
第273式	273B, C	273A	273B

式	黑陶型	灰陶型	白陶型
第279式	279E	279K	279W
第283式	283K, P	283D, F, J, M	283W
第290式	290M	290D	290A

Ⅴ、灰陶與白陶共具之式樣：

式	灰陶型	白陶型
第 23式	23G, J	23G
第203式	203A, C, E	203D
第208式	208D, E, F, G, J, K	208V, W, X
第219式	219B, C, E, G	219B
第243式	243D, E, F, G	243K
第256式	256D, F, G, J, M, P	256V, W, X
第258式	258E	258E
第287式	287G	287G, W
第291式	291K	291W

Ⅵ、白陶獨具之式樣及型樣：

70V　120W　186W　260A　284A　310C　316A

六類中與白陶直接有關者爲Ⅲ、Ⅳ、Ⅴ、Ⅵ四類。第Ⅲ類所列白陶與黑陶共具之形制，限於第204式一式；殷墟圖錄序數捌所列第204式之標本共有三型(K, M, N)，最近白陶之一型爲204K；但此型並無同式白陶所具之立穿双紐。204W型白陶的厚度亦遠在同式黑陶的厚度以上；但週壁兩旁加鼻形紐的圈足大盤在兩城鎮黑陶遺址中曾出現過(註一)；白陶大盤之殘片，其底折與紐痕逼肖兩城鎮大盤同一部份之作法，故卽照之復原；惟白陶雕有文飾，且厚度甚大，故其仿造此型黑陶處，只限於結構一面；厚度與文飾當另有所承。

與灰陶形制接近之白陶（Ⅴ），共有九式；相似程度最高者爲第23式G型標本。第23式的灰陶，小屯遺址出土甚多，大半屬於G, J 二型，卽田野工作人員所稱之喇

（註一）李濟：記小屯出土之青銅器，上篇，中國考古學報　第三册·51頁。

叭筒形。白陶之喇叭筒形與灰陶相似處，不以結構為限；其外表之繩紋與籃紋以及分段作法，皆無差別。白陶的第23式可以歸入G型者在侯家莊出土甚多；據梁思永紀錄，較早的一座大墓，HPKM1001 出土之白陶作喇叭筒形者不下十一件。不過圜底目的喇叭筒與圈足目的喇叭筒，兩器之碎片，若無底部實物在內，實難區分；而平底目內，亦有喇叭筒形者（如 120W，見圖版肆：21），又是有紀錄可查的。這三式——即第23，第120，第243——的週壁及口部都作喇叭筒形，也許出自一個來源，而底形的分劃，似乎是後起的。三種不同的底形——就形制演變的秩序看來——大概以圜底為最早，圈足的最晚，平底或凹底代表一個中間型的過渡階段。灰陶的喇叭筒形，以圜底及圈足兩目為限，沒有平底或凹底的式型（參閱：殷陶，表一）。白陶的凹底喇叭筒（120W）為一質料甚粗，顏色不純淨的產品，外表文飾由壓刻而成；它的質料形制與文飾都自成一個格局；說它代表轉變期的作品，似乎是一種最合理的解釋。

以出土數目之多寡論，第208式之豆形器更超過第23式。白陶的第208式有三型可分：即矮足圜底型（208V：圖版肆，23），矮足平底型（208W：圖版貳，8），高足平底型（208X：圖版貳，9a）。白陶豆的特色最顯於圍外表之雕刻圖案；W, X兩型之文飾以寬條褶疊紋與褶疊雷紋相間為主題；矮足平底型的代表標本之圍部與足部的外表，皆飾以小段褶疊紋，如側立之W一形。具此文飾之白陶豆，盜掘出土者甚多(註一)，為各博物院最常見之白陶標本。208V型之動物形圖案雖較少見，亦並非例外；紀錄中之豆形器並有飾以更原始之動物形圖案者。小屯與侯家莊均未出第208式之青銅器；褶疊紋樣，只在青銅之車器附件出現（插圖二：庚），不見於發掘出土之青銅容器。小屯出有木質豆的殘跡，惟留在土中之文飾，亦無褶疊紋。

據侯家莊出土紀錄，西北岡西區八大墓所出之第208式豆形器三型，在各墓之分佈頗有參差，略如下表：

表三：西北岡西區大墓所出第208式白陶豆三型之分佈

HPKM 白陶式型	M1001	M1002	M1003	M1004	M1217	M1500	M1550	M1567
208 V	一	一	一	一	二片	一	一	一
208 W	三片，屬二器	二片，屬一器	九片，屬二器	一	廿三片，屬五器	一	一	二片，屬二器
208 X	一	三片	三片	一	十六片	一片	一	一片

(註一) 參閱梅原末治：白土器，1931所引用資料。

上表所列之出土數量，各型在各墓之分佈情形實有時代之意義：M1001，M1217，M1500 三墓尤可注意。M1001 為地層上較早之埋葬，只有 208W 型；M1500 為地層上較晚者只有 208 X 型；M1217 又為晚於 M1500 的埋葬，三型備具；由此可得之一可能的豆形發展秩序為：208W，208 X，208 V。此點本文下節將再討論。（參閱插圖一）

今從器物表面之處理方法討論白陶。白陶之表面現象可分為下列四大類：

　　甲、有繩紋或篦紋或二紋兼備，如：23 G，70 V，243 K 等。

　　乙、除簡單週紋外，表面光平，無其他文飾。週線可以沉入面下或浮出面上，如 203 D，256 V 等。

　　丙、打磨光潤，無任何文飾者，如 284 A，260 A 等。

　　丁、有刻劃文飾者，這一類又可分為四小類：

　　　　一、壓入紋：作法以禿尖筆壓入器物表面，多作動物形，如 120W；又殷陶圖版伍拾伍：1, 13—31。

　　　　二、壓刻紋：梁思永云，"所謂壓刻者，陰紋（線路）之橫斷，較壓入紋為尖，似為兩斜刀刻後，再用突尖器加壓"。此類文飾無全形器可舉，參閱殷陶圖版伍拾陸：16—18。

　　　　三、劃劃紋：紋路浮淺，多曲條但曲線並不順利：大約由尖頭器刻劃，未加修飾者。無全形器例；參閱殷陶圖版伍拾肆：9, 10；伍拾伍：7, 8。

　　　　四、雕刻紋：大部份的白陶所具的刻劃文飾都由此法完成：線條有寬窄深淺之不同，轉角處或方或圓，皆隨圖案變化。如 208 X，279W，291W 等。

　　白陶廿七型標本的表面有刻劃文飾者十五件，無刻劃文飾者十二件。由甲、乙、丙三類方法處理表面之十二件代表標本包括圜底器之全部（共二件），平底器三分之一，圈足器百分之四十五。殷墟白陶之受重視，原因大半在所刻劃之文飾；無此文飾之白陶在過去似未受到大量之注意。這兩種白陶的關係甚為複雜；無刻紋的白陶有顯然在刻紋白陶以前的；但如打磨光潤的一種又顯然是白陶的後起。就兩種白陶的形制

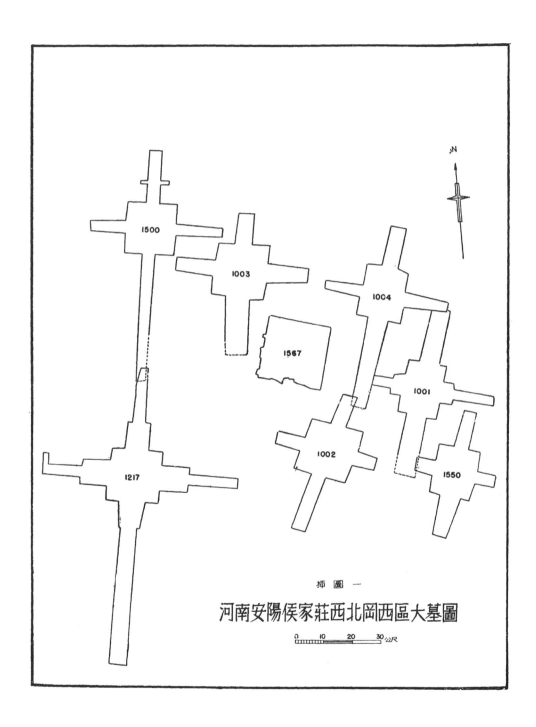

插圖一

河南安陽侯家莊西北岡西區大墓圖

0 10 20 30公尺

說，與黑陶同式樣的唯一的白陶，是刻有文飾的(204W)；與灰陶同式樣的白陶九組，刻劃文飾的却不及一半；不與任何他色陶器同式樣的白陶七種，有刻劃文飾者居其三，無刻劃文飾者佔多數。這些比較雖不能給我們一個印象清楚的白陶發展秩序，但若與刻劃技術的種類及地面下表現的前後秩序並論，上列的事實都可以變成極有意義的。茲摘記若干有關事實如下：

1. 侯家莊西北岡西區八大墓之封埋秩序，雖不能完全排出，亦有若干可定者：其東段四墓之地下情形爲：M1001 西墓道爲 M1004 南墓道所破壞；（看插圖一）

M1001 南墓道爲 M1550 西墓道所破壞；
M1004 南墓道爲 M1002 北墓道所破壞；

所以這四大墓的埋葬秩序是：M1001 最早；M1004 次早；M1002 最晚；M1550 的時代晚於 M1001，但與 M1004 及 M1002 比，就難確定其先後(註一)。

2. 西段的南北兩墓，北墓 M1500 的南墓道，爲南墓 M1217 的北墓道所破壞，故 M1500 早於 M1217。

3. 中段的兩墓 M1003 偏西北，M1567 偏東南，各與其他六墓無地層上之關係。M1003 尚有墓道，M1567 則並未建築墓道；疑其爲最後之一建築；中穴下掘未及一半，發現墓道無法開展，卽棄置未完工，但穴中仍埋有不少殉葬品。

4. 上項秩序雖不完全，但若未經後期破壞，實爲極重要之發現。乃不幸而經大規模之破壞，且不只一次。故地層雖仍保存，實物已被刼一空；刼餘殘剩物品非特不在原地位，且有完全錯位者。據翻葬坑之實際情形推測，這一區經過了至少一次大規模的公開的盜掘；各墓同時被刼，刼後塡坑已非原來之土，破亂實物或分入數坑或顚倒位置。故現代重掘，田野工作人員，常有發掘數墓出土之破片可以拼成一大片或一物之經驗。

5. 因此我們並不能照各墓的建築次序斷定翻葬坑物品的時代；白陶却大半

(註一) 石璋如先生云：M1550 的時代早於 M1004。

在翻葬坑中出現。

6. 不過上項的錯亂可能有一限度；若是一種實物大量地在一個翻葬坑出現，它們原來就在這一墓葬內的可能性是很大的。這自然是帶有危險性的一種假定；不過也是我們唯一可設想的並可用的一個假定。

7. 根據上說的一個假定，有三件有關白陶發展程序的問題可以提供出來：

(壹) 圜底喇叭筒形的白陶出土地點集中在 HPKM1001；這一器型的白陶原在地，可認為 HPKM1001；故它的時代可定為與 HPKM1001 同時。

(貳) 壓入紋白陶出土地點為 HPKM1500，HPKM1217。

壓刻紋白陶出土地點為 HPKM1500。

劖劃紋白陶出土地點為 HPKM1002。

這三類刻劃紋的白陶，就施工的技術說，有較親切之聯繫，似乎可以把東段最晚的一墓與西段的兩墓在時間上連絡起來。

(叁) 打磨光潤的白陶，出於 HPKM1567 的，在百分之五十以上，可以復原者有三器。故這種精緻的白陶發展的最高峯在 HPKM1567 的時期。

以上所記各條供給了討論白陶歷史的幾個據點；今再從此據點出發校勘其他有關資料。

據點一：第二十三式的圜底喇叭筒形為 HPKM1001 時代的白陶；從地層現象說，這可能是西北岡西區八墓中最早的一墓，所以它也可能代表殷虛白陶最早的形制之一；但是這一形制，在史前的陶器並無先例，在殷商却甚為發達。小屯出土的，除白陶外，尚有大量的灰陶形制列入此式（殷陶，表一，第七頁）。這一式的陶片也在 HPKM1002，HPKM1217，HPKM1550 三墓翻葬坑出現過，是否原在地位，不能確定。

HPKM1001 也出有：第 208 式豆盤二件，皆為 W 型；256W 型甌形器二件；186W 型繩紋陶一件；258 E，287 G，287 W 三型微發灰色的素光白陶各一件。923 F 及 316 A 兩型，皆由刻紋白陶片復原。不能復原的陶片有下列的種類：發灰的白陶，素光的白陶，淡青灰白陶，淡紫或發黃白陶，若干刻劃紋白陶。

據點二：壓入紋，壓刻紋及劃劃紋白陶以 HPKM1217 出土破片復原之 120W 爲代表（圖版肆：21）。同墓所出另有壓入紋陶五碎片，不能復原。此外 HPKM1500 出有三片。類似壓入紋的刻紋白陶皆出 HPKM1500；壓刻紋白陶皆出 HPKM1002。三種白陶之圖案內容相似程度甚高（殷陶：圖版伍拾肆，伍拾伍）。此外：

HPKM1002，出有：23G，208W，208X，各型陶片，並淡青灰白陶片，素光白陶片。

HPKM1217，出有：23G，204W，208W，208X，各型白陶片；並有發灰白陶，淡青灰白陶，素光白陶，雕刻紋白陶。

HPKM1500，出有：208X 型陶片；小喇叭筒平底形白陶片，發灰白陶，淡青發灰白陶，素光白陶，雕刻紋白陶。

據點三：打磨光潤的白陶在西北岡西區墓葬共出了 173 片；半數以上均集中在HPKM1567，共出96片；其中全形可復原的有三器：260A，284A，290A（圖版壹：4, 7；叁：16）。這一墓不能復原的碎片，亦多是精品，其厚度可以小到三公糎（3 mm），較他處之光面白陶更爲光潤，有彎曲處，曲度亦更爲柔和。此類陶片亦出現於HPKM1001，HPKM1002，HPKM1003，HPKM1004，HPKM1217，HPKM1500，但爲數均不多，無可復原形者。光潤細薄處亦無可以與 HPKM1567 所出相比者。

HPKM1567 亦出有 208W 型的豆片，208X 型的高足豆片，平底小喇叭筒形的繩紋白陶，雕刻紋白陶。

以上各據點可以把 23G 型，代表繩紋與篦紋的白陶，120W 型，代表壓刻紋劃劃紋的白陶與 260A 型代表打磨光潤的白陶：這三型陶器的先後秩序暫定下來。但是這幾個據點却並不能解決白陶中最要緊的一組資料，卽雕刻紋白陶時代問題。

雕刻紋的白陶在 HPKM1001 出土甚多，形制可復原者在六件以上；據點二之HPKM1217，據點三之 HPKM1567 皆有帶雕刻文飾的碎片，但數目甚少，出土地位亦不確定；沒有斷定時代的價值。若單就數量上講，似乎 HPKM1001 時代已代表雕刻紋白陶的鼎盛期，如：316A 型的鼎，256V 型的甌，以及 208W 型的豆都是‘形’‘紋’並茂的作品。但是 HPKM1001 代表商朝遷殷後的初期，若這些甚爲成熟的作品在初期卽已存在，那演變的趨勢，單就雕刻文飾說，在小屯侯家莊一帶所走的，必定是下坡路了！這一問題，因爲地下的資料不充足，現在尚沒法作滿意的解釋。不過現在我們尚可從另一個角度看這一問題。雕刻紋的白陶最有仿效青銅器的可能，故在形制與文飾兩方面，都帶有抄襲青銅的嫌疑。究竟這兩組器物的關係親切到了什麼程度？似乎值得在此追求一次。

記小屯出土之青銅器上篇(註一)統計小屯發掘出來的青銅容器，類別的百分率可由新編的白陶比較如下表：

表四：白陶容器之形制與青銅容器之形制在各目分配之比較

目別 數量類別 相比器物	圜底目		平底目		圈足目		叁足目		肆足目		總數	
	數量	百分率	數量	百分率	數量	百分率	數量	百分率	數量	百分率	數量	百分率
白陶容器分類標本	2	7.41%	3	11.11%	20	74.07%	2	7.41%	—	—	27	100.00%
青銅容器出土數	1	1.31%	2	2.62%	34	44.74%	36	47.38%	3	3.95%	76	100.00%
青銅容器分類標本	1	2.56%	2	5.13%	17	43.59%	17	43.59%	2	5.13%	39	100.00%

上表第二列的青銅容器數字指出土器物的全數，白陶指器物的種類（卽式型），單位不一樣；最下一列依照青銅的式型再統計一次(註二)。三種數字相比，很顯然地青銅容器與白陶容器最重要的分別爲三足器的數量以及四足器的有無，白陶的兩件三足器（310C，316A）各由殘存的一塊小片照青銅器復原，就形制說，爲最近似青銅容器的白陶。

若再按目別比較白陶容器與青銅容器之形制，圜底器表現了青銅與白陶全部的差異。圜底的白陶容器型樣雖只兩種，出土件數甚多，總計兩型標本數在二十件以上；在青銅器項下，圜底器只見一型一器(註三)，爲一具有長柄的斗形器；形制方面沒有可以與白陶圜底器比較的地方。

平底目內，白陶有三式三型，青銅有二式二型；兩組均有第192式的平底三耳鬲形器（圖版肆，22；中國考古學報，三：圖版壹，2）；除了三耳的作法外這兩器的形

（註一）　中國考古學報第三冊：1─93頁。
（註二）　參閱：中國考古學報第三冊第4頁，第10頁至第16頁，第26頁；原文有數式未再分型，此處重分：計第242式兩型；第250式兩型；第290式三型。圈足目得九式十七型；叁足目得十式，十七型。
（註三）　上文圖版壹：1。

制可以說是完全一樣的。另一式的平底青銅容器為第 102 式鍋形器；另外兩式的平底白陶為第 120 式的喇叭筒形及第 186 式的方肩小口罐形器；三器的形制各各不同。

圈足的青銅器分為九式十七型，白陶的有十五式廿型；兩組共具的式樣為第 203 式，第 256 式，第 273 式，第 279 式，第 283 式，第 290 式；故青銅圈足器的形制，有三分之二的式樣見於白陶的圈足目，但是出土最多，最常見的一式——第 248 式的觚形器——却無白陶的代表；而最多最常見的白陶圈足容器，第 208 式的豆形器，亦不列於青銅所鑄的容器門內。這是很可注意的一種分別。

參足器內的白陶兩件，與他色陶器的參足的鼎形器及爵形器比，形制頗有差異；但與青銅鬲鼎及青銅爵的式樣極為接近。青銅的鬲鼎雖不見於小屯，却在侯家莊出現過。白陶除此兩例外無他型的參足器。青銅器的三足目式型，與圈足目的式型却是同樣地多。

由以上的比較，白陶容器二十七型的形制與青銅器共式樣者——若以小屯出土的青銅器為限——有平底器一式，圈足器六式，參足器一式。它們的類似方面却只限於形制；外表的文飾除少數外(註一)各自有其個別的作用。所同者，文飾的排列都是橫行繞過壁的橫帶；各單位的拼合，由下往上堆積，單位的界限皆橫分而無直分。

今再就白陶之刻劃文飾在各器之排列及其紋樣加以討論。圖版陸將見於白陶之各種紋樣聚集成一譜，共得卅四種。卅四種紋樣，關於立體平面化之饕餮形獸面，在白陶文飾中，變化甚多；譜中所錄，僅擇其具有代表性者。紋樣 23——25（圖版陸）實為一種圖案演變之三個階段：第 23 型仍保有立體的頭部，但頭部以下已平面化；第 24 型則全部平面化，但身首銜接處，位置尚未錯亂；到了第 25 型，可以說是身首異處了。這一演變的秩序很顯然地不能倒過來排列。雕刻此種文飾的三件器為 279W 型的壺形器（圖版參：17b），近於第 291 式的罐形器（梅原末治：白土器，第五三頁，第十四圖）；以及 256X 型的甌形器（圖版肆：26a，26b）。以上三器只有 279W 型有出土紀錄，餘兩器的準確出土地點，無從推測。但是沒有出土紀錄的兩件，晚於

（註一）　256W 型白陶的斜方格目紋與青銅器同式的甌形器外表文飾同；第 279 式的白陶壺兩饕餮頭的鼻形紐，與同式的銅壺兩鼻紐一樣；203W 型白陶盤與第 203 式的青銅盤外表都無文飾；但青銅盤內有六魚一龜的文飾。

279W 一型，是可以從它們的紋樣看得出來的。

圖譜中所錄的這羣紋樣與白陶最有親切關係的應該是第5型與第18型。第18型較晚的階段，常見於壺形青銅容器（容庚：商周彝器通考，附圖 704, 705, 716），容庚稱之爲"波形雷紋"（同上書，上册，119頁，圖一三〇）。但在殷虛出土的銅器羣中，容氏的"波形雷紋"只見於車飾的零件上，如車軸頭的表面（插圖二：庚），而不見於青銅容器。在白陶容器上，所保有的全形標本，192W、208W、219B、291W，表面皆雕此種文飾；此外208X 一型，雖無全形標本可擧，其實在性亦等於前四件。以上五件實物，代表五個式型；每一型的標本出土的都不只一件；208W 一型尤爲出土最多的一種，前面已說到了。這一紋樣的來源確實值得研究的。殷虛出土的他色陶器頗有刻劃簡單的幾何文飾如連續人字形（殷陶：圖版肆拾玖，伍拾，伍拾壹）以及簡單雷紋（殷陶：圖版伍拾貳：14，18）。（殷陶）的圖版伍拾：1,2 似爲叠積的連續人字形較早的排列（見插圖二：丁，戊）；同版的 3—5, 8, 9 各片均由平行雙線連續人字顛倒拼湊而成，如容庚氏所說的"波形"，而以波峯的峯尖相對作成之"囘心"紋樣。白陶的褶叠紋（圖版陸：5, 18）顯然與上引的灰陶及黑陶所刻劃的雙線連續人字有親屬關係：其發展階段，似可排成下一秩序：

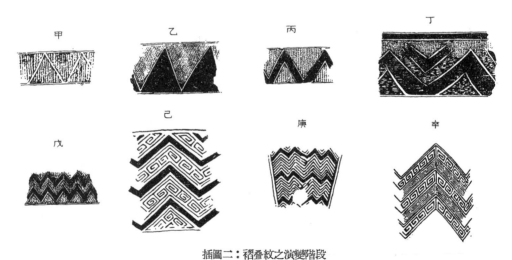

插圖二：褶叠紋之演變階段

甲至戊 殷虛出土之刻劃紋灰陶　　己 291W 型白陶　　庚 青銅軸頭　　辛 青銅壺

甲 見殷陶：圖版49　　　　戊 見殷陶：圖版50
乙 見殷陶：圖版49　　　　己 見殷陶：圖版59
丙 見殷陶：圖版49　　　　庚 HPKM1137：107：(1)
丁 見殷陶：圖版50　　　　辛 見商周彝器通考：圖版 705

　　由甲至戊而到容氏的"波形浪紋"，似乎是很自然地演進秩序，最恰合者卽塡空的雷紋亦在灰黑兩色之陶器上有其來源。

　　但白陶的褶疊紋是設計甚週到又有組織的一種安排；如此整齊劃一的像 208W，208X 的表現，可能經過了竹編的一個階段又傳到白陶的匠人。我的意思是，豆形器不但有木料製成的，並有竹料製成的；在木刻與竹編的工程中，若干不十分規則的文飾，就可以機械地格式化了。黑陶旣然與竹文化有密切的關係；竹豆不但是可能地有，且是必然地有(註一)。雖說如此，但這仍只是一個假定；不過是一個甚合理的假定。

　　至於其他的動物形紋樣，爲直接抄襲靑銅器，或直接地承襲了木器的傳統，却尙不能解決。像圖版陸 23——25 的平面化怪獸的體形安排，在最早的一個階段可能受過褶疊紋的影響。但動物形的文飾似乎也有過獨立的來源；譬如由壓入、刻壓或劃劃幾種方法作成的若干文飾，都缺少以雲雷紋塡空的作法（殷陶：圖版伍拾肆，伍拾伍）；這一類陶器的質地甚軟，硬度在 1.5 上下，厚度相當地大；常見的紋樣可以側面形的夔龍紋爲代表（圖版陸：34）；120W 型的平底喇叭筒又可以當着此類器物形制的代表。

　　以上從各方面討論白陶問題所得的若干推斷今再撮敍如下：

　　1. 白陶的形制可以復原者，容器有廿二式廿七型；以圈足器最多，平底器次之。他目又次之。

　　2. 白陶與黑陶及灰陶從形制上比較之結果：單與黑陶共具之式樣有一式，單與灰陶共具之式樣有九式；與黑陶灰陶兩系共具之式樣有五式。獨見於白陶之式樣有七式；其中兩式與靑銅器同。故白陶的形制類似灰陶處較多；其類似黑陶諸器，除一例外，可能由灰陶的媒介展轉效法而來。與靑銅器同形之兩白陶大槪是抄襲靑銅器的形制。

　　3. 標本較多的兩式白陶——第23式的喇叭筒形器與 208 式之豆形器，皆爲與灰陶共具之式樣。第23式的最早一型爲圈底的喇叭筒形，由此演爲平底之喇叭筒形——120W，及圈足之喇叭筒形——243K。第 208 式的豆形器最早者似爲 208W 一

（註一）　說文、五上，竹部：籩，竹豆也。段注引周禮籩人注："籩，竹器如豆者……"

型；由此而演爲 208 X 型及 208 V 型。兩式的演變秩序都可在侯家莊墓葬區覆按。

4. 由西北岡西區的八大墓的先後秩序，推斷各種白陶出土之先後秩序，得到三個立論的據點：集中於 HPKM1001 的圓底的喇叭筒形器——第23式，屬於早期；集中於 HPKM1002，HPKM1500，HPKM1217 三墓的壓紋陶、刻壓紋陶以及劃刻紋陶，屬於中期；集中於 HPKM1567 之光潤細薄白陶，屬於晚期。根據上三據點，雕刻紋的白陶，出現在早期，但亦繼續到晚期。

5. 白陶與青銅器的關係，在若干方面似甚密切；但緊要處却各不相涉；如：最常見的白陶豆與喇叭筒形器不見於殷墟的青銅器；最常見的青銅觚亦不見於白陶的式型。爵形的白陶雖見了一片，若與小屯侯家莊出土之銅爵相比，則數量之多寡大爲懸殊。這也是參足器的一般情形：小屯出土的青銅參足器多於青銅圈足器；但殷墟出土的白陶參足器，僅及白陶圈足器十分之一。在文飾方面，白陶的刻劃紋樣，亦有其獨立的發展：如常見之褶疊紋樣。其與銅器類似之紋樣，固然互相影響亦可能是同一師承。

以上諸點爲完全從形制與文飾的比較研究得到的幾條論斷。此外尙有從製作方面可以說明的一點。由於硬度的紀錄，小屯與侯家莊的白陶經兩次實驗後(註一)均證明有兩個集中點。一種質料較粗，厚度較大（光面、壓紋或刻劃紋的）的樣本，硬度的集中點，以莫氏標準計(Moh's system)，爲1.5；另一種爲質料較細，厚度較小（打磨光潤、細線紋或雕刻紋的）的標本，硬度的集中點爲4.0。軟陶與硬陶的質料經過化學分析，成分的種類雖甚類似，但比率却不甚相同（殷陶：第貳章）。但是個別標本比較的結果，由軟陶到硬陶沒有清楚劃分的界線，而時代亦先後不一致。故就製作方面說，白陶演進的路途，可以說並不循着一條直線向前。這一說法的證據，在 HPKM1001 所出較早的白陶已有硬度甚高雕刻紋的標本；不過比例上，仍是軟陶較多，到了 HPKM1217 的白陶，軟陶比例上更多，只有在最後的一期 HPKM1567 所出的一組細薄、打磨光潤的白陶，以 260 A 及 284 A 兩型爲代表的，可以代表白陶製造技術的最高峯。這一組白陶可與黑陶業鼎盛期的產品前後比美。晚期的白陶擺脫了刻劃文飾，也有些像史前的黑陶業擺脫了彩陶的顏色文飾的情形；兩事同樣地，不但象徵一種美

（註一）　侯家莊白陶的硬度記錄，槪以 Moh's 標準衡量，見（梁），小屯白陶的硬度記錄，見：（殷陶），頁三十，表廿六。

術觀念的改變，也象徵着情感寄托的異動，一種新風氣的開始。由此我們可以說：

1. 古器物學家數十年來所讚賞的文飾繁縟的殷商白陶，只是白陶的一個場面，這一場面並不能代表殷商白陶業的全貌。

2. 論白陶業的整體，應該先從這些器物的形制說起；白陶的形制，最大的多數都是沿襲灰陶，直接仿照黑陶的頗少。偶有與青銅器完全同式型者，更是少數。

3. 外表的處理，甚不一致；繩紋，箆紋或光面無紋，皆與他色陶系相同。刻劃的簡單幾何文飾，亦是灰陶與黑陶所共有的。把見於黑陶及灰陶自由表現的幾何紋樣組織成若干近於定型的圖案，是白陶業的貢獻。白陶的雕刻文飾在侯家莊墓葬中出現甚早；但這並不證明，它能代表白陶業的最早期；最早期的白陶可能在小屯；更可能在盤庚遷殷以前，商代早期的遺址內。故壓刻紋的軟陶也許是白陶業中衰的作品；以後細薄白陶的出現又是一種復興。

4. 侯家莊墓葬的白陶多於小屯；小屯所出的最完整的白陶亦是墓葬的(M331，M333，M388) 出土品。很清楚地，白陶是用於殉葬或祭祀的器物，而不是尋常的日用品。供應王室的需要，可能是一個例外；除了這一例外，它們最要緊的用途就是作敬鬼神的祭器。

5. 試就小屯出白陶的三座墓葬，將青銅的容器的數量與白陶作一比較，二墓各出白陶一件，M388 出了白陶豆兩件；而各墓出土青銅器的數目為：M331 出青銅容器21件；M333 出青銅容器10件；M388 出青銅容器十一件（記小屯出土之青銅器上篇，中國考古學報，第三冊第四頁）。這一比較顯示了白陶與青銅器的數目上的比例，至少為1：5，在五倍以上。這是否有一價值問題的意義？若有，是精神的還是物質的？

禮記檀弓上第三：夏后氏尚黑，大事斂用昏，戎事乘驪，牲用玄；

　　　　　　　殷人尚白，大事斂用日中，戎事乘翰，牲用白；

　　　　　　　周人尚赤，大事斂用日出，戎事乘騵，牲用騂。

史記卷三殷本紀第三：湯乃改正朔易服色尚白，朝會以晝……

這兩條雖是後代追記的，而因為漢代的陰陽五行家利用了以宣傳他們的宇宙觀與人生觀，為懷疑的學者所不信，但是殷人尚白的習慣，可以由白陶的尊貴而加以證明；我們不能因為方士們利用了這一傳說，遂把這一傳說的原始根據完全抹殺。這是治中國思想史的先生們可以注意的一段史實。　　　　　　四十五年十一月九日早二時

圖　版　說　明

圖　版　壹

1：侯家莊 HPKM1567 出土之素白陶片八塊復原。陶片外表全白，肉心略發灰色；泥摻細沙，間有較粗沙粒。硬度 4。表面敷有一層較細較白之色衣，各部所敷不勻；有打磨跡，但不精。內部有旋痕。豎鼻（上下孔）一對。【以上根據梁思永紀錄；以下說明凡根據梁紀錄皆以（梁）註明】。梁之復原有一較長較陡之坡肩；本版復原根據實物重繪，肩部較緩較短，近平底目之第 191 式。但平底形之第 191 式由小屯出土的標本看，肩上雙紐孔皆爲橫穿，直穿者只有一例。此器究竟是平底，抑爲圈足，難確定。

2：2a、203 D 型，小屯大連坑出土；原圖見：殷陶，殷虛陶器圖錄捌（以下簡稱：殷圖）。

2b、第 203 式，侯家莊 HPKM1217 出土陶片復原，最小厚度 5.5 mm.，最大厚度 6.1 mm.，內外兩面皆打磨光亮（梁）。此器雖缺底部，按其週壁曲度下行之趨勢，在殷虛陶器形制及結構中，可以斷定其爲圈足目中之第 203 式。

3：256 V 型，小屯 C 128 出土，見殷圖拾壹。

4：260 A 型，侯家莊 HPKM1567 出土；上段口部由八碎片復原。厚度最小者爲 3.3mm.，最大者 5.1mm.。外表色全白略發灰；泥質摻有細沙；硬度 4；輪製。外表全素，打磨光亮；內面有輪旋痕（梁）。另有四片對合之足部白陶，出土於此墓深 2.0 m. 至 4.45 m. 處，構成一帶圈足之底部；圈足低矮，具有一對腰圓形穿孔，兩相對稱，與口部之鼻孔上下相望成垂直線。四片之質料，顏色與硬度均與口部之八片相符，出土地層亦然，顯屬一器之破片。

5：5b、23 G 型，小屯 B130出土，形制與灰色之23 G 型（殷圖壹）完全類似，惟週紋多一段。侯家莊 HPKM1001 出土此型之喇叭筒白陶，可以部份復原者，有十一件之多；皆白色微發灰，輪製，硬度爲 1.5。

6：186W 型，侯家莊 HPKM1001 出土，見殷圖陸。

7：290 A 型，侯家莊 HPKM1567 出土，口部由五碎片復原；全白，泥摻細沙，外表敷有色衣一薄層，硬度 4 。打磨粗率。底部碎片同墓出土；圈足有兩穿。

圖　版　貳

8：208W 型，小屯 YM388 出土，見殷圖捌。

9：9a、208 X 型，出土地點不明，見梅原末治：殷盧出土白色土器の研究，第十一圖，1932年出版。

9b、侯家莊 HPKM2512 出土，同上型足部的上段碎片。

9c、侯家莊 HPKM1217 出土，同上型足部的中段碎片。

10：10a、923 F 側面，侯家莊 HPKM1001 出土，由碎片五塊對成，全白泥摻細沙，硬度 3.5—4.0；輪製，外表打磨，內面輪旋痕；頂中一紐，另製裝上。唇口中凹。紐頂面刻陰線葵紋五旋。蓋頂面有文飾繞紐一週圈，分成兩半，互相對稱，各爲一同樣之劈獸，由尾裂至鼻端；獸紋由陽線組成，空間亦由陽線塡補；鼻線眼線較寬。（梁）

10b、923 F 頂面。

10c、923 R ，侯家莊 HPKM1004 出土，素光白陶，無文飾。頂下週壁內縮。內外白，泥摻細泥，硬度 3.5。

10d、291W＋923H，小屯 YM388 出土。見殷圖拾貳，拾伍。

11：11a、侯家莊 HPKM1003 出土，形制同 11b。

11b、70V 型，小屯 YH066 出土。見殷圖貳。

12：256W 型，侯家莊 HPKM1001 出土，見殷圖拾壹。

13：圈足，侯家莊 HPKM1003 出土，上下緣均打磨光平無破裂痕跡，似爲脫落後再加打磨之圈足。

14：塤，小屯 YM333 出土，白泥摻細沙；饕餮形獸面文飾，雷紋塡空。

圖　版　叁

15：15a、見圖版貳：10d。

15b、第 291 式；小屯大連坑出土，肩部兩片照 291W 型復原。肩下蟬紋一週首尾相接，反時針方向。下接一組織複雜之文飾，尙難復原。肩部所表現之形態，最近 291W 型白陶罐，惟厚度較大。

16：284A＋923W 型，侯家莊 HPKM1567 出土，碎片十三塊合成；全白，發灰，泥摻細沙。硬度 4，輪製精品。外表經打磨，光潤發亮，內部有輪旋痕。中口，短直頸，斜肩，肩折方轉，碗形腹，圓底，圈足。(梁)

17：17a、279F 型，小屯 YH307 出土，見殷陶拾壹。

17b、279W型，小屯縱二甲乙西支出土，共四片；1931年梅原末治教授曾根據此四片，參考瑞典東洋美術博物院所藏之大塊白陶一件，試將此一"怪獸"形紋樣復原【梅原末治：上引 (1931)，圖版第二十三及第十六圖】；又在其1941年出版之"河南安陽遺物の研究"第一七頁第八圖，再就此數片作形制之復原；結果與本所之復原頗有差異。17b 圖之復原，腹部之弧度係根據兩片實物之測量得來；文飾之綴合，固賴瑞典之藏片(看圖版陸：24、25)。立體饕餮頭具一直穿孔，底下必有一圈足，又可據之推定。

18：18a、第 283 式，小屯 YM232 出土之青銅方肩瓴形器（中國考古學報第三冊60頁）。

18b、283W型，小屯橫十三·五壬出土兩片，構成口部之高純緣與口下之方肩；逼肖 18a 所錄之方肩瓴形器上段；下段比擬青銅器復原。

19：316A型，<u>侯家莊</u> HPKM1001 出土三碎片綴合之鬲鼎腹部。全白，泥摻細沙，硬度 3.5；內面有旋紋，外表磨平，加雕紋。全面文飾，正面爲彎角獸面；角及附在角旁之獸身，皆浮出器表；其他部分以及填空紋皆陽線；口腔內刻入最深……（梁）

20：310C 型，<u>小屯</u> B45 出土爵尾一片。全白發灰，硬度 4。現存部分無文飾。內外皆有刮磨痕跡；近斗處，內有輪旋紋（梁）。照小屯出土銅爵復原。

圖　版　肆

21：120W 型，<u>侯家莊</u> HPKM1217 出土碎片，有壓入紋，白色發淡青灰，與雕刻紋白陶之粉白色顯然不同。泥質夾有大砂粒。硬度 1.5，輪製。外表裝飾由壓入紋作成。口部缺純緣，下有橫繞之凸稜（卽箍紋）二道。橫斷面作三角形，由另作之泥條裝上。其下之飾紋一帶，由禿尖硬筆壓入器面，成陰線輪廓，作側面伏行夔龍狀，首尾相逐（反時針方向）；再下爲器物之腹部，已不存。足以上腹之下部又有側獸（反時針行）紋。內外兩面削刮不甚平整……（梁）

按此器僅有近口部及底部殘片；器中段完全遺失。<u>梁思永</u>曾作一復原嘗試，初以爲乃“一侈口、粗頸、削肩鼓腹凹底器”，後又改變意見。就殘存之件推測，實際可以確定者僅一凹底；口部外侈亦可推定；身部的形態如何，就大費推敲了。梁的最初的復原，予這一器的“粗頸削肩鼓腹”甚難證實；他自己也感覺到了，所以就放棄這一復原，也沒再作嘗試；這實在是很可惜的。現在從上下段的橫徑度數看這一器的可能的盍形，週壁的上下行沒有外轉內轉的證據；若週壁的上下是直線，全身可能是桶形，放在有實證的上下兩端之間，就是“圖版肆：21”所復原的平底喇叭筒形了。

22：192W 型，出土地難確定；美國復利爾美術館藏品；見梅原氏：1941，河南安陽遺物の研究，圖版第二二；標名爲“犧首虁龍雷文罍”。三犧首皆有橫穿；肩上爲獨目雷紋；肩以下全身均飾以褶叠紋，如 291W 型週身之紋樣。

23：208V 型，見梅原末治，1941：第三圖。

24：219B 型，見上書，第五圖。

25：204W 型，侯家莊 HPKM1217 出土殘片一塊，具有腹壁下段及底之一部，厚度 14—16 mm.，左右裝有立穿孔的鼻形紐，大圈足；紐與足皆另製裝上，現已脫落不存，片形表示爲一弧度極小之圓平底大圈足的式樣。內外兩面皆磨平，全白，泥摻細沙，硬度 4，輪製。外表腹部有文飾一帶；每一單位上下兩層，近“器”字形，由斜形S形鈎連。

26：26a、256X 型，見梅原末治，1941：第七圖。
　　26b、256X 型，同上。

27：273B 型，見黃濬，鄴中片羽三集下。又梅原末治：1941，圖版第十七。

28：287G，侯家莊 HPKM1001 出土，由六片合成所得之肩部與腹部形態復原。泥白色頗純潔。硬度 2.5，輪製。四橫穿紐分佈肩上四方。(梁)

29：287W，侯家莊 HPKM1001 出土共四片經合成器肩之一部。白陶；硬度 2.5，輪製。肩之最上部有二半圓柱形小穿橫耳；與此成 90°角度橫徑之兩端又有二伏瓦形半環大穿橫耳；大穿耳之上邊恰當小穿耳之穿孔。兩耳皆另製裝上；小穿耳裝後，再

穿孔。(梁)

圖　版　伍

23 G	見圖版壹：5b	208 X	見圖版貳：9a	279W	見圖版参：17b
70 V	見圖版貳：11b	219 B	見圖版肆：24	283W	見圖版参：18b
120W	見圖版肆：21	243 K	類似殷圖拾灰陶標本	284 A	見圖版参：16
186W	見圖版壹：6	256 V	見圖版壹：3	287 G	見圖版肆：28
192W	見圖版肆：22	256W	見圖版貳：12	287W	見圖版肆：29
203 D	見圖版壹：2a	256 X	見圖版肆：26a，26b	290 A	見圖版壹：7
204W	見圖版肆：25	258 E	類似殷圖拾壹灰陶標本	291W	見圖版貳：10D
208 V	見圖版肆：23	260 A	見圖版壹：4	310 C	見圖版参：20
208W	見圖版貳：8	273 B	見圖版肆：27	316 A	見圖版参：19

圖　版　陸

1. 方轉雲頭紋，倒正相間排列；上下各有橫線爲界。(192W)

2. 不對稱雲頭紋平排，大雲頭有須；上下各有橫線爲界。(273 B)

3. T形雲頭紋，倒正相間排列，上下有橫線鉤連，另有連絡線。(208 V)

4. T形雲頭紋，倒正兩形頂頭排，中有兩短直線連絡構成一"器"字形單位，相並排列，各單位間另有 S 形聯貫。(208W, 208 X)

5. 側立W形褶疊雷紋。(208W, 208 X, 219 B)

6. 腰圓形泡紋平排成列成行，四棱方眼塡空。(208 V)

7—9. 蟬紋三形。(第 291 式，283W, 256W)

10. 側面，後掛長角的龍頭。(256W)

11. 獸面中劈，兩目居中，兩側旁出各成三列；中列爲身，上下塡雲雷紋。(291W)

12. 橫躺 S 形鉤連成帶，塡雲雷紋，互抱處中塡目紋。(291W)

13—15. 複線連續多峯山紋，峯下獸面塡空。(273 B 256W, 279W,)

16. 方頭垂耳卷身龍紋，S 形外加長方框塡空。(殷陶：圖版伍拾陸，小屯白陶片)

17. 單圈盤龍，中心泡紋在頂紐上 (923 A)（殷陶：圖版伍拾玖）

18. 褶叠雷紋 (208W, 208 X, 291W, 192W)

19. 斜方格雷目紋 (256W)

20. 鈎連雷紋（梅原末治1941：第十六版，白陶片）

21. 目雷紋 (256 X)

22. 目雷紋（梅原末治，1941，第十一版）

23. 怪獸紋之一 (279W)

24. 怪獸紋之二（梅原末治，1931：圖版二三，第十六圖）

25. 怪獸紋之三 (256 X)

26. 蟲紋（殷陶：圖版伍拾肆）

27. 獸面紋 (208 V)

28. 犧首紋 (192W)

29. 彎角獸面 (316 A)

30. 彎角方眼獸面 (923 F)

31. 三孔饕餮獸面（圖版貳：14，白陶塤）

32. 花冠饕餮（鄴中片羽三集下，白陶片）

33. 有身饕餮 (273 B)

34. 側身夔龍紋 (120W)

本文原載於中央研究院歷史語言研究所集刊第二十八本　　民國四十六年

圖版壹

白陶圖錄之一

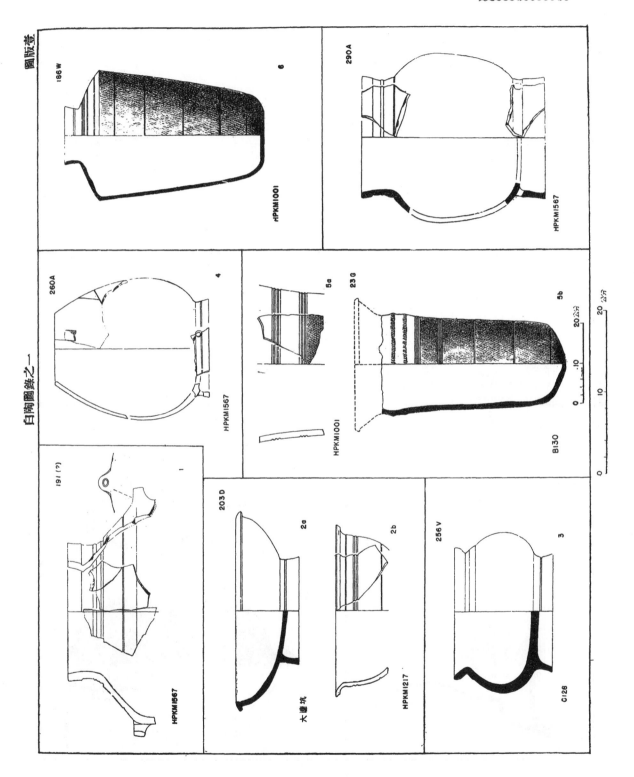

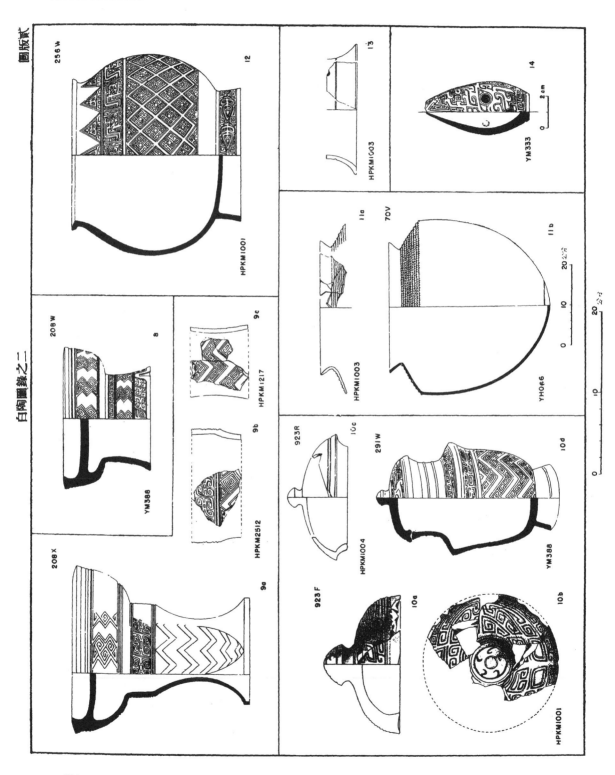

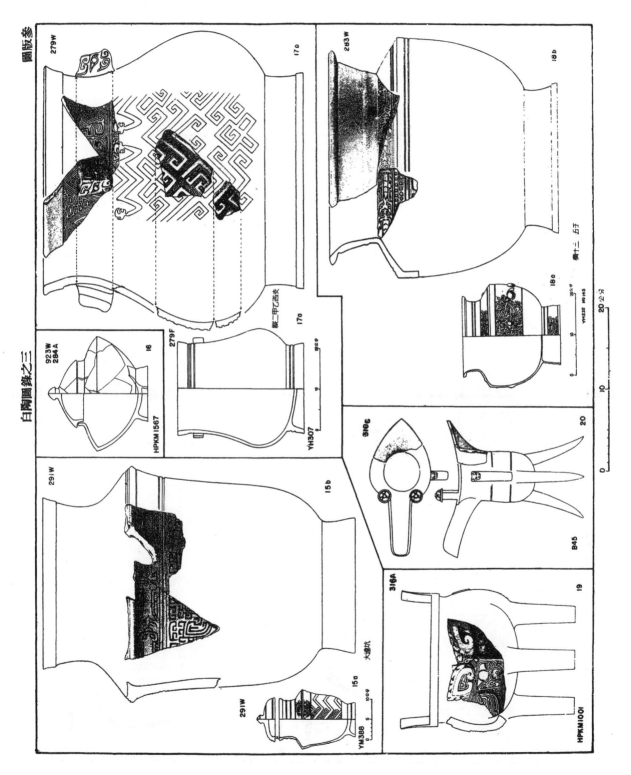

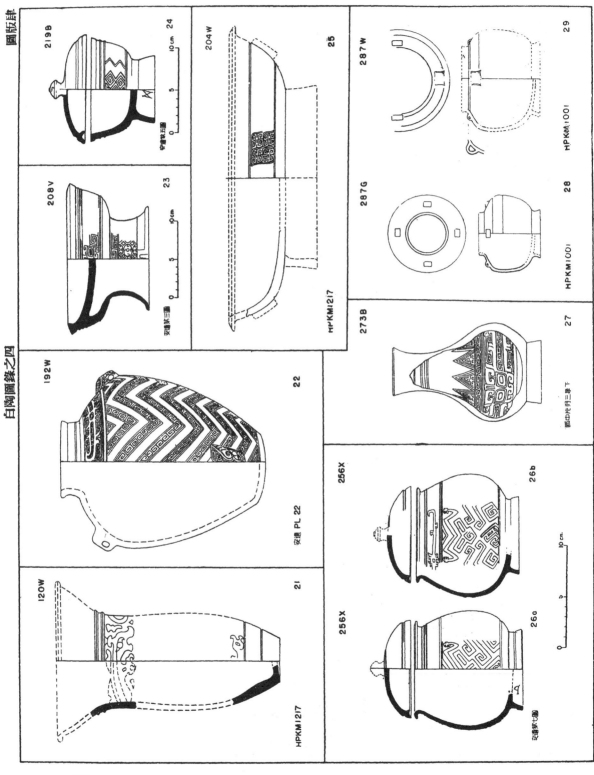

圖版伍

白陶形制總圖

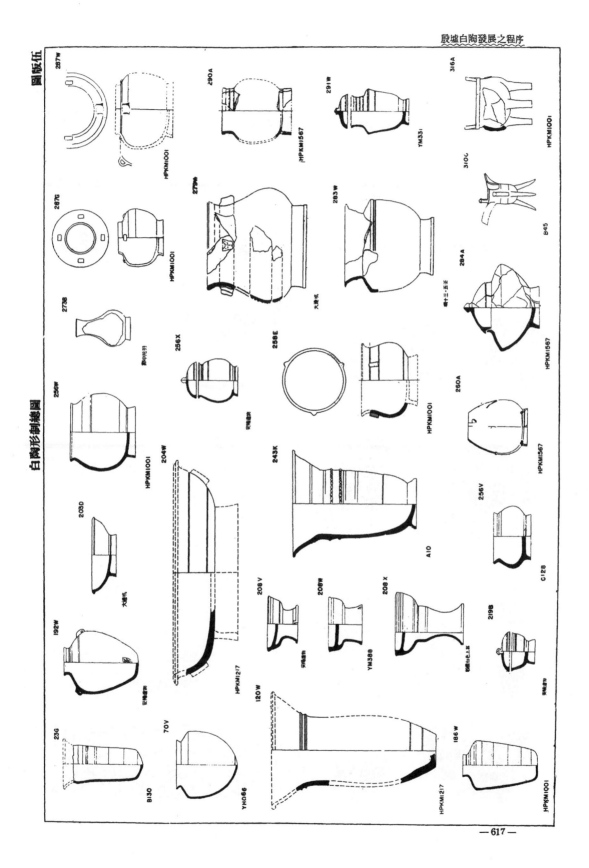

由笄形演變所看見的小屯遺址與
侯家莊墓葬之時代關係

為慶祝趙元任先生的六十五歲壽辰，我最初拿出來的題目是：“殷虛笄譜”。四十七年的夏天，抽出來了一部份時間，將殷虛出土的這份材料，整理出來了。但代表標本的描寫已佔了四萬字左右；若再加所分的八式，三十一型，每一類型的個別討論，全文可以寫到十萬字；這使我感覺有點過份地冗長。

同時，在排比若干類型演變的工作過程中，我發現了侯家莊墓葬與小屯遺址幾件時代上聯繫的證據；這是夢想多年而第一次得到的如此比較滿意的材料，所以提出來加以說明，成此短篇，以紀念我心中最佩服的一位四十年來繼續不斷地致力科學工作的中國學人——趙元任先生。

一、骨笄文飾演變的一例

殷虛出土的骨笄，上端雕刻，變化頗多，久為考古學家注意的一件事。近來整理發掘出來的這一項器物，統計到四百二十餘件；把它們類別起來，我們可以分成八式三十一型。在這篇短文中，我選出來了一型討論。所選的這一型，在全部笄形分類系統中，排在第柒式的第五型；第柒式名為鳥形式；鳥形式的第五型名為平頂鳥型。

作為分類標準的平頂鳥型標本，上端雕刻之描寫如下：

上端雕刻鳥體，頂上為一腰圓或窄長形平板蓋；蓋下短柄，直接鳥頭。鳥形作立體表現，四面展開：胸前，尾端，兩翼，頭部均分割清楚，腿與足未顯出。最下為一座，座下直接笄莖。(圖版壹：上，甲1；圖版貳：1)

分入這一型的標本共得二十件；完全符合上項描寫的却只有三件，其餘的十七件，好像死後的動物屍體，逐漸分解，變為化石；但是雖成化石，我們仍能把它生前的體形復原出來。十七件標本代表鳥形僵化（象徵化）的不同階段，以下連標準平頂鳥型在內，共分五級說明。

(一) 寫眞鳥體（圖版壹，上：甲1；下：甲1）又（圖版貳：1）：

所刻鳥體，各部表現，如頭部之眼與嘴，胸部與兩翼前面之大轉彎，後面之後腦與尾尖，兩側翅膀之坡面以及尾尖下垂之羽毛；皆刻劃分明。四面尺寸，兩側較前後寬大，恰表現鳥體之自然比例。前面頂蓋下，鳥嘴伸向前；或尖而闊口（兩例），或扁而開口（一例）。嘴下胸部，輔以兩翼之前段，兩翼旁展，胸部露出，略向內退；飾以簡單劃紋。兩側面雕刻對稱，頭旁兩眼鼓出作棗核形或杏仁形。身部兩翼下緣凸成曲線，向上向內坡入，交會於後腦下，形成鳥背脊。鳥後面最上段爲頭之後部：有尖，有團；團形一例（B1263），刻有網線紋，表示羽毛交錯狀。後腦下，邊線挖入再外伸作"乙"字形曲線以至尾尖。尾尖下，另有下垂體，懸於座後，以一深刻切迹爲界。

上形標本共三件：B2311一件，小屯 YH 201出土；B2312一件，小屯 YH 195出土；B1263一件，小屯 E 7 出土。

(二) 無眼鳥體（圖版壹，上：甲2；下：甲2）又（圖版貳：2）：

鳥體各部輪廓：如頭側面，兩翼，後尾與尾之下垂體均處理如第一級各例；但細目已漸失眞。最重要者如寫眞各例均具鼓出之雙眼，雕塑分明，但在第二級各例，眼部一概從略。前面嘴部粗具，由頭部向前逐漸細小；嘴端長方形，或橫或豎，不再加雕琢。嘴下兩翼夾胸，界劃清楚；惟胸前面已不向後退，或僅以一劃紋代表。頂蓋後端與後尾看齊，中間爲後腦；後腦所在，凹入甚深，腦形粗具；後尾下垂體，與底座間，以一切迹分界，如第一級各例。第二級共得七例，完整或近完整者六件，與第一級各標本相比，有下列之詳細分別（表一）：

表一：寫真鳥體與無眼鳥體之體形區別

體形部門＼級別	寫真鳥體三例 (第一級)	無眼鳥體七例 (第二級)
眼	由頭部側面雕出，凸現向外，如棗核形，杏仁形。	各例頭旁，均無眼形。
鳥體左右與前後之比例	三件平均數＝65.07	五件平均數＝32.39
胸　寬	三件平均數＝9.7mm.	六件平均數＝6.3mm.
嘴　部	或尖或扁，皆經加工雕琢。	橫長方形或豎長方形，未加工細雕。
胸　部	左右兩翼與中胸，界線分明；胸面內退，作凹入狀。	胸面不後退；或無胸面，以劃紋一道，分開兩翼。
翅　膀	兩翼下外線細而勁挺，中上部向內坡入。	下外線作寬邊形，表現輭弱無力；中上部凹入浮淺。
尾　端	尾尖上翹。	尾端平拖，不尖。

上形(第二級)標本：

完整例三件：B1284，小屯YM242出土；B2287，小屯B42出土；B2285，小屯二十坑出土。

可復原例三件：B2281，侯家莊西北岡HPKM：1001出土；B2289，小屯橫13.5壬出土；B2282，小屯B123出土。

(三)　象形鳥體，甲種（圖版壹，上：甲3，乙3；下：甲3，乙3）又（圖版貳：3）：
甲種象形鳥體各例，笄上端裝飾部份，皆作長方形區牌狀：前後面寬度與兩側面寬度之比例更加緊縮（三件之比例平均為27.18）。前面作窄條形，橫切四段；代表頂蓋前緣，嘴部、胸部，與底座前端；除胸部偶具劃紋外（二例；B2294，B2290），大多數皆作形態相同之平列齒狀；或圓轉形或橫長方形或楔形，無刻劃個別形態之任何痕跡；唯大小不完全相等。側面刻劃，象徵前後不相等之若干橫條；頭旁與身旁之聯繫已失去"乙"形之曲折表現。後面分成兩段：上中部凹入，為後腦所在，但不具腦形。尾與尾下垂體後緣不分割。第三級共得六例：完整者一件，可復原者五件。與第二級各標本相比有下列之重要分別。（表二）：

表二：無眼鳥體與象形鳥體甲種之體形區別

級別 體形部門	無眼鳥體七例（第二級）	象形鳥體甲種六例（第三級）
前 面	頂蓋，嘴部，胸部與底座刻劃分明，形態逼真。	窄狹，長條形切成四段，齒狀排列，除第三段（由上向下數）偶有劃紋外，餘皆樸質無文。
側 面	頂蓋下，鳥頭與鳥翅成"乙"字形；曲折分明，表現鳥狀頗肖。	頭部以短橫條，兩翅以長橫條表現；已失曲折線條。
後 面	後腦凹入，腦形圓轉，尾端與尾下垂體界線分明。	一寬大切迹代表後腦所在；尾端與尾下垂體後緣不分。
鳥體左右與前後之比例	五件平均數＝32.39	兩件平均數＝28.63

上形（第三級）標本：

完整例一件：B 2408，小屯 C 326 出土。

可復原例五件：B 2295，侯家莊西北岡HPKM：1002出土；B 2292，小屯 B 47 出土；B 2183，出土地點失錄；B 2290，小屯横14壬出土；B 2294，小屯 A 25 出土。

（四） 象形鳥體，乙種（圖版壹，上：甲4，乙4；下：甲4，乙4）又（圖版貳：4）：

乙種各例，莘頭仍作橫長方牌狀，前後兩面皆窄長方條形，有極削薄者。前邊橫切三道，分成四齒；後邊中凹，隔爲上下兩段，側面有極淺之橫行劃紋。下座與鳥體，以淺劃紋分界，尾後下垂體，與座後緣不切開：僅以一劃紋代表，或渾爲一體。共得四例；完整者三例，可復原者一例，與第三級各標本，有下列之分別（表三）：

表三：象形鳥體甲種與象形鳥體乙種之體形區別

級別 體形部門	象形鳥體甲種六例（第三級）	象形鳥體乙種四例（第四級）
鳥身與底座分界處	側面中段，有較寬較深之橫槽，與前端之切迹連續，分割底座與鳥身。	側面中段以一淺細劃紋，與下座分界，或僅劃一面。
下面後段，尾下垂體與底座之界劃	尾下一深刻切迹，劃分底座與尾下垂體。	無切迹分界，下垂體與底座或渾爲一體，或在側面之一，以淺細劃紋標記
鳥體左右與前後之比例	兩件平均數＝28.63	三件平均數＝22.64

上形(第四級)標本:

完整例三件:B2186,小屯A9出土;B2293,侯家莊西北岡HPKM:1174出土;無紅號一件,大司空村M106出土;B2286,出土地點失錄。

(五) 象形鳥體,丙種(圖版壹,上:甲5;下:甲5)又(圖版貳:5):

𥄎頭縮小,仍作區牌形,側面寬度,約等於四級各例之一半,厚度同。全部雕刻更進一步簡單,整齊化,但仍保持象徵形鳥體。前面窄條,切成四齒,代表頂蓋前端鳥嘴,胸部及底座;後緣中部為一斜方形寬大切迹,間隔上段之頂蓋下段之尾與座。兩側面無任何刻劃文飾,僅得一例:B1276,小屯B98坑出土,與第四級各例之重要分別如下(表四):

表四:象形鳥體乙種與象形鳥體丙種之體形區別

級別體形部門	象形鳥體乙種四例 (第四級)	象形鳥體丙種一例 (第五級)
側面寬度(由前緣至後緣)	四件平均數=21mm.	一件=10mm.
側面文飾	有橫行劃紋	無
前面四齒	各齒體積頗參差,大小不等。	由上往下漸大,變化有規律。
後面切迹	切迹底部不整齊。	切迹底部方轉,頗整齊。

二、各級標本之出土地點及出土地點的地層

前段引用的標本二十件,出土情形清楚地層又無疑問的,有若干例,茲選述如下:

第一級:

(1) B2312,小屯YH195灰坑坑底出土,深度2.90m.。YH195為一長方形坑,在小屯C157區;上口距地面0.58m.;口徑:0.90×1.05m.;坑底距口,照記錄為2.87m.,故B2312所在之準確地點,為坑底又向下凹入三公分(3cm.)處,坑週壁完整;下段填土,綠色;深1.82m.以上,填土變黃灰色。皆屬原封土,未經擾亂。近坑口處YH195為YH184及YH189兩灰坑所破壞。

（2） B2311，小屯YH201灰土坑出土。此坑在小屯C 156區，YH200下；YH200
又爲水溝所破壞。 YH 201 爲一長方形坑，坑口在 YH 200 底， 距地面 1.55m.，東西
長 1.75m.， 南北寬0.80m.。週壁整齊， 南壁有脚窩十， 北壁十一。自口至底深 5.15
m.；塡土最下一層（約 0.80m.）綠色；最上 3.4m. 爲黃灰土，中間爲黃灰土雜綠土，
骨笄出綠土層，深 5.05m.，離坑底只十公分 (10 cm.)。

第二級：

（1） B1284，小屯YM 242出土。YM 242爲破入夯土乙七基址之犧牲坑，內有
尸體七具；B1284附見於第一具尸體。乙七基址略早於乙八基址；乙八基址夯土內有
第四期甲骨文字。

（2） B2281，侯家莊西北岡HPKM：1001出土，深 9.4 m.。此爲西北岡西區大
墓之最早的一墓。

第三級：

（1） B2408，小屯C 326 區出土，深 0.6—0.8 m.。 據發掘記錄， 此區自 0.6 至
0.8 m. 一層內，無特殊現象。自 0.8 m. 以下至1.60 m. 全是夯土，爲丙一基址。B2408
出土地點在丙一基址以上。

（2） B2295，侯家莊西北岡HPKM：1002 出土，深度 6.5 m.。 HPKM：1002
的北墓道打破了 HPKM ：1004 的南墓道；HPKM：1004 的東墓道與南墓道打破了
HPKM：1001 的北墓道與西墓道。故 HPKM：1002 比 HPKM：1001 要晚兩個時
代。

第四級：

（1） B2186，小屯A 9 出土。A9 爲一長 8 m. 寬 1 m. 之探坑；地面下 0.35 m.
爲浮土；再下爲灰土。B2186 出土於灰土上層。

（2） B2293，侯家莊西北岡東區墓葬HPKM：1174 出土；HPKM：1174 爲西
北岡東區之一小墓葬。

第五級：

（1） B1276，小屯B98 坑，深 1.60 m. 出土。出土處有破碎人骨，破陶環及鋸
過之鹿角，與帶白灰之土塊；顯爲翻動之土層。

三、小屯遺址與侯家莊墓葬時代的聯繫

上述鳥形式第五型骨笄演變的五個階段，分開了看，每一級的標本均具有個別的發展及特有的形態；順序地排列出來，卻可以互相聯繫，說明由寫眞鳥體到純幾何相的象徵形丙種，逐段蛻變的狀態。難得的是，每級標本，就其原在地點的地層說，時代的先後，恰與形態演變的秩序吻合。田野考古的經驗可以證明，這確是可遇而不可求的一種發現；這一發現的前三級——由寫眞鳥體到象形鳥體的甲種——之時代秩序尤爲明確無疑。寫眞鳥體三例皆出小屯遺址，有兩件埋在灰土坑的最下層，未經後期擾動的綠色塡土內；另一件出自一個探坑，同出土的有先殷期文化層的黑陶片。侯家莊墓葬區出土的骨笄二百餘件，有三十種以上的式樣，可以列入鳥形式第五型的只有三例，但沒有這一型中最早的一級——寫眞鳥體的樣子。HPKM：1001 爲大墓區最早的一座墓葬，所出的這一型的標本一件，卻只能列入第二級這一階段。在小屯遺址中，所出的平頂鳥型標本，可以歸入第二級的共得六件，以 YM 242 所出的一件，地層較爲明晰，屬於乙七基址，爲小屯版築遺址中期。侯家莊墓葬 HPKM：1002 所出的平頂鳥型，類別在第三級標本中；這一墓的時代比 HPKM：1001 要晚兩期，與小屯 C326 區，版築上的骨笄同時。C326 區的版築屬於丙一基址，爲晚期的建築物。

有了以上的五個據點，我們可以把小屯遺址與侯家莊墓葬時代排列如下：

表五：小屯遺址與侯家莊墓葬時代之聯繫

平頂鳥型骨笄分期	小 屯 遺 址		侯 家 莊 墓 葬		平 頂 鳥 型 演變等級
	遺址及其層次	出土骨笄	墓 葬	出土骨笄	
Ⅰ 前期	下灰土坑	B 2312	大墓以前	無	第 一 級
Ⅱ 早期	乙七版築基址	B 1284	HPKM：1001	B 2281	第 二 級
Ⅲ 中期	丙一版築基址	B 2408	HPKM：1002	B 2295	第 三 級
Ⅳ 晚期	灰土堆積上層	B 2186	HPKM：1174	B 2293	第 四 級
Ⅴ 後期	地面擾動土層	B 1276	無	無	第 五 級

這一表所顯示的一條最重要的結論是：在小屯的下灰土坑時代，侯家莊的大墓尚沒開始；乙七基址爲小屯版築的中期，以 YM 242 出土的平頂鳥型骨笄的形態細目論（B1284），可能稍晚於侯家莊最早的大墓 HPKM：1001，出土的第二級平頂鳥型骨

弇（B2281），但也差不了太遠。據此我們可以斷定早於乙組基址的甲組基址的建築時期，是在<u>侯家莊</u>大墓開始以前的工程了，故：

　　<u>殷商</u>時代前期的墓葬並不在<u>侯家莊</u>的西北岡；或者說，<u>侯家莊</u>西北岡大墓葬開始時，已近於<u>小屯</u>的版築中期了。

民國四十七年十月廿三日

本文原載於中央研究院歷史語言研究所集刊第二十九本　民國四十七年

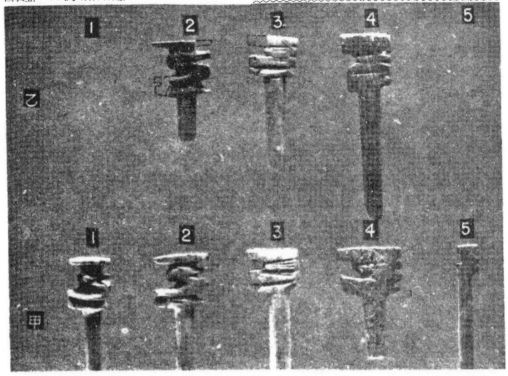

上

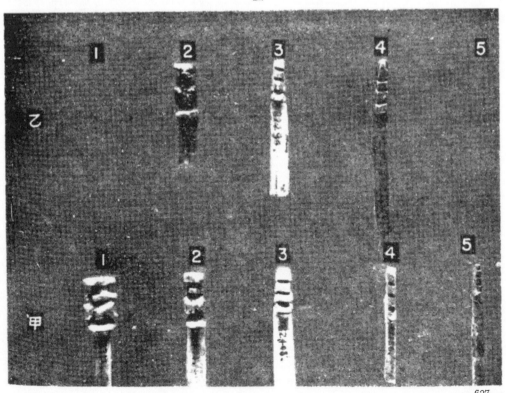

下

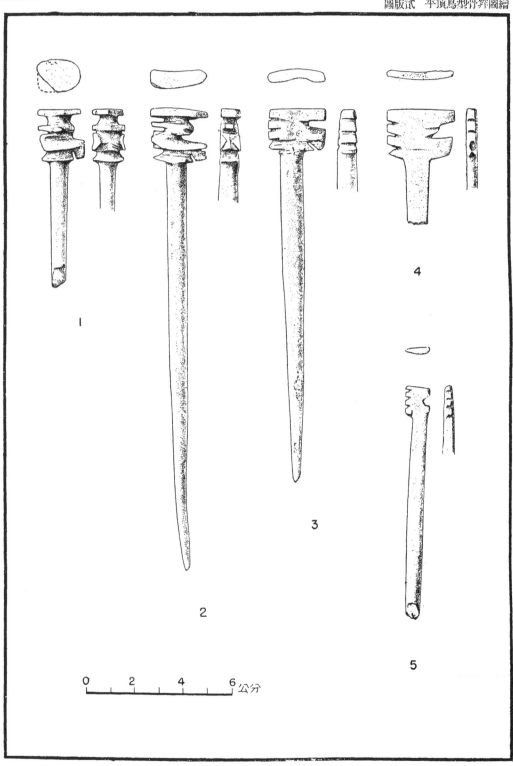

笄形八類及其文飾之演變

上篇：類型釋例
中篇：形制與文飾之分析
下篇：差異與演變

上篇　類型釋例

今日綰髮用的簪，即古時的笄，文字學家很少持有不同的意見。殷虛出土的
"笄"，有一個很可觀的數目，並可以分成若干種類，這在石璋如先生的"殷代頭飾舉
例"* 一文中，已有初步的說明。在整理殷虛出土器物的工作中，我感覺對於笄這一
組材料一種特別的興趣；因爲它們是形制簡單的作品，所具的文飾，無繁縟的發展，
正可以供給研究殷商時代裝飾藝術的工作者一些最原始的資料。從這一組資料中，我
們似可推尋殷商時代裝飾藝術的沿革，可能的起源與幾種趨勢。本文的目的，就是討
論這一問題這幾個方面。

笄的一般形狀，只是一種長條形的針狀物，莖部的橫徑或圓或扁；一端尖細，另
一端變化甚多；有樸實無文者，有雕成各種不同紋樣的。尖細的一端，就殷虛出土的
一組說，可分下列不同的等級：（插圖一）

1.–2. 針形：1. 銳尖　2. 鈍尖（全部最大橫徑，在五公厘 5mm. 以下）

3.–4. 錐形：3. 銳尖　4. 鈍尖（全部最大橫徑，超過五公厘）

5.　釘形

6.　扁尖

7.　扁圓

8.　偏圓

† 本文寫作期間 (1958—1959) 承洛克斐勒基金會 Rockefeller Foundation 之資助，特此誌謝。

* 石璋如：本所集刊第二十八本頁 611-670。

9. 圓頭

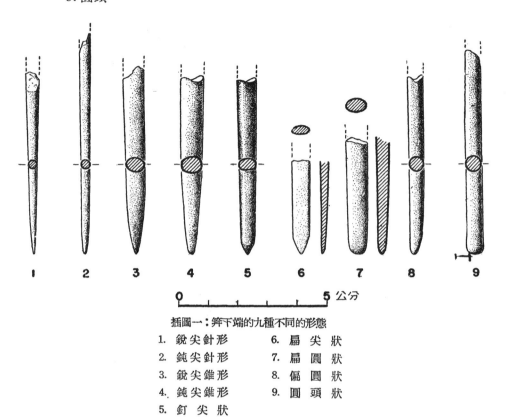

插圖一：笄下端的九種不同的形態

1. 銳尖針形	6. 扁尖狀
2. 鈍尖針形	7. 扁圓狀
3. 銳尖錐形	8. 偏圓狀
4. 鈍尖錐形	9. 圓頭狀
5. 釘尖狀	

前四兩種，由中段到尖端，漸漸地細下去，第 5. 種的尖端由週邊陡削成尖，莖部全體粗細的變化甚少。6. 扁尖，類梳篦之齒，7. 扁圓如舌端，8. 偏圓為圓頭，經一面磨擦而成，如現代筷箸的下端。

照禮經註疏家的解釋，笄可分為兩大類別，有安髮之笄，有固冕固弁之笄。大概末端尖細者，用在理髮，安髮；末端圓潤者，用在固冕固弁。這當然只能算着一班的說法，並不能作類別笄形的標準。就實物本身所呈獻的形態來看，笄的類型表現得更清楚的却在頂部；這一端的差異，大致可分八大類來討論：

　　第壹類：　樸狀頂，頂端及笄全身均無文飾。

　　第貳類：　劃紋頂，近頂端有劃紋兩週圈或參週圈。

　　第叁類：　蓋狀頂，頂端週圍擴大，溢出器身如冠蓋。

　　第肆類：　牌狀頂，頂部為一長方形或近方形之匾牌。

第伍類： "羊"字形頂，頂部長牌形雕刻成類似"羊"字形的文飾。

第陸類： 幾何形頂飾，頂部刻成幾何形文飾。

第柒類： 鳥形頂，頂部雕成各種不同之鳥形。

第捌類： 其他動物形頂，頂部雕成動物形，或以大眼為中心之動物形圖案。

照上列的種類，以下分別紀錄殷虛出土的笄，並論列之。

第壹類　樸　狀　頂

無文飾。　上下粗細不等，大多數皆上粗下細，亦有中段較肥，兩端細小者，可分骨製，牙製，玉製三種；牙，玉兩種皆磨製光潤，骨製的多現磋痕，未經打磨，但亦有光潤者。今分五型敍述：

甲、　頂端保持骨料之原狀態（切斷的痕迹，或原始形態，如關節面等）未經任何整理手續者，共七例。

　　紅號，B 2432　小屯 YH226 出土。原折成兩節，綴合復原，尚完整；磋製，下段多磨光處。長條圓錐狀，長 131mm.；最大橫徑在頂端，寬 7mm.，頂端呈不規則切斷痕。週邊似經撫摩，略呈光潤，上段中段橫磋痕甚多，近圓；下段極光滑，漸細；末端聚成一尖。光潤，不銳利。牙白色，略帶黃………(註一)。

例一(圖版壹：一)

乙、　頂端保持原狀態，已經長期磨擦，甚光潤者共十一例。

　　B 2049　HPK3014 出土。磨製，表面光潤。似經久用。全體微扁。表皮偶有剝脫，並有長條冰裂紋。頂端扁圓，不平，但磨擦光潤似經久用。末端尖銳，甚鋒利，有細微消耗。保存尚好，長155mm.；最大橫徑在上段，徑7mm。

(註一)　同屬此型者尚有 B1960，B1962，B2345，B2347，B2355，B2356，B2434；除 B2347 為王裕口採集品，餘六例皆小屯出土。

（註二）。 例二（圖版壹：二）

丙、 頂端或經磨擦，或未經磨擦，但皆修治平整。共二十三例。

（一） B2336 大連坑出土。全部有礎痕。頂端扁圓，礎製近平， 中心略凸，末端細小，但不成尖。無消耗痕，保存完整，長147mm.；最大橫徑在上段三分之一處，徑7mm.。（註三） 例三（圖版壹：三）

（二） B2340 YH226 出土。磨製，最上端扁條形，一面有粗磨痕。頂端條形，中有一回槽。末端偏圓，不鋒利。下段一面甚光潤，似經久用。保存良好，長135mm.，最大橫徑在頂端，徑7mm.。色淡白雜黃灰。（註四） 例四（圖版壹：四）

（三） B2056 HPKM1003 出土。磨製，頂端近圓平，稍下有磨擦跡，末端爲一尖，略形傾斜，光潤，似經久用。保存情形良好，長118mm.，最大橫徑在頂端，徑9mm.。油黃色。（註五） 例五（圖版壹：五）

丁、 頂端磨平又磨扁或磨細者，有：一、扁圓者；二、長條扁形者；三、偏刄狀者；四、圓錐狀者；五、偏尖者，共十四例。

（一） B2046 HPKM1500 出土。磨製，甚光潤。上段扁薄微彎，中部粗圓，下段薄。頂端扁圓，不平，末端扁圓形，有細微消耗，三段粘合。長201mm.；最大橫徑在上段，徑6mm.，米黃色。 例六（圖版壹：六）

（二） B2047 HPKM1004 出土。磨製，灰褐色，土銹斑駁，有剝脫處，似蟲蛀。全形微彎，橫徑扁圓，上端較薄，除末端外，全體寬度相差甚少。頂端

（註二） 同屬此型者尚有B0739，2051，B2343；B2348，B2342，B2351，B874，B1058，B2055，前六件出小屯；後四件出西北岡。

（註三） 同上型如例三者，尚有B2064，B2354，B2338三件皆小屯出土。

（註四） 如例四者：尚有B2052，B2054；B2057，B2058，B2061，B2339，B2341，B2344，B2346，B2352，及無紅號之HPKM1001S1一件，共十一件：前四件小屯出土，後七件西北岡出土。

（註五） 如例五者：尚有B1294，B2059，B2060，B2349（小屯），B2353（小屯）及無紅號之HPKM1002一件，HPK2526一件，HPK2021一件，YH228一件；計小屯三件，西北崗六件，共九件。

扁，一面斜成偏鋒狀。末端扁尖，由兩窄面聚成一尖點，但不銳；有細微消耗。原物折成兩段，粘合復原。長181mm.；最大橫徑在中段，徑7mm.。(註六)

例七（圖版壹：七）

（三）　B1291　HPK2011 出土。磨製，撫摩光潤。表皮有剝脫處；似蟲蛀痕，全體扁圓，兩端稍窄。一端扁薄如小鏟，有刄；一端扁尖。均有細微消耗。保存尚好，長176mm.，最大橫徑在中段，橫徑扁平，徑7.5mm.。黯黃色，近灰。(註七)

例八（圖版壹：八）

（四）　B2350　B11 出土。磨製，全體微彎，頂端呈圓錐形，撫摩光潤；下半有磨擦跡。尖端光潤，細微消耗。保存尚好。長100mm.；最大橫徑在上段，接近頂端，徑7mm.。灰黃色。(註八)

例九（圖版壹：九）

（五）　B2381　D14 出土。磨製，有土銹，偶現磨擦跡。兩端均尖細，亦均有久用痕。保存尚好。長115mm.；最大橫徑在腹中部，徑4.5mm.。黃色。(註九)

例十（圖版壹：一〇）

戊、　頂端長窄扁條形，有：一、略寬者，二、極細窄者。

（一）　B2050　YH448出土。磨製，表面有剝脫處。全體扁圓，上寬下細，頂端扁條形，不平。末端尖銳略偏斜，有細微消耗。保存尚好。長125mm.；最大橫徑在頂端；徑9mm.。色黃黑雜。(註十)

例十一（圖版壹：一一）

（二）　B1296　D47 出土一件，三節粘合，全體極扁，全長159mm. 最大橫徑在頂端，頂端為一寬15mm. 之"一"字形；末端扁尖，原料似為一肋骨。

例十二（圖版壹：一二）

(註六)　如例七者尚有：B 1071 ，B 1293，前一件出小屯，後一件出西北岡；及無紅號之 HPKM 1004
（3：1311）出土之一件。

(註七)　如例八者尚有：無紅號，HPKM1001 出土之一件。

(註八)　如例九者尚有：B2053，B2048，B2335，及無紅號之 HPKM1004 出土之一件，第一件出土地失
錄；第二件小屯出土；後二件西北岡葬出土。

(註九)　如例十者尚有：B2380，小屯出土。

(註十)　如例十一者尚有：B1297一件，小屯出土。

第貳類 劃 紋 頂

頂端刮削平整，多磋痕；輪廓不一致；近頂端有劃紋兩週圈或三週圈（三週圈者共三例：B1299，B2084，B2421）。劃紋或連續或不連續，深淺不等。莖體或圓或扁，粗細不等，甚不規則。長短亦不齊一，大致上粗下細，可分兩型。

甲、 不規則形頂端（包括圓、近圓、近長方、多邊、或扁圓諸形）共三十一件。

（一） 劃紋兩週圈，每一週圈由若干短條劃紋作成：

B2069 B81 東半出土。磨製，有磨擦跡。橫徑扁圓，上粗下細。頂端粗磨，下有刻紋兩週圈，刻紋不連貫。末端尖細，但不鋒利，摩擦光潤，保存尚好。長107mm.；最大橫徑7mm.。（註十一）　　　　　例十三（圖版貳：一三）

（二） 劃紋兩週圈，每一週圈多由兩道短劃紋作成，或有一道劃紋而兩端不接。

B2066 B41 北小圓井出土。磨製，有磨擦跡。全體細，下微彎。上下粗細幾相等。橫徑近圓角四方形。頂端平，磨擦光潤，頂下有刻紋兩週圈；刻紋不連接。末端稍細，偏尖，不鋒利，摩擦圓滑，保存良好。長125mm.；最大橫徑在近下段，徑4mm.。棕黃色。（註十二）　　　　　例十四（圖版貳：一四）

（三） 劃紋兩週圈，上週圈連續，下週圈兩端不接。

B2068 YH454 出土。磨製，上段有磨擦跡，橫徑扁圓，上段較粗，下段稍細。頂端平，下有刻紋兩週圈，第二圈接合處，相錯一段，驟看似三圈。末端

（註十一） 如例十三者尚有：B1300，B2073，B2074，B2301，B2302五完整標本；B2071，B2076，B2078，B2080，B2085，B2096，B2304七殘件，除兩件（B2301，B2096）出土地失錄外，皆小屯出土。

（註十二） 如例十四者尚有：B2067，B2081，皆殘件，小屯出土。

微向一面斜，摩擦光滑。上段有裂縫，餘保存完好。長109mm.；最大橫徑在最上段，徑8mm.。黃色黑斑。(註十三)　　　　　　例十五(圖版貳：一五)

（四）　劃紋兩週圈，皆連續，但紋槽內有細限。

B2298　YH158出土。磨製，有磨擦跡。橫徑上段近圓角三角形，下段近圓。頂端平，下有刻紋兩週圈，末端尖銳，有消耗痕。保存尚好，惟有裂縫多處。長115mm.；最大橫徑在頂端，徑8mm.。灰黃近黑色。(註十四)

例十六(圖版貳：一六)

（五）　劃紋兩週圈，均完全連續，槽道甚深。

B2079　坑位失錄。磨製，莖不圓，有粗磋痕。橫徑近圓，上粗，下細而微彎。頂端扁圓，平，下有刻紋兩週圈，刻痕甚深(不常見)。末端彎曲，尖銳處折失。殘長114＋mm.；最大橫徑在頂端，徑7mm.。灰色夾黃。(註十五)

例十七(圖版貳：一七)

（六）　劃紋兩週圈，上槽道較下槽道寬，均完全連續。

B2087　坑位失錄。磨製，有極顯之磋痕。殘存最上一段，橫徑上圓下扁。頂端平，下有刻紋兩週圈，第一圈刻紋深而寬（不常見），用痕未見。殘長59mm.；最大橫徑在頂端，徑5mm.。灰黃雜黑。例十八(圖版貳：一八)

乙、　　細条形頂端，包括扁条形，鏟形及圓角長方形，劃紋兩週或三週，有連續的，有不連續的。

（一）　鏟形頂：劃紋兩週，均不連續。

B2132　YH229出土。磨製，有磋痕，殘存最上一段。橫徑扁圓，頂端較薄如鏟，稍下有刻紋兩週圈，刻紋有間斷處。用痕不顯，殘長73＋mm.；最大橫

(註十三)　如例十五者尚有：B2065，小屯出土，B2305，出土地失錄。皆殘件。

(註十四)　如例十六者尚有：B2072，B2075，B2300，B2303四完整標本；B2083，B2086，B2299，三殘件，皆小屯出土。

(註十五)　如例十七者尚有：B2070，B2088；前一件完整，小屯出土；後一件殘，出土地失錄。屬於第貳類，但頂端略缺，不能詳分者尚有五例：

　　　　　B1174，B2077，B2082，B2089，B2297；除B2082出土地失錄外，皆小屯出土。

徑在頂端，徑 9mm.。淺黃雜灰色。(註十六)　　　　例十九(圖版貳：一九)

（二）　鏟形頂：劃紋兩週，上週圈，兩端不連續，下週圈，槽道有限坎。

B 1298　B 43　出土。磨製，有磨擦跡。上段五分之一磨成扁平；至頂端更薄，如鏟形。頂端下有刻紋兩週圈；刻紋接頭處不連續。末端尖細，有細微消耗。保存尚好。長 140mm.；最大橫徑在頂端，徑 9mm.。灰黃色雜黑色。

例二十(圖版貳：二〇)

（三）　鏟形頂：劃紋三週，上一圈連續，下二圈不連續。

B 2421　YM 306　出土。磨製，有磋痕。殘存最上一段。橫徑扁圓。頂端扁薄如鏟，稍下有刻紋三週圈，第三圈刻紋較淺。器身微彎。兩段粘合；下段折失。用痕不顯。殘長 87＋mm.；最大橫徑在頂端，徑 11mm.。棕黃色。

例二十一(圖版貳：二一)

（四）　扁豆形頂端：劃紋三週，均不連續。

B 2084　YH 237　出土。磨製，有磋痕。橫徑扁條形。頂端平，下有刻紋三週圈。三段粘合，末端折失。用痕不顯。殘長 90＋mm.；最大橫徑在頂端，徑 5.5mm.。淺棕色帶黃(缺一段)　　　　　　　例二十二(圖版貳：二二)

（五）　圓角長方頂：劃紋三週，上兩週連續，下一週不全。

B 1299　HPK 1164　出土。磨製，相當光潤。殘存上段。橫徑扁，近圓角長方形。頂端面平，留有磋跡，下有刻紋三週圈，上兩圈刻劃較深，下一圈接頭處不連，似經久用。殘長 79＋mm.；最大橫徑在頂端，徑 8mm.。象牙色。

例二十三(圖版貳：二三)

第叁類　蓋狀頂

頂端平面，皆整齊，偶有磋痕或略凸，亦有凸出如傘蓋者。頂端週圍外形，頗不規則，以扁長，腰圓或近半圓及圓三角者較常見；亦有近圓形者。其四週溢出莖幹部

(註十六)　如例十九者，尚有 B 2131，小屯出土。

份有如帽簷。溢出部分多少，大小不等；有由頂端下磨細，成一頸狀者，頂端徑度或小於器身最大之橫徑；亦有蓋徑特大，如釘帽形者。頂蓋下，有另刻一層或數層者。茲分四型敍述：

甲、平頂單層

乙、平頂多層

丙、凸頂單層

丁、凸頂多層

甲、平頂單層頂蓋：此型頂蓋與莖部之關係可以有下述之差別：(一)由頂蓋週圍，一部分向下向內收束作坡形；一部分直線下延，頂蓋與莖無分割處。(二)由頂蓋週圍，一部份陡轉向內向下，一部份緩轉向內向下。(三)頂蓋週邊全部緩轉向內向下。(四)頂蓋週邊全部陡轉向內，再圓轉向下。(五)頂蓋週邊全部陡轉向內，再方轉向下。

(一)　B2092　YH237 出土，磨製，色黯黃，表皮斑點甚多。頂蓋背緣與器身平直。形扁圓，不平。上段較粗，下段漸細；末端尖銳，甚鋒利，有細微消耗。四段粘合。長145 mm.；頂蓋最大徑11.6 mm.；最大橫徑在最上段，徑9 mm.(註十七)。　　　　　　　　　　　　　　　　　例二十四(圖版叁：二四)

(二)　B2100　C172 出土。磨製，有礵痕。色淡黃。頂蓋形橢圓，兩窄邊陡轉下，兩寬邊坡下。面平，似釘帽。莖週徑不規則，多摩擦痕。末段折失。殘長105mm.；頂蓋最大徑11mm.；最大橫徑在上段，徑6mm.。(註十八)

例二十五(圖版叁：二五)

(三)：1　B1292　坑位失錄。磨製，全體有極顯明之磨擦痕跡。色黯棕黃多黑斑。頂蓋圓，平，下有細頸。全形細長，至下段微彎。末端尖銳，甚鋒利，有光潤處。兩段粘合。長176mm.；頂蓋4mm.；箭身最大橫徑在中部，徑5.5

(註十七)　如例二十四者尚有：B2106；B2093，B2103，B2104，B2105，前一件爲完整標本，後四件爲殘件；除B2093出土地失錄外，皆小屯出土。

(註十八)　如例二十五者尚有：B2094，B2102，B2109，B2382，B2387，前二件爲完整標本，後三件爲殘件，皆小屯出土品。

mm.(註十九)。 例二十六(圖版叁：二六)

（三）：2　B 2091　YH228 出土。磨製，上段有磨擦跡，下段稍光潤。色灰黃。頂蓋近方平。上粗下細，末端尖銳，甚鋒利，有細微消耗。兩段粘合，長173mm. 頂蓋徑 11.7mm.；箄身最大橫徑在上段，徑 9mm.(註二十)。

例二十七(圖版叁：二七)

（四）、B 1257　A31 出土。磨製，有磋痕。色黃。殘存最上一段。頂蓋近圓，平，如釘帽。用痕不見。殘長 62＋mm.；頂蓋最大徑 16mm.；箄身最大橫徑在蓋下，徑 10mm.(註廿一)。 例二十八(圖版叁：二八)

（五）　B 2129　E 181 甲出土。磨製，有磋痕，下段光潤，色黃。頂蓋稍大，兩邊缺。面平，似釘帽。蓋週光潤，與莖相接處作方角。末段折失。殘長117＋mm.；頂蓋最大徑 11mm.；箄身最大橫徑在蓋下，徑 8.5mm.(註廿二)。

例二十九(圖版叁：二九)

乙、平頂雙層：兩層蓋皆與箄身同由一塊原料切割磋製而成。下層蓋沿，有時刻劃簡單文飾。頂層蓋外形，上面看，爲一極不一致之平面；有細長近“一”字形者，亦有近圓形者。頂蓋最短徑度與最長徑度之比例，可以低至百分之四十二，高至百分之八十六以上。今以此比例數乘一百，作爲頂層平面形之指數；分列五等，舉例如下：

（一）　指數在五十以下者：

編號　14：103　指數：31。大司空村出土(TSKH 16:1.7)。直立如“干”字形；頂蓋爲一長條，如“一”字，完整。全長132mm.。箄身最大橫徑在中段，8.5mm.。莖形腰圓，末端偏尖；表皮有微傷及縱裂紋。色黃，有小黑點。全身光潤，似經久用。頂層長度 16mm.，寬 5mm.。 例三十(圖版肆：三〇)

（註十九）　如例二十六者尙有：B 2097，小屯出土。

（註二十）　如例二十七者尙有：B 2095，B 2099，B 2101，B 2108，B 2098，B 2383，前四件爲完整標本，後二件爲殘件，皆小屯出土。

（註廿一）　如例二十八者尙有 B 2107，B 2130，B 2384，B 2385，皆殘件；小屯出土。

（註廿二）　如例二十九者尙有：B 2096，B 2386，B 9591，及無紅號A31出土的一件，共四件；前三件殘，後一件完整；兩件出土地失錄（B 2096，B 2386）兩件小屯出土。

（二）　頂層指數自百分之五十起至百分之六十以下：

B2394　指數：50。YM236 出土。磨製，特光潤，似經久用，色黃。頂蓋兩層，側視如干字形。上層蓋腰圓近平；下層較小，笄身上粗下細；末端尖銳，有細微消耗。長113mm.；上蓋徑 16×8mm.，下蓋徑 11×7.5mm.；笄身最大橫徑在蓋下，徑 9mm.。保存尚好（註廿三）。　　　　例三十一（圖版肆：三一）

（三）：1　頂層指數，自百分之六十起至百分之七十以下：下層無文飾。

B2160　指數：63。B5 出土。磨製，上段（包括頂蓋在內）有磨擦跡，下段較光潤，色黃，頂蓋兩層，側視如干字形。上蓋扁圓，平；下蓋稍圓。末端尖銳，有細微消耗。保存尚好。長90mm.；上蓋徑16×10mm.，下蓋徑13×11mm.；笄身最大橫徑在蓋下，徑 7mm.（註廿四）。　　　　例三十二（圖版肆：三二）

（三）：2　指數同上，下層週圍有劃紋。

B1278　指數：69。YH174出土。磨製，光潤。色灰，帶黑斑。頂蓋兩層，側視如干字；上層長圓，平，下層較厚，刻有相連之∧字紋一週。笄身微彎，末端尖細，但不銳。有消耗痕。長 126mm.；上蓋徑 18.4×12.5mm.，下蓋徑 14×11.2mm.；笄身最大橫徑在蓋下，徑 7mm.。　　　　例三十三（圖版肆：三三）

（四）：1　頂層指數，自百分之七十起至百分之八十以下，下層無文飾。

B1277　指數：70。斜一支間正坑出土。磨製，有磨擦跡，下段光潤，色黃。頂蓋兩層，側視如干字。上層扁圓，平，下層稍小，近圓，週邊有粗磨痕。笄身粗短。下段微彎，末端尖銳，有細微消耗，最尖處微傷。長 115mm.；上蓋徑17.3×12mm.，下蓋徑14×12mm.；笄身最大橫徑在上段，徑7.5mm.（註廿五）。

　　　　例三十四（圖版肆：三四）

（四）：2　指數同上，下層週圍有劃紋。

B2392　指數：76。YM242出土。磨製，光潤，偶顯磨擦跡。色黃，帶灰黑斑點。頂蓋兩層，側視干字形，上層扁圓，平。下層較厚，沿邊刻有連接之×形

（註廿三）　如例三十一者尚有：B1260，B2162兩件，前全，後殘，皆小屯出土。
（註廿四）　如例三十二者尚有：B2170，B2161，B2399；B2170小屯出土，餘失錄。
（註廿五）　如例三十四者尚有：14：123，TSKH16一件（大司空村），全。

紋飾一週，已摩光，不分明。末段微彎，尖端細小，但不鋒利，有消耗痕。保存尚好。長142mm.；上蓋徑16×12.4mm.，下蓋徑12×11mm.；笄身最大橫徑在蓋下，徑7mm.(註廿六)。　　　　　　　例三十五(圖版肆：三五)

(五)：1　頂層指數自百分之八十起至百分之九十以下，下層無文飾。

B2152　指數：86，橫十三壬出土。磨製，光潤。色黃，帶黑色斑點。頂蓋兩層，側視如干字，蓋甚細小。上層近圓，平；下層和上層體積相差無幾。笄身細長，末端尖銳，有細微消耗。保存尚好。長115mm.；上蓋7×6mm.，下蓋徑同上蓋；笄身最大橫徑在蓋下，徑4mm.(註廿七)。　例三十六(圖版肆：三六)

(五)：2　頂層指數同上，下層週圍有劃紋。

B2415　指數：87。YH226出土。磨製，光潤，偶顯磨擦跡。色黃，上段較深黯。頂蓋兩層，側視干字形，上層近圓，薄，平；下層較厚，刻有×形文飾一週。笄身微彎，末端尖細。有消耗痕。長135mm.；上蓋徑15×13mm.，下蓋徑12×11mm.；笄身最大橫徑在蓋下，徑8mm.。保存甚好(註廿八)。

例三十七(圖版肆：三七)

丙、凸頂單層：此型只有一層頂蓋，頂面向上凸出，共兩例，皆殘件；(一)頂上面圓轉略向內，再向下緩轉。(二)頂上面方轉向內，再陡轉向下；蓋與莖成正角。

(一)　B660　YH025出土。色米黃，殘存最上一小段。頂蓋近圓，中心稍凸如菌狀。沿邊有極淺細刻紋兩週，因表皮剝脫，刻紋有數處不顯明。用痕不見。殘長40＋mm.；頂蓋最大徑16.8mm.；最大橫徑在頂端下，徑12mm.。(註廿九)

例三十八(圖版伍：三八)

(二)　B2424　YH229出土。磨製，有磨擦跡。棕色帶黃黑。殘存最上一小段，頂蓋特大，半圓，頂上凸出如傘蓋，蓋頂刻有渦紋紋飾。用痕未見。殘長

(註廿六)　如例三十五者尚有：B2416--殘件，小屯出土。

(註廿七)　如例三十六者尚有：B2151，2173兩殘件，前件西北岡出土，後件失錄。

(註廿八)　如例三十七者尚有：B1258，B2417兩殘件，皆小屯出土。

(註廿九)　如例三十八者尚有：HPKM1001m出土的一件，又出土地失錄的一件。

19＋mm.；橫徑 5mm.（註三十）。　　　　　　　例三十九（圖版伍：三九）

丁、凸頂雙層：此型頂層，類似平頂雙層，形制由扁長到全圓，變化極多，其指數小者僅及四十二，高者到一百；茲分六等，舉例分述之。第六等爲指數在九十及九十以上到一百者。

（一）　B 2168　指數：42。WH 1 出土。磨製，光潤，偶顯磋痕。殘存最上一段。色淺灰。頂蓋兩層；上層刀豆形，不平；下層長條狀，製作不精。笄身下段稍粗。殘長 71＋mm.；上蓋 17.5×7.5mm.，下蓋徑 12.8×7.2mm.，略強。

例四十（圖版伍：四〇）

（二）　B 2396　指數：57。YH285出土。磨製，有磨擦跡。色黃。頂蓋兩層，側視如干字形；上層長圓，中微凸如傘蓋；下層稍小。笄身細長，下段微彎，末端尖部折失。用痕不顯。兩段粘合，長 115mm.；上蓋徑13.5×8mm.，下蓋徑11×8mm.；笄身最大橫徑在柄上段，徑 6mm.（註卅一）。　例四十一（圖版伍：四一）

（三）　B 2175　指數：69。購品，磨製，光潤，土銹粘附。黯黃。殘存最上一段。頂蓋兩層；上層腰子形，微中凸；下層近圓。笄身至下漸細。殘長62＋mm.；上蓋徑 14.7×10.3 mm.，下蓋徑 10.1×9.3 mm.；笄身最大橫徑 7 mm.（註卅二）。　　　　　　　例四十二（圖版伍：四二）

（四）　B 2156　指數：77。E 181 甲出土。磨製，殘存上段。色深灰近黑，土銹粘附。頂蓋兩層；上層亦扁圓。殘長89＋mm.；上蓋徑15×11.5mm.，下蓋徑11.6×10mm.；笄身最大橫徑在蓋下，徑7mm.（註卅三）。例四十三（圖版伍：四三）

（五）　B 2171　指數：86。B 130 出土。磨製，色黯黃黑斑，表皮光潤，有土銹粘附。頂蓋兩層，側視如干字形；上層微中凸，如菌狀。末端尖細，有細微消耗。兩段粘合。長 67mm.；上蓋最大徑 14.8mm.，下蓋徑 13.5mm.；笄身最大橫徑在蓋下，徑 6.5mm.。　　　　　　　例四十四（圖版伍：四四）

（註三十）　如例三十九者尚有：HPKM1001m出土的一件。

（註卅一）　如例四十一者尚有：B 2158，WH 3 出土（王裕口）。

（註卅二）　如例四十二者尚有：3：3394，HPKM1284出土；B 2163，小屯 E 181甲出土。

（註卅三）　如例四十三者尚有：B 2165，侯家莊南地出土。

　　（六）：1　Ɓ1279　指數：94。_A31_ 東北出土。　磨製，有磨擦跡。色淺灰，上蓋淺綠。頂蓋兩層：上層圓形僧帽狀，頂端中凸，由中心刻幅線七條，下蓋週邊文飾爲連續×紋，末端尖細，有細微消耗。保存尙好。全長 158mm.；上蓋橫徑 17mm.，高約16mm.；下蓋橫徑13.4mm.；笄莖最大橫徑在蓋下7mm.（註卅四）。

例四十五（圖版伍：四五）

　　（六）：2　YM242 出土一件，指數：100。頂層蓋中心略凸出。蓋上面嵌入綠松石；中心一圓塊，四極嵌長尖條，尖向內，蓋徑 19mm.；下一層，徑9mm.，週圍刻劃》》》形紋。蓋以下莖幹全失，下層中心一孔貫頂，由折斷處量，深逾 3mm.。

例四十六（圖版伍：四六）

　　戊、尖頂雙層與叁層：此型頂層尖圓或近尖圓；下托一層或兩層，皆由薄片作成。頂層尖圓高度在8公糎（mm.）與15公糎之間；頂層底部大半腰圓或近圓形。

　　（一）　B2413　（雙層，頂層體積：寬5mm.，長10mm.，高9mm.）：坑位失錄。磨製，甚光潤，偶顯磨擦跡。色黃，頂蓋兩層；上層扁形，中心一尖凸出，側視如三角形，又似笠頂；下爲一細頸，長約6糎；下蓋扁形。磨製精細。笄莖微彎，下段稍粗，末段尖銳，有細微消耗。長 132mm.；上蓋高 8.7mm.；徑 9.5×6.0mm.，下蓋徑 9.5×6mm.；笄身最大橫徑在下段，徑 7mm.。

例四十七（圖版陸：四七）

　　（二）　B1269　（雙層，頂層體積：8.5×18×15mm.）：WH 5 出土。磨製，有磨擦跡。色黯灰。頂蓋兩層：上層三角扁尖塔狀；半圓，

（註卅四）　如例四十五者尙有：B2180，_小屯_（A31）出土。

　　Ⅱ乙残件：頂層皆有缺，莖幹或全或不全。

　　A.　_莖幹全者_：B2164，B2159，B2153，B2150，B2149；除B2150失錄外，皆小屯出土；又_大司空村_一件：TSKH0017；以上共六件。

　　B.　_莖幹折斷者_：B2157（E121），B2172（失錄），B2395（YH170），B2400（C129），B2419（YM242）：除B2172出土地失錄外，皆_小屯_出土；又B2154出土地失錄；又HPKM1003一件。

　　C.　頂（或與幹）折傷；下層有刻紋者：B1280（B16）（莖全），B2135（YH41），B2136（YH005），B2418（YM242）皆小屯出土；又無紀錄者一件。

半平；橫切作弓形；中心向上投出一尖如塔頂，側面作三角形；又一面如笠頂，頂下為一細頸，長約 8 糎；下蓋扁圓形。笄莖下段殘失。頂蓋下角有一穿，由側面透達底面。殘長 97＋mm.；上蓋高 14.9mm.，徑 18.4×8.7mm.；下蓋徑 13.5×9mm.。　　　　　　　　　　　　　　　　　例四十八（圖版陸：四八）

（三）　B2414　（雙層，頂層體積：11×14×12mm.）：

YH209出土。磨製，光潤。色淺灰帶黃。頂蓋兩層；上蓋扁圓，側視如笠頂，殘失一角。頂上中心，尖如塔頂，圓錐體；側視作三角形輪廓。上下蓋間相隔約 5 公糎，下蓋亦殘缺。全部磨製精細；光潤潔整，頗與上記各件不同。末端折失，重加磨製，成一斜尖。笄莖兩半礼台，長 85mm.；上蓋徑 14×11.2mm.；下蓋徑 12×？笄身最大橫徑在下段，徑 7mm.。有消耗痕。牙製。　　　　　　　　　　　　　　　　　　　　　　　　　例四十九（圖版陸：四九）

（四）　B2148　（雙層，頂層體積：14×？×8mm.）：

C157出土。磨製，光潤。上段深灰近黑，帶黃白斑，下段白，近象牙色，有土銹粘附。頂蓋兩層：上層笠形，笠下為一長頸；下層蓋近圓，沿邊殘缺；再下似為一榫頭可以插入笄莖頂端榫口，但為土銹粘緊，不能移動。末端尖細，有消耗痕。上下蓋均有缺，笄身上段有裂縫。長 200mm.；上蓋橫徑 14×13mm.；下蓋橫徑 11×10mm.；笄身最大橫徑在蓋下，徑 8mm. 牙製。　　　　　　　　　　　　　　　　　　　　　　例五十（圖版陸：五〇）

■丁殘件：
　A. 頂殘幹全者：B2174（HPKM1150），B2397(YM236)，B2393（YM236）：共三件，第一件西北岡墓；二三兩件小屯墓。
　B. 頂幹皆殘者：B2155（失錄），B2166（B121），B2167（YH019），B2169（S48），B2176（B6），B2177(場南橫坑)，B2179（YH066），B2398（Yb0012）；又E50出一件；共九件，除失錄一件外，皆小屯出土。
■乙■丁兩型殘件：頂層完全折傷；莖幹或全或不全。
　A. 莖幹全者：B2110·（S101），B2111（失錄），B2112〈S148〉，B2114（場南第二段），B2116（YH108），B2119（3.4.0122），B2309（14：1484），B2115（E16），共八件，除一件無紀錄外，小屯出土五件，四盤磨二件。
　B. 頂，莖兩缺者：B2113（C64丙），B2117（YM258），B2118（2.4.0017），B2120（失錄），B2121（E43西支），2178(3.4.0009)，B2308(F3：1)，B2310(YH086)，（無紀錄一件），共九件，除失錄兩件外，皆小屯出土。

（五）　B 1419　（雙層，頂層體積：11×17.5×8.5mm.）：

小屯 E 55 出土，淺黃色，滿佈黑斑，下蓋微傷，下段外皮剝脫。頂蓋如長扁笠帽；笄身扁圓至腰圓。下端不尖銳。全長 134mm.，笄身最大橫徑 7.5mm. 在蓋下。　　　　　　　　　　　　　　　　　　　　　　　　　例五十一（圖版陸：五一）

（六）　B 1290　（叁層，頂層體積：10×11×12mm.）：

HPK1087 出土。磨製，光潤。色黃。頂蓋三層：上層圓錐狀，向上圓尖，不銳。中層蓋近圓；下層蓋扁圓。三蓋中兩細頸，均甚短：約 2—2.5公糎。笄身微彎，末端尖銳，有消耗痕。全長 108mm.；上蓋長 13mm.，徑 11.5×10mm.；中蓋徑 11.5×10mm.；下蓋徑 10×9 mm.。笄身最大橫徑在蓋下，徑 6.5mm.。

例五十二（圖版陸：五二）

己、活動頂蓋：此型頂蓋與笄莖分開製造；各件製完後，再加裝配。蓋有多至三層者。各層皆各自分製；作頂層用者，皆上凸，大半爲尖圓形，小數如笠頂；頂層底中心，皆有榫口，以備套入笄莖上端。下層蓋皆如圓錢形，中心一圓眼。莖上端多削成榫頭狀，亦有挖一榫口者。

（一）　笄頂：尖圓形，平底，中心一榫口；底形圓，或腰圓。

B45　HPK1068出土。磨製，甚光潤。色淺黃。底平，有磨擦跡，橢圓形，下有榫口，爲納笄身榫頭之用。上面作成一尖錐，外形如尖頂高帽。高21mm.；底徑 15×12mm.；榫口底徑 5.2mm.，深 7.7mm.，保存良好，尖頂有細微消耗（註卅五）。　　　　　　　　　　　　　　　　　　　　例五十三（圖版柒：五三）

（二）　笄頂：HPKM1004 出土一件，角質；磨製，色灰黑。扁圓涼帽形，平底，底形圓角長方24×19mm.。外表由一禿頂緩坡下行，輪廓有似長方屋頂，底中心一圓榫口；徑度 8mm.，深 10mm.。全件高 15mm.。

例五十四（圖版柒：五四）

（三）　笄頂：矮笠帽形；底部榫口，吐出一唇；唇邊有穿兩個，對立，似爲

（註卅五）　如例五十三者尚有：B 46，B 47，B 48，B 49；HPKM1217，HPKM1550，HPKM1003，HPKM 1003，HPK1128各一件，共九件，皆侯家莊出土；除B 49外，皆完整。

鬭笥時，穿橫釘用。

B2659　場南橫坑出土。磨製，光潤，底有磨擦跡。色黯黃帶黑斑。頂端凸出，不高。底圓，有一榫口，榫口下投出邊沿，穿橫眼一對，形同（2）b支型。尖頂處磨擦光潤，保存尚好。高11mm.；底徑26.5mm.；榫口徑7mm.。最深處8.6mm.(註卅六)。　　　　　　　　　　　　　　　例五十五（圖版柒：五五）

（四）　笄頂：外形似例五十三；底心榫口，吐出一唇，似例五十五，並有兩穿相對。

B1879　B12出土。磨製，色灰白。底扁圓，有一榫口，榫口下投出邊沿一週，穿有橫眼一對，一已殘破，似爲納入笄莖，穿釘固定榫口之用。頂上爲錐尖部份，已殘缺。表皮剝脫，顯出海綿狀組織。高15mm.；底徑23×20mm.。榫口8mm.，深6.5mm.（投出邊沿在內）。　　　　　　　　　　例五十六（圖版柒：五六）

（五）　笄頂：長方屋頂形，頂下一矮座，四週與屋簷平行。向內退入約2mm.。底心榫口，徑6mm.，深11mm. 全件高17mm.。

B2267　YM242出土。磨製，光潤。色黃。一半剝脫，一半完好。全形復原作長方屋頂形：四面均由中脊陡坡向下，中段微凸出。簷口下座略向內縮；若頸之與頭。亦作長方形。底部缺大半，有一圓形榫口；徑度在6.5公厘以上，深約8.9公厘。最大徑爲20×10mm.。　　　　　　　　　例五十七（圖版柒：五七）

（六）　下層蓋：圓眼圓餅形。

西北岡出土一件（HPK1089），徑 21 mm.，厚3 mm.；中心一眼，徑 6mm.(註卅七)。　　　　　　　　　　　　　　　　　　例五十八（圖版柒：五八）

（七）　三層頂：三層頂蓋，雕成一件；中心作圓管形，貫通三層，僅一例，侯家莊出土；紀錄已失；頂層尖圓，保存完整；底徑24mm.，高29mm.；下層榫口徑6.5mm.。中層厚3mm.，徑度25mm.；底層厚3mm.，徑度，因殘破過半，不能量，大約如中層。此件爲一孤例，象牙製。　　　例五十九（圖版柒：五九）

(註卅六)　如例五十五者尚有：B2660，小屯出土，尚完整。

(註卅七)　如例五十八者尚有：HPKM1550，HPKM1002，HPKM 1004各一件；又出土地失錄者一件，共四件，皆完整。

（八）　笄莖：上端榫頭，未經削治與莖幹無分劃處。

B1943　YH057出土。磨製，甚光潤，偶顯細微之磨擦跡。象牙色。頂端一榫頭，深黃。笄身上段扁圓，亦為橫徑最大所在，中段變細，末端尖銳，甚鋒利。有消耗痕，保存良好。長95mm.；榫頭徑6mm.，橫徑8mm.；榫頭保存粘貼質料；與笄身交界處極清楚（註卅八）。　　　　　例六十（圖版捌：六〇）

（九）　笄莖：上端榫頭，與莖幹分劃。

B1942　YH030出土。磨製，光潤，有磨擦跡，色灰黃，有黑斑。頂端一榫頭，較B1943為長，製作較粗。榫頭下為一方肩。笄身細長，中段微彎，末端尖銳，有消耗痕。長134mm.；榫長6mm.，徑4mm.；最大橫徑5.5mm.（註卅九）。

例六十一（圖版捌：六一）

（十）　笄莖：上端榫頭細小；榫頭下為一方肩，方肩下有一週刻紋。

B1944　安陽購品。磨製，有磨擦跡。色灰黃黑斑。頂端一矮小榫頭；榫頭下為一方肩；肩下有刻紋一週圈。笄身橫徑由上向下漸減。末端為一偏尖，有消耗痕。保存尚好。長85mm.；榫頭徑3mm.，長1.5mm.；最大橫徑在最上段，肩部徑6.2mm.。　　　　　例六十二（圖版捌：六二）

（十一）　笄莖：上端扁細條形，有一橫穿；中段圓，較粗大；下端扁刄狀，不銳。

B1302　HPKM1001出土。磨製，蛋白色，頂端扁，有缺；原狀難詳，但有一橫穿之半段殘迹。笄身上段橫徑亦扁，下段漸趨圓，表皮全剝脫，末端殘失。長151mm.；最大橫徑在腹部，徑7mm.（註四十）。例六十三（圖版捌：六三）

（十二）　笄莖：頂端一眼，深約二公糎（2mm.）。

B2337　侯家莊出土，墓號失錄。磨製，光潤，偶顯細微消耗跡。色黃，頂端上為榫口，似有活動頂蓋，但已失。全體微彎，橫徑除頂端近圓形外，餘均扁條形。末端尖銳，有細微消耗。表皮有少許剝脫，兩段粘合。長145mm.；最大

（註卅八）　如例六十者尚有：B1948一件，HPKM1217出土一件；前件小屯出土，皆中斷，下段遺失。

（註卅九）　如例六十一者尚有：B1945，B1946，B1947，B2019；又A22出土一件，及另一件無紀錄，出土地清楚者二件，皆小屯，皆殘件。

（註四十）　如例六十三者尚有：B1301，小屯109—110出土，兩端均折傷。

橫徑在頂端，徑6mm.。榫口橫徑2.3mm.，深1.7mm.。例六十四（圖版捌：六四）

（十三）　笄莖：頂端一榫口，旁爲四橫眼。

B2147　C19出土。磨製，色淡黃。殘存最上一段，頂端上爲一榫口形，其旁有四橫眼，似爲安頂蓋時穿橫釘用。下段殘失，表皮剝脫甚重。殘長62＋mm.；最大橫徑在頂端，徑6mm.。榫口橫徑：2.4mm.；深5mm.；四橫眼距離不相等，位置高下亦略相錯。　　　　　　　　　　　例六十五（圖版捌：六五）

（十四）　笄莖：上端一蓋，如例二十九（B2129）；蓋中心一眼，橫徑2.5公糎，深約3公糎。此例西北岡，HPK1094A出土，黃色，形筆直，如一細長釘；全長107mm.，上下粗細略等，橫徑自上至下皆4mm.，下端爲一偏尖，不銳。外皮有剝脫處，縱行紋甚顯，並有裂紋。頂蓋圓長方：7×6mm.。

例六十六（圖版捌：六六）

（十五）　活動頂蓋笄：一部份活動頂蓋尙保存在笄莖者，共得三例；但最上層蓋均已遺失，所保存者爲中層與下層；兩層之活動蓋皆爲圓孔圓餅形，套入扁體之上段笄莖。鬪筍不符合（兩例）；莖體形與蓋孔形兩相配合者只一例（HPKM1759出土）。

B1281　HPK2526出土。磨製，極光潤，偶有磨擦跡。色黃。頂蓋兩層。頂端扁條形，穿兩蓋。兩蓋分作；套入上端，與蓋孔不合縫。兩蓋均圓形，平面，中有圓孔。笄身彎曲；上下兩段作扁條形；中段腰圓。表皮有剝脫處。末端扁圓，有消耗痕。全長238mm.；上蓋最大徑17mm.；下蓋最大17.3mm.。笄身最大橫徑在中部，徑8mm.（註四十一）。　　　　　　例六十七（圖版捌：六七）

第肆類　牌狀頂

此式上部寬出，作梯形或近長方形的牌頂，挺立笄莖上；牌由下向上漸薄，頂緣有時薄如鏟双。牌兩面多刻有劃紋：紋由沿牌四邊緣兩道平行劃線構成；四角相交

（註四十一）　如例六十七者尙有：B891＋B1250一件，HPKM1880出土；又HPKM1759出土一件；皆殘缺。後一件莖與蓋孔兩相符合。

處，劃線互相切割。此劃線在若干標本上或移近牌面中心成"回"字形文飾。或於牌面中心雕成一坎，於頂緣上挖一槽以納鑲嵌飾件；亦有於牌中貫透一穿或數穿，兩側鑿入切迹者。牌下，大抵有一座；但亦有無座者。茲分五型說明之：

甲、牌下有座，兩面無文飾：

B2225　YM331出土。頂端梯形扁牌狀，全部有磨擦跡。色深黃，有黑斑。頂端寬出的匾牌，分兩層：上層楔形，近長方；上端略窄。下層如矮座，略窄，較薄，頂托上層。筓身細長，與頂牌相接處最寬，爲最大橫徑所在。四段粘合，末端折失。全長162mm.；牌高25mm.，上層高22mm.；上層最寬24mm.，最窄18mm.，最厚4.5mm.，下層最寬22.5mm.：筓身橫徑9mm.(註四十二)。

例六十八（圖版玖：六八）

乙、牌下有座，兩面沿邊，有平行劃線兩道：

（一）　寬短牌：最大寬度，大於高度。

B2322　小屯出土，坑位失錄。磨光，筓身撫摩光潤，上段及頂端有摩擦跡，色黃。頂端旁出，作匾牌狀，分兩層：上層的下段，厚度無變化；略上，成楔形。由中段向上，頂牌漸窄漸薄，最上頂緣，薄如刄口；牌兩面中心凸出，爲全部最厚處；邊沿各有劃紋兩道，如藻井迴邊文樣。牌下另有一層，如一座，頂托上層匾牌。莖部末端尖銳，有細微消耗。保存尙好。全長100mm.；牌高21mm.；上層高17mm.，最寬23mm.；最窄14mm.，最厚6mm.；下層最寬19mm.。筓身最大橫徑8mm.(註四十三)。　　　　　　例六十九（圖版玖：六九）

(註四十二)　如例六十八者尙有：B2234，B2244，B2257，B2262；第一件YH005出，餘三件YM331出皆殘件。又YM331一件無號，Yb033一件無號；皆小屯出。

(註四十三)　如例六十九者尙有：B2230，B2233，B2235，B2238，B2239，B2241，B2242，B2343，B2313，B2315，B2316，B2323，共十二件，皆完整，小屯出土。又1：182大司空村一件，完整。

同上：B2265，B2264，B2333，B2261，B2258，B2332，B2331，B2250，B2252，B2255，B2251（YH225），B2328，B2327，B2325，B2324，B2321，B2319，B2318，B2232，B2317，B1270（YM331），B2245（YM331），B2224，又YM331一件無紅號，以上二十四件殘件，皆小屯出（有失錄者，但亦出小屯）。

同上：TSK一件，大司空村出土；B2249一件，HPKM1317，出西北岡。

（二） 近方形牌：最大寬度略與高度相等。

B2231　YH212出土。磨光，上段偶顯磨擦跡，下段極光潤，似經久用。頂端形制同例六十九，一面微凹，一面略凸。象牙色。最薄處作丩狀，圓角轉。文飾與例六十九略異；刻紋兩旁直線，上下近直，不與沿邊平行。下座與笄身交界處，兩面亦有刻紋。莖末端甚尖銳；有細微消耗。全長 130mm.；牌高 27mm.；上層高 23mm.，最寬 23mm.，最窄 15mm.，厚 5.5mm.；下層最寬 21mm.；笄身最大橫徑 8mm.(註四十四)。　　　　　　　　　　例七十（圖版玖：七○）

（三） 窄長牌：最大寬度，小於高度。

B2314　YH158出土。有甚多磨擦跡，色黯黃。頂端形制文飾同例六十九，最薄處作 “一” 字形。頂牌與笄身交界處，週邊刻成一細頸，刻文深淺不一。笄身末端尖銳，有細微消耗。上下兩端均微彎，下段表皮有裂縫。全長 140mm.；牌長 24mm.；上層高 20mm.，最寬 18mm.，最窄 13mm.，最厚 5.5mm.；下層最寬 16mm.；笄身最大橫徑 7mm.(註四十五)。　　　　　例七十一（圖版玖：七一）

丙、牌下有座，兩面刻 “回” 形文飾者。

（一） 寬短牌：

B1275　大連坑出土。磨光，色黃灰夾雜。頂端兩旁寬出如牌狀，分兩層：上層楔形，由下向上漸窄漸薄，最薄處如 “一” 字狀。兩面中心均刻有 “回” 形文飾，下層為一牌座，如花萼，較短小，與上層交界處，較窄較薄。笄身末端折失；表皮有黃斑。兩段粘合。全長 138mm.；牌高 22mm.；上層高 17mm.，最寬 24mm.，最窄 12mm.，最厚 6.5mm.，下層最寬 17mm.；笄身最大橫徑 4.5mm.

(註四十四)　如例七十者尚有：B 2266，B2260，B 2259，B2254， B2248，B2246 (YH005)，B2326 (YH228)，B2237，B2229共九件，皆小屯出土(B2229完整，餘殘)。

(註四十五)　如例七十一者尚有：B2334(C158)，B2247，B2330，B2320，B2329，無記錄一件，有紅號者，除B2247失錄外，皆小屯出土，最後一件可能出于YM331，與失錄之B2247，大概亦皆小屯所出。

附記：YM331一殘件，牌頂已殘。

　　YH058一件，亦殘，牌面劃紋，作盉狀。

　　B2256，Yb023出土，尚未完成之標本。

(註四十六)。　　　　　　　　　　　　　　例七十二(圖版玖：七二)

（二）　近方形牌：

B1273　大連坑出土。磨光，有磨擦跡。色黯灰夾黑斑。頂端形制文飾均同例七十二，惟上層區牌下緣方轉，中間較凸，為最厚處；刻文較粗糙。笄身微彎，末端折失。全長109mm.；牌高22mm.；上層高17mm.，最寬17mm.，最窄12mm.，最厚7mm.；笄身最大橫徑5mm.。　　　　例七十三(圖版玖：七三)

（三）　窄長形牌：

B2226　大連坑出土。磨製，有磨擦跡。色黯灰帶黃色土銹。頂端形制文飾均同例七十二，最上端作"一"字形，厚約3公糎。此器頂牌較細長，下托亦較大。笄身末端尖銳，保存尚好。全長147mm.；牌高26mm.；上層高20mm.，最寬18mm.，最窄9.5mm.，最厚8mm.；下層最寬19mm.；笄身最大橫徑5mm.。

例七十四(圖版玖：七四)

丁、牌下有座，兩面中心挖坎，上緣雕槽：

（一）　槽道兩端不封口：

B2240　HPKM1443出土。磨光，色淡灰帶綠。頂端寬出作區牌狀，分兩層：上層梯形，厚度相等，惟由下向上漸窄，最上端為一槽口，已殘失一半。兩面中心雕成一梯形穴口。下層緊接上層，兩邊較窄，兩端內收甚多。笄身粗短，末端微缺，由兩段粘合。表面大部剝脫，有蛀痕。全長81mm.；牌高18mm.；上層高14.5mm.，最寬23mm.，最窄14mm.，厚9mm.；下層寬17mm.；笄身最大橫徑在牌下，徑8mm.。　　　　例七十五(圖版玖：七五)

（二）　槽道兩端半封口：

B1272　HPKM1442出土。磨製，甚光潤，偶顯磨擦跡。色淡綠。頂端旁出，作區牌狀，分兩層：上層梯形，厚度相等，由下向上漸窄。最上端為一槽口，透出兩端；俯視如入口半張，最深處為兩圓穴。兩面中心各雕成一梯形穴。下座甚高，兩端下寬上窄。笄身末端折失，有裂縫。全長106mm.；牌高20mm.；

（註四十六）　如例七十二者尚有：B2228，B2236；前件完整，後一件殘；皆小屯大連坑出土。

上層高 13mm.，最寬 16mm.，最窄 10mm.，厚 7mm.；下層最寬 15.5mm.，最窄 11mm.；笄身最大橫徑在牌下，徑 5mm.。　　例七十六（圖版玖：七六）

戊、牌下無座，牌面穿孔者：

（一）　B 1274　HPKM1443出土。磨光，有磨擦跡。殘存上段。色淺綠，帶黑斑。頂端爲一梯形方牌，上窄下寬，厚度由下向上漸減。兩面中心爲一穿，穿下刻有「口」形文飾一，塗以紅硃。笄身下段殘失，頂牌兩面，近刻紋處均有殘傷。全長 60mm.；牌高 22mm.，最寬 14mm.，最窄 11mm.，最厚 5mm.，最薄 1.5mm.；笄身最大橫徑在折斷處，徑 6mm.。　　例七十七（圖版玖：七七）

（二）　B 1271　HPKM1217出土。磨製，偶顯磨擦跡。色黑。頂端爲一梯形長方牌：上窄下寬，厚度相等。牌面有四穿：每一穿向旁之邊緣各雕入一半圓形之切迹。笄身扁條形，末端折失，橫徑上下相等，徑 7mm.；全長 110mm.；牌長 26mm.，最寬20mm.，最窄15mm.，厚 4mm.。例七十八（圖版玖：七八）

第伍類　“羊”形頂

此式上端，亦爲一牌狀；牌兩正面與莖幹銜接處不劃分，兩側面各射出一段，構戍牌形頭頂。兩旁及上緣均有極分明之切迹。頂緣中間挖成一坎，切痕寬窄，深淺，各標本不相等。側緣各有三切，（兩切者僅一例）切迹以類三角形爲多，但極不規則，大致以居中者較深較大。從正面看，此一牌狀頂，以在中間之類似三角形一段爲主體；下有一座負托此一體，上蓋一橫頂，兩端各具一彎角。簡化後，就其輪廓言，此形極近“羊”字。這一類的骨笄，雕工至爲草率；牌狀全形，多半傾斜，兩側切迹，極少對稱；兩面劃紋亦無規律。但多經久用，全部多撫摩光潤者。下舉四例說明一斑狀態，不另分型：

（一）　頂牌刻劃分明，各部排列較整齊者，兩面並保有刻劃紋：

B 2210　橫十三·五壬出土。磨製，頂端雕成“羊”形，有磨擦跡。色黯黃。

頂端兩面與笄身不劃分；一面稍凹，一面略凸；兩旁則寬出甚多。最上平頂長方形較寬大，頂端中間一切迹；兩旁緣各投出翼狀短枝三層，每層上坡下平。兩面均刻有交叉方格紋。全形似一"羊"字。笄身扁，上寬下細，末端尖銳，甚鋒利，有消耗痕。保存尚好。全長 114mm.；牌飾高 23mm.，最寬 23mm.，最厚 5mm.；笄身最大橫徑 9.5mm.(註四十七)。　　　　例七十九(圖版壹零：七九)

（二）　牌位傾斜者，兩面有刻劃紋：

B 2411　C 129出土。磨製，偶顯磨擦跡。象牙色。頂牌兩面與笄身不劃分，兩旁寬出甚多。最上為一平頂，當中一切迹；切痕寬大，長 3.1 公粴，寬 4.6 公粴。兩旁投出翼狀橫枝三層；每層均上坡下平，各有橫劃紋作界。兩面刻有交叉方格紋。頂牌全形近"羊"字。笄身歪曲，最大橫徑在牌下；下段撫摩光潤，末端尖銳，不鋒利，有消耗痕。兩段粘合。表皮有剝脫處。全長 125mm.；牌飾高 22mm.，最寬 22mm.，最厚 6mm.；笄身最大橫徑 7mm.(註四十八)。

例八十(圖版壹零：八〇)

（三）　同(一)與(二)，兩面無刻劃紋：

B 2412　YH 140出土。磨製，光潤，黃色。頂端兩旁投出，作扁牌狀，前後兩面與笄身不劃分。上下共分四層：最上一層較寬大，頂端一切迹，將上層分左右兩段。以下三層，皆由兩旁切迹斜坡射出，每層上面傾斜，下近平；排列位置，不在一直線上。全形似"羊"字，兩面無文飾。笄身下段微彎，末端尖銳，有細微消耗。保存良好。全長102mm.；頂端牌飾高 20mm.，最寬18mm.，最厚5.4 mm.；笄身最大橫徑在牌飾下，徑7mm.(註四十九)。例八十一(圖版壹零：八一)

（四）　兩旁各有兩切迹：

B 2222　橫十三‧五壬出土。磨製，頂端雕成"羊"字形，有磨擦跡。色黯

(註四十七)　如例七十九者尚有：B 2209，B 1285，B 2215，B 2218，B 2220，B 2221；共六件，前二件完整，後四件殘缺，皆小屯出土。

(註四十八)　如例八十者尚有：B 2211，B 2214，B 2223，B 2217；皆殘缺；前三件小屯出土，後一件西北岡出土。

(註四十九)　如例八十一者尚有：B 1267，B 2409，B 2263，B 2203，B 2407，B 2428，共六件，皆殘缺，小屯出土。

黃。頂牌兩面與笄身不劃分，兩旁寬出；最上一層平頂；兩轉角處長方；頂端中間一切迹。頂牌兩旁射出齒牙狀橫枝各兩枚；刻劃不齊，一面有交叉方格紋，一面剝脫，已失原狀。全形似"羊"字。笄身扁，最大橫徑在頂牌下。下段折失。殘長 51＋mm, 牌高 16mm.，最寬 15mm.，最厚 4mm.；笄身最大橫徑 7mm.。

例八十二（圖版壹零：八二）

第陸類　幾何形頂飾

此類共有標本六件，頂形有兩型可分：

甲、圭角形頂，標本一件：

　　B1295　村北橫一壬出土。磨製，甚光潤，偶顯磨擦跡。笄身下圓上扁；象牙色。頂端與笄身無清楚界劃。自中段以上，漸濶大；近頂端寬度陡增：兩寬面，一平坦，一面挺出一中脊。脊上端凸出部份，透出頂面成一中尖。中尖坡向兩旁，兩側端銳轉向下，構成兩旁尖；故單論上端三尖，宛如圭頂。全體形制，線條不多，簡勁有力，代表一特殊作風。下半段由扁圓至圓；末端尖銳，有消耗痕。保存完整。長 112mm.，頂端最寬 17mm.；最厚 6mm.。

例八十三（圖版壹零：八三）

乙、多層塔形頂：

　　（一）　兩面坡屋形頂，四層塔狀：

　　B1289　HPKM1003出土。磨製，光潤；但外皮大半剝脫。象牙色。頂端塔狀，分四層：最上層，正面看為三角形，尖端向上；兩旁斜下；近底直線向下。側面看，均作垂直狀。荅下三層，週線與塔底平行，正側兩面橫切線均作"三"字形；兩旁刻紋較深，前後較淺。笄身細長，表皮剝脫甚多，末端失尖。全器由兩段粘合。全長 146mm.；塔飾高 17mm.，最寬 9mm.，最厚 6mm.；笄身最大橫徑在腹部上，徑 5.3mm.。

例八十四（圖版壹零：八四）

（二）：1　牌狀頂層，六層塔狀：

B1254　HPKM1550出土。磨製，光潤。色深灰雜灰白。頂端正身雕成五層塔形：上加塔頂共六層，塔頂倒置梯形，下窄上寬，兩面無孔。形制同例八十六。塔身結構中段最大，形如削去兩尖端之棗核狀；上下兩端各界以雙層薄片；皆平行，正側兩面各作有秩序之層秩。笄身僅存一小節，橫徑上下相等。殘長36＋mm.，頂端塔身高22mm.，最寬11mm.，最厚5.5mm.；笄身最大橫徑6mm.。

例八十五（圖版壹零：八五）

（二）：2　牌狀頂層，六層塔狀，頂層與第三層兩面挖小圓坎：

B1268　HPKM1002出土。磨製，光潤。色黃。頂端雕成五層塔狀，連最上一頂共六層：頂層倒置梯形，由下向上漸寬漸薄。頂層左右兩角厚薄不均：一角較薄圓轉；兩正面各有凹入圓渦一個，但所在位置不對稱。頂層下共五層：正側兩面各層均作“一”字形；界以深刻切迹；切迹前後淺，兩旁深。中層（第四層）較高大；兩側略凸；前後兩面近平；亦各挖圓穴一，兩不對稱，位置不在正中。笄身由最下層下延，微彎；下段折失；最大橫徑6mm.，殘長69＋mm.；頂端塔飾高24mm.，最寬10mm.，最厚5mm.。　　例八十六（圖版壹零：八六）

（三）　“山”形頂層，六層塔狀：

B1255　HPKM1217出土。頂端雕成塔狀。象牙色。頂端塔形雕刻分六層：最上層為“山”字頂；兩端及中間各投出一尖；中尖略偏；三尖中間之兩凹下處，一深一淺。頂層下第二層為一長方平板；再下第三層為一類倒置梯形。下三層為一“三”字形橫座。笄身殘存一小節，頂端塔飾部份亦有缺。土銹粘附。殘長40＋mm.；頂端塔飾高21mm.，最寬10mm.，最厚6mm.；笄身橫徑5.8mm.。

例八十七（圖版壹零：八七）

（四）　倒置尖圓形頂：

B1857　HPK1123出土。磨製光潤，頂端雕成五層塔形，上加一倒置之錐形之塔頂，共六層。塔形構造，以中間一層為主體，如鼓狀；上下各以雙層之圓餅為界。全體輪廓極似例八十五，例八十六；但上兩例，皆扁形，此一雕刻作圓形。笄身極短，末端磨成尖，似非原製。全長36mm.；塔高16.2；**最寬7.9**

mm.；笄身最大橫徑 4mm.。　　　　　　　例八十八（圖版壹零：八八）

第柒類　鳥形頂

頂端雕成鳥狀，鳥形不一：有立雕者，有平雕者；有尖嘴者；有扁嘴者；有寫實者，有寫意者；有另加頂蓋者，茲分六型類別之：(甲)凸鼻鳥型。(乙)鈎鼻鳥型。(丙)低冠鳥型。(丁)高冠鳥型。(戊)平頂鳥型。(己)高座鳥型。

甲、凸鼻鳥型：

B1266　坑位失錄。立體雕刻，鳥狀，黃綠色。腿屆向後；爪在前，緊抓笄身上端；爪距間，嵌綠松石。尾尖卷向下向內。頂有雙冠；左右平行，卷曲向後，最後端卷成不完全之兩圓孔。兩冠向外一面，中間各有刻紋兩道。嘴向前伸，開口；上唇凸向前成一鈎尖，屆曲向下垂；下唇尖在上唇尖後。上唇出發處，緊接冠根，稍下，左右各有一圓渦凹入，似為鑲石處。兩眼橫穿頭部，原似嵌有松綠石，現已脫去。腦後及後頸，由刻劃短橫線疊積成上下紋三條；中條隆起，延續至脊背，達尾部。鳥身如橫臥Ｓ形之中段；左右兩翅中間均刻寬條槽道，鑲嵌乙字形松綠石，兩旁以連續小曲線配襯。尾由翼後下垂，卷曲向內向上，亦於兩面雕槽嵌石。腿向下，三爪向前，一邊剝脫不清；只餘腿部。笄身完全佚失。剩餘部份最高 35mm.；最寬 23mm.；最厚部份在兩冠；寬 9mm.。此一型為完全寫真之雕刻，僅一例。　　　　　例八十九（圖版壹壹：八九）

乙、鈎鼻鳥型：

原編號R1303，無紅號。出土地失錄。玉製，淡青色。鳥狀，尾.下端及笄莖殘餘處作棕色。此件為一鈎嘴鳥形雕刻，兩爪向前對捧；笄身上端在兩腿間；自冠頂至尾下高 56mm.；自爪端至翅後尖寬 28mm.；頭，翅，尾，腿，爪，冠各部分明：

頭部：前緣為鼻與嘴；長條形向前投出；緣上角尖銳；由上角前緣，下垂線中段略向外凸，最下段射出一尖嘴。嘴唇與鼻下緣，界線分明。頭部兩側面中心各有一圓塊，外套週圈，代表一雙圓眼。週圈均由挖邊陽線紋界劃，頭頂及腦後，飾以齒冠；腦後兩齒，各再分歧。頭頂兩齒不再分歧。惟轉角處，齒根有一穿。

身部：胸前為一簡單曲線，由頸下坡出，至胸中向後退；再由兩側以陽線紋向後達翅尖。兩側翅形，均作角狀之縱切面。角尖向後向下垂；側面飾以帶鬃鈎紋三道。翅下後緣，為一禿尾，腿爪橫出尾前，架於笄莖上端。側面皆飾以鈎形陽紋。前緣兩足間，有一漕溝。　　　　　　　　例九十（圖版壹壹：九〇）

丙、低冠鳥型：下有一座，鳥形皆作棲息狀態，兩腿不露；冠皆作鋸齒狀，或沿頭頂刻淺切迹以代表之。頸多短粗；有稍細長者，則頭後頂上揚。頭形側景，甚類一切邊葫蘆。口皆前伸，有扁有尖，或開或闔。

（一）　七齒低冠，闔口扁嘴：

B 2279　　　　。C 129出土。磨製，頂端刻扁嘴鳥形。色灰夾黃斑。鳥作屈腿棲息狀，腿足不外露。頭大半橢圓，沿頂端有斜行小劃紋；頭兩旁為幾何形紋；兩眼圓凸；嘴細扁，向前，上下唇不分。胸部前面由頸部坡出，折轉向下，略傾斜，作方形，刻劃重疊人字紋折轉向後至尾部。尾細扁條狀。兩翅左右均刻有簡單文飾。尾下有一斜垂體；垂體前為一底座，刻有ㄇ形紋。笄身細，下段折失。全體土銹斑駁。殘長 65＋mm.；頂端鳥體高 27mm.，最寬 24mm.，最厚 8 mm.；笄身最大橫徑在座下，徑 8mm.。　　　　　　例九十一（圖版壹壹：九一）

（二）　七齒低冠，開口扁嘴：

B 2388　YH 244出土。磨製，光潤。頂端雕成扁嘴鳥形，象鴨狀；腿部為一寬長平底，几形細座；座後為一下垂體。頭部上半近半圓形；沿上緣斜劃平行切迹七道，由嘴上部直達腦後。頭兩側面，各刻幾何形紋；中心左右各一眼，扁圓狀，突起。扁嘴細長，向前伸張，開口；上唇端三角形，下唇端一字形。胸部由頸下曲向前，突出部份與嘴尖成一直線；作長方形。胸前面上下兩緣，各有刻紋一道。尾由腹向後延；尾端尖細略上翹。兩翅外面有短刻紋。後尾下有一斜垂體。底座後端，垂體前，有一深入切迹，斜行向上向前。下座左右兩側面，各刻"凹"形紋。全器保存良好，箅身末端尖銳，有細微消耗。全長150mm.；頂端鳥體高28mm.，前後最寬21mm.左右，最厚在腹部，7mm.箅身最大橫徑在上端，徑7mm.。例九十二（圖版壹壹：九二）

（三） 八齒低冠，閤口尖嘴：

B2275　E32出土。磨製，光潤，黃色。頂端刻禿嘴鳥形，頭大身小。鳥作棲息狀。頭側面作橫躺葫蘆形，沿頂邊有斜行淺刻切迹八道。頭部兩面，劃簡單幾何形紋；兩眼：一微向外鼓，一不顯。嘴前兩旁，刻有極淺劃紋各一道。胸由頸部向前向下圓轉；再折轉向後達尾部。尾後，有一下垂體，斜向後。腹下爲一"儿"形底座；兩旁刻"皿"字。箅身短，末端尖銳，有細微消耗。保存良好。全長83mm.；頂端鳥體高24mm.，最寬22mm.，最厚7mm.；箅身最大橫徑在座下，徑6mm.。例九十三（圖版壹壹：九三）

（四） 十一齒低冠，開口扁嘴：

B1283　坑位失錄。磨製，光潤，偶顯磨擦跡。色淡黃。頂端雕成扁嘴鳥形，棲"息"儿形矮座上；座後，尾下，一體斜向後垂。頭側面半橢圓形；沿頂邊有橫劃切迹十道，由嘴上端直達腦後，側視如鋸齒。頭兩面刻以鈎形紋；中心各一眼，腰圓狀突起。扁嘴前伸，兩面各刻紋一道，界劃上下唇；唇端皆作"＝"形狀。腹部鼓向前，上與唇端齊；腹前面飾以人字形劃紋。兩翅窄狹；各有細短劃紋，由胸部後延至尾尖。尾尖下，爲一斜行下垂體。腹下一儿形底座；兩側面均有短垂紋三道。箅身細，末端尖銳，有消耗痕。保存良好。全長115mm.；頂端鳥體高23mm.，最寬24mm.，最厚7mm.；箅身最大橫徑在最上，徑7mm.。

例九十四（圖版壹壹：九四）

（五） 十一齒低冠，開口尖嘴：

B2284　HPKM1550出土。扁嘴鳥形。色淺灰。箅身全部損失。鳥作屈腿伏臥狀。頭大身細，頭側面爲一切邊葫蘆形；冠頂沿邊有斜刻劃紋；由嘴上端至腦後共十道。冠下兩面各有月牙形槽紋，扇狀排列；左右兩面中心各有圓眼突起。嘴開口，向前漸細；上下唇近長三角形。胸部近扁長方，無文飾，下部圓轉橫行向後直達尾部。左右兩翼各刻有鈎形紋二道。尾下二，有一下垂體，兩面各刻劃短直紋三道。几形底座在前，座兩旁面，刻有"口"形紋。高 25mm.，最寬 27mm.，最厚 7mm.。 例九十五（圖版壹壹：九五）

（六） 十二齒低冠，闊口尖嘴：

B 2269　E 16 出土。磨製，有磨擦跡。頂端刻扁嘴鳥形。色淡綠。鳥作棲息狀。頭側面近圓；沿頂邊由嘴上端直達腦後，有橫劃鋸齒十二枚；左右兩眼突出；嘴扁直前伸，微向上翹，不分上下唇；腹部突出，前緣削邊窄條形，上與唇齊。尾部窄小；前與腹相連；尾下有一下垂體。腹下底坐几形；座下一面刻有兩切迹，兩段粘合，末端尖處有消耗痕。全長 136mm.；頂端鳥高 27mm.，最寬 24 mm.，最厚 5mm.；笄身最大橫徑在最上段，徑 5mm.。

例九十六（圖版壹壹：九六）

（七） 十三齒低冠，口形不分劃：

B 1282　E 181 甲出土。磨光，有磨擦跡。頂端刻扁嘴鳥形，色灰黃。鳥作棲息狀。頭側面作凸邊三角形；沿頂邊及後緣橫劃切迹，有如鋸齒：頂前緣與後緣，作銳角轉折；頂緣九齒，後緣四齒。嘴尖細，亦銳角轉折。兩眼突出兩側面。三角體下，爲"一"字形條，象徵前胸後尾與兩翅，無文飾，腿部不顯。底座亦作"一"字形。笄身末端尖細，有細微消耗，兩段粘合。鳥飾部分，後腦微殘。最大橫徑在座下。全長 143mm.，頂端鳥飾高 27mm.，最寬 21mm.、最厚 6mm.；笄身橫徑 7mm.(註五十)。 例九十七（圖版壹壹：九七）

丁、高冠鳥型：鳥形的表現全在兩側面，前後兩面，均只以長窄條代表，完全簡化了。兩側面刻劃，大致相同；一冠高聳立頭頂，上分三枝：一枝前垂，一枝向上，一枝後垂。

（註五十）　丙型標本，六齒者尚有：B 2389(B 119)，B 2390(YM 113)；七齒者尚有：B 2270(E 16)；B 2273 (侯)，八齒者尚有：B 2277 (侯)，B 1265，B 2272 (侯)；十齒者尚有：B 2274(E 181)：以上共八件。齒形不明者尚有：B 2391(C 120)以及失紀錄者十三件。以上有紀錄者：小屯出土五件，西北岡出土三件，餘一件爲購置品。

（一）　B 1286　橫十三丙出土。笄身磨製，有磨擦跡。色灰黃。頂端爲一高冠鳥形，已漸形式化。冠部文飾加多；身部與頭部保持極清楚之鳥形，但已失立體表現。前後兩方僅餘單調曲線；鳥身各部均由左右兩面平雕表現。頭部一嘴突向前，最前部份扁狀如鴨嘴；嘴後刻一圓眼，眼上有眉；眉向後斜上，方角轉下垂，半繞眼眶。頭上有一高冠上昇；向前向上向後三方面，各歧出一支；終止處，與冠身以圓孔爲界，兩面均飾以幾何形之簡單劃紋。沿冠週邊，橫劃紋疊積，側看如鋸齒，深淺略相等。頭下鳥身，胸凸向前，沿邊亦有疊積之橫劃紋。後背凹入，尾向後向下；全身作棲息狀。腿屈向前，兩面以橫臥 S 形爲飾。底部平正，無爪距。笄身由底中間下展，細長，末端尖銳，無消耗痕。保存良好。全長 162mm.；鳥體高 52mm.，最寬 25mm.，笄身最大橫徑在最上端，徑 6mm.。

例九十八（圖版壹貳：九八）

（二）　B 1287　E 16 出土。磨製，頂端雕成長方區牌狀。偶有磨擦跡，色淡綠。區牌上寬下窄，兩面與笄身不劃分，兩旁寬出。最上爲一斜角，鏤成三翅鷄冠形，有一槽口。下段兩旁，各有三角形切迹兩個至三個；全形似丁(一)高冠鳥型。笄身彎曲，上接底座，最大橫徑在座下，下段折失，表皮有裂縫。全長 190 mm.；頂飾高 66mm.，最寬 26mm.，最厚 4mm.；笄身最大橫徑 8mm.。

例九十九（圖版壹貳：九九）

（三）　B 2420　YH 226 坑底出土。磨製。頂端雕成長方區牌狀，色灰黃。區牌上寬下窄近長方形。上端一斜角，鏤成三翅鷄冠形，如上例。下半段兩邊鏤孔，圓形，問號形，或 W 形，全體仍由高冠鳥型演出。下接座底。兩面十字劃紋交錯如網狀。笄身扭曲，最大橫徑在橫座下，末端尖銳，有細微消耗。兩段粘合。全長 153mm.，頂飾高 49mm.，最寬 24mm.，最厚 5mm.；笄身最大橫徑 7.5mm.

例一○○（圖版壹貳：一○○）

（四）　B 2422　YH 179 出土。粗磨，頂端豎立長方區牌形；兩面十字劃紋交錯如網狀，三邊刻入，鏤成幾何化，動物形文飾。色棕灰。兩面與笄身不劃分，兩旁寬出。牌體最上一斜角，鏤成三枝，象鳥冠狀：中枝最小，斜向後角，前後兩枝，轉角向下垂，中莖連續至下段，甚細。下半段兩旁鏤空，所象何形，難辨；所刻切迹或寬或細，頗不一致；最下有一橫座分開。全形顯由高冠鳥型衍出。笄身扁圓，保存一小節，橫徑相等。三片粘合復原。全長 69mm.；頂飾高 40mm.，最寬 22mm.，最厚 6mm.；笄身最大橫徑 5.5mm.。

例一〇一（圖版壹貳：一〇一）

（五）　B2201　橫十三壬南支出土。磨製，頂端雕成長方匾牌形；有磨擦跡。色棕黃。匾牌梯形，上寬下窄。最上一頂，似斷後重磨，坡面。其旁緣一角，切去一方塊；稍下有方形槽口一；最下一切迹與橫座爲界；另一緣有大小橫切迹三處。兩平面均有十字劃紋，交錯如網狀。笄身粗短，直接橫座，最大橫徑在座下。末段尖銳，甚鋒利，有消耗痕，全長 99mm.；頂飾高 31mm.最寬 22mm.最厚5mm.；笄身最大橫徑 7mm.（註五十一）。例一〇二（圖版壹貳：一〇二）

戊、平頂鳥型：上端雕刻鳥體，頂上爲一腰圓或窄長形平板蓋；蓋下短柄直接
　　鳥頭。鳥形作立體表現；個別標本由極生動之立體雕刻漸變爲純幾何形式
　　樣：此一演變程序，有五級代表標本可資說明：

（一）　寫眞鳥體；立體雕刻：

　B2311　YH201 出土。磨製，光潤。頂端爲一立體鳥形之雕刻。色黯黃。鳥作伏臥狀。最上爲腰圓形平頂橫蓋；蓋下一柄，直接鳥頭。頭部橫切作棗核形。頭兩側有眼鼓出，眼前後亦作尖核形。嘴由左右斜向中心，成一尖嘴唇，向前伸出。腦後尖圓。腹前兩翼，曲卷向前，胸面作X狀突出。尾接腹後，尾下垂一三角形體；腹下爲一底座，底部扁圓。笄身上粗下細，微彎，末端尖銳，有消耗痕。保存尚好，有裂縫，土銹粘附甚多。全長 109mm.；頂端鳥體高 18mm.，最寬 17mm.，最厚 7.5mm.；笄身最大橫徑在座下，徑 7mm.（註五十二）。

例一〇三（圖版壹叄：一〇三）

（二）　無眼鳥體，鳥形前後兩面較(一)窄狹，側面雕刻，亦簡單化，但形體
　　輪廓具備：

（註五十一）　如丁型標本，高冠鳥形的尚有：B2194，B2193，B2196，B2198，2195，B2191，B2197，
　　　　　　B2190，B2188，B2189，B2271，共十一件，皆小屯出土。

（註五十二）　如戊型例一〇三者尚有：B1263，B2312，兩件皆小屯出土。

B 1284　YM 242 出土。粗磨，有磨擦跡，頂端爲鳥形雕刻。色黃。笄身間雜深黃斑。鳥作棲息狀。最上爲一長條形平頂。扁嘴向前，闊口；後腦較粗大；兩旁無眼。腹面正中一直線，上下作叉狀；旁夾兩翼。左右兩翼均橫條表現，由胸直達後尾。尾後一下垂體如船舵形。腹下有一底座。笄身上粗下細，末端微彎；尖銳處有消耗痕。全長 183mm.；頂端鳥飾高 21mm.，最寬 23mm.，最厚 8mm.，笄身高大橫徑 8mm.。(註五十三)。　　　　　　　例一〇四（圖版壹叁：一〇四）

（三）　象形鳥體，甲種：扁平牌狀。牌前緣，刻三切迹，劃分頂，嘴，胸，座四段，不再雕琢。後緣以一深寬切迹，劃開頂部與尾部。下緣後半，一斜行切迹。

B 2408　C 326 出土。磨製，有磨擦跡。頂端雕成扁牌狀，依稀平頂鳥形；象牙色。兩側面與笄身不劃分；前後兩緣寬出甚多。最上爲一窄長條平頂；前緣窄長條，劃爲四節，後緣分爲上下兩節。一側面只見切迹，一側面加刻劃紋。下緣後段，另一斜行切迹，將尾下垂體與底座分開。笄身上粗下細，末端尖銳，有細微消耗。保存尙好，僅表皮有剝脫處。全長 149mm.；頂飾高 11mm.，最寬 22mm.，最厚 7mm.；笄身最大橫徑 9mm.(註五十四)。例一〇五（圖版壹叁：一〇五）

（四）　象徵鳥體，乙種：上端牌狀更加扁平：前緣四齒，後緣兩齒。前四齒間切迹窄長；後兩齒間切迹寬大；上下兩緣，均無刻劃痕迹。

B 2186　A 9 出土。粗磨，頂端雕成匾牌狀鳥形，一面淺黃，一面淡灰。兩側面與笄身不劃分，前後兩緣寬出笄身甚多。最上爲一窄長條平頂，前面長條有三切迹，劃成四節；後面長條中爲一缺口，切成上下兩段。一側面均無任何文飾；一側面有極細淺之橫刻紋二。笄身扁條形，最大橫徑在上端，僅保存一小節。表皮全面有剝脫。殘長 41＋mm.；頂端象徵鳥體高 20mm.，最寬 27mm.，最厚 4mm.；笄身最大橫徑 10mm.(註五十五)。　　例一〇六（圖版壹叁：一〇六）

(註五十三)　如戊型例一〇四者尙有：B 2282，B 2281，B 2285，B 2287，B 2289 五件，B 2281（西北岡出土，）餘小屯出土。

(註五十四)　如戊型一〇五者尙有：B 2183，B 2290，B 2292，B 2294，B 2295 共五件，前一件出土地失錄；後一件西北岡出土；中三件小屯出土。

(註五十五)　如戊型例一〇六者尙有：B 2293 一件，西北岡 HPKM1174 出土；大司空村出土一件；又 B 2286 一件，出土地失錄。

（五）　象形鳥體：丙種，上端牌狀窄狹；一側緣四齒，一側二齒，如上例，更幾何化。

B 1276　B 98出土。磨製，頂端雕成窄長牌狀。色灰黃相雜。頂端形制由例一〇五演出，為長條牌狀。兩面與笄身不劃分。前緣寬出笄身甚多，射出齒牙四層；由上至下漸大；後緣較厚，中有一不規則形切迹。笄身扁圓，中段微彎，為最大橫徑所在；下段折失。殘長92＋mm.；頂飾高11mm.，最寬10mm.；最厚4mm.；笄身最大橫徑6.5mm.。　　　　　　　　例一〇七（圖版壹參：一〇七）

己、高座鳥型：鳥下座，側視作"王"字形或"工"字形。鳥體表現亦在側面；鳥冠由一匾牌狀或尖圓體代表；嘴前唇上下鈎轉若一直行短檳；後尾上翹一尖向上；兩翅飾以圓套圈，中心一眼；或只有一圓坎，外不加圈。兩眼亦由小圓塊作成。

（一）"王"座鳥，頂上花冠，若倒置之圓椎體，兩翅飾以一眼二套圈。

B 1261　HPKM1217出土。笄身磨製，甚光潤；頂端雕製鳥飾。色黃。鳥形輪廓尚保存，細目大半失真；全形均由兩面平雕表現，前後線屈曲處，亦為襯托側景之作用。頭部一嘴向前向上，終止處上下擴展。頭側面為一近圓角之六角形；近中心為一圓渦；深約1公糎以上，代表鳥眼。此處可能嵌有顏色石質；但已失去。頭上立一錐狀冠頂，尖向下；無其他文飾。身部兩翅外面刻有同心圓圈三週；中圈為一小穴，徑1.9公糎，深1公糎以上；第二圈徑4公糎，最外圈徑7公糎。身後尾上翹，尾下另有一下垂體；下垂體前，兩翅下為一"王"形橫座之上端：與上端平行，另有兩橫閂在下，側視如一鳥棲於"王"形架上。笄身細長，中段彎曲，末端殘缺。殘長218＋mm.；鳥體連座高31mm.，最寬14mm.；笄身最大橫徑在下段，徑5mm.。　　　　　　　　例一〇八（圖版壹肆：一〇八）

（二）"王"座鳥，頂上牌狀冠，上寬下窄，兩翅飾以一眼一套圈。

B 2403　HPKM1550出土。笄身磨製；頂端雕製鳥飾，均光潤。色黃。鳥飾形制文飾同例一〇四，惟頭上冠頂作楔形，眼渦1.4公糎，身部同心圓僅兩週。中穴徑1.4公糎，外圈徑4.6公糎。笄身上細下粗，末端尖銳，似折斷後重磨，有細微消耗。全長 120mm.，鳥體高 28mm.，最寬 12mm.；笄身橫徑 6.5mm.。

例一〇九（圖版壹肆：一〇九）

（三）"王"座鳥，牌狀冠，兩翅各飾以一小圓坎，無套圈；尾後有一下垂體，斜投座後。

B 1256　HPKM1500出土。雕製，色淡青，殘存頂端鳥飾及笄身一小節。一面平，一面凸。形制文飾同例一〇八，惟兩翅外面祇一圓渦，徑 1.8 公糎，眼渦徑1.7公糎。平面，表皮有小坎甚多。殘長 40＋mm.；鳥體高 29mm.，最寬 14 mm.，最厚 5mm.；笄身橫徑 6mm.。　　　　例一一〇（圖版壹肆：一一〇）

（四）"工"座鳥，牌狀冠，兩翅飾以一眼一套圈。

B 2406　坑位失錄。磨製，頂端雕製ơ色灰黃，頂端雕刻，形制與文飾大致同例一〇八，頭部立一楔形冠頂，最寬處向上。眼為一圓穴，徑 1.5 公糎，穴外為一未完成之同心圓，徑 4.4 公糎。身部又刻有同心圓兩圈，中圈為一圓渦，徑 1.5 公糎，外圈徑 4.4 公糎。尾下無物。身下橫座兩層，下接笄身。笄身扁，微彎，下段折失，徑度上下相等。殘長 6.5＋mm.；鳥體高 23mm.；最寬 11mm.，最厚 4mm.；笄身橫徑 6mm.。　　　　例一一一（圖版壹肆：一一一）

（五）"工"座鳥，不規則花冠，兩翅飾以小圓坎，外無套圈。

無紅號標本一件，HPKM1550出土，笄莖折去大半，淡灰黃色。文飾部份保存近完整；下"工"形座，座上一鳥，高約 19mm.。腿足不露，頂上冠，近立體作不規則立方形。嘴寬，上唇向下略向內鈎。兩翅各飾以小圓坎；尾尖翹向上。全體形制頗簡單，但鈎劃有力(註五十六)。　　　　例一一二（圖版壹肆：一一二）

第捌類　其他動物形頂飾

這一組標本，以"大眼"為中心發展的動物形文飾為主；文飾內容已大半圖案

(註五十六)　如己型標本"王"座者尚有：B 2199，B 1264，B 2405，B 2401；"工"座者尚有 HPK3089一件；又 B 2402，HPKM1004一件；共七件，皆西北岡出土。

化。各圖案作成之成份，顯有不同的來源：如眼，如爪，如角，如冠及冠上之齒等等，其形態之演變及其配合與安排，所反映者，爲創作之匠心，並非實物之寫生；但亦有例外，如"甲"分類，蠍子形的笄端文飾又確爲描寫實物之作品。

　　甲、蠍頂形：B2423　HPKM1001出土。炭灰色雜黃色。笄莖大半折失，剩餘部份長58mm.。頂部刻成蠍子形；由前鉗至尾端長37mm.；兩鉗拱繞頭前；左鉗缺傷爪部，右鉗近完整。頭部背面兩圓眼隆起：與身部交界處，浮起兩寬條弧線，中夾細線兩道。界前，頭部與鉗臂背面，皆飾以雲雷紋。身部背面刻有九條平行之鱗紋；中間兩條直達尾尖。蠍尾雕在笄莖上端之平面。笄莖半圓形，故橫切爲平凸；蠍腹刻於笄莖凸面以上。腹部六爪，對稱地向內排列；中間留出一寬長條，直達蠍頭下面頂端。近頂端處有兩穿，一在最前兩足間，一在頂端；兩穿互相貫通，似爲穿繩線用。　　　　　　　　　　　　　　　例一一三（圖版壹伍：一一三）

　　乙、橫排"臣"形眼圖案。"臣"形眼較早圖案顯然是橫排的，其原始似由描寫蒙古種人眼形之蒙古褶而來。大眼形之笄頭圖案，以橫排的"臣"形眼較多，眼形亦頗有變化。

　　（一）人面形

　　B2124　C156出土，象牙色。黝輝石製，保存完整，笄頭與笄莖分別製成。笄頭最高71mm.，最寬29mm.，最厚7mm.，爲一近長方的匾牌形雕成之圖案；上緣斜下，下緣平。下緣一小榫口：徑寬5mm.，深約6mm.。全部圖案以人形上部面孔爲主體，眼，眉，鼻之安排均甚正確；耳形已漸失眞，位置在眼後角上，貼近邊緣。耳以上爲一束髮之高冠，由後腦直上，銳轉，斜向前，再圓轉直下，又銳轉向內向上；末端寬出；卷曲部份鏤空爲界。耳以下之後緣，鼻以下之前緣，皆雕以鉤形文飾，似皆爲配塔上部圖案之附件。面孔下部，如口，下顎等均無表現；惟以𐂧形之帶鬚文飾相襯托。此件頂端文飾以兩平面之浮雕作成，故兩面刻劃相同；眼形及鼻端以下之塡空花紋，均用挖邊線條表達；兩耳浮雕，耳尖及耳垂均隆起。眼之表現，如內角之蒙古褶，外角之上翹，皆極生動。觯莖另製；長 175mm.，頂端為一雕治整齊之榫頭，上粗下細，質料與觯頭同。

例一一四（圖版壹伍：一一四）

（二） 十齒後起高冠：前角，後爪，大眼圖案。

B 1253　橫十三丙北支二北支出土。雕製，色淺灰。殘存頂端動物形文飾部份。臣形眼，眼珠為圓餅形；由兩個弧三角，一個圓餅形構成；眶外角為凹線與凸線之三角邊；內角亦作三角形，兩邊凹，一邊凸出，一銳角向上向內。眼下為嘴，張口帶齒，犬齒形，口銜觯身上端；觯身全部遺失。眼前為鼻，一寬條線略波折向下垂，直接前脣，銳角轉折向內，成一螺紋；由螺紋轉角處，另一寬條線發端，向後延轉，構成下脣全部。眼後有爪，僅餘上節，爪端爪距全失，亦由曲折寬條線紋作成。眼上前段，為一挺立額前之角，最上端轉折向前。角後轟立一冠，直挺向上，方角轉向前，圓轉向下，再卷向內；最後轉彎一段，下覆前角。冠上文飾分內外兩邊幅；中以寬條線紋為界，內為冠身，飾以寬條鉤狀紋，或帶鬚或不帶鬚。外為冠齒，共十枚，界以鏤空 "9" 形紋。寬條線中夾有細線雲雷紋。破片粘復。殘高 53＋mm. 最寬 27mm. 厚 5mm.。

例一一五（圖版壹伍：一一五）

（三） 九齒前起高冠，上耳下爪，大眼圖案。

B 1262　北縱二丙出土。頂端雕製，觯身磨製，色深灰，間雜淺灰。全部輪廓，如一彎双大刀。頂端文飾以兩面所刻橫目為中心。目形為一橫躺原始 "臣" 字之變形，中心一圓餅，代表眼珠；珠後為一凹邊三角，最銳之一角撇向上，構成眼眶外角。眼珠前(靠鼻樑之一邊)一段之眼眶，作象鼻形，由眼上緣向前展，圓轉下垂，再向後向內轉。眼下嘴部，向下；露牙張口，銜觯身上端。眼後一足，有爪有距；眼前為鼻，下延至嘴上脣。由眼外角向上向後，在後緣中段部分：——足以上，冠以下——雕成耳形。鼻與眼眶前段之上，為一上揚之冠飾，由兩寬邊平行，卷曲條線構成。自眼眶上開始，一寬邊線條螺轉起端，另一寬條附麗於旁；兩線平行向上，圓轉向後；復銳轉陡向下，再折向內；終止處由一小橫條接引兩線。寬線中間，填以細線雲雷紋。寬邊條之外緣，順序排冠齒十枚，各以

"9" 形鏤空孔爲界，爲全雕刻之最整齊部份。文飾排列，以寬條線爲基體，以細線塡空。笄身光潤，最大橫徑在上端，下段折失。殘長 135＋mm.；頂端最長57 mm.，最寬 52mm.，最厚 6mm.；笄身橫徑 6.5mm.。

例一一六（圖版壹伍：一一六）

（四）　八齒高冠，有爪，大眼圖案。

B1251　坑位失錄。雕製，色黃。殘存頂端動物形文飾部份。臣形眼，眼所在部份近長方形。惟後緣下段投出一齒；前緣上半有一深切迹。下緣爲口，衝笄身；上爲一冠。眼眶由粗線刻成，連續不斷，作一弦邊凸出之正三角形：中塡圓餅形之眼珠。眼珠後爲一三角形之眶外角，前爲一不規則四邊形之眶內角。眶上有眉，眉上射出鈎紋；眶後界以 Z 形紋，向後下角投出成齒，眼眶下亦塡有鈎形文飾，但已半折，全形不明。眼上，聳立一近三角形之高冠：下緣與後緣成正角，前緣爲絃，弧轉向外凸。前後兩緣的寬邊，由鏤空短線切成八段，切線旁各鑽一小圓孔。此項作法，顯由類似前兩例（例一一五，例一一六）之冠齒雕刻演出；惟小圓孔與切迹未連貫成 "9" 形。鏤空紋以內，爲一寬邊條眶紋，與邊緣平行。眶中心文飾，以寬條線雙鈎之鈎狀紋兩單位爲主體，中塡細雲雷紋。此一標本由兩段粘合，笄身全部遺失。殘高 81.5＋mm.，最寬 31mm.，最厚 5mm.。

例一一七（圖版壹伍：一一七）

（五）　十齒弧弦三角形矮冠，大眼圖案（殘，據梁思永復原圖）

B2426　HPKM1550出土。雕製，色灰黃。殘存頂端一部份。臣形大眼，中心爲一圓餅形之眼珠，眶外角爲三角形，內角則爲凹邊三角。眶上無眉，眼下爲巨口，下衝笄身。眼前鈎鼻，爲一上下行之寬條線，曲向內向上再向旁向下轉，頭上一冠，壓覆眼上。全形類似例一一七冠飾之上半。冠下部爲雲字頭寬條紋，全形三角狀；弦線弧形，勾股兩線皆直；中塡鏤空紋，已殘損。三角眶外沿邊雕成冠齒。（現存標本殘缺不全；冠前邊保存冠齒一枚，後邊保存三枚；最下兩枚以橫切線及小圓孔爲界；其餘鏤空部份作 "9" 形，但不連貫。冠飾下微露橫 "目" 眶外角及耳，由寬條曲線作成。）　　例一一八（圖版壹伍：一一八）

丙、豎立"臣"形眼圖案、此類眼形，已完全圖案化，似已失去原有之意義，
相與配合者，皆爲附麗與塡空之文飾成分。

（一）　2043　黝輝石製YM331出土，灰色帶綠，一面塗有紅色。此器完整無
缺；全長206mm.；頂部雕飾高63mm.，寬26mm.，最厚4mm.。雕刻部份，已
非寫實安排：惟頂端之前曲冠；與兩面之"臣"形目，尚可辨其自來面目。各
"齒"形鏤空，已化爲丁形，其排列如下：下約三分之二強爲一長方塊形，兩面
中間上半各刻以立形臣形眼（ ）；下半爿形紋；前後緣，各鏤四齒；由上向下
數，第一與第二，第三與第四齒之間，以丁形切迹分割；第二與第三齒之間，以
直形切迹界劃。最上爲一冠形雕刻：由後緣上聳；銳角轉向前，圓轉向下，再方
轉向內向上；終點尖銳上指。冠後段兩側面飾以簡單之夂形紋。笄莖最大寬度8
mm.；在上端，扁圓；末端錐尖形；尖有微傷。例一一九（圖版壹伍：一一九）

（二）　2044　黝輝石製，YM331出土。莖大半折失。文飾同例一一五，惟
眼下爿形紋有一穿。　　　　　　　　　　　例一二〇（圖版壹伍：一二〇）

丁、長方眼圖案

B1252　YH366出土。眼紋由單純之長方紋作成，上有一眉；眉爲帶鈎"一"
字形，兩端略下垂。眼前爲鼻，前緣兩邊合縫處極細窄，橫切成銳角。鼻下端與
上脣銜接。上脣下端以後，爲銜入之笄身上端，再後爲下顎。下顎及眼後，兩面
文飾不一致；一面由Z形紋及鈎紋構成，一面由各種曲線連綴。頭上爲一高冠。
冠上頂爲一角，翹向後；後緣直向下垂，前緣弧轉向下，由圓圈與直線鏤空紋，
將前後緣各切成五段。兩面中心爲一變態廻旋紋，拉長成一與邊緣並行之寬條眶
線；線內以鈎紋及雲雷紋塡空。笄身在口下，殘存一小節。全長67＋mm.；頂端
動物飾高54mm.，最寬26mm.，厚6mm.；笄身橫徑6mm.。

例一二一（圖版壹伍：一二一）

表一：笄型類別及其在殷虛各遺址之出土數

類型 ＼ 標本數 ＼ 出土地	小 屯	西北岡	王 裕 口	大司空村	失 錄	購 買	總 數
I 甲：例一	7		1				8
乙：例二	5	4			1		10
丙：例三至例五	12	14					26
丁：例六至例十	5	8			1		14
戊：例十一，例十二	3						3
I 總	32	26	1		2		61
II 甲：例十三至例十八	20				4		24
乙：例十九至例廿三	11	1			1		13
II 總	31	1			5		37
III 甲：例廿四至例廿九	28				4		32
乙：例卅至例卅七	13	1		2	3		19
丙：例卅八，例卅九	2	2					4
丁：例四十至例四十六	7	1	2			1	11
戊：例四十七至例五十二	3	1	1		1		6
已：例五十三至例六十七	12	20			5	1	38
III 總	65	25	3	2	13	2	110
IV 甲：例六十八	6						6
乙：例六十九至例七十一	52	1		2	4		59
丙：例七十二至例七十四	5						5
丁：例七十五，例七十六		2					2
戊：例七十七，例七十八		2					2
IV 總	63	5		2	4		74
V 例七十九至例八十二	18	1	1				20
V 總	18	1	1				20
VI 甲：例八十三	1						1
乙：例八十四至例八十八	1	4					5
VI 總	2	4					6
VII 甲：例八十九					1		1
乙：例九十					1		1
丙：例九十一至例九十七	9	4			1	1	15
丁：例九十八至例一〇二	17						17
戊：例一〇三至例一〇七	14	3		1	2		20
已：例一〇八至例一一二		12			1		13
VII 總	40	19		1	6	1	67
VIII 甲：例一一三		1					1
乙：例一一四至例一一八	4	4			1		9
丙：例一一九至例一二〇	2						2
丁：例一二一	1						1
VIII 總	7	5			1		13
全 部 總 數	258	86	5	5	31	3	388

中篇　形制與文飾之分析

　　沒有刻劃與雕刻文飾的笄，表面雖現着樸實，但實際上却是問題最多的一組。就它們的頂端所表現的大小精粗的狀態論列，上篇已經分成五目；每目中所舉的例，又有若干小的差異，故各目的例證皆不祇一件。各例的出土地點，在小屯與西北岡及其他地點的分佈亦參差不一。分於此類的標本共六十一件，計小屯三十二件，西北岡二十六件，王裕口一件；失錄者二件。五十九件有出土紀錄的標本在各目之分佈如下：

表二：第一類骨笄出土地之分佈

類　　　別	例　　號	小　屯	西北岡墓	王裕口	失　錄	總　數
Ｉ　　甲	一	7	—	1	—	8
Ｉ　　乙	二	5	4	—	1	10
Ｉ　丙：(一)	三	4	—	—	—	4
(二)	四	5	7	—	—	12
(三)	五	3	7	—	—	10
Ｉ　丁：(一)	六	—	3	—	—	4
(二)	七	1	3	—	—	4
(三)	八	—	2	—	—	2
(四)	九	1	—	—	1	2
(五)	十	2	—	—	—	2
Ｉ　戊：(一)	十一	2	—	—	—	2
(二)	十二	1	—	—	—	1
總　　數		32	26	1	2	61

　　據上表，列入甲種項目內的八件，七件見於小屯，一件見於王裕口；西北岡及西北岡墓葬均不出土這一目，此外，丙：(一)；丁：(四)，(五)；戊：(一)，(二)；各分目，亦無西北岡的標本。由這一分佈作更進一步的追尋，可再分作若干點來討論。

　　1. 各標本形態差異與功能的關係

　　類別在甲目的八件，上端均保留砍切的痕記；砍切的皺紋，多經撫摩不露輪廓，末端，除 B 2355 一件損傷不明外，三件爲小圓頭，一件偏鋒，鈍尖；兩件有尖不銳，一件銳尖。保全完整的七件之平均長度：爲 103.4mm.，最長者爲 131 mm.；最短者

72mm.。

　　就以上幾點看，究竟它們全是與理髮有關的骨笄？或者是與縫綴有關的骨錐？根據這幾件器物的出土的原在情形論，有五件是從沒經擾動的灰坑（B2345：YH158；B1960：YH225；B2432：YH226；B2355：E16；B2434：E181甲）發掘出來的；這些堆積可以包括很多不同的物件，可以有針有錐也可以有笄。B11與橫13癸出土的各一件更是沒有固定範圍的拉圾堆。所以總論小屯出土的七件，它們的功能，並不能由地下情形加以確定。

　　乙目的十一件，上端仍保持若干砍切皺紋，但已施有初步的修治，而撫摩甚久，呈現一光滑的表面。笄莖亦經磨製，全身無如甲種之粗糙者，細緻處可到發亮的階級。小屯五件中灰坑出土（B2351：YH158；B739：YH192；B2348：E152；B2342：E34）的有四件；另一件爲C79的出土品，皆不能確定其準確用處。西北岡的五件中，兩件由探坑掘出，其他三件出於墓葬（B2357：HPKM1217；B1058：HPKM1004；B2055：HPKM1550）。後三件內，B2055在梁思永的遺著中，把它登在所編的髮針（Hairpin）圖錄中，長度爲124mm.，末端爲釘形尖，不銳利。西北岡出土的其他四件，有三件酷似B2055，皆有細長尖，長度在118mm.與155mm.之間，可以列入同類。惟HPKM1217所出的一件，長度僅62mm.，雖一般形態，並無特殊，實際用處或有不同。小屯各件，作法與質料，與西北岡髮針相較，不如它們的活潤，不如它們的乾淨，也不如它們的挺直；B2342一件尤彎曲，是否有計劃的特製品，爲一待解決之問題。這幾件末端的形態是：兩尖，兩禿（一件微傷），上段近扁者多。若單就形態推測它們的用途，固可用錐穿物件，亦適用於分髮；五件的平均長度爲103.4mm.。

　　丙目項下，有三分目，頂端皆經修治整齊，不似甲乙二目之坎坷不平。但因經用時間久暫不一，故外表的光潤程度亦不相等。有若干標本的笄身週圍，仍保有劈削小面，各小面之交界紋並未磨平，露出甚顯。但此類標本較少，大多數標本曾經細工磨圓，惟經用未久，不顯光澤。此類皆列入第一分目。表面大顯光澤的標本，頂端多扁形（分目二）亦有近圓者（分目三），兩分目的標本以西北岡出土的較多，小屯所出不及半數。兩處標本表面色澤亦有淸楚之分別；計列入分目二的西北岡墓葬區標本七件；色爲象牙白者一件，較黃者五件，淺灰者一件；最後一件自探坑出土；其他六件皆由西北岡大墓中採集。小屯五件皆灰色，有深有淺；惟與 YH226 所出一件(B 2340)全器大半保持月白色，小半已浸成淺灰色。列入分目三的，西北岡完整標本有五件，象牙白色者四件，黃色一件；另有殘缺標本二件，亦皆黃色。小屯標本三件的顏色，兩爲灰黃，一爲灰。

以上西北岡出土的標本，梁思永遺著中均排在笄形器物內。此類骨笄在城子崖骨器中列有三件(城子崖，圖版肆拾貳：20—22)，形制色澤與分目二之西北岡各件，幾不能區辨。城子崖報告將這三件骨器排在錐類。安特生等在1948，1956年報告中將仰韶，不召寨，馬家窰等遺址所出之類似骨器亦認爲錐形器〔BMFEA：19 pp. 1—125；Pl：74，Pl：115。又 BMFEA：28 pp. 55—138，Pl：5〕。不過這一組標本的末端，銳尖者雖多，但並不居全數。不少標本的末端是圓潤的或有尖不銳。近代婦女們用以理髮的骨簪，末端尖細鋒利與殷虛遺址的同類出土品往往相等，由此我們可以看出，骨錐骨簪大概本是同源，或竟是一器；古代婦女最初致意於頭部裝飾時，遂以縫紉所用之錐，作理髮之初步工具，固合理之推測也。

以上各例，全器的最大橫徑，均在頂端。但丁目各標本，皆頂端細小；其最大橫徑約在器身中部，長度亦比較地增加：五項分目各標本之平均長度如下：

表三：第一類丁型笄各分目之平均長度

分　　目	件　　數	平　均　長　度
I 丁：(一)	4	155mm.
(二)	4	186.75mm.
(三)	2	193mm.
(四)	2	117mm.
(五)	2	119mm.

上項各平均，與丙目二十件完整標本相比(平均數＝116.20mm.)，都超過了，超過的長度至少爲一公糎，大的在七公分以上。

列入丁：(一)分目的標本四件，兩件出自西北岡大墓，皆象牙製，黃色；一件自西北岡探坑掘出，亦黃色，外表剝蝕。一件灰色黑斑，小屯大連坑出土。各件頂端細小，作圓長方形平面，或半圓形平面，或心形平面；皆圓角轉向下，光滑細潤，末端作尖形者三，作扁尖形者一。最長一例長度爲 201mm.，似爲綰髮或壓髮固冠之用。

丁：(二)分目中亦有四例，西北岡大墓三例，小屯 E 181 一例。小屯所出者灰色，並浸有淺綠色。西北岡三例，象牙白，黃色與棕色，頂端皆扁條形，末端扁圓或偏圓；磨擦光潤；小屯一例似未經用，無磨擦跡，末端缺。

丁：(三)分目二例，皆西北岡出土，一象牙白色，中彎，一灰黃色帶黑斑。頂端與末端對稱，甚難分辨。

丁：(四)分目兩例，灰色者出自小屯；牙白色者出土地失錄。兩件上端皆作小圓頭形，末端皆尖不銳。小屯一件(B 2350)粗短，極近錐形，出土地失錄的一件較細長，亦甚精壯。

丁：(五)兩件，皆出小屯，顏色灰黃；B 2380，一端尖銳，一端有立槽；B 2381，一端突尖，一端橫叉中凹；皆細長近針形。

丁目西北岡各例，皆見梁髮簪圖錄。

戊目三件，上端皆作扁形，皆出小屯；戊：(二)一例顯由肋骨製成，各件末端皆尖形不銳。與丙目諸例比較，除頂端外，簪身大致相同，但頂端的扁狀却是此目笄形的一種特別發展。西北岡之墓葬區，不出此型。

根據以上分析，第一類各目標本，除梁思永遺著所列者外，可以確定爲"笄"的是很少的了。小屯諸件，只有列在丙一分目內的 B 2354 照紀錄是墓葬出土的。但這一墓是一個破壞了的殉葬坑，內有人骨五具，坑口離地面極淺 (0.20mm.)；西北角早經破壞；B 2354 由破壞部分檢出；長度僅及 73mm.，末端作中鋒叉狀，不銳；爲錐、爲笄甚難測定。以形態論或可作一分髮搔頭的工具；不能任理髮綰髻的工作。

小屯灰坑所出的各件可以說有兩種不同的性質：一種與西北岡墓葬區所出的笄完全相同或類似：如乙目的五件，丙二分目的五件，丙三分目的三件，丁一分目的一件，丁二分目的一件；這些標本，除因埋葬情形不同，外表的顏色較西北岡爲深一點以外；在其他方面，兩處標本是一致的。所以把它們歸於同類，應該沒什麼問題。

另一種只見於小屯的出土品，如甲目七件，丙一分目四件，丁五分目二件，戊目三件，應該分別討論。

甲目七件內，四件的末端爲小圓頭，或偏圓頭，顯然不能作針錐用；餘三件爲細尖，可以穿札編織品，同時它們也可以用着分髮搔頭。小屯出土的骨器中錐形者自成一類，大抵上段甚粗甚寬，自具一特別體形；不似笄身由上自下逐漸的演變；它們上下段的橫徑往往有很大的距離。至於針類，小屯出土的有眼的骨針，已具最進步的形制了。與現代用的金屬品製造的針沒有什麼分別。所以我們沒有把小屯灰坑出土甲目的七件中最尖銳的三件列入針類或錐類的必要；當然我們亦不必否認這一可能。大致說來，把它們當着殷盧遺存中最樸質的理髮工具也是很合理的。

此外僅出於小屯灰坑中的又有丙一分目的四件。四件中有兩件未加修整的但已經用過，末端一爲鈍角圓頭，一缺損；另兩件曾經初步修治，但未經撫摩，不現光澤。

丁五分目，兩件標本，兩端有尖，莖幹細小，最近針形。

戊目三件，上扁下尖，最近錐形。

這些件標本所引起的問題是很多的。它們是否可以類分在"笄形"這一屬器物內，是可就多方面討論的。我們現在把它們收在這一類的理由可以分兩層來說：

（一）理髮的起源，應該從抓癢，搔頭這一習慣說起；這一習慣最早的原始遠在人類發明工具以前；人形猿，猴類兩性愛好期間，多以互相抓搔毛髮作此表現。原始民族之理髮工具，固不外爲一橫枝，木簽或竹簽；至於骨條，無論其爲尖，爲圓，爲扁，末端或銳或禿，皆有它的特別用處。

（二）笄形的正體，不是突然發明的；它的前身顯然是一條沒有裝飾，沒有頂蓋的一根長條。本文所紀錄的有一組活動頂蓋的笄形，由一根骨條，貫上兩個至三個有穿的圓餅而成。這一形制的骨條，與第一類丁目若干標本是完全一樣的。長條形的莖幹又顯然是由較短的骨條如甲，乙，丙三目登記的，一步一步地蛻變出來的。所以我們可以說這些長的，短的，扁的，圓的骨條，牙條，或玉條是用着抓癢搔頭工具，同時也是簪，笄，以至於梳箆的前身。

第二類有劃紋的一組標本，共四十二件，只有一件出於西北岡探坑（B 1299，出

HPK1164)。另有購置的標本一件，失錄的標本六件；確出於小屯灰坑，或探坑者共三十三件；出於小屯墓葬者一件(B2421：出 YM366)。

各標本的製造技術，水準甚低：幹條不直，粗細不等；線條歪扭，扁圓無定。表面光潤，皆是經久撫摩的結果，不是磨製出來的。原料全是獸骨；沒有象牙的，更沒有玉的。

上端劃紋，大半皆淺窄且不連續；可能用着繩繞細線或配合輕巧文飾；亦難作編織品之編織工具。近代通俗流行之骨簪，上端固仍作此項刻劃文飾，扁形尤爲骨簪無疑。長短大小與近代仍在流行之骨簪亦差等。

各標本保有全形者，最大橫徑多在 5mm.（公糎）以上；上端扁狀者，最大橫徑可以超過 10mm.。

第三類甲種共三十五例；除四例出土紀錄遺失外，其他三十一件皆爲小屯發掘品。它們的上端皆爲平頂，頂下或爲一細頸，或爲一向下漸細之長條，如釘子狀。平頂的大小，橫徑由四公糎 (4mm.) 至十六公糎 (16mm.) 以上；有甚扁者（B2093，頂端橫徑：10.8×4.7mm.）有近圓者（B2385，頂端橫徑：11.2mm.）。但最可注意之變異應爲，頂端下之收縮的部份。扁頂各例，頂蓋以下，兩窄端收束較緊；兩寬邊緩坡向內向下。頂蓋近圓者，週圍內收程度較少參差，以上的變異逐漸演成一單層頂蓋：平頂與莖幹之交界處漸成一九十度之方角。蓋狀的笄形，大概是如此誕生的。

在地域的分佈上，甲種蓋狀的笄形，只見於小屯，不見於西北岡的墓葬；這似乎是有些時代的意義。城子崖的黑陶文化遺存中，亦出有平頂單層的骨笄兩例（城子崖：圖版肆拾叁），蓋簷短薄的超過小屯甲：五各例；蓋與莖交界處，雖極分明，部份尚保有坡形。這兩件標本的存在可以把蓋狀頂的器形最原始的階段提早到黑陶時代，或更早的一期。西北岡的墓葬沒有這一類型的骨笄，雖不一定是此型已經不時行的證明；但是很顯然地，在這時期，另有更新的頂蓋代替它了。

以黑陶時代及小屯早期爲蓋狀笄孕育及誕生時期，可以再由各標本頂端的差異看出若干演變的痕跡出來。有兩點，值得提出來討論：第一點是上端磨成圓形的只有一例（B 2385）類別在甲：四項下；其他的三十餘件標本的上端頂蓋只是近圓或甚扁，有的扁成長條形，最大徑與最小徑相差在一倍以上。若將最大徑與最小徑的比例化爲指數，其分佈如下：

表四：Ⅲ甲型蓋形指數及各指數之頻率

頂 端 蓋 形 指 數	頻　　　　　率
40.01——50.00	1
50.01——60,00	2
60.01——70.00	5
70.01——80.00	8
80.01——90.00	13
90.01——100.00	4
總　　　數	33

若是把指數在 90.00 以上的都認爲圓形，圓的頂蓋也只居全數百分之十二，也是很少的一個數字；故大部份的單層平頂蓋屬於腰圓或扁圓的種類。這一點在以後討論平頂雙層笄形是應該注意的一件事。

另外的一點可以由這一批標本看出來的，爲蓋狀的原始問題。樸狀的笄形最大橫徑均在頂端，次一步的演變，有兩方面的表現：一爲在頂端下刻兩道或三道劃紋，一爲在頂端下磨一細頸。細頸的作法，有的只是部份的，卽順頂端週圍的一部份坡下凹入，漸次擴及全週；再由束帶式之細頸，更進而演爲釘帽形之蓋狀。這三個小階段，可以由 B 2092，B 2094，B 1257 三件標本（插圖二）作代表示例。這一路的演變很顯然是在小屯的早期完成的，可能爲雙層平頂蓋之先鋒。

雙層平頂蓋標本共得三十九件，包括大司空村出土的四件，西北岡出土的三件，小屯共出土二十六件；以及失去記錄的六件。這一組標本，頂端的個別差異，亦可分兩個方向推尋，一個方向爲頂層的面積，由最大徑與最小徑之和的合徑，可以小至 13.1mm. 大至 37.0mm.，若以頂面指數（$\frac{最小徑}{最大徑} \times 100$）在八十以上者爲一行，在八十以下者另爲一行，兩行合徑可以有下列之差異：

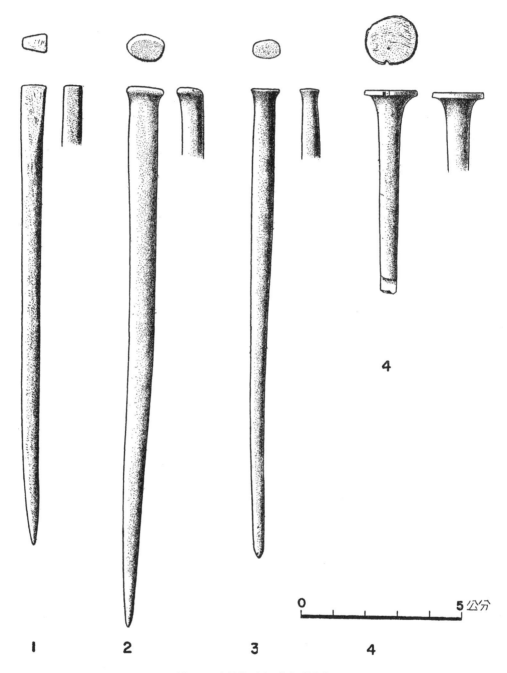

1　　　　**2**　　　　**3**　　　　**4**

插圖二：由樸狀頂端至釘帽形蓋狀

1.　（B2339）樸狀頂　　　　　2.　（B2092）順頂端的週圍，一部份坡下凹入

3.　（B2094）束帶式的細頸　　4.　（B1257）釘帽形單層蓋

表五：雙層平頂蓋頂層的合徑與指數

甲、指數在80.00及80.00以下者				乙、指數在80.01及80.01以上者			
編　號	出土地	合　徑	指　數	編　號	出土地	合　徑	指　數
B 2173	失	15.5mm.	74.15	B 2152	橫13壬	13.1mm.	89.86
B 2399	失	19.5mm.	51.65	B 2151	HPK2002	17.9mm.	82.65
B 2394	YM236	24.0mm.	50.00	B 1258	A18	25.2mm.	89.47
B 2392	YM242	28.4mm.	76.00	B 2415	YH226	28.0mm.	87.07
B 2161	失	31.3mm.	66.49	B 2417	YH242	32.8mm.	80.22
14:123	TSKH016	37.0mm.	76.19				

另一個差異的演變爲頂層的平面形狀，由近圓的到窄而長的，這在指數上所表現的尤爲明晰，舉例如下：

表六：頂層指數的差異

編　　　號	出　土　地	指　　　數
14:103	TSKH 016	31.25
14:184	TSKH 012	40.18
B 1260	E 181甲	50.00
B 2162	橫 13.5 丁	58.21
B 2170	YM 216	66.88
B 2416	YH 174	75.65
B 1258	A18	89.47

上列的指數，有不少在 50.00 以下的，却沒有在 90.00 以上的；兩例最小的指數都是大司空村的標本。

單就頂層平面的合徑論，最小的兩例，（B 2173，B 2152)若與割紋頂的標本並排起來，雖有清楚的界限，相差是很幾微的(插圖三：1—5)。若再與第一類樸狀頂，頂端寬大者相比，我們可以作下列之推論：

雙層蓋狀頂，顯然有由割文頂演變出來的可能，雙層蓋狀的形成，只是在樸狀頂類，大頭的頂端，刻劃兩週圈割紋。以此開始發展出來這一大類若干分目的形態：平頂雙層，凸頂雙層，尖頂雙層以及活動頂蓋的各式骨筓(插圖三：6—13)，完成了這一時期骨筓的最基本的形制。

這是一條很重要的推斷，我們倘需作進一步的討論。

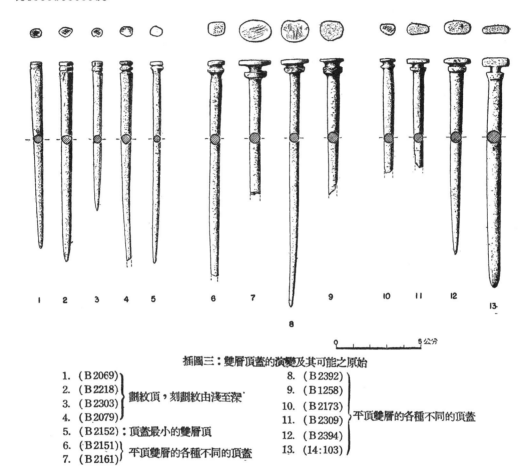

插圖三：雙層頂蓋的演變及其可能之原始

1. （B 2069）⎫
2. （B 2218）⎬ 劃紋頂，刻劃紋由淺至深
3. （B 2303）⎬
4. （B 2079）⎭
5. （B 2152）：頂蓋最小的雙層頂
6. （B 2151）⎫ 平頂雙層的各種不同的頂蓋
7. （B 2161）⎭

8. （B 2392）⎫
9. （B 1258）⎬
10. （B 2173）⎬ 平頂雙層的各種不同的頂蓋
11. （B 2309）⎬
12. （B 2394）⎭
13. （14：103）

歸入這一類的標本，共一百五十九件；除了二十四件標本失去出土紀錄外，其他的一百三十五件出土地分佈如下表：

表七：第叁類各目笄形標本出土地點分佈表

	小　　屯	西北岡墓	大司空村	玉　裕　口	四　盤　磨	失錄及購買	總　　數
甲、平頂單層	28					4	32
乙、平頂雙層	25	2	3			7	37
丙、凸頂單層	2	2				1	5
丁、凸頂雙層	17	2		2	1	2	24
乙丁）殘　件	12				2	3	17
戊、尖頂多層	3	1		1		1	6
己、活動頂蓋	12	20				6	38
總　　　計	99	27	3	3	3	24	159

上表有準確出土地紀錄中，若以小屯及西北岡兩行作一單獨比較，可注意的事項如下：

（1）西北岡沒有平頂單層頂蓋的標本。

（2）雙層頂蓋標本中，西北岡出土的平頂標本不及小屯出土的十分之一；凸頂的不及五分之一。

（3）尖頂的標本，全數甚小；但西北岡出土的，却是比例地增加了。

（4）活動標本，西北岡出土的居大多數。

這兒有一事應該附帶說明的，爲：小屯遺址所包含的器物，可以早到先殷期的黑陶時代；西北岡的墓葬，是在殷商盛期方開始的。有了這一了解，我們就可以將上表的數目字作一個時代上的大致安排；即最早出現的爲單層頂蓋，次早的爲雙層頂蓋（以上兩項，包括平頂與凸頂兩目而言）；活動頂蓋的出現可能較晚；但出現後，對於雙層與叁層頂蓋之形制發生了影響。

尖頂的六件中，五標本是兩層的，即尖頂下，只另加一層底蓋；小屯出土三件，王裕口出土一件，出土地失錄一件。第六件是第三層的，即尖頂下另加兩層，西北岡出土。

所有的尖圓形的活動頂蓋，有出土紀錄的八件都屬於西北岡；另外的兩件出土地失錄。

小屯亦出有活動頂蓋，但形狀低矮，榫口露出一層，亦有作長方屋頂形者，榫口亦另加一層；皆不如西北岡諸頂蓋之高聳尖銳，西北岡尙出有比較完整之活動頂蓋笄形標本，頂層仍套在莖幹上；如例五十九，例六十七；兩例皆可證明，尖圓頂的下層，作圓眼圓餅形，但串入頂蓋的笄莖上端，却不盡如蓋眼同樣的圓。例六十七（B1281）的莖幹套入圓餅蓋圓眼的一端就是扁形的；另外的一例（B1250）蓋眼與莖幹相套，又恰恰合縫。這一差異，可以證明，在西北岡墓葬期盛行活動頂蓋的笄形時代，它們的作法尙帶有嘗試的意味。更爲重要的一個可能是，列入第一類樸狀頂笄形標本，如例六至例十各件，有些也許是帶活動頂蓋的笄莖。

凸頂兩目標本出土地的分佈，類似平頂兩目；惟西北岡無平頂單層，却有凸頂單層二例，佔這一目全體出土數共五例的百分之四十。

凸頂雙層標本，完整者有十二例，今依其指數之秩序標其出土地如下（一例出土地失錄）

表八：凸頂雙層完整標本之出土地點

編　號	頂層指數	出　土　地	編　號	頂層指數	出　土　地
B 2168	43.10	王裕口	B 2165	79.22	侯家莊南地
B 2158	58.33	王裕口	B 2171	85.81	B 130
B 2396	58.52	YH285	B 2181	90.83	A 31
3:3394	64.81	HPKM1284	B 1279	98.23	A 31
B 2163	69.41	E 181甲	重191	100.00	YM242
B 2156	76.57	E 181甲			

平頂雙層標本，完整的或近完整的並有出土紀錄的共十七例，其分佈如下：

表九：平頂雙層完整標本之出土地點

編　號	頂層指數	出　土　地	編　號	頂層指數	出　土　地
14:103	31.25	TSKH016	B 2416	75.65	YH174
14:184	40.18	TSKH012	B 2392	76.00	YM242
B 2394	50.00	YM236	14:123	76.19	TSKH016
B 1260	50.00	E 181甲	B 2417	80.22	YM242
B 2162	58.21	橫13.5丁	B 2151	82.65	HPK2002
B 2160	63.00	B 5	B 2415	87.00	YH226
B 2170	66.88	YM216	B 1258	89.47	A 18
B 1278	69.00	YH174	B 2152	89.86	橫13壬
B 2197	70.00	斜一支間正坑			

以上兩表相比，有兩點值得特別注意：(1) 指數最大的兩標本皆出小屯；指數最小的兩例皆不出小屯，最小的凸頂雙層爲王裕口遺址發掘出來的；最小的平頂的雙層爲大司空村的出土物。大司空村與王裕口兩遺址的內容却包括有晚於殷商的器物。準此，我們可以看出：指數比較小的，凸頂與平頂的雙層頂蓋，是比較晚期的產品。

至於平頂與凸頂兩組的標本，就頂部的一般形態發展論是否也有個時間先後的秩序？我們可就第三類各目標本的地點分佈看出一個大致的趨勢；這一趨勢指明了平頂單層開始較早，其次爲凸頂單層與平頂雙層，凸頂雙層則爲更進一步之發展：此一發展又因活動頂蓋之盛行而加速。

　　匾牌式的笄頂可以包括：第肆類的牌狀頂；與第伍類羊牌狀及第陸類的幾何形頂，此處把它們合併在一處討論。

　　照形態的演變說，第陸類的乙種幾件幾何形頂飾的標本(例八十四等)也許與第貳類劃紋頂乙種扁條形頂端若干例(例十九等五例)有些遼遠的關係；但這種關係的真正性質是很難確定的，現在我既沒有這兩型之間的中間形態使我們作進一步的預測，我們只能從地理分佈上看它們出現的秩序：

(1) 樸狀類扁頂的只有一例，(例十二)

　　　　B 1296　　　出土於　　　小屯　　D74

(2) 劃紋頂類乙種五例(例十九至二十三)有三例完全扁頂的：

　　　　B 2132　　　出土於　　　小屯　　C127

　　　　B 1298　　　出土於　　　小屯　　B43

　　　　B 2421　　　出土於　　　小屯　　YM306

(3) 匾牌頂七十三例，出土有紀錄者六十六件，地理之分佈如下：

　　　　小屯出土五十九件

　　　　侯家莊西北岡出土五件

　　　　大司空村出土二件

(4) "羊" 形頂二十例

　　　　小屯出土十八件

　　　　侯家莊西北岡出土一件

　　　　王裕口出土一件

(5) 幾何形頂七例

　　　　小屯出土二件

　　　　侯家莊西北岡出土五件

以上共舉有出土紀錄的扁頂標本九十七件：計

　　　　小屯　　　　　　八十三件

　　　　侯家莊西北岡　　　十一件

　　　　大司空村　　　　　二件

王裕口　　　　　　一件

小屯所出諸標本中，例十二（B1296）可能是先殷文化層的遺存，其餘皆是殷商期的物品，或稍晚。侯家莊西北岡，大司空村及王裕口所出大概是殷商後期或更晚的。就這一些分佈的輪廓說，我們似乎又可把區牌頂形本身的演變作若干安排：安排的根據如下：

沒有文飾的標本（插圖四：4），都是YM331墓葬的隨葬品。

回形文飾的標本（插圖四：6），皆是大連坑的出土品。

無托的及有槽的（插圖四：8，9）皆出土於西北岡墓葬。

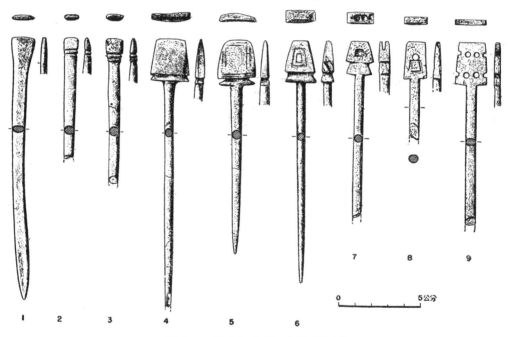

插圖四：區牌式笄頂可能的原始及其演變

1. B1296	4. B2225	7. B1272
2. B2132	5. B2231	8. B1274
3. B2421	6. B2226	9. B1271

假如我們把上列沒有文飾的 第肆類 與 第貳類乙種劃文頂 遙遠的 聯繫起來 （插圖四：3，4），這兒似乎還有一段很寬的空隙有待填補。但是這一可能性，不是沒有的。第叁類的"羊"形頂的笄顯然自成一格，這一類的標本有一共同點，爲他類的骨笄所不常見的，就是它們製造的一致的粗劣，很顯然地表示，這一型的骨笄，未經那時的

貴族階級採用過；這與第肆類的甲、乙、丙三種標本比，成了很鮮明的對照。屬於第肆類的三種標本，雖也同"羊"形頂的標本一樣，只在西北岡出現了一次，但製造的工夫要精細得多。由這一系列衍繹出來的丁、戊、己三種，納有鑲嵌飾件就更精細了，同它們的出土地只限於侯家莊西北岡一隅，數目也是很少的。

第陸類幾何形標本之兩型所象徵的意義，頗難揣測；它們的數目也很少，小屯的一件（例八十三）可以說是全部骨笄中最別致的一種式樣，在殷虛出土的這類器物，沒有重複的第二例。有時不免躊躇着想，它是否當理髮總髮的工具用過？但同樣的疑問也可施與於若干別的標本；所以最後，也只是根據形制而把它納入這一系統。

第陸類乙型共得五例，頂部實由蓋狀，與區牌兩式合併作成之塔形象徵體；究其原始，似可追溯到劃紋頂之乙型各例，但並不能緊接起來；那失去了的聯鎖，顯然也是很多的，五例（例八十四至例八十八）都出土侯家莊西北岡，沒有兩件是完全相同，但屬於同一類型，似無大的疑問。

綜合區牌式及其有關的各標本來論斷，我們可以說，這一羣骨笄的基本形制，爲殷商時代的一種發展，在史前時代沒有找到先例。若一定要追尋它們的原始，可能地，這些區牌形狀是由扁的劃紋頂突變出來的。但證據不足，有待進一步的搜集新材料。

"羊"形頂標本的粗劣作法，與可以納鑲嵌的幾件標本相比，暗示一種階級制度的存在。這一分別大概只有這一種解釋的可能。標本最多的第肆類甲乙丙三種，在這一標準的類別下，大概可以說是中產階級的用品，幾種較少見的幾何形樣本，同那具有鑲嵌的標本是一樣的；作工比較地精細，似乎也是有閒階級的裝飾品，它們只見於西北岡的墓葬中。

鳥形頂的笄，分爲六種，其中以丙丁戊己四種標本較多，它們在小屯遺址與西北岡墓葬區之分佈如下：

表十：四種鳥型笄出土地點之分佈

出土件數 / 出土地點 鳥型	小　　屯	侯　家　莊	失　　　　錄	總　　　數
(丙) 低 冠 鳥 型	10	4	16	30
(丁) 高 冠 鳥 型	16	0	0	16
(戊) 平 頂 鳥 型	14	3	3	20
(己) 高 座 鳥 型	一	11	1	12

　　以上四種標本，丁種的十六件(高冠鳥型)只見於小屯，不見於西北岡；己種的(高座鳥型)十一件只見於西北岡(註五十七)，不見於小屯。小屯的高冠鳥型均集中在大連坑及其附近；高座鳥型則散見於西北岡各大墓。

　　形態的演變與地層秩序最有親切聯繫的爲戊種平頂鳥型的標本二十件。這二十件標本頂端的鳥形雕刻，有下列五個階段可以區分出來：

　　　　第一級，寫眞鳥體：　　　例一〇三　　　共有標本三件，皆小屯出。

　　　　第二級，無眼鳥體：　　　例一〇四　　　共有標本六件；小屯五件，西北岡一件。

　　　　第三級，象形鳥體甲種：例一〇五　　　共有標本六件；小屯四件，西北岡一件。(註五十八)。

　　　　第四級，象形鳥體乙種：例一〇六　　　共有標本四件(註五十九)。

　　　　第五級，象形鳥體丙種：例一〇七　　　共有標本一件，出小屯。

　　我在紀念趙元任先生六十五歲論文集中，曾詳細地討論這一組材料上意義，並得到下列的一項結論；即各級的演進均在地層上可以證明它們的時代的先後；而寫眞鳥體出現得最早，象徵鳥體丙種出現得最晚(註六十)。

　　立體的寫眞鳥形文飾是否可以追溯到先殷時代？這是很值得研究的一個問題。關於這一問題，我們所知道的最可靠的資料，應該是城子崖黑陶文化層出土的陶器蓋上所塑的象徵鳥頭的一塊殘片(參閱：城子崖，圖版拾壹：9)，這一殘片似乎可以代表一種立體鳥形文飾在那時的存在。此外在英美的收藏家多注意到，美國納爾遜藝術陳

(註五十七)　一件的出土地失錄，但大概是西北岡的標本。

(註五十八)　失錄一件。

(註五十九)　小屯一件，西北岡一件，大司空村一件，失錄一件。

(註六十)　參閱：李濟，由笄型演變所看見的小屯遺址與侯家莊墓葬之時代關係，中央研究院，歷史語言研究所集刊，第二十九本，809—816頁。

列館收藏的一件玉鳥，據說是山西太原附近，一處史前遺址出土的 (Cheng Te-k'un: Archaeology in China, Vo. I, Plate XVII, 1959)，這也是一件僅具頭形的雕刻，身部只用外線，沒有細目，爲一附麗於大形器物的零件。

以小屯出土的三件寫眞鳥體骨笄，承襲黑陶時代這一傳統似乎可以銜接得上去。這幾件標本，就地層論，確爲早期的作品；這樣的鳥隨着時代的推進，漸漸由立體變成扁平面，以至幾何紋相，這一型的遞衍可否代表這一個時代裝飾藝術全部的趨勢，固尚待大量的考證；但這絕不會是一件孤獨的現象，是可以斷言的。我們再就這一線推尋，也許我們還可以說，高冠鳥型與高座鳥型，實近於平頂鳥型的第二級，它們都已匾牌化了；但所刻劃的文飾尙保有寫眞的精神，所以可以列入第二級的新發展，兩型流行的時間，均比低冠鳥型較爲短暫。

低冠鳥型各標本變化較多，但皆屬匾牌式樣，不能與平頂型的歷史相比。這一型的標本出土的數目比較地多；HPKM1550 被盜掘的一墓，可見的低冠鳥型已近五十上下。到達臺灣的標本中，屬於此型者，僅三十件(包括殘缺標本)，但紀錄完全保存者只十四件：內、侯家莊西北岡墓四件(HPKM1001：三件)HPKM1550：一件)：小屯十件之出土地如下：

B119	一件	E 32	一件
C120	一件	E 181	二件
C129	一件	YH244	一件
E16	二件	YM113	一件

以上的幾個灰坑與一個墓葬 (YM113)（註六十一）沒有早到先殷時代的；侯家莊西北岡大墓中出土這一型標本最多的HPKM1001雖是最早的埋葬，也只等於平頂鳥型的第二級。這一組各標本的形態，各有差異；我曾就頭部完整或近於完整的十六件(西北岡四件，小屯十件，出土地失錄者二件)，比較它們的：口形，唇形，眼形，後腦，冠頂，以及頭左右兩面的文飾，發現了沒有兩件標本是完全一樣的。它們的歧異處如下：

它們的口部有開(1)有合(2)；

它們的唇形有扁(1)，有尖(2)，有禿(3)，有細高形(4)。

（註六十一） YM113爲13次發掘。

它們的眼形有鼓出的，有不顯的；鼓出的眼形有弧形，半圓，橢圓，杏仁形或不規則。

它們的頭頂由前至後的曲線或為簡單的弧線，或半圓，或腰圓，或轉成銳角。

它們頭頂上的冠或由深刻切迹，或由淺劃劃紋分成七段至十二段冠枝。

它們的頭兩旁或刻紋飾或不刻紋飾；刻文飾的有深雕有淺劃。

茲列表如下：

表十一：低冠鳥型各部雕刻之差異

	紅　　號	出　土　地	口　形*	脣　形**	後腦形***	眼　形+	冠　頂++	頭兩面+++
西北岡臺葬	①B2284	HPKM1550	1	3	2	1	B10	3
	②B2277	HPKM1001	1	¾	1	3	B 9	2
	③B2273	HPKM1001	2	3(？)	1	3	B 8	2
	④B2272	HPKM1001	2	3	1	1	B10	3
小屯遺址	⑤B2275	E32	2	2	1	4	C 9	2
	⑥B2270	E16	2	1	1	4	B 7	2
	⑦B2274	E181方	2	2	3	1	A 9	1
	⑧B1282	E181甲	2	2	3	5	A12	1
	⑨B2389	B119	1	1	1	3	B 6	2
	⑩B2391	C120	？	？	1	3	？	1
	⑪B2390	YM113	？	？	1	3	B 7	2
	⑫B2269	E16	2	4	1	3	A11	1
	⑬B2388	YH244	1	1	2	3	B 8	2
	⑭B2279	C129	2	1	1	3	B 7	2
	⑮B1283	失　錄	1	1	1	3	B10	2
	⑯B1265	購　品	1	1	2	3	B10	2

*口形：1.開口　2.合口　**脣形：1.扁　2.尖　3.禿　4.細高　***後腦形：1.弧至半圓　2.腰圓　3.尖角
+眼形：1.圓形　2.半圓　3.腰圓至杏仁形　4.不顯　5.不規則　++冠頂：A.深切　B.切　C.淺割冠頂，字後數目字示切迹數　+++頭兩邊：1.無文飾　2.簡單劃紋　3.月牙雕

細察上表所列頭部六面的形態，差別的程度至不相等，有完全不相同者，如①與⑤，⑦與⑨，⑧與⑬三對標本相比，沒有類似的部份；也有差不多完全一樣的，如⑨與⑭，⑬與⑮，⑬與⑯；兩極端中間類似或差別的程度，每一標本與其他標本相比至為參差不齊(插圖五)。以這些比較為根據，我們可以把低冠鳥型再分為下列六組；每一組，以其代表標本為例：

甲組：⑭B2279　②B2277　③B2273　⑨B2389

乙組：①B2284　④B2272

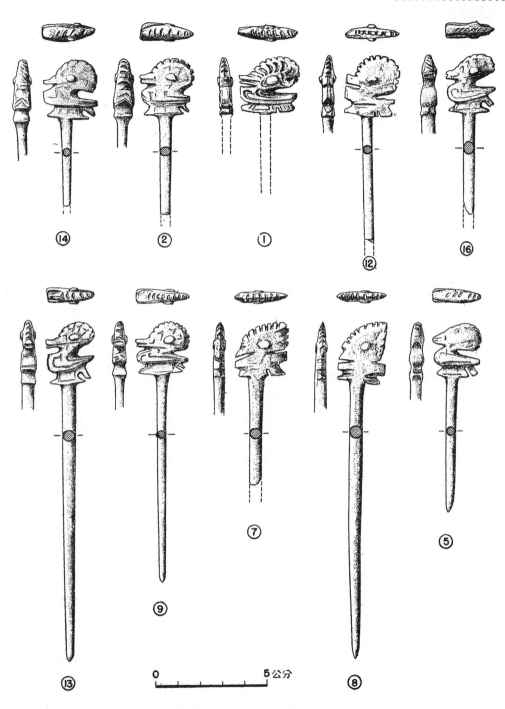

插圖五：低冠鳥型的花樣十種，(參閱表十一；圖下加
　　　　圈數碼字，指表十一紅號前之數字)。

丙組：⑫ B 2269

丁組：⑬ B 2388　⑮ B 1283　⑯ B 1265

戊組：⑧ B 1282　⑦ B 2274

己組：⑤ B 2275　⑥ B 2270

上項分組標本，沒有包括 B 2391，B 2390 兩件略有殘缺的標本。

甲組四件，有兩件是 HPKM1001 的出土品，與平頂鳥型的第二級同時。

乙組兩例，全是西北岡的葬品；一出 HPKM1001；一出 HPKM1550 爲較 HPKM 1001 稍晚的墓葬。

丙組只有一件，爲小屯 E 16 坑的出土品。

丁組三件，兩件是小屯的遺存：灰坑 YH244 一件，C 120 一件；一件出土地失錄。

戊組兩件，皆出小屯 E 181 方坑遺品。

己組兩件，小屯 E 16，E 32 兩灰坑各出一件。

戊、己兩組，似乎是較晚的作品。甲、乙、丙、丁四組中，哪一組較早，甚難臆測；甲組出現於西北岡最早的墓葬，也許是低冠鳥型初行時的樣子；這一組的標本留存下來的也較多。乙組也許與甲組同時出現；但月牙雕很顯然盛行於 HPKM1550 的時期；在同一墓葬中並有屬於丙組的 B 2269 式的低冠鳥型，標本多件，丁組的鳥型，後腦上揚是一大特點，留存的標本皆光潤圓滑；代表標本爲出於 YH244 的 B 2388；表現另一作風，照田野紀錄，這一灰坑曾出人骨八具，多童子體，俯身埋葬：常見遺物表中記有骨笄八件，但屬此型者只留存了這一件。

戊組兩件出土的 E 181 有甲骨文同時出土；己組兩片出土的 E 16 與 E 32 兩灰坑 E 16 亦有甲骨連帶出土。由甲骨文字的時代可以證明 E 181 出土的標本是殷商晚期的製造品；但 E 16 的甲骨皆爲武丁時代，同出土的骨笄時代就難確定了。

總論低冠鳥型各樣本，就其差異的方面，雖可分爲六組，時代也有些早晚的不同，但都是小屯殷商期的作品，沒有出現於小屯先殷期的坑層。

第八類所列其他動物形頂飾之標本共分四型，以甲型之蠍子形頂飾最爲奇特（例一一三）；這在殷虛發掘出來的數以百計的骨笄與玉笄中，並無第二例，出土地爲西北岡最早的大墓 HPKM1001 。 圖案畫的大眼動物形笄頂 ， 較完整的諸例 ， 均出小屯 ； 其中包括三件玉製標本 ， 四件骨製標本 (註六十二) 。 西北岡所出 ， 以乙型數目較多 ， 全是 HPKM1550 發掘出來的 。

　　長方眼形動物圖案骨笄只一見 ； 出土地為小屯 C 區 YH366 ； 這是一個殷商時代的標準地下坑 ， 東南兩壁均有足窩 ； 時代屬殷商晚期 。

　　分在這一類的石製笄三件 ， YM331 出土的兩件 ， 所具的圖案代表一種簇新的作風 。 將 "臣" 形眼豎起來排 ， 無視它在動物身體上自然的位置 ， 顯然是圖案設計的一大轉點 。 "臣" 形眼自此成了一個裝飾的單位 ， 失去了 "眼" 的原意了 。 石璋如先生的意見 ， 認為 YM331 墓的屬於甲骨文的第四期 (參閱 : 中國考古報告集之上 ， 小屯基址篇 ， 印刷中) 是小屯殷商文化層較晚的作品 ， 另一件 ， 為 C156 探坑出土 ， 原在情形不明 。 笄頭與笄身兩分 ； 笄頭雕刻為一開始圖案化之人形兩側面 ； "臣" 形眼橫排 ， 仍表示人所具有的眼 ， 但頭下裝飾已圖案化了 。 就圖案演變的歷史說 ， 要比 YM331 出土的一對文飾早一個階段 ， 大約與例一一一至例一一三同時 。

　　所以第八類的標本 ， 似可分為下列三期 ：

　　第一期 ： HPKM1001 時代 ： 屬於這一時代的例 ， 為

　　　　　蠍子形笄頭　　　　例一一三

　　第二期 ： 大連坑時代 ： 屬於這一時的例 ， 為

　　　　　各種高冠橫排大眼圖案　　　例一一〇 ， 例一一五 ， 例一一六 ，

　　　　　　　　　　　　　　　　　　例一一七 ， 例一一四

　　第三期 ： YM331 時代 ： 屬於這一時代的例 ， 為

　　　　　豎排 "臣" 形眼兩例　　　例一一九 ， 例一二〇

(註六十二)　B1251 ， 出土地失錄 ； 不見梁的目錄 ， 似為小屯出土 ， 故此處亦計算在內 。

下篇　差異與演變

本文所選標本共三百八十八件。除三十四件無出土地紀錄外，有此項紀錄者共三百五十四件，計：

小屯	二百五十八件
侯家莊西北岡	八十六件
王裕口	五件
大司空村	五件

先討論西北岡大墓出土作例證標本的十七件(表十二內，下附橫道者)。除例證外，西北岡出土的另有重複標本五十九件，其中大多數出於大墓：總計西北岡大墓出土之標本共六十件，分佈如下：

表十二：侯家莊西北岡大墓出土骨笄的例型分佈

笄型例別 墓	樸狀(Ⅰ)(a)	割紋(Ⅱ)	蓋狀(Ⅲ)(b)	牌狀(Ⅳ)(c)	羊牌(Ⅴ)	幾何形(Ⅵ)	鳥形(Ⅶ)(d)	其他動物(Ⅷ)
HPKM1001	八		三八，三九，五二，五三，五八，六三，六六 *		八〇		九一，九三，一〇四 *	一一三
HPKM1550	二，四 **		五三，五八			八五	九五，一〇九，一一二 *	一一八
HPKM1004	二，六，七 +	二三	五四，五八					
HPKM1002	四，五		五八，六四			八六	一〇五，一〇九，一〇八	
HPKM1003	五，七 *		五三			八四	一〇八	
HPKM1500	六						一〇	
HPKM1217	四 *		五三，六〇	七八		八七	一〇八	
HPKM1443				七五，七六，七七				

*共二件
**共三件
+共二件
下有橫道者為例
　無橫道者為附例，或重複標本
(a)　西北岡共出第壹類笄形二十六件；除大墓之十七件外，餘九件出土於小墓及探坑。
(b)　西北岡共出第叁類笄形二十五件；除大墓之十七件外，餘八件出土於小墓及探坑。
(c)　西北岡共出第肆類笄形五件；除大墓之四件外，餘一件出土於HPK1317小墓。
(d)　西北岡共出第柒類笄形十九件；除大墓之十四件外，餘五件出土於小墓及探坑。

西北岡西區大墓共八座：東部四墓成一組：HPKM1001 最早，南墓道爲 HPKM1550 打破；北墓道與西墓道爲 HPKM1004破壞。HPKM1004又爲 HPKM1002所破壞。故這一組埋葬之秩序爲：1001最早；1550與1004次早：1002最晚。

分佈在這四墓各種笄形與這一秩序頗有符合的地方。最顯的例爲平頂鳥型所在的地點。第二級的(例一〇四)在 HPKM1001；第三級的（例一〇五） HPKM1002，這兩級所隔的時間，若以一墓作一代計算，至少是祖孫的關係。HPKM1001 與 HPKM1550 兩墓先後的關係，也可以在笄型的差別看出來；兩墓同出有第捌類的骨笄，但HPKM1001 尚保有寫眞體的動物型（例一一三）HPKM1550所出的大量的第捌類皆爲圖案化的大眼動物型，除 HPKM1550 以外，這類的骨笄不在其他大墓出現，這一情形又把這兩墓的關係更拉近了；同時這兩墓皆出低冠鳥型笄；也是不見於其他大墓的笄型。

但是破壞HPKM1001西墓道與北墓道的 HPKM1004，雖出有與 HPKM1550類型相似的骨笄，却沒有兩種（例五十八，一一二）與 HPKM1001 甚親切關係的例證。此一比較可以證明HPKM1550在埋葬秩序上，較近 HPKM1001，而 HPKM1004，在這一組內，時間在HPKM1550以後。

西部兩墓之較早的一座(HPKM1500祇有王座鳥型笄可與東部的最晚大墓HPKM1002聯繫起來，較晚的 HPKM1217 出有匾牌狀的笄頂，時代接近於東部大墓HPKM1443。

HPKM1003居於西部大墓叢的中間；所出骨笄，類型最近HPKM1002。

就以上所討論的各型骨笄在西北岡大墓分佈的情形，我們可把這些墓葬排成下列的秩序：

代表笄型：

壹：HPKM1001期　　平頂雙層（Ⅲ丙）；低冠鳥型（Ⅶ丙）；平頂鳥型二級（Ⅶ戊）；蠍子頂形（Ⅶ甲）。

貳：HPKM1550期　　多層塔型（Ⅵ乙），低冠鳥型（Ⅶ丙）；王座鳥型（Ⅶ己）；橫排"臣"形眼圖案（Ⅷ乙）。

叄：HPKM1004期　　劃紋頂型（Ⅱ乙）；王座鳥型（Ⅶ己）。

肆：HPKM1002期　　平頂鳥型三級（Ⅶ戊）；王座鳥型（Ⅶ己）；多層塔型（Ⅵ

乙)。

伍：HPKM1003期　多層塔型(Ⅵ己)；王座鳥型。

陸：HPKM1217期　有孔無座匾牌型(Ⅳ戊)；"山"頂六層塔型(Ⅵ乙)。

柒：HPKM1443期　有槽有座匾牌型(Ⅳ丁)；無座有孔匾牌型(Ⅳ戊)。

西北岡與小屯的連繫

小屯的地層遠較侯家莊西北岡墓葬羣複雜，要講骨笄在此一遺址的分佈及在時代上可能的意義，宜先就與西北岡大墓出土品有聯繫者着手。

平頂笄形一組爲聯繫小屯遺址與西北岡墓葬最好的例，已另有專文討論了。這一討論的結論中最緊要的一條是西北岡最早期的大墓，約等於小屯的版築中期。同時我們也尋找出來了，第柒類的低冠鳥型各種骨笄也是兩遺址所共有的；在大墓裏分佈，這種低冠的鳥型笄，只以 HPKM1001，HPKM1550 兩墓爲限，在小屯的，除了在探坑中出現的外，以 E16一坑最具有時代的意義；這一坑是比較完整的地窖，出有他種實物以及甲骨文字，所出的甲骨文字屬於武丁時代。E181亦出甲骨文字，坑層曾經翻動。此外在小屯的墓葬中出有低冠鳥笄者，尙有 YM113；灰坑則有 YH244，此坑埋有人骨多架，亦爲一曾經後期破壞之殉葬坑。

第八組各型，出土地的分佈亦可聯繫兩處遺址。在西北岡者亦以 HPKM1001 及 HPKM1550 兩墓爲限。HPKM1001 所出的蠍子形笄頭，在殷墟全部遺址只一見；圖案畫的大眼動物形笄頭則集中於 HPKM1550 一墓。小屯遺址中，類似圖案的骨笄均出於第三季發掘的大連坑及其附近。

形制較簡單的笄形在地下的分佈以第肆類牌狀各型在西北岡墓葬者爲較有規律。此類出土品紀錄具有完整者共七十件；其中有五件出於西北岡大墓：計 HPKM1217 出：無座牌狀頂一件(例七十八)；HPKM1317出第肆類乙型一件（例六十九）HPKM 1443 出有第四類丁，戊兩型共三件(例七十五，例七十六，例七十七)。五件中以 HPKM1317 所出的第六十九例與小屯出土者有直接關係，卽兩牌下有座，兩面沿邊有平行劃紋兩道者。小屯所出此類骨笄六十三件全屬此型；其中 YM331 一墓共出骨笄十二支，如例六十九者共六件，如例六十八者五件，及例七十者一件，皆與此型相近。HPKM1317爲西北岡東區之一殉葬坑，位置在 HPKM1400 東南。這一墓似可與小屯的 YM331 聯繫起來。其他大墓的牌狀笄自成一組，與小屯的關係就沒有上一例的清楚了；不過有一點仍值得紀錄下來：出這一類骨笄的大墓，(HPKM1217，HPKM1443)在西北岡墓羣中是晚期的。

第三類各型中，平頂單層的三十二件，只見於小屯，雙層的在西北岡探坑中出現一次。凸頂的單層與多層見於西北岡大墓者四次。活動頂蓋，在西北岡發現者最多；有紀錄之三十二件中，屬於西北岡者，佔二十件：西區大墓自最早的 HPKM1001 至最晚的 HPKM1217 都有它的代表，類似第一類骨笄在西北岡分佈的情形(表十三)。

以上討論可以總結如下：

1. 第壹類樸狀頂，即頂端保持骨料原狀態之一型（Ⅰ甲）只見於小屯；頂端修整，或經磨細磨平者，（Ⅰ乙、丙、丁），見於西北岡與小屯兩處；頂端扁形者(Ⅰ戊)之出土地又以小屯爲限。

2. 劃紋頂共登記三十七件。除出土地失錄者五件外，甲型(Ⅱ甲)二十件全出小屯。乙型(Ⅱ乙)十二件：十一件出小屯，一件出西北岡。

3. 蓋狀頂甲型三十二件，四件失錄；其餘二十八件均出小屯；乙、丙、丁、戊、各型標本，大多數見於小屯，但均出現於西北岡。已型(即活動頂蓋)大多數見於西北岡。

4. 牌狀頂共分五型：甲、丙兩型只見於小屯；丁、戊兩型只見於侯家莊，乙型標本最多共五十九件，出於小屯者五十二件；西北岡一件；大司空村兩件；餘四件出土地失錄。

5. "羊"牌頂只一型，共得二十件：出於小屯者十八件；出於西北岡者一件，出於王裕口者一件。

6. 第六類標本最少，但仍分兩型，甲型一件，出小屯；乙型五件，四件出西北岡，一件出小屯。

7. 第七類鳥形頂，再分六型：甲、乙二型標本各一，出土地均失錄。丙型與戊型見於小屯西北岡兩地；丁型只見小屯，已型只見西北岡。

8. 第八類標本除骨製外雜有石製及玉製者數件，共得十三件，所分四型，甲型蠍子體者，只有西北岡出土之一例；乙型皆大眼動物型，多數已圖案化，以橫躺之"臣"形眼爲中心，見於小屯西北岡者各四件。丙型爲更進一步圖案化之標本，兩件出小屯，皆石製；丁型一件，亦出小屯。

笄形的差異與笄形的演變及各類型之相互關係

各個標本形制的差別顯然包含若干不同的義意：有的只是個別的作風，每一個雕刻骨笄的匠人有他自己的花樣，或者家傳的樣本加上自己的手法，由此構成的一種與衆不同的式樣。有的可能象徵階級制度的存在，貴族與平民，富人與窮人，統治者與被統治者，得位者與無位者這些階級與地位的分別，表示在衣服與裝飾上是一種人類歷史上很早就有的，由此而發展了中國的特有的"禮"教。

但是與考古研究更有關係的，爲那由時代演變而發生的差別，此種差別若能確定其時代的意義，是在考古學與史學上一種最富啓發性的工作。本文所討論的這批資料，出土地的分佈，與地層的秩序，排列，所顯示的差異亦有代表時代衍變的清楚跡象，在研究平頂鳥型(Ⅶ戊)一文內，我已經發表了所得的與時代有關的幾條結論了。爲結束本文的報告，此處將上項結論擴大了來討論殷虛出土有紀錄的各種笄形，似乎是最適當的地方了。

①YH201 爲小屯的下灰坑，出有平頂鳥型最早的一級，寫眞鳥體（例一〇三）；同一地層又出第三類甲種骨笄（例二十五）；第三種甲型，是平頂單層蓋的骨笄，曾出現於城子崖下層，即黑陶文化層；又這一型的骨笄，登入紀錄者三十二件；有出土地者二十八件，皆在小屯；情形與寫眞體鳥型類似。我們知道，小屯地面下的先殷文化層屬於黑陶文化系統；

故：平頂單層頂蓋的骨笄，在小屯的歷史，可能更早於平頂鳥型最早的一級。因此殷商時代最早的骨笄之一，應爲蓋狀頂甲種；而平頂鳥型第一級，比它較晚。

②出平頂鳥型第二級（例一〇四）標本的在侯家莊爲 HPKM1001；在小屯有 YM 242，及其他四探坑，西北岡 HPKM1001 又出有下列類型的骨笄：凸頂單層（例三十八，例三十九），尖頂三層(例五十二)；活動頂蓋各型（例五十三，例五十八，例六十三，例六十四，例六十六）；低冠鳥型（例九十一，例九十三）。又有列入第八類的蠍子形頂一件(例一一三)列入第五類的"羊"牌頂一件(例八

○），列入第一類的樸狀頂一件(例八)，以上諸類型標本以低冠鳥型爲最多，據梁思永紀錄共有四十件，小屯 YM242 墓內又出有第三類平頂雙層頂蓋兩例(例叁拾伍，例叁拾柒)，以及活動頂蓋之長方笄頂(例五十七)。

故：與平頂鳥型第二級同時的，有蓋狀頂若干型，活動頂蓋的骨笄若干型，低冠鳥型以及第八類的蠍子頂型；又羊牌頂標本一件。以上各型，至少有一個時間是同時的。

③平頂鳥型第三級(例一○五)共有六標本：一件出 HPKM1002，餘出小屯探坑。HPKM1002 又出有活動頂蓋骨笄兩例(例五十八 ，例六十四)；幾何形之六層塔頂一型(例八十四)以及高座鳥型之"王"座鳥一例(例一○九)以及第壹類樸狀頂兩例。"王"座鳥型頂與六層塔頂亦爲大墓 HPKM1550 出土品。HPKM1550早於 HPKM1002；同時 HPKM1550 出有大量的大眼動物形骨笄(例一一八)以及低冠鳥型骨笄。

故：第八類的大眼動物型，第七類的高座鳥型，第六類的六層塔型(例八十五)均比平頂鳥型第三級出現較早；但有一個時期却爲同時。

④以上所說的爲西北岡西區大墓甲組出土的骨笄。西區大墓乙組，屬於較晚的時代；有 HPKM1500 及 HPKM1217兩墓；HPKM1217是西區出有第四類牌狀頂骨笄(例七十八)唯一的大墓 ；在東區墓葬叢中尙有 HPKM1443 一大墓亦出有牌狀頂骨笄，共三例(例七十五，例七十六，例七十七)。但以上四例均不是第四類的代表作品，全部西北岡墓葬區，只有 HPKM1317 一小墓，出有代表的牌狀頂的骨笄一件(例六十九)。這一型標本出土地的分佈的情形，同第貳類劃紋頂及第伍類的羊牌頂骨笄頗爲類似；在西北岡墓葬區各祇出現了一次。但製作較精緻的牌狀頂(例七十五至例七十八)顯然是晚期的作品。區牌狀頂在小屯遺址裏以 YM331 出土最多；共有標本十二件。 同墓出土的另有第八類的豎立"臣"形眼圖案兩例。在圖案化的過程中，這是大眼動物圖案的晚期；但 YM331墓葬，照其位置斷定，並非小屯的最晚期；石璋如先生云 YM331就甲骨文分期的標準說，是第四期的。

根據上項的資料，我們可以排列下表：

表十三　各種笄型出土的層序

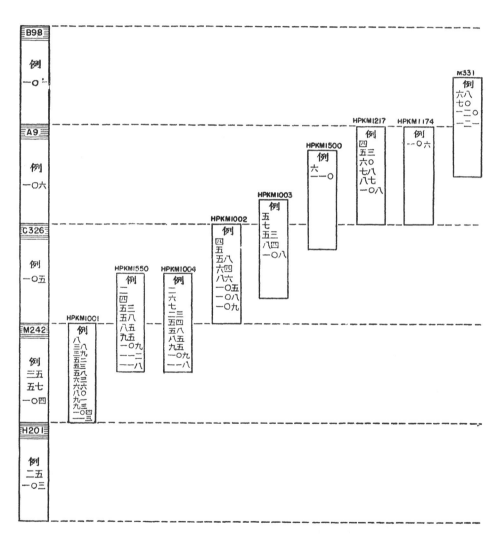

以上的排列，自 HPKM1002 以前，可以說是比較地確定；自 HPKM1003 以後尙待繼續的研究，表中的位置是暫定的。

結　　論

（1）　單層的平頂蓋型是由黑陶文化傳下來的。

（2）　鳥頂笄的初出現，爲一立體的寫眞鳥體；由此漸扁平化，圖案化，分成若干支派。

（3）　蓋狀頂與匾牌狀頂均有由劃紋頂漸次衍出之可能。

（4）　圖案化之大眼動物型爲鳥體匾化後次一階段之作品。

（5）　文飾的差別表示階級的存在：大墓皆是貴族的墓葬。殉葬人亦屬特別階級，故笄型的種類較少；小屯的灰坑，保有一般人日常生活遺物，代表的時間亦較長，故種類亦較多。

本文原載於中央研究院歷史語言研究所集刊第三十本　　民國四十八年

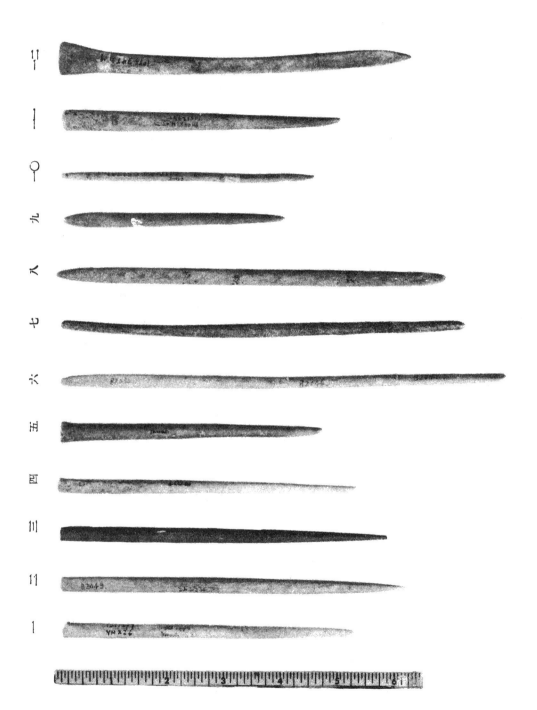

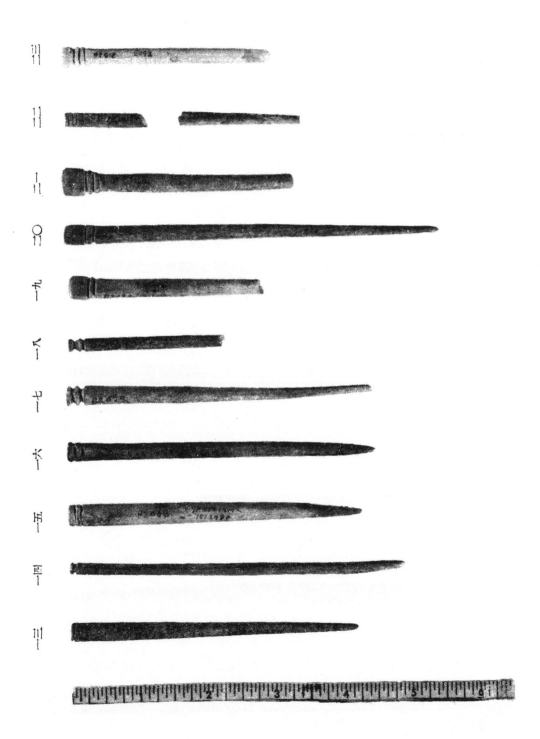

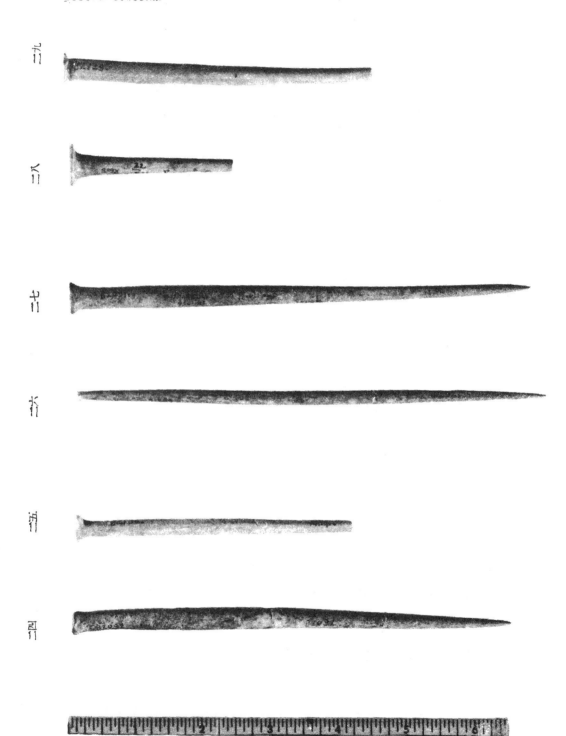

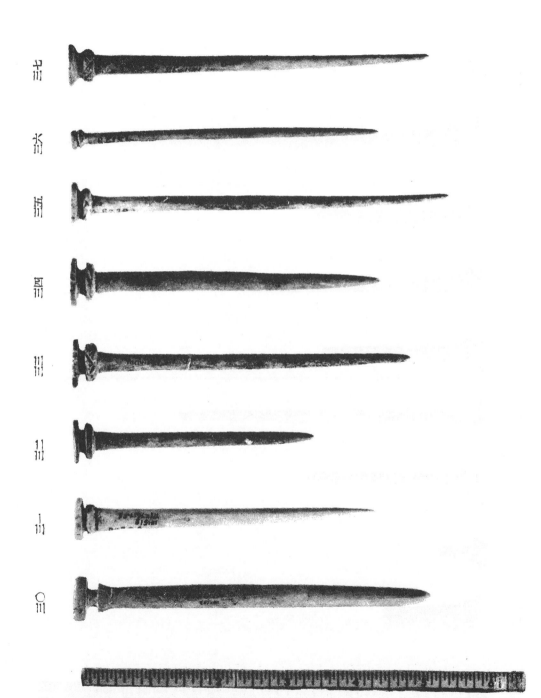

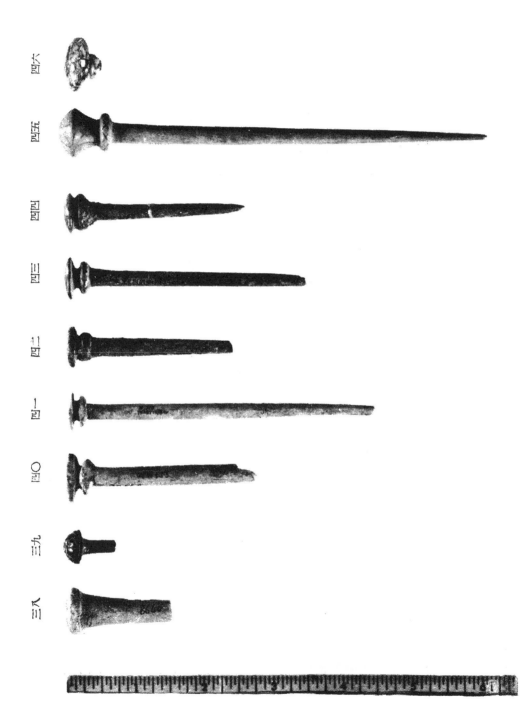

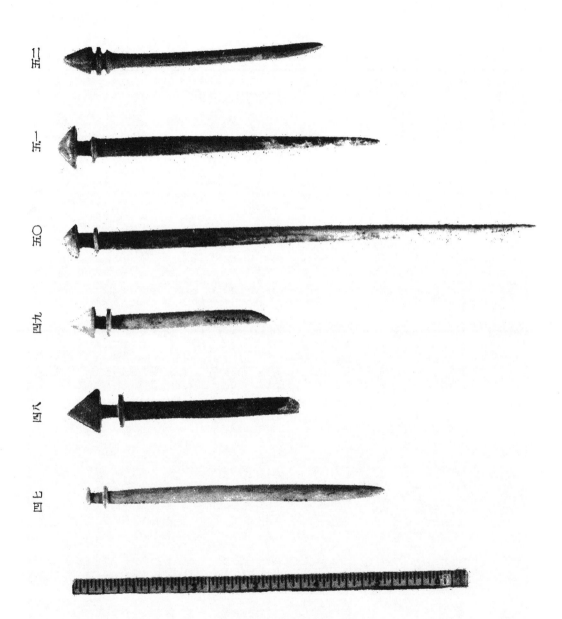

五二

五一

五〇

四九

四八

四七

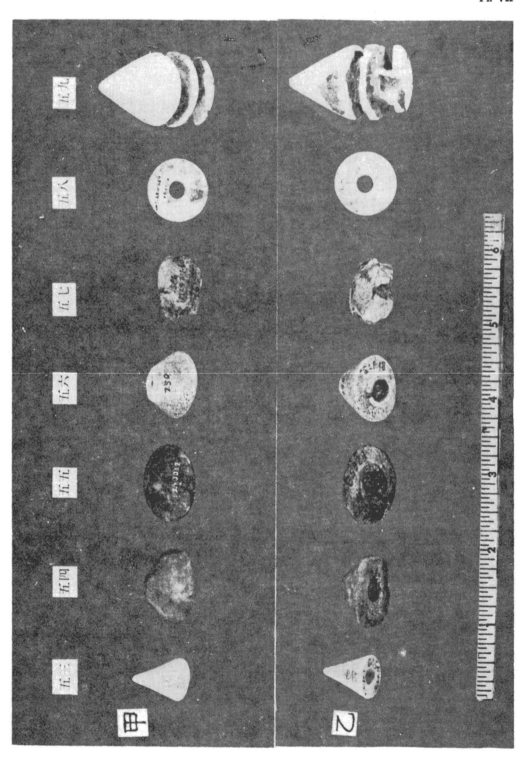

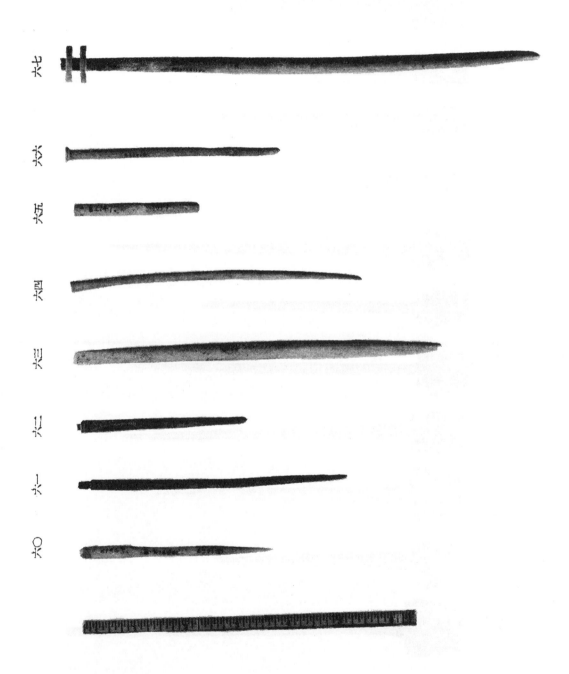

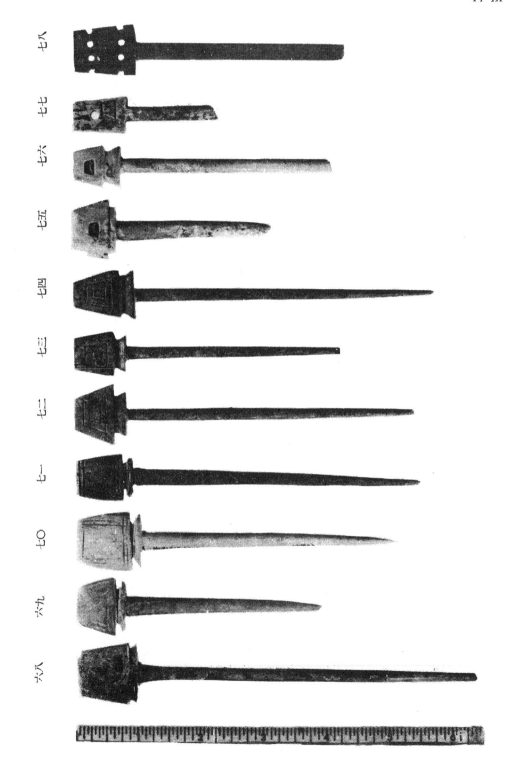

八八

八七

八六

八五

八四

八三

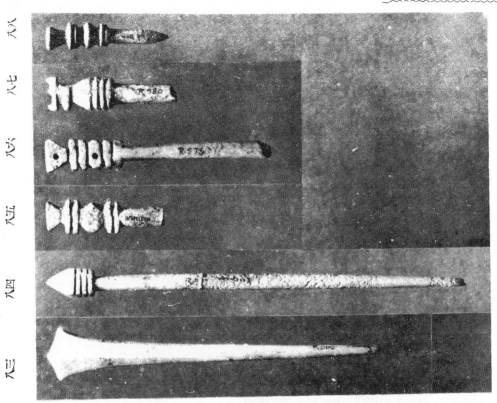

八二

八一

八〇

七九

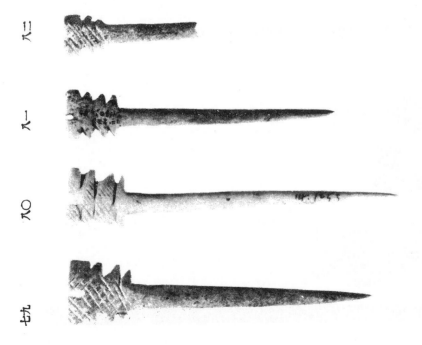

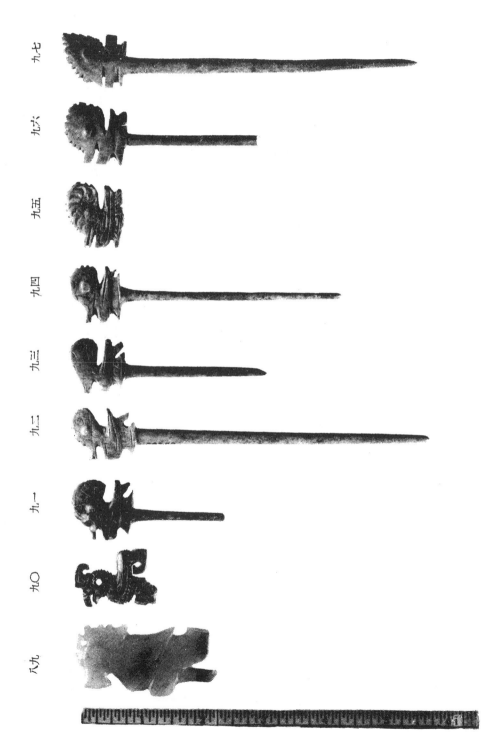

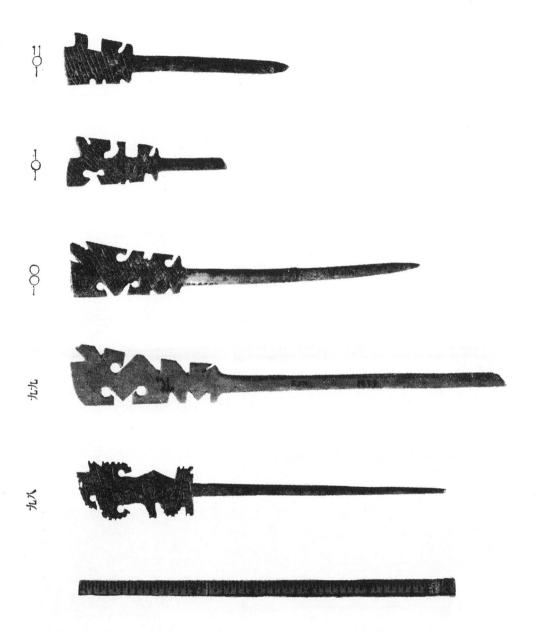

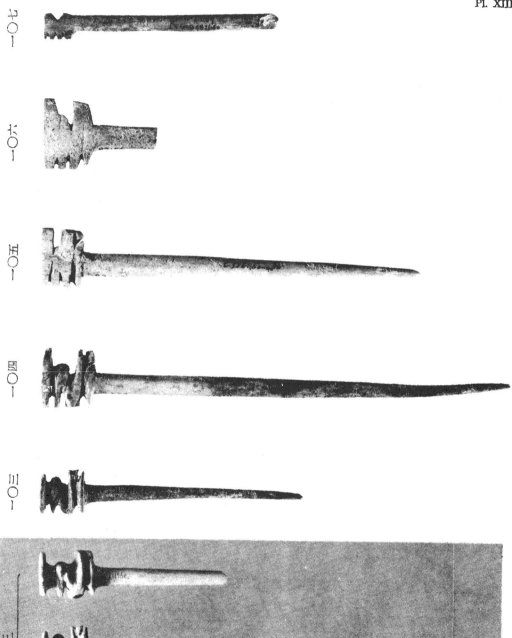

一〇七

一〇六

一〇五

一〇四

一〇三

一〇二

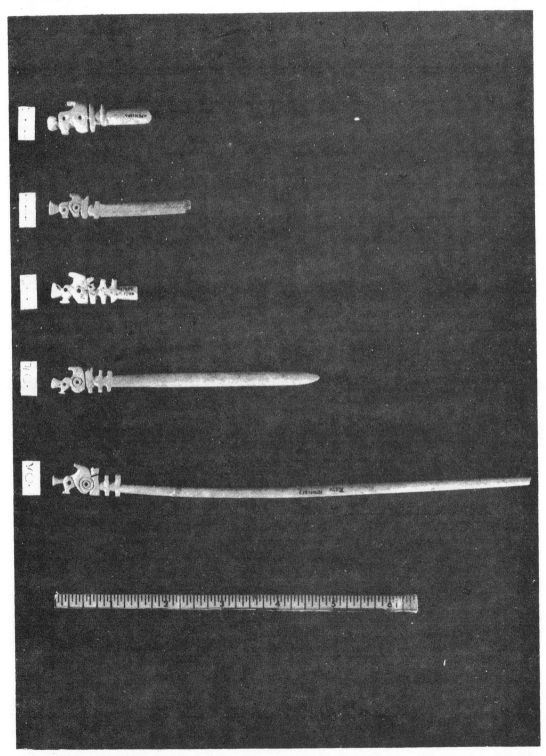

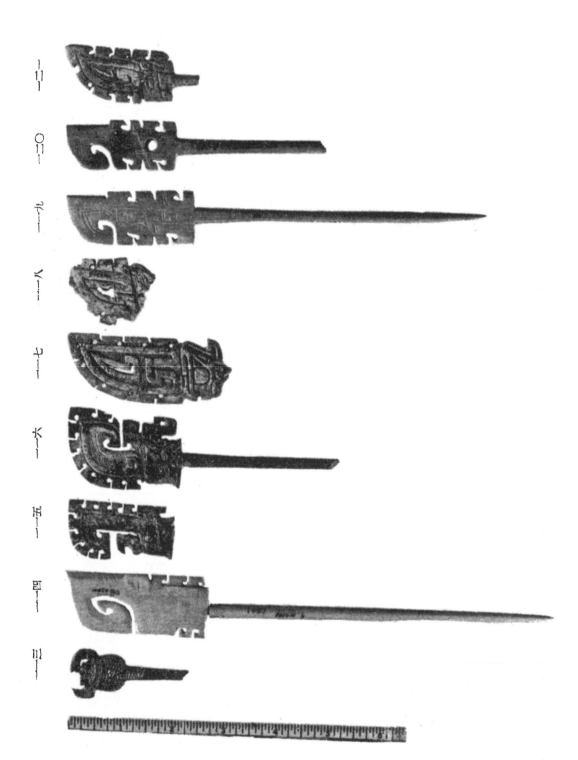

侯家莊第二本 1001 號大墓序

　　歷史語言研究所考古組發掘侯家莊西北岡的工作，開始於民國二十三年秋季；至二十四年十二月中旬，才算告了一個段落。這一發掘，前後共進行了三次，所用的全部時間共爲二百八十四天。若以爲一人工作一天算一工作日，三次工作日的總數爲七萬七千二百個。

　　就考古組在抗戰以前的田野工作說，這一發掘代表了一個最活躍旺盛的階段；考古組的工作人員除了極少的少數在南京留守籌劃後勤者外，可以說是全部被調到田野，參加這一推進歷史知識最前線的發掘行列。他們的名單如下：

工作人：　　　*梁思永（領隊）

　　　　　　　石璋如

　　　　　　　劉　燿

　　　　　　　*祁延霈

　　　　　　　胡福林

　　　　　　　尹煥章

　　　　　　　李光宇

　　　　　　　王　湘

　　　　　　　*李景聃

　　　　　　　高去尋

　　　　　　　潘　慤

視察人：　　　李　濟　　　*傅斯年　　　董作賓

臨時工作人員與練習生：　　馬元材　　　夏鼐　　　王建勛　　　董培憲

　　負責正式發掘工作的十一位，都是富有發掘經驗的老手；他們的總領隊梁思永

凡有*者均已故去。

先生又是其他十位所心悅誠服的老師，因此這三季工作的進行，至為順利；所得的收穫，直到現在——離這一工作的開始計劃已經三十年了——仍為中國考古界最重要的一項成績。

現在，在一個與發掘時代完全不同的環境中，我們把這一重要發掘所得的成績勉強地印出來了一本。我們當前的選擇，只是：印這樣的報告，或者是不印；我們沒有第三個選擇。

這本報告雖說大半是根據梁思永先生的遺稿編成，但輯補的工作，却耗費了更大的氣力。輯補人高去尋先生，在這本報告上所用的力量，不是這本印刷品所能完全表現的。本來校訂輯補師友的著作，比自己寫一本書更要困難；困難的程度，是無法計算的；凡是有這一經驗的著作人，大約都體味到這一甘苦。這是細心的讀者，可以從報告的本文中看出來的；勿須在序文中介紹了。

序文中應該介紹的為侯家莊發掘所得對於中國上古史的幾點重要貢獻。這似乎是不能用數目字估計的一件事；以下排列的秩序只能代表我們對於這一工作成績各方面的認識之先後而已。就我個人的感想，侯家莊發掘的重要成績，可以概括地列舉如下：

1. 版築在殷商建築所佔的地位。

2. 由一個「陵墓」的經營（如本報告所描寫的 HPKM1001）所看出的殷商時代的埋葬制度及對於人工組織的力量。

3. 殺人殉葬的真實性與它的規模。

4. 物質文化之發展階段及統制階級之享受程度。

5. 石雕的發現及裝飾藝術的成就。

6. 青銅業的代表產品。

在以上的種種成績中，有些認識的開始雖說遠在侯家莊發掘以前，但都是由於這一發掘才把這些新的知識奠定了一個堅固的基礎。現在我們談殷商時代的歷史，對於那時文化的造詣，可以很肯定地由這批豐富的資料舉出不少「令人嚮往」的例證。

　　關於這批寶貴資料的「取得」以及「保管」，實在不是一件簡易的事。梁思永先生，中國的一位最傑出的考古學家，已經把他全部的生命貢獻於這一件事了。他雖部份地完成了這一發掘工作，並將報告的底稿作了一個詳細的佈置，也寫成了一大半，却不及見這一報告的出版。現在——他的墓木已拱了罷！——我們才能把這第一本報告印出來。 我們希望由於這一本報告的問世， 研究中國史的學者，對於這位考古學家的卓越貢獻，得些眞正的了解！

　　在參加侯家莊發掘的十位青年考古學家中，以高去尋先生年紀較輕；史語所遷到臺灣後， 舊時的工作同志星散， 抱殘守闕跟隨本所到南港的同人， 曾參加侯家莊發掘者，不及當時的半數。大家感於流光易逝，共推了年紀比較輕的高去尋先生，輯補梁思永先生的遺稿。除了若干年預備工作外，高先生集中他的精力用了三年的時間才完成了輯補西北岡1001大墓原報告工作的使命。這部鉅著的付印及出版的完成，更有賴於考古組全部技術工作人員以及汪和宗先生的協助，這也是應該由我在此加以說明的。

　　　　　　　　　　李　濟　　　　五十二年四月十六日南港

本文原載於中央研究院歷史語言研究所中國考古報告集之三，侯家莊第二本：1001號大墓
　　　　　　　　　　　　　　　　　　　　　　　　　　　　民國五十二年

殷商時代裝飾藝術研究之一

比較觚形器的花紋所引起的幾個問題

壹、引　　　言

　　為想更清楚地了解殷虛青銅器的製造程序，最近我們邀請了一位學工程的臺大畢業生，對此問題頗感興趣的萬家保君，把安陽出土的這批資料作了一次系統的檢查。所檢查的第一組資料為在小屯與侯家莊西北岡發掘出來的四十件觚形器——包括所有完整的與殘缺的標本。檢查的特別目標，是要在每一件標本上，用不同的方法驗明留存的製造痕跡，並且追尋這些製造痕跡的意義。與青銅器標本相輔，還有另一批資料，卽小屯出土的土范(註一)。其中有若干是用以鑄觚形器的，這批資料也同時得到了一次鑒定的工作。現在這一工作已經完成，並由萬君寫了一篇詳細的報告。報告將在本所研究專刊發表(註二)。這篇短文的寫作就是由讀這篇報告所引起的，目的在研究這一批觚形器的花紋，並根據花紋的研究，討論小屯與侯家莊西北岡兩處遺存的時代關係。

(註一)　此文中所用之 "土范" 一名，所指為鑄銅器的土質范型。在李濟：俛身葬 (國立中央研究院歷史語言研究所專刊之一：安陽發掘報告第三期，第476頁及圖版拾伍；民國20年)；石璋如：殷墟最近之重要發現，附論小屯地層 (歷史語言研究所專刊之十三：中國考古學報第二册，第39頁及圖版柒；民國36年3月) 兩文中，均稱為 "銅范"。

(註二)　此報告正在排印中。

　　據萬君的檢查報告，殷墟出土的觚形器都是用合范法鑄成的(註一)，沒有任何例外；大牛數的標本，尤其是文飾各單位相接的部份，都保有顯而易見的、由合范形成的接觸線(以下稱爲范線)。這個重要的結論奠定了我們分析殷墟青銅器花紋的基礎。由此我們可以認明：

（1）　觚形器所表現的各種花紋，爲直接由土范花紋翻印出來的；類似照相之由底片印出相片來的程序。這一點可由殷墟出土的土范加以證明(註二)。

（2）　見於土范的花紋，有兩種不同的來源：(甲)由另外一個模型翻版的，好像照相的底片是照實物照出來的。又可以(乙)由鑄銅匠人直接在范胚上加以雕刻，如刻圖章，或如在照片底片上貼上年月日的工作一樣。這兩種辦法都是在殷商時代鑄銅技工所經常採用的。

（3）　檢查報告中另有一條與花紋研究有密切關係的推斷。即四十件觚形器的花紋，雖有不少極相類似的、成對成參的作品，却找不出兩件完全相同的花紋。這一由實際檢查所得的論斷，給予我們一個强有力的暗示，即出土的土范大概用過一次就棄置了。

　　根據這一檢查，我們所得的對於見於殷墟出土的青銅器花紋的認識，爲：這些花紋只是一連串手續的最後一段表現；它們所代表的，除了人工的創造外，兼有若干機械的工作及其所受的限制。所以我們必須首先瞭解，殷商時代留傳下來的青銅器，爲手工與機械合作的產品。

貳、資料的介紹與幾個名詞的解釋

　　殷墟發掘所得的青銅觚形器，都是隨葬品，沒有任何例外。本文所研究的這批資料的出土地點如下：

Ⅰ　出土於小屯乙組基址內五座葬坑的共九件(註三)。

Ⅱ　出土於小屯丙組基址內三座葬坑的共七件。

（註一）　見萬君報告第五章、殷代青銅觚形器鑄造的推論。
（註二）　如李濟：俯身葬，圖版拾伍例。
（註三）　小屯分區見石璋如：殷虛建築遺存　遺址的發現與發掘第20頁之插圖四，及有關其他部份（中國考古報告集之二，第一本乙編；民國48年）。

Ⅲ　出土於小屯Ⅰ區一座葬坑的一件。

Ⅳ　出土於侯家莊西北岡西區五座葬坑的共七件。

Ⅴ　出土於侯家莊西北岡東區九座葬坑的共十五件。

Ⅵ　出土於侯家莊西北岡，準確地址不明的一件。

以上共四十件，計小屯出土十七件，侯家莊西北岡出土二十三件。

四十件青銅觚形器，照它們裝飾的情形分別，有四個階段：

（甲）　除簡單的弦紋外，沒有任何文飾的(簡稱全素)共五件，計小屯出土四件，侯家莊西北岡出土一件。

（乙）　僅腹部有花紋裝飾的（簡稱單裝）共四件，計小屯出土三件，侯家莊西北岡出土一件。

（丙）　腹部與足部均具有花紋的（簡稱半裝）共十六件，計小屯出土八件，侯家莊西北岡出土八件。

（丁）　腹部、足部、脛部全帶有花紋的(簡稱全裝)共十五件，計小屯出土兩件，侯家莊西北岡出土十三件。

照以上的數字計算，殷盧出土的青銅觚形器中，全素的有八分之一(12.5％)，全裝的近三分之一強(37.5％)。除了全素的五件，其餘的百分之八十七點五都具有腹飾。如果我們假定最早的青銅觚形器爲裸體的、全素的作品，我們的次一個假設應該是：腹部爲裝飾青銅觚形器設計人最先注意的部份，其次爲足部，最後爲器的上半，即脛部。這個假定的裝飾發展次序：腹——足——脛，是否可以證實，篇終再作討論。現在我們先把分佈最廣的文飾，即腹飾，作一分析。

有若干用作分析花紋的名詞，此文中必須加以特別的界說；有些已經在廣泛的用着，但意義差別甚大，必須清理一番。有些初次採用的名詞，也需要具體的說明。

（1）“文”與“紋”：在現代考古學論文中，講花紋的部份，“文”與“紋”往往不分。如有用“文飾”這一名詞的，更多把它寫爲“紋飾”。最近的出版品中，“紋”似乎用得很普遍，例如刻紋，劃紋，堆紋，印紋，彩繪紋，三角紋，雲紋，雷紋，蟬紋，饕餮紋等。若細細地推敲這些“紋”字結尾各名詞的含意，前五個例都是指花紋製造的程序，或者說是表現花紋的方法；後五個例都是指花紋本身的結構；它們顯然屬於兩個範疇。僅以描寫工作為限的報告，或可不必理會這一分別；但是要對文飾問題作點詳盡的分析，我們却有把這兩方面分開來的必要。故在本篇討論花紋所用的名詞中，凡是指製造程序的，如刻劃，彩繪，堆塑，雕等，均用"文"字結尾，即刻文，劃文，堆文，塑文等；凡是指花紋的形態、成份者，如三角形，方格形，交索形，魚形，龍形等，都用"紋"字結尾。同樣地，凡是講裝飾的、藝術的一般情形，我們以"文飾"代表這些意思；凡指具體的、構成裝飾的圖案，我們稱之為"花紋"。

（2）"模文"與"范文"：拿青銅器上出現的花紋，與見於陶器上的花紋相比，前者所經過的製造程序要複雜得多。鑄這些花紋的第一底版為在小屯發現的土范。范上所顯現的花紋，本文稱為范文(圖版貳)，它們都是銅器花紋的反面；有許多很簡單的線條是直接刻劃在范上的。范上刻劃的線條，鑄在銅器上，線條高出地面，為古器物學家所稱的"陽線"。討論這一類的花紋，為便於說明它的製造程序，本文稱為"刻劃范文"。但是見於土范上較複雜的花紋，顯然不是直接刻劃在范上的；它們的製造程序可追溯到製造范文的模(或稱為母范)上去。在模上製出的花紋，是范文的反面，也就是見於鑄件花紋的反面的反面，即與鑄件同樣的花紋。模上的正面圖案，翻到范上，便成為它的反面；范上的反面圖案，鑄於器上，就成了與模上完全相同的樣子。這一類的花紋都是由各種不同的線條、凸面、凹面構成的；它們的排列與初步的組織——即創造工作的部份，都開始於作母范的模上；中間所經過的翻印到范上的程序，只是一段機械工作。這一工作所需的技巧，與創造花紋的一段相比，屬於另一套經驗、另一種人工；所以這是一件分工合作的工程。在模上設計製造的花紋，本篇內概稱為"模文"(圖版壹)。

模文的製造方法，可以追溯到史前的陶業。銅器上每一個單位花紋的製造，可以包括刻、劃、雕、塑、堆等不同的手續。就小屯出土的土模看，在雕刻以前，還有繪畫的工作（圖版壹:4），為雕刻的前奏。殷虛出土的青銅器上所見的花紋，可以說大半是在模上完成的。模文被機械地翻印在范上，再鑄在銅器的表面。

（3）"線"與"條"：花紋的結構大半用線條表現，已如上述。線條本身的結構，又有寬窄、肥瘦、凸出與凹入的不同。本文稱細線為線，寬條為條；凹入地面的線為陰線，浮出地面的線為陽線，與地面齊平的線或條，僅稱為線、為條。線可分粗細的等級，條也有大寬條、寬條與條之別。這些分等的標準是相對的，由全部花紋的組織互比而得。

（4） 雲雷紋：古器物學家習稱方轉的回文爲雷紋，旋轉的螺紋爲雲紋。高本漢教授曾把雲雷紋分爲 C. T. S. 三大屬討論(註一)。但是要把青銅器上的雲紋與雷紋很清楚地分開，是不容易辦的。本文仍把雲雷紋當一個概詞用，再把由它組織成的小單位分成若干小型，如長方形雲雷紋，方形雲雷紋，L形雲雷紋等；或單線雲雷紋，雙線雲雷紋等。

（5） 堆文，浮雕文與鏤空文：陶器上的堆文是指一種在陶胚製成後，再在它的表面用泥條堆成的各種文飾。銅器上半球狀的動物眼球，突出地平，在全部花紋中，爲最惹人注目的部份。這眼珠在模上製造時，顯然是於全部花紋初步完成後，再用堆砌的方法點上去的；其手續頗類似陶器上的堆文。所有出現在動物面正中的一條隆鼻，大概也是用同樣方法製造的。

以上所說的堆砌方法不能與塑造並論，塑像爲在輭的黏土上造形，大半是立體的，也有半立體的。浮雕近於半立體的。

用鏤空的方法表現一部份花紋，在殷虛出土的觚形器中也見過一例。它在模上的製造，恰爲浮雕的反面；用雕刻深的線或條，或其他形態，其深度至少與擬鑄物品的厚度相等或略超過。這樣深的陰條或陰線，透過范型，鑄成銅器，就可收到鏤空之效了。

（6） 動物形紋與幾何形紋：動物形紋所包括的，爲一切自然界的及想像的動物圖像，包括陸地的走獸爬蟲，水中的游魚蝦蛙，天上的飛鳥昆蟲，以及神話中的各式動物。幾何形紋包括所有非生物的花紋成份，如雲雷紋，三角紋，圈紋，點紋等。

（7） 正面，側面；全面，半面：這幾個名詞是用以描述動物形紋，尤其是面孔部份的。正面代表動物面孔的前面，完全是正視它的視景所得的圖像；它有全面與半面之分；兩個正面的半面，可以合成一個正面的全面。但正面的半面却與側面不同；側面爲從旁邊正看一個動物的面孔或全體的視景，所看見的是一個不同的"面"。用一個動物從兩旁看的"側面"各作一個圖像，再把這兩幅側面的圖像對稱地排在一個

（註一）　Karlgren, Bernhard:　Notes on the Grammar of Early Bronze Décor, pp. 2-3, BMFEA
　　　　　N:0 23, 1951.

平面上，照現代的標準說，並不能代表這一動物正面可見的全體。但在殷商時代裝飾藝術的作品中，却是一個常見的安排。殷商時代已有成熟的立體雕刻與塑像，但那時的藝人似乎尙沒有想到在一個平面上用線條表示大小遠近的透視方法。在裝飾設計中，它們經常把兩個側面的全身動物、或頭部、或面孔左右排齊，放在一個平面或弧面上。由這一安排演繹出來的紋繢頗爲複雜；這一發展却不能與正看所得的動物形前面的全景混淆。正看前面的視景，所得的遠近大小的分別（卽透視），是對稱排列的兩個側面表現不出來的。

（8） 龍與饕餮：討論殷商時代的銅器花紋，很難避免用"龍"與"饕餮"兩個名詞。它們代表着兩組複雜的紋繢。這兩種神話動物表現在器物上，都是名符其實地變化多端。富於耐性的北歐大漢學家高本漢敎授，曾把用這兩種神物形像所構成的不同紋繢，編成目錄(註一)。照他的單子，可以列入龍形的花紋有二百四十四種，這並不包括變形的龍在內。規則的饕餮形有二百七十五種，也不包括它的變形。所以我們若要用這兩個名詞代表某一種花紋，意義的伸縮範圍是很大的。但是我們能够不用它們嗎？事實上也做不到，本篇也用龍與饕餮兩個名詞，不過要把用的範圍加一點限制，這個限制是有根據的。先說饕餮，呂氏春秋的界說："周鼎著饕餮，有首無身"。現在且不討論所指的周鼎是否準確，但所說的"有首無身"，却可以用作界說饕餮意義的根據；所謂饕餮，在此文中的意思，爲："有首無身"的一個複合動物的正面。實際上這個界說所包括的範圍已經够大了，因爲神話動物的變化是沒有界限的。高本漢敎授的目錄中，把饕餮分成兩類：一類是有身的，一類是無身的。他所集的二百七十五種有規則的饕餮，包括有身的在內。

銅器花紋中的龍，着重點應該在它的長條軀幹上。但它的頭部所佔的面積，可以有很多不同的比例；龍的軀幹有時可以縮小到成爲頭部的一個附屬品。不過，一般表現龍形姿態的方法，仍完全寄託在它的軀幹上。龍可以有足，也可以無足；無足的龍常帶有尖的短肢(註二)，或其他附體。青銅器花紋中的龍形，以側面的視景爲多。

（9） 複合動物與聯合動物：神話動物有兩種不同性質的類別，一種爲由不同動

（註一） Karlgren, Bernhard: Notes on the Grammar of Early Bronze Décor, BMFEA N:0 23, 1951.

（註二） 同上第7頁以下，高本漢氏名之爲 tufts。

物的不同器官或肢體滙合在一起構成的，如侯家莊西北岡所見的立體石雕，有虎頭、人身、虎爪集於一身的動物像；神話中所傳的四不像，饕餮，及本草綱目所講的龍，都屬於此類。概括起來，我們稱之爲複合動物(註一)。把同一動物的兩個側面合成一個正面，中間再加（或不加）若干不同的聯繫，我們稱它爲聯合動物(註二)。

（10） 象限面及四分法：在動物面花紋的正中，常有上下行的隆起鼻形，地位在兩個半面或兩個側面裝飾單位的接觸線上。在殷虛出土的骨刻、石刻的動物面上，中間的鼻樑很少有如此隆起的。見於銅器外表的這樣鼻形卻甚爲普遍。據此我們可以推知，在模上設計花紋時，把每一腹飾的全週面切爲四份，每一份各成一個裝飾單位；故每一個單位代表全週的四分之一，今稱它爲"象限面"。小屯所發現的土范，有不少完整的象限面可以證明。若是全週的飾面用兩個動物面， 或兩個動物全形， 把它舖滿，每一個象限面所能納入的，卽爲動物面或動物全形的一半。

在觚形器上，足飾排列所表現的四分製造法最清楚；每一象限面代表動物的一個側面，或一個半面。大多數有足飾的標本，四個單位的動物側面或半面，都順着眼眶的方向排下去。腹飾製造的歷史較足飾爲早。比較留存的完整土范，我們知道，腹部與足部的花紋，在晚期——尤其是稜脊出現後，多出現在同一塊范上，這十足地證明了腹足兩部的鑄造，在范上已化爲一體，都採用四分法。但在比較早期的觚形器，腹足兩部的花紋卻是由兩范分製的。圖版貳:9是一塊獨立的、鑄觚足的土范。實物的檢查證明具這樣足飾的銅觚，同時也必有腹飾，所以腹飾的製造亦必定另有范型。但腹飾周圍所佔的面積，比同一器的足飾面積要小得多了；最小的腹飾不及足飾面積的三分之一。因此以四分法所造腹飾的模文，在翻成范文的一段工程中，可能有把兩對模型化成一雙范型的經過(註三)。不具稜脊的觚形器的腹飾，都只有兩條范線，這是腹部花紋爲由兩塊半圓的范鑄成的很好證據。

叁、花紋製造方法的檢討與類別

壹、刻劃范文：銅器上的花紋全由陽線表現，這是在范上所刻劃的陰線的反面。

（註一） 所謂複合動物的意義，與英文中之 Composite animal 相同。
（註二） 所謂聯合動物的意義，與英文中之 Compound animal 相同。
（註三） 參閱萬君報告，第18頁脚註。

這一做法代表着鑄銅技術的一個早期及原始的階段。殷虛出土的范尙保有這一作法的例，如沒有花紋的簡單銅器，箭頭，小刀，以及在范上刻劃早期的字（圖版貳：1）。侯家莊西北岡出土的瓠形器中，兩件帶有陽紋的字（R11003，R11004），就是直接刻在范上，鑄出來的。

> 例：小屯丙組基址 M331 出土的 R2012。腹飾爲陽線動物面，上下兩匝花邊亦爲陽線小圈排成，界以弦紋。（圖版陸：2；拾貳：1）。

貳、模范合作文：今以 R2015 爲例說明。腹飾爲寬條回紋，由陰線鈎劃；上下界以陽線之連續小圈花邊，如上例（R2012）。鈎劃寬條回紋的陰線，在范上應該是陽線，必須由模上所刻劃的陰線翻印。若在范上直接製造這些陽線，顯然不易成功，也沒有任何范文證實這一作法；在模上刻劃陰線，却易如反掌了。花邊的陽線圈紋，爲模文印上范後，又在范上直接壓印的小圈圈(註一)。這一類的花紋，卽在模上翻印在范上後，又直接在范上加製花邊或其他塡空的花紋，構成本文所稱的第二類文飾，卽模范合作文。這一類的花紋又分爲甲乙兩種：

> 甲種：模上刻劃，范上刻劃。

> 例：小屯丙組基址 M333 出土的 R2015(圖版陸：1；拾貳：2)。

> 乙種：模上堆雕(參閱參、堆雕模文一段之說明)，范上刻劃。

> 例：小屯乙組基址 M238 出土的 R2007(圖版肆：1；拾貳：3)。

叁、堆雕模文：全部花紋的製作，在模上完成，翻印入范後，不另加新的成份。製造的手續兼用堆砌與雕刻兩法；實際表現的方法，又可分爲若干不同的種類。

> 甲種：寬條動物形，陰線刻劃；眼珠突出，作半球狀，或橢圓形，或圓角長方形，突出地面的高度不等。中間隆鼻。

> 例：小屯丙組基址 M388 出土的 R2017(圖版陸：3；拾貳：5)。

(註一) 萬家保君報告："文飾刻劃的方法主要可以分成兩類：第一類是刻劃在銅范本身上，第二類是刻在模型上，然後再套印到做范用的泥上。我們也可以從花紋刻劃難易的觀點，來看以上的問題。不少的青銅器具有成串的突起小圓圈，組成兩週成帶狀文飾的邊沿，如 R1036 瓠形器就是一個例子。R1036 瓠形器足部的文飾，上下兩沿各有一匝連續的小圈，這些小圓圈每個的直徑約 2.5 mm.，寬度約 0.7 mm.，紋路清晰，圈線也相當的圓。較長的一匝，有 73 個單位，這樣突起的圓圈，若是刻在模上將是一件煩難的工作。但是如果要劃在范上，就容易多了。在范邊沒完全乾燥前，用麥管或是羽翎管，很容易在半乾的胚上壓出這匝小圓圈。經鑄造後就成爲突起的圓圈。連續圈紋的原始，很可能地就是用羽翎管壓在泥范上，所留的痕跡偶而被有藝術天才的工匠發見了，遂以突起的小圓圈做爲文飾"。

乙種： 大寬條動物面，陰線刻劃，雲雷紋填空；凸眼珠，高鼻樑。

　　例： 侯家莊西北岡西區M1001出土的R11004(圖版柒:7；拾貳:6)。

丙種： 寬條雙鈎動物面，雲雷紋填空；凸眼珠，高鼻樑。

　　例： 侯家莊西北岡西區M1550出土的R1037(圖版捌:1；拾貳:7)。

丁種： 雲雷紋動物面，凸眼珠， 高鼻樑， 除眼鼻兩部外 ， 皆由各形——方
　　　　形，長方形，L形，T形，C形，S形，鈎狀等——雲雷紋構成。

　　例： 小屯乙組墓址M18.4出土的R2000(圖版肆:2)。

戊種： 羽紋動物面，凸眼珠，高鼻樑，除眼鼻兩部外，由羽紋與雲雷紋構成。

　　例： 小屯乙組基址M238出土的R2008(圖版伍:1；拾貳:12)。

肆、浮雕模文： 在原始模型上製造花紋的母樣，開始只用堆砌法表現動物形態上的高度；進一步的發展爲塑雕藝術的創始，演繹而成浮雕的新技術。史前的陶器已有塑雕技術的萌芽；銅器的浮雕，沒有疑問地原始於陶人捏製黏土的技術。捏製的形態翻印在觚形器上，最顯著的例爲腹部與足部的稜脊，以及各部表現在兩個水平上的花紋。有些花紋中的動物面的器官高出它的裝飾面的背景。我們稱它爲浮雕模文。

　　具有這類花紋的觚形器，把那普遍見於他種觚形器的不整合的范線，都化成了高起的稜脊。稜脊表面刻劃有橫陰線，亦構成裝飾的一部。四個單位的花紋，若爲動物的半面或側面，除少數例外，在腹部與足部均作對稱的排列。這一排列顯然已機械化了，一個動物的面孔，只算由兩個半面或側面合成。它的左右兩半由稜脊隔斷，已完全失去聯絡。因此，這一面孔固然是整齊化了，也失去了原來的靈性，沒有活力表現。

甲種： 腹飾與足飾各由上下行的四道稜脊，分成四個單位。稜脊亦構成文飾
　　　　之一部份。大半具有稜脊的觚形器脛部亦被裝飾起來了。

　　例： 侯家莊西北岡東區M2020出土的R1045(圖版玖:1；拾貳:13)。

乙種： 除腹部足部各具稜脊外，各單位花紋之主題——動物面的各器官均浮
　　　　出地面。

　　例： 侯家莊西北岡東區M2046出土的R1047(圖版拾:1；拾貳:14)。

丙種： 除腹部足部各具稜脊外；各單位花紋之主題爲寬條立龍，由雲雷紋填
　　　　空。

例：侯家莊西北岡東區M1400出土的R1034(圖版拾壹:2；拾貳:16)。

肆、殷虛出土青銅瓴形器分述

(一) 小屯墓葬組

石璋如先生在他的"殷虛建築遺存"研究報告中，說過："到了建築乙組基址的時候，是殷代鑄銅工業最發達的時候，也是建築工程最高潮的階段，以致上、中、下三層中，均含有大量的銅范，而乙組基址也是最有計劃，最有組織且最偉大的一組。它的時代次於甲組基址。丙組基址最晚，在未建基址之前，鑄銅工業尚在進展，但當建築基址的時候，鑄銅工業已經沒落了(註一)。"

（1） 小屯乙組基址墓葬出土之瓴形器九件：由五座墓葬中發掘出來，即M18.4一件，M188一件，M222兩件，M232兩件，M238三件，列表如下：

表一： 小屯乙組基址出土瓴形器之測量及紀錄(註二)

登記號	出　土　地		測　　　　量				文飾分佈			腹部花紋
測量及紀錄	墓	區　屬	重量(公克)	高度(公厘)	寬度(腹徑公厘)	寬高指數	腹	足	脛	
R2000	M18.4	小屯乙組	925	230	47	20.43	∨	∨		堆雕模文丁種雲雷紋動物面
R2002	M188	〃					∨	∨		堆雕模文丁種雲雷紋動物面
R2003	M222	〃					∨	∨		堆雕模文丁種雲雷紋動物面
R2004	M222	〃					∨	∨		堆雕模文丁種雲雷紋動物面
R2005	M232	〃					∨	∨		堆雕模文丁種雲雷紋動物面
R2006	M232	〃	887.8	188	57	30.32				無
R2007	M238	〃	869	234	47	20.08	∨	∨		模范合作文甲種
R2008	M238	〃	++++585	295	31	10.51	∨	∨	∨	堆雕模文戊種羽紋動物面
R2009	M238	〃	+++939.5	298	31	10.41	∨	∨		堆雕模文戊種羽紋動物面

(註一) 見石璋如：殷虛建築遺存 遺址的發現與發掘第331頁（中國考古報告集之二，第一本乙編；民國48年）。

(註二) 此表中之高度與寬度之測量，乃根據李濟：記小屯出土之青銅器第十三頁，表三（中國考古學報第三冊；民國37年）。凡數碼字上之"十"號，表示殘破不全器物之紀錄。

上表所列小屯乙組基址出土的觚形器，有三件保存得比較完整，卽 R 2000，R 2006 及 R 2007。這三件觚形器的平均重量爲 893.9 公克，平均高度爲 217.3 公厘，腹部寬度平均爲 50.3 公厘。九件中，全素的只有一件，全裝的兩件，其餘六件均爲半裝的。表現文飾的方法可分三種，卽：堆雕模文丁種；堆雕模文戊種；及模范合作文甲種，刻劃模文與刻劃范文。專就腹飾說，花紋的結構有五件爲雲雷紋動物面，兩件爲羽紋動物面，另外一件爲乙組基址出土的唯一用模范合作文表現的花紋。茲分別舉例說明於下：

模范合作文甲種，刻劃模文與刻劃范文，一例：

R 2007（圖版肆：1；拾貳：3），M238 出土。腹飾上下均有以兩條弦紋爲界的花邊，界內橫排一單行連續小圈紋，這些小圈紋，與弦紋顯然都是在范上刻劃的。花紋的主題由兩個動物面組成。動物面中間爲一上下直行的隆鼻。鼻下有寬條作基礎，寬條上端兩旁射出作牌狀。鼻兩側各爲一凸出地面的橢圓形眼珠，由陰線界劃，外繞以寬條眼眶。眼上下及後部均由細陰線界劃各種卷曲寬條，代表動物面的各器官與動物體。

足飾亦同樣地由模范合作文製成。上下各有單行連續圈紋花邊；主題花紋由四個單位構成，不作對稱排列。每一單位正中均爲圓角長方形或黃豆形之眼珠，略浮出於地面。眼珠前後繞以各種屈曲寬條，由陰線界劃。

這些動物面的花紋，由淺入的陰線劃出的寬條表現，略高出地面的眼珠，它們製造的程序顯然是在模上開始，再由范翻鑄出來。但是上下邊界由小圈紋作成的花邊，皆由陽線表現，又顯然是在范上直接用翎管或草管壓成的。很明顯地，這一類的文飾有兩個不同的來源：卽由模上翻出來的，及直接在范上刻劃出來的。

堆雕模文丁種，雲雷紋動物面，兩例：

乙組基址出土的銅質觚形器，由堆雕模文丁種法製出的花紋共有五例，已如上述。五件花紋都各有其個性，可以說沒有兩件完全相同的；但是差別的程度也各不相等。今就其差別較大者歸納成兩組，各舉一例，說明花紋內容。

例一、R 2000，這是 M18.4 出土的一件觚形器，也是安陽發掘中最早出土的一件銅器（圖版肆：2）。文飾分佈在腹部及足部。腹部所表現的一對動物面，各由兩單位對稱地配合起來。動物面的中間爲一條上下隆起的鼻樑；鼻樑左右凸起一對眼珠；眼的內下角與外上角均由寬條構成。動物面的全部，佈滿平地細線雲雷紋，卷繞成若干或方，或長方，或其他形狀的小單位；小單位形狀的變異，多隨它們的地位而定，似乎象徵着動物面的各部形態。這一花紋圖案，本文稱爲雲雷紋動物面。

同一器的足飾，亦由四個單位構成，順着眼的方向排列，不構成一個動物正面；每一單位的結構，看來與腹飾的作法一樣；唯一的差別爲足部的面積較大，故細線構成的雲雷紋單位也較多。足部四單位中間均有清楚的范線劃分，腹部却只有兩條范線。足飾的上緣有一周雲雷紋構成的花邊。

例二、R 2005，M 232 出土（圖版伍:2；拾貳:9）。這一器的本質較上例輕、且薄，氧化程度也不相等。腹部呈暗褐色，足部與脛部氧化程度較高，有綠銹。腹飾如上例，由堆雕模文丁種，雲雷紋動物面一對組成；中間凸起上下行的鼻樑；鼻樑下有寬條墊底，上端兩旁射出，如牌狀。足飾的四單位，亦順着眼向排列；上緣無花邊，僅以弦紋爲界。腹飾與足飾間有弦紋三道。

以上兩例的最大分別，爲足飾每單位的輪廓。第一例的足飾四單位爲較高而窄的四邊形，連花邊在內的高度爲51公厘，除去花邊的高度仍有39公厘；每一單位的上寬平均爲39公厘，下寬平均爲59公厘。第二例無花邊，每一單位的高度爲31公厘，上寬平均爲35公厘、下寬平均爲47公厘。這兩種輪廓與面積顯然不同，所具的花紋細節，除了它們本身的限制以外，沒有顯著的其他分別。每一個單位都以一個高出地面的圓眼珠爲中心，眼外角略上，眼內角略下。圍繞着眼部，滿佈細線雲雷紋。第二例所缺少的花邊地位，似乎是由一條弦紋代替了。足飾有花邊的第一例，腹部與足部間，只有兩條弦紋，第二例却有三條。以上的分別，似乎都是由器物的形態，以及飾面的大小所引起的，看不出其他的意義。至於這些差別是否代表一個時間的次序，尚難估定，以後再作討論。

乙組基址所出土的九件觚形器，用堆雕模文丁種製成的，除上舉兩例外，尚有M 188出土的一件，及M 222出土的兩件。這三件的文飾均與R 2000類似，唯M 222出土的兩件之足部上緣無雲雷紋構成的花邊；足飾與腹飾中間，除上下緣之陽線邊界外，只有兩道弦紋。

堆雕模文戊種，羽紋動物面，兩例：

R 2008（圖版伍:1；拾貳:12），R 2009，M238出土。為乙組基址所出觚形器中之全裝者。全器形制經復原後，腹部特顯細長，寬高指數為所有發掘出土的觚形器中之最小者。審查花紋的結構，亦如R 2000，屬於堆雕模文。腹飾的組織除細線雲雷紋外，線條的粗細另具若干有規則的變化，構成古器物學家所稱的"羽紋"。此例中粗細線條的分別，在腔部山紋中，表現得尤為清楚。足飾排列亦不對稱。每一單位仍以眼珠的凸出最惹人注目；眼部地位偏上，並不居於每一單位的中心。足飾上下各有雲雷紋花邊。足飾以下，足跟的坡面上刻劃的Ｔ１形花紋，為這一器的最下部的文飾；這種不常見的足跟花紋也是先在模上雕成，再由范翻鑄出來的。

（2） 小屯丙組基址墓葬出土之觚形器七件：屬於丙組基址的墓葬三座，共出觚形器七件，卽M331三件，M333兩件，M388兩件，如下表：

表二：小屯丙組基址出土觚形器之測量及紀錄*（註一）

測量及紀錄 登記號	出 土 地		測	量		文飾分佈			腹 部 花 紋
	墓	區 屬	重 量 (公克)	高 度 (公厘)	寬度(腹徑公厘)	寬高指數	腹	足	腔	
R 2011	M331	小屯丙組								無
R 2012	M331	〃	333.3	186	44	23.65	∨			刻劃范文
R 2013	M331	〃	518.4	194	58	29.89	∨	∨		堆雕模文丁種 雲雷紋動物面
R 2014	M333	〃						∨		堆雕模文甲種
R 2015	M333	〃			40			∨		模范合作文甲種
R 2016	M388	〃	494.7	158	43	27.21				無
R 2017	M388	〃	395.4	159	40	25.16	∨			堆雕模文甲種
R 2010	M308	小屯Ⅰ區	990	253	51	20.15				無

* 本表並附列小屯Ⅰ區出土的一件青銅觚形器。

（註一） 此表中之高度與寬度之測量乃根據李濟：記小屯出土之青銅器第十三頁，表三（中國考古學報第三
　　　冊；民國37年）。

　　上表所列小屯丙組基址出土的七件觚形器中，保存較完整者僅有三件，其餘四件雖可看出全形，但均已殘缺，難以復原。三件較完整的平均重量爲 407.8 公克，平均高度爲 167.7 公厘，腹部寬度平均爲 42.3 公厘。這七件觚形器不但形制萎縮，質料脆薄，花紋亦極草率。與乙組諸器相較，一切均在減少。七件中有兩件全素的，單裝的三件，半裝的兩件，沒有全裝的。五件有文飾的腹部花紋，表現的方法可以分爲四種：刻劃范文一件；模范合作文甲種，刻劃范文與刻劃模文一件；堆雕模文甲種，刻劃陰線動物面兩件；堆雕模文丁種，雲雷紋動物面一件。茲分別說明於下：

刻劃范文，一例：

　　R 2012（圖版陸:2；拾貳:1），M331 出土。這是釋例中提到的第一件。腹部全面，除了有一週陽線花紋外，並不像其他觚形器——中段特別挺出。陽線花紋的結構，由兩個動物體組成；居中的動物面已失去眼形；正中爲直線鼻樑；鼻下爲雲頭紋鼻翅；兩旁爲長條平行線所表現的細長軀幹。以上所說的表現方法及花紋節目，均可證明這一圖案是由寫實的動物形演變而來。動物體上下各有橫排小圈紋構成的花邊一道。全部花紋浮出器面，線條窄淺，顯然是在鑄范上直接刻劃而成，與腹飾上下的弦紋來源並無二致。這一做法雖然簡單草率，但並不一定代表初期原始的情形。以器物質料的脆薄論，的確可以象徵着一種衰退的氣象；用現在的術語說，這是一件百分之百的"偷工減料"的作品。我們知道"偷"與"減"是照着一個已經有過的、比較高的標準論定的。

模范合作文甲種：刻劃范文與刻劃模文，一例：

　　R 2015（圖版陸:1；拾貳:2），M333 出土。這一器也是單裝的。腹飾全部如前例，有一個主體，兩道周邊。兩周邊的花紋由橫排的陽線小圈紋構成。中間的主體花紋上下由兩平行寬條界劃，中間填以寬條雷紋，互相鈎連。全周由雷紋構成的兩單位合成。這一器所表現的草率，更超過前例，但主體花紋本身的製造程序，顯然還是在模上開始的；主體花紋翻在鑄范後，再在范上加了上下兩周圈紋，所以我們稱它爲模范合作文。

堆雕模文甲種，寬條動物面，陰線刻劃，兩例：

　　例一、R 2017（圖版陸:3；拾貳:5），M388 出土。這是一件半裝的標本，保存較爲完整，可以說明這種花紋的製造過程。腹飾由兩個很清楚的動物面構成，上下無花邊，只有兩道弦紋作界。動物面的中間，有高出的鼻樑；鼻樑兩旁有突出的眼珠；全體均由寬條及陰線屈曲配成。就花紋的結構說，完全是在模上製作的；除鼻部與眼珠爲在土模上堆成外，其餘部份皆雕刻而成。同器的足飾作法亦如腹飾，但線條的路徑却另作安排；眼珠略高出地面，其餘花紋均由寬條表現；四個單位順着眼眶的方向序列，排滿一周圈，沒有對稱的面孔。

　　　　例二、R2014，M333出土。文飾只限於腹部，亦由兩個動物面構成，與前器的腹飾類似。

堆雕模文丁種，雲雷紋動物面，一例：

　　　　R2013（圖版陸：4；拾貳：8），M331出土。半裝。腹飾由兩個動物面合成，每一個動物面中間有高出的細條鼻樑，兩旁由對稱的花紋配合。鼻兩旁爲兩顆突起的眼珠，高出器面的程度略與鼻樑相等，內外眼角均以寬條表現。眼以外之面部，皆由細線條組成之各種雲雷紋，佈滿飾面。上下各以弦紋作界；腹飾與足飾之間，有較粗的弦紋三道。足飾花紋結構如腹飾，亦由四個單位組成，但不作對稱的安排。四個單位各有一突出的圓眼珠，配以內外眼角，其餘部份則由細線鈎劃而成各形的雲雷紋。每個單位順着眼的方向序列。這一器腹足兩部花紋的製作，顯然是在模上完成的；繁縟細線的刻劃，可能有些機械的幫助。

（二）　侯家莊西北岡墓葬組

　　　侯家莊西北岡的墓葬分佈在東西兩區，大部份的大墓都集中在西區(註一)。據梁思永先生的紀錄(註二)，侯家莊西北岡西區大墓的埋葬次序爲：(1)HPKM1001及其附坑最早，以下的次序爲(2)HPKM1550，(3)HPKM1004，(4)HPKM1003及其附坑，(5)HPKM1002及其附坑，(6)HPKM1500及其附坑，(7)HPKM1217。東區也有幾個比較大的墓，但是絕大多數都是小墓葬與小墓坑；根據這些墓坑所見的重疊的

(註一)　河南安陽侯家莊西北岡西區大墓圖見李濟：殷虛白陶發展之程序第860頁插圖一（中央研究院歷史語言研究所集刊第二十八本，慶祝胡適先生六十五歲論文集第853頁至882頁；民國46年）。

(註二)　據梁思永先生未發表的遺稿；HPKM在本文均簡稱爲M，如YM簡稱爲M例。

層次關係，可以分爲九組(插圖一)(註一)。這九組埋葬的準確次序，並不能一一確定，

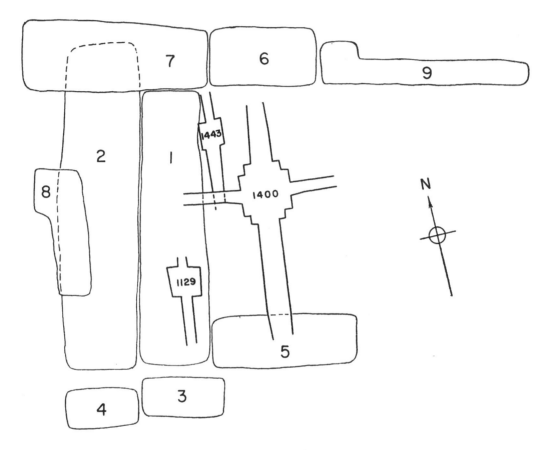

插圖一：侯家莊西北岡東區墓葬分組位置圖

但是比較起來，它們的相對次序却大部份可以斷定。它們的相對次序如下：(1)M1129大墓晚於第一組小墓，(2)第二組小墓晚於第一組小墓，(3)M1400大墓晚於第一組小墓，(4)第七組小墓晚於第二組小墓，(5)第八組小墓晚於第二組小墓，(6)M1400大墓晚於第五組小墓，(7)M1400大墓晚於M1443大墓。

（1）侯家莊西北岡西區墓葬出土之觚形器七件：出自 M1001 大墓及其附坑 M1133及M1885者四件，M1488(M1217大墓附坑)一件，M1550大墓兩件。如下表：

（註一）據梁思永先生未發表的遺稿。

表三: 侯家莊西北岡西區墓葬出土觚形器之測量及紀錄

測量及紀錄登記號	出　土　地		測			量	文飾分佈			腹　部　花　紋
	墓	區　屬	重量(公克)	高度(公厘)	寬度(腹徑公厘)	寬高指數	腹	足	脰	
R11003	M1001	侯家莊西區					∨	∨		堆雕模文乙種大寬條動物面
R11004	M1001	〃	++953		45		∨	∨		堆雕模文乙種大寬條動物面
R1030	M1133(M1001附坑)	〃	+1022.5				∨			堆雕模文丁種雲雷紋動物面
R1036	M1488(M1217附坑)	〃	++++344.6				∨	∨		模范合作文乙種堆雕模文、刻劃范文
R1037	M1550	〃	930	243.5	41	16.83	∨	∨	∨	堆雕模文丙種雙鈎寬條動物面
R1038	M1550	〃	+931	251	49.5	19.72	∨	∨		堆雕模文丁種雲雷紋動物面
R1042	M1885(M1001附坑)	〃	+1068.3	248	51	20.56	∨	∨		堆雕模文丁種雲雷紋動物面

　　上表所列七件觚形器中，有三件比較完整的，卽 R1037，R1038 及 R1042。其平均重量爲 976.4 公克，平均高度爲 247.5 公厘，腹部寬度平均爲 47.2 公厘。七件中全裝及單裝的各只有一件，其餘五件都是半裝的；這一組沒有全素的標本。就腹部的文飾說，表現的方法可以分爲四類，卽模范合作文乙種，一件，花紋由堆雕模文與刻劃范文合製；堆雕模文乙種，兩件，花紋的結構爲平地大寬條所表現的動物形，細線雲雷紋塡空；堆雕模文丙種，一件，寬條雙鈎的動物面，雲雷紋塡空；堆雕模文丁種，三件，雲雷紋動物面。茲分別說明於下：

模范合作文乙種，堆雕模文與刻劃范文，一例：

　　R1036(圖版柒:2；拾貳:4)，M1488出土。半裝。腹飾與足飾各有一個主體及兩道花邊。花邊由橫排陽線小圈構成，介於兩道弦紋中間。腹部的花紋氧化遮蔽，只餘構成動物面的一半可見；顯然也是一個對稱的安排。中間爲突出的高鼻；鼻下墊寬條；鼻旁爲突出的豆形眼珠，無眼下角，眼眶爲寬條；眼後身體如面部，皆由粗線條鈎畫；沒有雲雷紋塡空。腹飾與足飾間有弦紋兩道。足飾由兩個單位構成，每一單位又可分成三個小單位。每一小單位均以眼珠爲中心；眼珠或帶或不帶上下眼角；但眼珠以外，均由粗線條鈎畫，象徵着動物的面部及身體。

堆雕模文乙種，大寬條動物面，雲雷紋填空，兩例：

R11003，R11004(圖版柒:1；拾貳:6)，M1001大墓出土。腹飾由兩個動物面構成，上下沒有花邊，各以弦紋兩道作界。每一動物面中間，均挺出一道弧形的隆鼻；鼻下有一寬條墊底；寬條上端向兩旁射出，作牌狀。鼻兩旁各有一個隆起的眼珠；眼上下角均作肥筆，外有粗線眼眶；眼眶外另有鼻形寬條，下垂，如鉤狀，鉤尖向內；眼部以上橫躺一三折尖角；眼後爲一橫行大寬條，象徵動物軀幹；身下前肢帶有四趾爪，向前。寬條紋表面均刻劃細線。另外由細線雲雷紋填空。腹飾與足飾中間有弦紋三道。足飾由四單位組成，順眼眶方向序列；花紋結構較腹飾擴大。眼部、腿部、及眼後的軀幹，均如腹飾花紋，唯眼上尖角向上豎立、卷向前，角後另有直立寬條，卷曲向後；眼眶前之下垂部份，卷向前，如象鼻；鼻後另有象徵下顎、向內卷之寬條。足飾飾面上緣鑲以花邊，由寬條紋與細線紋組成。

堆雕模文丙種，寬條雙鉤動物面，一例：

R1037(圖版捌:1；拾貳:7)，M1550大墓出土，是這區所出土的唯一全裝的例子。腹飾的動物面概由雙鉤寬條表現。這一作法，不但爲本區唯一的例子，在殷墟出土的全部觚形器的腹飾花紋中，也沒有第二件。其詳細節目如下：動物面中間爲隆起鼻樑，上下兩端均不到邊緣；鼻樑外線略作弧形；下有寬條墊底；寬條上端向兩旁射出，如牌狀。眼珠高出器面；眼珠內外兩角，由肥筆寬條構成。眼部上的頭、角，眼旁與眼下的軀幹，均由寬條雙鉤；寬條內由細線雲雷紋填空。腹飾上下均由粗弦紋界劃。

腹飾與足飾間有弦紋兩道。足飾上緣有雲雷紋花邊，以粗線條爲界；主體花紋亦由四單位構成，每一單位的詳細節目，如腹飾動物面之一半，亦由寬條雙鉤，依眼眶方向順序排列，不作對稱安排。眼下，口部前後有銳利的尖牙。

器上部的脰飾，下有花邊一道；花邊上聳立蕉葉狀山峯四道，每一蕉葉的結構亦由寬條與細線作成。

堆雕模文丁種，雲雷紋動物面，三例：

R1030(圖版拾貳：11)，M1133出土；R1038(圖版捌：2)，M1550出土；

R1042，M1885出土。R1030為單裝的，後兩件為半裝的。三件都屬於堆雕模文丁種，花紋的表現法，除眼部與鼻部外，概由平地細線文鉤畫成各種雲雷紋，似R2000一例。唯每一花紋單位所佔的面積，隨器物的大小頗有異同。這三件觚形器中，只具腹飾的R1030，飾面的上下高41.5公厘；另外同時具有足飾的兩件，腹飾面的高度為34與35公厘；兩件足飾上端，各有雲雷紋構成的花邊一週。

（2） 侯家莊西北岡 東區墓葬 出土之 觚形器 十五件: 侯家莊西北岡東區墓葬羣中，小墓甚多；田野的紀錄把它們分成九個小組。各組墓葬的性質頗有差別，有些差別相當大，譬如第二組的小墓葬都是田野紀錄的 (1) 無頭葬、(2) 刀斧葬，(3) 人頭葬；而第六組的墓葬，只有田野紀錄所稱的 (4) 單人葬，及 (5) 多人葬；除上述的五種外，還有 (6) 身首葬；身首葬就是在一個墓葬內，有頭骨，也有體骨，但是分開了的。這一類的墓葬集中在第五組，却也分散於其他各組。所有的組別均集中在一個區域，它們與鄰區的劃分，很多是有地層上的證據的。每一組的墓葬數目也不一樣，譬如第一組經發掘出者有一百七十九個單位；第四組却只有兩個墓葬，也構成了一個獨立組。關於組別的前後次序，前面已經提過了。出觚形器的九個墓葬，有八個分屬於五組。M1400是一座大墓，不屬任何組別，它的時間可以單獨排列。

屬於東區的九座墓葬，共出觚形器十五件，即M1022一件，M1049一件，M1400四件，M1769一件，M1795兩件，M2006兩件，M2020一件，M2046兩件，及M2139一件，列表於下：

表四: 侯家莊西北岡東區墓葬出土觚形器之測量及紀錄*

測量及紀錄 登記號	出 土 地		測 量				文飾分佈			腹 部 花 紋
	墓	區組屬	重 量 (公克)	高 度 (公厘)	寬度(腹徑公厘)	寬高指度	腹	足	脰	
R1029	M1022	侯東7組	1028.5+	280	37	13.21	∨	∨	∨	浮雕模文丙種第二型：大寬條動物面，足飾鏤空
R1031	M1049	侯東7組	823.5	261	47	18	∨	∨		堆雕模文丁種雲雷紋動物面
R1032	M1400	侯　東	910.5	237	47.5	20.04	∨	∨		堆雕模文丁種雲雷紋動物面
R1033	M1400	侯　　東	1089.7	274	42.5	15.51	∨	∨	∨	浮雕模文丙種第一型：大寬條動物面

R1034	M1400	侯　　東	1223	274	44.2	16.13	∨	∨	∨	浮雕模文丙種第一型：大寬條動物面
R1035	M1400	侯　　東	+++++ 453.2				∨	∨	∨	浮雕模文丙種第一型：大寬條動物面
R1039	M1769	侯東6組	980	256	46.8	18.28	∨	∨		堆雕模文丁種雲雷紋動物面
R1040	M1795	侯東6組	932	264	34.5	13.07	∨	∨	∨	浮雕模文丙種第一型：大寬條動物面
R1041	M1795	侯東6組	816	262	35	13.36	∨	∨	∨	浮雕模文丙種第一型：大寬條動物面
R1043	M2006	侯東6組	+ 917	273	36	13.19	∨	∨	∨	浮雕模文乙種第一型：器官高出地面
R1044	M2006	侯東6組	+ 902	273	36	13.19	∨	∨	∨	浮雕模文乙種第一型：器官高出地面
R1045	M2020	侯東5組	864	261	35.5	13.6	∨	∨	∨	浮雕模文甲種雲雷紋動物面
R1046	M2046	侯東4組	1046.5	302	37.5	12.42	∨	∨	∨	浮雕模文乙種第二型：器官高出地面
R1047	M2046	侯東4組	984	301	39.5	13.12	∨	∨	∨	浮雕模文乙種第二型：器官高出地面
R1048	M2139	侯東8組	+++++ 288.1				∨	∨	∨	？
R1049	？	侯家莊西北岡	790.6							無

* 本表並附列侯家莊西北岡出土，準確地址不明的一件觚形器。

　　一般地說，這一區所出的十五件青銅觚形器，代表了四組中保存最完整，也是最精緻的標本。其中只有兩件殘破的，一件只餘足部，另一件只保存了脰部的最上部；另外有三件的脰部頗有損傷，但仍可復原。其餘十件都是完整的，這十件完整標本的平均重量爲 966.9 公克，平均高度爲 269.2 公厘，平均腹部寬度爲 41 公厘。

　　東區出土的觚形器有幾點極可注意的特徵：(1) 十五件中，有十件全裝的，半裝的三件；殘缺的兩件，就所保留的部份看，也是全裝的。所以十五件中，全裝的佔了百分之八十。(2) 觚稜的出現，十五件中，至少有十一件的腹足兩部各具四道突出的、並鏤有簡單花紋的稜脊。稜脊所在的地位，恰是花紋單位交界的地方。在腹飾中，一對稜脊代替了動物的鼻樑，另一對稜脊代替了范線。每一稜脊的結構，兩旁及正面均刻劃橫切的短線，好像是要把這條稜脊分成若干段；有的在刻線的兩旁，再加上形態不同的橫枝陰線。(3) 關於花紋的表現方法，高出器面的浮雕模文與足部文飾的鏤空文，均爲其他區所未曾見的。

　　十五件觚形器花紋的表現方法有下列幾種：堆雕模文丁種，雲雷紋動物面，三件；浮雕模文甲種，雲雷紋動物面，一件；浮雕模文乙種，第一型兩件，第二型兩件，動物面器官皆高出飾面，雲雷紋塡空；浮雕模文丙種，第一型，大寬條動物面，雲雷紋塡空，五件；浮雕模文丙種，第二型，平地大寬條動物面，腹飾同第一型，足飾爲鏤空雙鉤動物面，一件。

堆雕模文丁種，雲雷紋動物面，三例：

　　　R1031，R1032，R1039（圖版玖：2；拾貳：10），分別自M1049，M1400，M1769出土。三件觚形器腹飾的表現方法，可以說是與R2000等器完全一樣。但是腹飾的面積大小頗有不等，塡進去的細線雲雷紋，每一單位的量，必有若干差別。也許因爲拼湊方便起見，在節目上便顯出不同的安排。R1032腹部上下高（註一）爲32公厘，腹徑（註二）爲42公厘；腹部最高的一件爲R1039，腹部上下的尺度爲39.5公厘，腹徑亦爲42公厘。所以兩器相比，腹部各單位所佔的面積頗有一點距離；出現在它們上面的花紋，也就必然地隨着面積的大小而有若干分別。不過除了這一點以外，這三器的一般輪廓卻是完全一樣的。它們均具足飾，亦均由同樣的方法表現，同由四個單位構成。每個單位各有一個鼓出的眼珠，外圍由細線雲雷紋纒繞，足飾的上緣有一道花邊，由較簡單的雲雷紋構成。足飾各單位的面積，在三件器物上也有小的差異。足飾與腹飾間，均有弦紋兩道。三件的脰部都沒有花紋。

浮雕模文甲種，雲雷紋動物面，一例：

　　　R1045（圖版玖：1；拾貳：13），M2020出土。這一器的腹飾與足飾都由細線雲雷紋表現。腹飾拼成兩個動物面，足飾四單位順着眼向安排；這些都與上三例完全相同。所不同者爲此器的腹飾與足飾上，各具有突起的、上下直行的四道稜脊，腹足兩部的稜脊遙遙相望，成一直線，但中間隔斷了。四道稜脊恰是四個花紋單位的界線。除了這個重要分別外，這一器的脰部也具有文飾，由四個蕉葉狀

（註一）　此處所謂之腹部高，乃指腹部上下兩弦紋間的距離。
（註二）　此處所謂之腹徑，乃以腹部之上弦紋爲準。

的山紋聳立構成；山紋下爲一週花邊，由兩橫行弦紋夾着一列細線雲雷紋組成。花邊上爲寬條紋，與花邊之上界平行。山紋以寬條套細線紋表現，卽有平行寬條三道，中塡以細線紋；葉尖向上。這一器花紋的做法，雖仍保持堆雕模文的典型，但那整齊、並帶有刻劃文飾的稜脊，實代表堆文的進一步演變，開始了浮雕這一新作法。

浮雕模文乙種，第一型，兩例：

R1043，R1044（圖版拾:2；拾貳:15），出土於M2006。這一型文飾所代表的動物面花紋均浮出器面；但浮出器面的高度不大，除眼珠外，僅及稜脊突出高度的二分之一不足。腹飾動物面由兩個對稱單位構成。兩單位中間的稜脊，高出地面約2公厘，代表動物的鼻樑。每一個單位又可分成五個小單位，眼珠圓角長方，中間劃一橫道，高出一切；眼上爲ᗡ形角，鈎向上；眼下爲下唇，內鈎，上唇外撇，作ᗡ形；在外側另有兩個小單位：上端一個呈ᗡ形，可能象徵身體；下端一個呈ᗡ狀，可能代表腿爪部。以上各單位，除眼珠外，均爲平面寬條，表面刻劃雲雷紋；動物面下之飾面，均爲細線雲雷紋塡滿。

足飾的表現方法亦如腹飾，但較複雜，由七個浮出地面的寬條小單位構成。眼珠上有眉；眉上爲橫躺的角；角部除浮出部份外，外緣另有一與地面平的寬條，上劃丁丨形；眼後爲耳；耳下爲代表脚與爪的寬條，各自成一單位。此外，眼下稜脊旁尚有一浮出部份，代表鼻管下部。足飾亦對稱安排，如腹飾。四單位均爲高出器面約2公厘的稜脊隔斷。足飾上有花邊，隨四單位分成四段，每一段爲一"蟬紋"，浮出器面。

脰部花紋中最下的一週花邊，分爲四段；每一段爲一浮出器面的"饕"紋；每一饕紋上爲兩蕉葉紋各一半之出發點。由此上升，四蕉葉並行向上構成四列山峯。山峯紋的中心爲浮出寬條，上面刻劃雲雷紋，其餘飾面由雲雷紋塡滿。

浮雕模文乙種，第二型，兩例：

R1046，R1047（圖版拾:1；拾貳:14），自M2046出土。腹飾與第一型相同，唯眼珠以上多一橫眉；四道稜脊特高，高出地面約半公分。足飾上面的一週花邊，由四個卷尾帶角之"龍"紋排成。足飾的主體花紋大致同第一型，唯角部外側無旁行的寬條面。

腔飾最特別，下面花邊雖仍由四個浮出之"蠶"紋構成，由此上升之蕉葉形花紋，造成四個山峯；但蕉葉形山紋的結構，却以類似腹飾的浮出動物面為主，方向倒置；此一安排為所有腔飾中之最別緻者。

浮雕模文丙種，第一型，平地大寬條動物面，雲雷紋填空，五例：

R1033，R1034（圖版拾壹：2；拾貳：16），R1035出土於M1400；R1040，R1041出土於M1795。這五件觚形器中，有四件很完整的標本；另一件R1035，雖然只有足部，但其結構及內表刻劃的銘文，與完整的R1034一樣，且同出土於M1400大墓中；據此我們可以斷定，那失去的花紋大概也是相同的。

完整的四件標本的腹飾，亦各由四單位合成兩對左右對稱的佈置；這一佈置實為古器物學家所承認的饕餮面之一種；它所給人的初步印象，也很像一個完整的動物面。但是每一個單位顯然又是一個獨立的動物形，為古器物學家所稱的"立龍"。立龍的形態完全由寬條構成。圓的眼珠，突出器面；繞着眼珠，以肥筆鉤劃眼眶，是為龍頭的中心。頭下口部前唇向前轉，延伸至稜脊邊，再彎向上，結束處向內為一尖端。口部下唇，亦作鉤狀，卷向內，終止處亦為一尖。頭前為一丁形龍角；龍軀在角後，直立向上，至飾面上界，卷向前、向下、向內；龍尾亦為一尖。軀後與眼平行處有一肢。寬條外表刻劃各種雲雷紋。寬條龍紋外，由細線雲雷紋填空。

足飾部份有一顯著的特點，卽各單位所表現的動物面孔，均以寬條雙鉤刻劃；所以它們的結構與腹飾完全不同。它們似乎只有頭部的側面，沒有象徵身體的部份；也作對稱的安排，形成了一個饕餮面。這是在上述其他觚形器中所沒有的情形。其詳細結構如下：足飾的上界有花邊；主體花紋仍以突出地面的半球狀眼珠為中心，內外有寬條的眼角；眼眶由陰線界劃；眼上為帶刺狀的橫眉；眉上為橫躺的S形尖角；眼下及眼前為由寬條構成的面孔下部；眼後有耳；以上各部概由寬條雙鉤，以細線雲雷紋填滿。四單位相接處均如腹飾，有稜脊界劃。稜脊及對稱的安排，在腹飾面與足飾面上遙遙相對。

這一型觚形器的腔部，均飾以蕉葉狀山紋，每一山峯亦由寬條與細線共同組成。山紋下有雲雷紋花邊一週墊底。

浮雕模文丙種，第二型，平地大寬條動物面，雲雷紋塡空，足飾動物紋部份鏤空法表現，一例：

R1029(圖版拾壹:1)，M1022出土。腹飾與脛飾均與前一型完全相同，唯足飾中，除眼部以外，眉、角、耳及其他寬條部份，均以鏤空文代之。這一表現方法涉及鑄銅技術本身的問題，與花紋之內容無關。足飾下，足跟斜坡面周圍均刻割丁丨短道。

伍、四組觚形器的比較研究

（一） 論四組觚形器的羣性

現在我們可以就這四羣觚形器，作一番比較。第一點令我們注意的，爲：就一般的外形看，每一組似乎都具有若干特別發展的羣性。譬如屬於小屯丙組的觚形器，不但較他組矮小、輕薄，花紋的表現也極草率。表現的方法以及花紋的內容，顯然有它們自別的地方。將小屯丙組的銅觚羣與侯家莊西北岡東區所出各器相比，在各方面都有明確的分別。下表詳列四組比較完整標本的平均重量、高度、寬度、及寬高指數。

表五：四區出土完整觚形器之平均重量、高度、寬度(腹徑)、及寬高指數

區(或組)別 ＼ 相比項目	平均重量 (公克)	平均高度 (公厘)	平均寬度 (腹徑、公厘)	平均寬高指數
小屯乙組（三件）	893.9	217.3	50.3	23.61
小屯丙組（三件）	407.8	167.7	42.3	25.34
侯家莊西區（三件）	976.4	247.5	47.2	19.04
侯家莊東區（十件）	966.9	269.2	41.0	15.35

這些平均數字，雖然是只根據了幾件完整的標本，並非全部觚形器的平均數，但是大體也可以代表它們了。其中尤可注意的是重量的分別；小屯丙組的平均重量，不及其他三組任何一組的一半。換句話說，做小屯乙組、侯家莊西北岡東區或西區出土的觚形器，每件所需要的原料，可以做小屯丙組出土之觚形器兩件，還有剩餘的材料。

假如小屯丙組的墓葬要比其他三組早，這一點分別自然比較容易加以說明；但是地層上似乎證明小屯丙組的諸墓葬要晚於小屯乙組的諸墓葬。跟着說來，小屯丙組出土的器物時代，應該也是比較晚的。它們質料的減輕，是否代表資源枯竭的現象，就是一個問題了！也就是說，在小屯丙組時代，銅與錫的供給，可能沒有先前那麽豐富了，或者大部份配給了其他的用途。

由此我們再進一步看這四組觚形器的其他分別。單就幾件完整標本的平均高度說，侯家莊西北岡東區所出的十件最大，其次為侯家莊西北岡西區出土的三件，小屯乙組出土的三件再次之，小屯丙組出土的三件最矮。但是這平均高度的分別，與平均重量的分別，似乎並不是一個完全平行的現象。因為講到重量，侯家莊西北岡東西兩區的平均甚為接近，但是它們的高度差別確有些可以注意。這個差別可能反映着形制演變的一個趨勢，是一個與觚形器形制原始有關的問題。關於這一點，我曾在"記小屯出土之青銅器"一文中，有所討論。在這篇文章裏(註一)，我認為最早的觚形器要在黑陶羣中去尋找，觚形器的開始，為把一個原始的圓底大口寬沿杯形器放在一個竹筒形的座上頭。日照兩城鎮出土的黑陶中，就有這一類的實物，以圓底或尖底的盤或杯，放置在一隻同樣陶質、像竹筒似的座上。這一說法，不但有史前的實物，可資憑證，同樣的習慣尚可在很多用竹子的區域，如四川，發現。為要穩定這一活動圈足器兩段的結合，在形制演變的階段中，似乎有一個時期，外面加了一條腰帶(插圖二)，把合縫處箍住。鑄銅技術開始在華北平原出現的時候，也許就是束腰帶的高足杯流行的期間，聰敏的鑄銅匠工仿製這一流行形制的器物，就把原來由三個份子組成的一件器物，融合成了一體。它們的高矮肥瘦，在最初大概並無特別的標準，等到銅的觚形器形成以後，這些不同的比例，就各自代表了一個時代的或個別的趨勢和嗜好。但是觚形器的外貌，分成脰、腹、足一體的三位就成了定局。

至於腹部所以最受裝飾的緣故，可能有幾個不同的原因。我們知道在早期陶器中，可能遠在彩繪陶與刻文陶出現前，就有一種堆文陶。這些表面的堆文（亦稱為箍文），原有它的特別功能，不過很快就美化了，成了具有美觀的裝飾。堆文有很複雜

(註一) 李濟：記小屯出土之青銅器第五十三至五十五頁，及五十四頁插圖（中國考古學報第三册；民國37年）。

的，但大半都比較地簡單；有的只是沿着容器周壁的一道箍，或者一條寬帶而已。殷墟的銅器，尤其是觚形器這一羣，不但在形制上直接承襲着陶器，裝飾的花紋也承襲了陶器的若干成份。它的腹飾的原始，顯然與堆文有“發生”的關係。因爲就形制的沿革說，銅觚的腹部，繞着器中間的腰圍，完全是一條束帶形的外貌，代表堆文的化身（插圖二）。這部份的首先被裝飾起來，與堆文的美化，是由同一趨勢演變出來的。但是一個更重要、比較更顯然的原因，爲腰部的地位在這一器物的外表上，恰佔最暴露的部份；上部的脰與下部的足的“可見度”都比不上它，不過足部與脰部相較，足部的可見度，比脰部又大得多了；所以足部的美化時間與範圍，僅次於腹部。

插圖二：安陽王裕口出土（R2001）的青銅素觚之腹部，圖中示束帶形的腹部，在器身中段鼓出之形態。

　　殷墟出土的四十件觚形器中，有五件是全素的。這五件中只有三件見於上列的四區（圖版叁），卽小屯乙組與丙組兩墓址；其他兩件，一屬小屯I區，一屬侯家莊西北岡，無確定地點。由此我們得到一點重要的認識，就是侯家莊西北岡東西兩墓葬羣中，沒有有紀錄的全素的瓠形器。單裝的瓠形器共出四件：三件出自小屯丙組基址，一件出自侯家莊西北岡西區；小屯乙組與侯家莊西北岡東區均沒有這一類的標本。半裝的瓠形器共爲十六件，計小屯乙組六件，丙組兩件，侯家莊西北岡西區五件，東區三件。全裝的瓠形器共有十五件，除小屯乙組出土兩件，侯家莊西北岡西區一件外，其餘十二件均見於侯家莊西北岡東區。這幾個數字所引起的問題有三種：

（一）　這些瓠形器外表文飾發展所呈現的四種不同的階段，是否有一個先後的次序？

（二）　若是有一個發展的次序，是否可以假定全素的標本代表最早的階段？

（三）　殷虛發掘出土的四十件瓠形器，是否可以代表這一次序？

現在我們先從第三個問題說起。我們所檢查的四十件標本，是否可以用作代表這一器形全部文飾的發展次序？就這方面說，這四羣瓠形器很顯然地呈現着若干矛盾的現象。陳列在眼前的一個矛盾，爲小屯丙組的一羣器物。小屯丙組的一羣中，有兩件全素的，三件單裝的，沒有全裝的。若照上述發展說來解釋，它們應該是最早的一羣；但是地層上的現象(註一)，使我們有點相信，它們埋入地中的時期似乎比小屯乙組的一羣爲晚。自然我們知道在殷虛出土的隨葬品中，有不少的青銅器是經過長時期的生人使用，才入土殉葬的(註二)。另外的一個解釋，就是說這一組器物是爲死人特別製造的、最早的"明器"(註三)；因爲它們的份量特別輕，製造草率，花紋也顯着比較原始。若是這個可能大一點，這羣器物所具有的花紋，以及花紋的分佈，大概代表比較早期的一面。這自然只是一個假設；但這一假設可以比較滿意地解釋上述的、似乎矛盾的一部份現象。至於其他三區所出的瓠形器，應該是日常用品隨作殉葬的。專就文飾的發展過程，定先後的次序，小屯乙組出土的一羣，要算是比較早的，其次爲侯家莊西北岡西區；侯家莊西北岡東區可以列爲最後的一組。但是這一說法也沒有確定的理論根據。

（註一）　右璋如：殷虛建築遺存　遺址的發現與發掘，第331頁（中國考古報告集之二，第一本乙編；民國48年）。

（註二）　有許多破銅器，曾經當時補綴。

（註三）　李濟：俯身葬（國立中央研究院歷史語言研究所專刊之一：安陽發掘報告第三期；民國20年）。

瓢形器裝飾範圍的大小，也可能是社會階級的標誌；全裝的、半裝的、單裝的，與全素的，很可能代表所殉主人的官階或圖騰，或其他身份。這個解釋雖說是有些渺茫，但它的可能性却很大。我們現在可以再從花紋的圖案，及組織成份來看這個問題。

在我們所類別的十一種花紋表現方法中，有若干是具有區域性的；如刻劃范文只見於小屯丙組；模范合作文甲種只見於小屯乙組；堆雕模文甲種只見於侯家莊西北岡西區；浮雕模文只見於侯家莊西北岡東區。腹飾的雙鉤動物面只見於侯家莊西北岡西區。十一種花紋中，普遍見於各區的只有堆雕模文丁種：雲雷文動物面。其他各標本花紋的結構，很清楚地表現若干不同的來源；如帶花邊的寬條連續回紋，在瓢形器中，是僅有的例子；這一圖案本身的歷史，可以上溯到彩陶時代(註一)。花紋的組織所引起的問題，以模范合作文的兩種最值得注意。在製造的工作程序上，模范合製的圖案是一個有計劃的安排？抑是一偶然的拼湊？倒是值得討論的問題。根據留存土范的檢查，我們可以推斷，在這一圖案內出現的陽線小圈紋組成的花邊，沒有疑問地為直接在范上壓印出來的；但是花紋的主體，必定先由模上製造，翻到范上；所以上下花邊為後加的；所得的成效，在這組器物上，調和的程度頗不相等。這些連續小圈構成的花邊，有的配着連續的幾何回紋，有的配着寬條動物面，也有的配着長條軀幹的動物形。與大部份足飾所鑲的花邊比較，它們顯然是帶着嘗試的性質。

（二） 堆雕模文丁種的再分類

十一種花紋中，最複雜的表現，要算堆雕模文丁種的雲雷紋動物面。這一圖案的標本最多，變化頗細微；器物的分佈亦最廣。我們可以從它的小變化上，看出若干重要的分別；不過在大體結構上，實具有若干不變的法則。它們總有一對凸出地面的半球狀的眼珠；內外伴以寬條的眼角；繞着眼部，均飾以各種雲雷紋構成的大小、形樣不同的飾面；這種飾面在腹部總是對稱地安排，中間有高低不等的鼻樑。由這種花紋裝飾的瓢形器，計小屯乙組出土五件，小屯丙組一件，侯家莊西北岡西區三件，侯家莊西北岡東區三件，共計十二件。

（註一）　如甘肅彩陶圖案。見Palmgren, N.: Kansu Mortuary Urns of the Pan Shan and Ma Chang
　　　　　Groups (Palaeontologia Sinica: Series D, Vol. III, Fasc. 1; Peiping; 1934).

假如我們把這十二件堆雕模文丁種的腹飾，做些更詳細的比較和分析，我們又可以從這些雲雷紋組織的變化與不同的排列中，看出若干細緻的分別。這些區別又可以分三型來說明。A型可以拿小屯丙組M331出土的R2013觚形器的腹飾（圖版陸：4；拾貳：8）做代表。這是一個較矮而寬的長方形飾面，所構成的動物面佔了全部飾面的一半。面孔的安排尙保持着不少寫實的狀態。面部中間隆起的鼻樑，上下不到邊；中間的鼻形表示得極爲清楚，鼻翅部份爲雙卷的雲頭，猶有立雕的意味。額前的雲雷紋所表現的形態，亦極逼眞。眼眶上爲卷尖的角，亦由雲雷紋形容得很清楚。由眼上角向旁射出的長條軀幹，橫行向兩邊，近飾面邊界處，急轉向上，再向內、向下轉；這一雲雷紋組合所表現的長條卷尾軀幹，也給人以很明朗的印象。眼下的下顎，亦可分辨。眼眶外下角的地位均塡有以眼爲中心的獨立紋續。此外塡空部份，均由細線構成各種不同的雲雷紋。

雲雷紋動物面的B型，可以拿小屯乙組M232出土的R2005觚形器的腹飾（圖版伍：2；拾貳：9）來說明。這由四個單位構成的腹飾，每一單位的面積，上下與左右的尺寸比較相近，但仍以橫度較寬。動物面中間隆起的鼻樑，上下兩端也不到邊。上端所在的底部，有一比較寬大的平面，代表面部的前額，全形作牌狀，刻劃有簡單的雲雷紋。額下鼻樑兩邊，刻劃的花紋，尙能表示鼻樑兩旁的坡狀。鼻翅部份亦爲雲頭花紋，用刻劃文清楚地表現出來。眼眶下的兩顎的線也很清楚。眼眶上的兩角，豎立向上，向內，不像A型橫躺着的角。眼外向旁展的長條軀幹尙可辨別；但也有不同的安排。塡空的花紋又進一步地雲雷紋化了。

所見標本較多的一種爲C型。可以列入這一型的有R2000（圖版肆：2），R2002，R2003，R2004（圖版伍：3），R1030（圖版拾貳：11），R1038（圖版捌：2），R1031，R1039（圖版拾貳：10），R1032，及R1042等十件。多數標本的花紋，都氧化甚屬，但尙可辨認。保存最清楚的爲侯家莊西北岡西區M1133出土的R1030一例，但是也只保有兩個對稱單位的一半。現在以這一器的花紋說明堆雕模文丁種C型的安排。面孔中間高起的鼻樑，下端仍不到邊；上端藝底的寬條，向旁射出，代表前額的最上部，並刻有簡單的雲雷紋。額下緊接四條上下直行的劃文，用以表現鼻樑中段兩旁的坡度。鼻下的雲頭已漸分離，但左右尙保持着線的聯絡。下顎部份側面作矩形。眼眶上的前角角尖，卷曲的部份作方形雷紋；角根橫躺在方轉雷紋下，爲橫排的長方形。眼旁的軀幹與軀尾的聯繫亦緊密。飾面的外下角只有兩行橫排 長條形雲雷紋 構成的裝飾單位(註一)。除眼部與上額仍作肥筆，眼珠突出外，全部花紋的表現方法與安排，形成了一個整體的雲雷紋的陣勢。這一型的十件標本，腹飾的花紋大致如上述，以三個四轉至六轉的方形大雷紋爲這個陣勢的中心，間或用若干羽紋塡空。

由雲雷紋動物面C型，可以論到浮雕模文甲種唯一的例子，卽侯家莊西北岡東區M2020出土的R1045（圖版玖:1；拾貳:13）。這一器的腹部與足部，均有發展完整的四道稜脊，突出器面的高度，遠在堆雕模文的眼珠高度以上。花紋的安排中，最突出的現象爲：稜脊代替了他種腹飾上動物面正中隆起的鼻樑。但這一新式的鼻樑，在結構上已變了質。稜脊的外面，有短的劃文把它分成五段；它的底部尙保持有墊底的長寬條。上端寬岭仍向旁射出，如堆雕模文丁種C型各例。全部花紋中，用以表現動物面各部份的細線雲雷紋，更整齊畫一，有點近乎機械化了。

（三） 論具有稜脊的觚形器十一例

浮雕模文分爲甲乙丙三種，共有十一件標本，佔全部觚形器的四分之一強，皆出土於侯家莊西北岡的東區。就花紋製造的程序與節目的演進說，它應該是代表着具有進步性發展的新階段，有一個長期的孕育時間。上段所說的R1045標本，有好幾方面可以注意：(1) 腹飾顯然承襲了堆雕模文丁種的傳統，花紋的內容卻整齊化了。(2) 花紋的安排也是一樣的。(3) 足飾四單位的次序，順着眼眶的方向排列，這也是沿襲了堆雕模文丁種的辦法。(4) 腹部與足部都具有四道稜脊，代替了其他觚形器的范線與動物面中間的鼻樑。(5) 它的脰部也被裝飾了。(4) 與 (5) 都是在所有堆雕模文丁種方法裝飾的觚形器中所沒有的。

堆雕模文丁種的方法裝飾觚形器的腹部，共有十二件標本，分佈在四區。根據地層的現象，這一方法似乎在鑄銅器開始的時候，已經普遍地採用，流行到很晚的時

(註一)　此型十件標本中，R2003、R2004、R1032三器腹飾的外下角，不具見於其他七器飾面外下角之由兩行橫排長條形雲雷紋構成的裝飾單位；另以方形雲雷紋及羽紋代替。

候，只在花紋的細節上，經過些小的變化。稜脊的出現，所得的標本在數量上雖並不少於堆雕模文丁種，它們的出土地卻限於一個區域。所以有稜脊的觚形器很顯然地代表着鑄銅業的一個高峯；但是同樣很清楚地，它出現的時代也較晚。這引起了一個很要緊的斷代問題，問題的中心爲：侯家莊西北岡東區墓葬全部是否有一個比較晚的開始呢？現在我們可以就這十一件有稜脊的標本，做一番檢討。

除了 R1045（甲種）以外的十件標本，它們的花紋可以再分爲乙丙兩種，每一種又各有兩型。浮雕模文丙種第一型標本最多，共有五件，三件出土於 M1400（R1033，R1034，R1035），另兩件出土於 M1795（R1040，R1041）。照出土的紀錄看，這是侯家莊西北岡東區最晚的一組墓葬。這一型的腹飾都由對稱排列的“立龍”構成；足飾四單位中，每一單位的中心花紋各爲一個帶角動物的側面，均由寬條雙鈎表現；眼上有橫眉一道，眉上爲橫躺的彎角；眼後有耳，眼前及眼下均由寬條屈曲構成，象徵着動物面的前部。足飾上緣另加雲雷紋花邊。上述組織相同的四個單位，呈現了正反兩相，作兩個對稱的排列，與腹飾的排列次序完全相同。每一個對稱單位組合，都代表一個動物的全面。這一型的裝飾設計，很明顯地包含着一個觀念的轉變：卽足飾部份的母題所象徵的動物，與腹飾部份的花紋母題不是一樣的。堆雕模文丁種的足飾，只是由腹飾花紋演變出來的裝飾單位；似乎並沒有其他含義可尋。浮雕模文的足飾，除了甲種外，卻不能如此解釋。所以我們可以在足飾各單位的不同排列中，看出一些新的意義。丙種第一型五件標本的花紋，都極類似，它們的脰部都具有盛裝。

浮雕模文丙種第二型與第一型一樣具有稜脊。足飾中動物面的輪廓，以鏤空方法表現；在技術上這是一個新的發展；在殷墟出土的觚形器中，只有此一例。花紋的組織，與第一型相較，卻沒有甚麼分別。

浮雕模文乙種的四件標本，動物面均由浮起的寬條表現，這在前面已有所說明。這一種又可分成兩型，重要的分別是：第一型的動物面孔，眼眶上沒有橫眉，第二型動物面卻多了一道帶鈎的橫眉。第一型的脰飾，只是在略微浮起的寬條上，刻劃雲雷紋，組織成四列山峯。第二型的脰飾，在山紋上加了浮出的動物面；器官上下倒置地安放着。腹飾與足飾中的動物面，亦由四個半面對稱地排成兩個全面。

　　由以上的說明，我們可以看出十一件具有稜脊的標本中，只有浮雕模文甲種的
R1045爲雲雷紋動物面，同時足飾四單位不作對稱地排列；其餘十件的動物面與足飾
的安排，均代表着新的發展。至於這十一件器物在東區的出土次序，照發掘的紀錄
看，是如此的：

浮雕模文乙種第二型	R1046，R1047	（E1）
浮雕模文甲種	R1045	（E2）
浮雕模文丙種第二型	R1029	（E4）
浮雕模文乙種第一型	R1043，R1044	（E5）
浮雕模文丙種第一型	R1040，R1041	（E6）
浮雕模文丙種第一型	R1033，R1034，R1035	（E8）

　　由以上的次序，我們可以看出在此區出現的這類標本中，最早的幾件是浮雕模文
表現得最精緻、最富麗的三件，爲乙種第二型與丙種第二型；但是甲種的R1045，代
表了堆雕模文與浮雕模文的過渡標本，它也出現得較早。標本最多的立龍花紋，在這
組中是比較晚的墓葬中的隨葬品。

陸、兩　種　次　序

　　上段討論浮雕模文的作品，所談到的十一件標本，在侯家莊西北岡東區出土的次
序，完全是根據田野紀錄而斷定的。現在我們可以更進一步把所有出觚形器墓坑的地
下情形檢討一下，看看是否能够推尋出一個比較準確的次序來。

　　先由四個分區說起。侯家莊西北岡東區九組墓葬的次序，前文已經提到，此處不
再重複。拿地下的情形看，觚形器的早晚次序應該是照着這個次序排列的。除了東
區外，侯家莊西北岡西區的地層也比較明確，前文亦已經提及。根據各大墓在地面下
的互相交錯情形，西區出土的觚形器七件，可以分爲三期。最早的屬於M1001系統，
卽R11003，R11004，R1030及R1042四件，都出土於西區M1001大墓或它的附屬葬
坑內。比M1001墓較晚的爲M1550，出了青銅觚形器兩件，卽R1037，R1038。就地
層上說，最晚的一件爲M1217的附屬坑M1488出土之R1036。這三個時代的劃分，在
地層上有很確實的證據。

現在我們講比較麻煩的兩組，卽小屯乙組與丙組出土的十六件觚形器。小屯的地層，先天性地是比侯家莊西北岡要複雜得多，居住遺址改造頻繁，它的附屬建築與主體建築的關係，往往是需要常加改訂的一種推測。所以小屯地面下的情形，自發掘以來三十餘年，常因新事實的發現，對於它的解釋便有所變更。比較最完整、各方面考慮較周詳的，自然是石璋如先生在中國考古報告集發表的"殷墟建築遺存"中所說的。這是一九五九年出版的一本大著，已爲各方講殷墟建築者奉爲圭臬。這本書很詳細地討論到小屯發掘所見墓葬的性質，它們與正式建築——夯土——的關係，亦爲本文所用乙組丙組的根據所在。但事實上有些問題，石先生沒有在這報告中——也不可能地——完全解決。這個沒有解決的問題裏，包括着我們要討論的部份，卽丙組建築的附屬墓葬的範圍。尤其是與本文有關的 M331，M333，及M388 三墓。這丙組三墓的準確地點照原報告的敍述，被列入丙一基址北部的墓葬羣。丙一這個墓葬羣又分成三組，出觚形器的三墓，被劃在北部墓葬羣的北組。北組共有六墓，形制都是豎長方形坑。與較南的中組及南組完全不一樣；所以它們很明白地自己構成一組。不但地位在最北的地方，埋葬的內容也有重要的分別。南組及中組的墓坑，所埋葬的都是用作犧牲的獸類：羊、犬等，有的已經燒成灰了。但是北邊的墓葬，據所發現的三坑，都是埋人的並帶有大量的、很寶貴的殉葬品；在這些隨葬品中，就有很多是靑銅器。本文所討論的觚形器，就出自這三個坑。這三個墓坑，離丙一基址最北的界，至少爲十公尺；在丙組內的第六基址爲與乙組最接近的建築，兩者相距也只有這麼遠。所以我們把這些墓葬與基址的位置排在圖上，是看不出它的先天的關係的。石璋如先生本人對於這個墓葬的性質尙在考慮，所以他的最後意見是甚麼？不但我們不知道，就連他自己也沒有預備發表(註一)。現在我們不妨藉這個機會，再把小屯墓葬的整個性質估計一番。做這一工作，我覺得把殷墟建築遺存所講的乙組與丙組的分別，暫爲擱置；我們只把小屯出觚形器的八座墓葬做一個總討論。

　　八座墓葬中，與版築土（卽夯土）關係比較密切的，爲原屬於小屯乙組的各墓，卽 M222，M232，M238；比較早期的M18.4，及M188亦與版築土有較親切之關係。

(註一)　石璋如：小屯殷代丙組基址及其有關的現象第798頁(中央研究院歷史語言研究所集刊外編第四種，慶祝董作賓先生六十五歲論文集下册第781至802頁；民國50年6月)。

"殷虛建築遺存"把 M188、M232及M238三墓列爲同時的墓葬；在地層上說，M18.4 與 M222 稍早；介於乙、丙兩組間的M331、M333、M388 似乎是比較最晚的。所有的地下知識，可以幫助我們的，只有這麼些。因此，我們可以把小屯八墓列爲三期，卽：小屯早期，爲M18.4 及M222；小屯中期，爲M232、M238及M188；小屯晚期，爲M331、M333及M388。 照着小屯的這個序列，把小屯早、中、晚三期的標本，與侯家莊西北岡東西兩區者相比，我們是否可以看出甚麼聯繫來？

要尋找這個聯繫，最可靠的追求根據，應該是十二件具有雲雷紋動物面花紋的青銅觚形器。這十二件爲：小屯乙組的五件，R2000（M18.4出土），R2002（M188出土），R2003及R2004（M222出土），R2005（M232出土）；小屯丙組的一件，R2013（M331出土）；侯家莊西北岡西區的三件， R1030（M1133出土）， R1038（M1550出土），R1042（M1885出土）；侯家莊西北岡東區的三件，R1031（M1049出土），R1032（M1400出土），R1039（M1769出土）。除了R1030一件爲單裝的外，其餘十一件都是半裝的。它們的腹飾都有兩個雲雷紋動物面，詳細節目見上文分析。上文把這一類的花紋又分爲三型。三型中的A型只見於小屯丙組；B型只見於小屯乙組；最普遍的是C型，見於小屯乙組，侯家莊西北岡東區及西區。這個分佈情形給我們一個很好的理由，用這類花紋的這一型，做小屯與侯家莊西北岡東西兩區的聯繫。C型花紋的觚形器在小屯乙組出現了四次：R2000，R2002，R2003，R2004；在侯家莊西北岡西區出現了三次：R1030，R1038，R1042；在侯家莊西北岡東區出現了三次：R1031，R1032，R1039。所以全部標本中，有十件屬於此型。在小屯乙組 M18.4及M222出現的三件，按地層說，是早期的；M188出現的一件也可劃入早期，地層似與早期相符。侯家莊西北岡西區的三件都屬於此型，但分屬於侯家莊西北岡的早、中兩期。侯家莊西北岡東區出此型觚形器的M1049、M1769及M1400三墓，時代比較地爲晚。所以總論起來， 我們應該說小屯的 M18.4、 M188 及 M222 三墓， 可能與侯家莊西北岡西區的 M1001及M1550兩墓同時，但是侯家莊西北岡東區的時代稍複雜，是否能把它們放在小屯與侯家莊西北岡西區同一時期，應該略加討論。

要使這番討論更具體一點，我們應該把C型的十件標本，作再進一步的檢查，把腹飾以外的花紋做一次詳細的比較。十件標本中，只有一件是單裝的，卽R1030，我

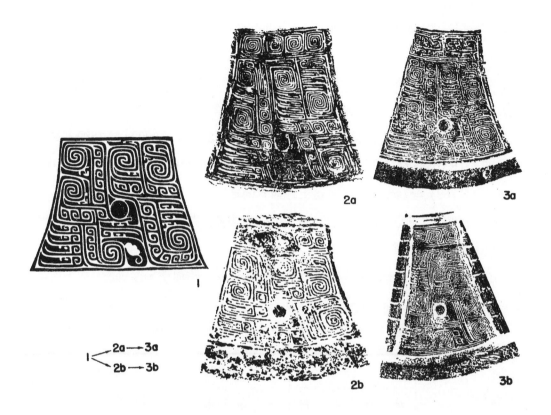

插圖三：與雲雷紋動物面腹飾配合的幾種足飾花紋之一個可能的發展次序。

1. 無花邊的足飾（R 2004，M 222出土。繪製，原器氧化過甚，
   不能拓。參閱圖版伍：3）。

2a. 有雲雷紋花邊的足飾（R 1038，M 1550 出土。拓片。參閱圖
    版捌：2）。

3a. 有動物紋花邊的足飾（R 1039，M 1769 出土。拓片。參閱圖
    版玖：2）。

2b. 有雲雷紋花邊的足飾（R 2000，M 18.4出土。拓片。參閱圖版
    肆：2）。

3b. 有稜脊及雲雷紋花邊的足飾（R 1045，M 2020 出土。拓片。
    參閱圖版玖：1）。

們可以稱之爲 C 型第一式；其餘九件都是牛裝的，具有足飾。這九件的足飾，大致都呈現着類似的圖案；但圖案的結構顯然有兩個階段可尋，最簡單的足飾爲 M222 出土的 R 2003，R 2004(圖版伍：3，插圖三：1)兩件標本。這兩器的足飾，由四個 位構成；每一單位以眼爲中心，繞以各種不同的雲雷紋；四個單位的排列，都順着 眠的方向，沒有任何對稱的意味。尤可注意的是：除了這個主體花紋外，上緣只以弦紋爲界，不具任何花邊；我們稱這兩例爲無花邊的足飾，是爲 C 型第二式。但是大部份的足飾却是有花邊的：R 2000 (M 18.4) (插圖三：2 b)，R 2002 (M 188)，R 1042 (M1885)，R 1038 (M1550) (插圖三：2 a)，R 1031 (M1049)，R 1032 (M1400)，R 1039 (M1769) (插圖三：3a)。這七件標本的足飾，均具有橫排整齊的花邊，以弦紋爲界，中間壤以雲雷紋或動物紋；它們的分佈普及三區，卽小屯乙組及侯家莊西北岡東西兩區。我們稱這一組爲 C 型第三式。

有了這個分別，我們可以把各式標本的出土地的準確地點，再檢查一次，所得的結果是很有意義的，茲將檢查結果列表如下：

表六：堆雕模文丁種 C 型觚形器足飾花紋的發展與墓葬的先後次序

圖案類別	標本	小屯 早期	小屯 中期	侯家莊西北岡西區 早期	侯家莊西北岡西區 中期	侯家莊西北岡東區 E 3	侯家莊西北岡東區 E 7	侯家莊西北岡東區 E 8
C 1	R 1030			M1133				
C 2	R 2003	M222						
C 2	R 2004	M222						
C 3	R 2000	M18.4						
C 3	R 2002		M188					
C 3	R 1042			M1885				
C 3	R 1038				M1550			
C 3	R 1031					M1049		
C 3	R 1039						M1769	
C 3	R 1032							M1400

由上表，可以看出幾點重要的聯繫：C 型第三式的雲雷紋動物面，出現於小屯的 M18.4，M 188；侯家莊西北岡西區的 M 1885，M 1550；及侯家莊西北岡東區的

M1049，M1400，M1769。C型的三式中，較原始的爲無花邊的足飾，只出於小屯早期的M222。最原始的標本沒有任何足飾，卽單裝的一件；這樣的標本只見於侯家莊西北岡西區早期的M1001大墓之附屬坑M1133內。

若是我們更進一步把半裝的觚形器的足飾做一普遍地比較，除了上列C型半裝的九器外，其他各器的足飾有下列三種：

(1) 無花邊的足飾，三件：R2005，R2013，R2017。

(2) 上緣有動物紋花邊的足飾，二件：R11003，R11004。

(3) 上下緣有連圈紋花邊的足飾，二件：R2007，R1036。

這七件中，具有堆雕模文丁種腹飾的只有二件，卽A型的R2013，B型的R2005。A，B兩型的足飾均無花邊，與小屯早期墓葬M222出土的兩件類似（R2003，R2004）。

因此我們可以說，假若以地下的層次，證實花紋的發展次序，無足飾的標本在C型中出現最早；接着就是足飾沒有花邊的兩例（插圖三：1）；較普遍的足飾具有花邊的標本，在小屯與侯家莊西北岡均出現於早期及中期。若是我們反過來以花紋發展的次序，反證地下的埋葬次序之早晚：侯家莊西北岡西區的M1001大墓，應該是出觚形器的最早的墓，不過這一墓內也出了C型第三式的青銅觚形器，它的年代也不能算最早的了。其次爲小屯的M222，M222屬於小屯乙組第十一基址建基期的最下一層，卽第六層，也是代表出青銅觚形器最早的一墓（註一）。小屯的M18.4，M188，侯家莊西北岡西區的M1550與侯家莊西北岡東區的M1049，M1769，M1400，應該屬於同一時期。

假若以此做爲一個架構，排列其他各墓的次序，卽各青銅觚形器的發展先後，或者是一個比較最有事實根據的一個作法。

柒、結　語

有了這個架構，就若干方面說，小屯與侯家莊西北岡出土的青銅觚形器，可以說

（註一）　石璋如：殷虛建築遺存　遺址的發現與發掘，第122頁（中國考古報告集之二，第一本乙編·民國48年）。

是一個有次序的發展：

（一） 全素的觚形器代表一個較早的時代；在文飾方面，大概以單裝的最早，其次爲半裝的，全裝的是比較晚的發展。但是這並不是說所有單裝的觚形器都是早的，而全裝的都是最晚的；中間一定有若干交錯的期間，不過大致可以做此假設。到了小屯青銅業衰落的時代，裝飾的花紋與製作的方法退化到原始情形，不是不可能的。關於這一點，我們可以在小屯找到若干實證，如丙組出土的明器。

（二） 這一比較研究所得的最有意義的結果，爲有稜脊的標本。它們的出土地點完全限於侯家莊西北岡東區。這一現象不但解決了稜脊本身的出現時代，同時也說明了脰部的裝飾，是一個比較晚期的發展。最重要的是R1045標本的出現，它實在代表着研究整個花紋演變的最重要的一個鏈環。在這一器上集中了若干不同的成份：(1)雲雷紋動物面，(2) 不對稱的足飾，(3) 腹部與足部的完全發展的稜脊，(4) 脰飾。前文已經說明雲雷紋動物面的花紋，大多數只見於早期及中期；晚期的標本可能只是早期的遺留，或者面目已非的複雜變相，如C型的第三式。它的結束期與稜脊的出現幾乎同時；R1045代表這一過渡時期的標本。稜脊出現以後，腹飾花紋的主要圖案爲一對直立的龍形，這是在浮雕的十一件標本中最普遍的母題。它的形態與意義完全異於雲雷紋動物面。究竟這個新局面開始在甚麼時期？這也是侯家莊西北岡東區墓葬何時開始的問題。

這個問題的有關材料，的確呈現了一串引人入勝的其他問題；因爲我們所發現的這批材料中，浮雕乙種這一新的製造花紋方法，顯然代表着技術上的大進步。留存在東區的四件標本，表現了這一新技術的最高峯。不過這四件標本的花紋，都不是"立龍"；而立龍標本的出現，屬於侯家莊西北岡東區比較晚期的墓葬。浮雕乙種四件標本的動物面花紋，無論腹飾與足飾，都仍由兩個對稱的動物面構成，如雲雷紋動物面的一般；惟器官浮出地面，顯着一派新的氣象。

從結構上說，稜脊的發展更引起了其他新的技術問題；雲雷紋動物面中間的隆鼻，除了象徵一個鼻形外，也巧妙地掩飾了范線。浮雕方法的運用，使腹部與足部的四道稜脊突出，另具新的裝飾意義。它所在的地位有一對恰爲動物的鼻部。初期看來，這一新的鼻形似乎新穎可喜，但實在是勉強湊合的；實際的效果只是把一個完整的動物面孔，毫不留情地劈成了兩半(註一)。我以爲浮雕丙種的兩個對稱立龍，代替乙種的一個動物面，也許是設計人看出了這不調和的狀態，而加以改造的。這也可以算爲技術影響藝術設計的一個例。

（三）　除了堆雕模文丁種與浮雕模文外，他種的花紋，大半都只有很少的標本可以供我們研究。有些的時代，固然可以比照上說的標準推斷；但是有兩個緣故使我們必須等較多標本的出現，以及更詳細地分析與比較後，才能有最後的意見。

　　　　（1）明器與用器的分別，有時混雜難辨；但明器所代表的時代，不能與用器
　　　　　　相提並論。

　　　　（2）器物入土的時代與製造的時代——這是每一個田野工作者所知道的——
　　　　　　往往相差甚遠；很晚期的墓葬，可以有早期製造的標本。

（四）　根據觚形器花紋的比較，我們得到很有力的證據，證明銅器花紋的來源，至少有下列幾種：

　　　（1）史前陶器。　　　　（2）骨刻與石刻。　　　　（3）木雕。

　　　最後一項材料，雖說是大半都消逝了，但我們仍找到若干殘碎的遺存。

（五）　因此，青銅器的花紋，在所發現的最早一批器物上就呈現着複雜的現象，包括很多不同的紋纈、母題與圖案。要追尋構成這些花紋成份的原始，我們必須對上述的有關資料，都要有一個清楚的認識。

本文的寫作，有賴臺大考古人類學系研究生呂承瑞女士助理，方能如期完成，特誌。　　　　　　　　　李濟　五十二年七月十九日

本文原載於中央研究院歷史語言研究所集刊第三十四本　　民國五十一年

（註一）　這一分別，是習於古器物學常用名詞如"饕餮"這一觀念的人們所不予以注意的。饕餮一詞，雖屢經古器物學家用來描寫這一類的花紋，但嚴格的說來，就是熊呂氏春秋最初的定義，也是不適當的。因爲這一主體花紋，卽浮雕模文乙種花紋，似乎除了動物的面孔外，尚有象徵身體其他部份的符號。作者的意見，要分析青銅器的花紋，若用"饕餮"以及其他類似的名詞，不但在讀者的心中，卽使在研究人的心中，也很容易引起極龐雜、極矛盾的意義，遠不如用"動物面"這一名詞的簡單。

圖 版 說 明

圖版壹：小屯出土之土模九例

1. 堆文（紅號A1123；田野編號13：1245；Y H042：1.40出土）。

2. 塑文（紅號A744；田野編號13：1514；Y H042：4.70出土）。

3. 塑雕文（紅號A203；田野編號13：760；B128：1.00出土）。

4. 繪文及堆雕文（紅號A1701；田野編號13：760；B128：1.00出土）。

5. 塑雕文（紅號A1560；田野編號13：821；B121出土）

6. 雕文及刻劃文（紅號A1559；田野編號13：821；B121出土）。

7. 堆文（紅號A2247；田野編號5：383；E43：3.8出土）。

8. 刻劃文（田野編號7：251；E135：1.30出土）。

9. 塑雕文（紅號A2038；田野編號3、12、0143；橫十三丙北支二北支出土）。

圖版貳：小屯出土之土范九例

1. 刻劃范文——字（紅號A891；田野編號13：1350；Y H042：1.90出土），附拓本一。

2. 模范合作文乙種：模上堆雕，范上刻劃（紅號A1230；Y H42出土）。

3. 刻劃模文翻印范文（紅號1440；田野編號13：2225；Y H083：2.3＋2.2出土）。

4. 堆雕模文翻印范文（紅號A1507；田野編號13：099；B125南出土）。

5. 刻劃模文翻印范文（紅號A1556；田野編號13：821；B121出土）。

6. 模上堆文翻印范文（紅號A2247；田野編號5：383；E43：3.8出土）。

7. 堆雕模文翻印范文（紅號A2155；大連坑出土）。

8. 同7.（紅號2090；田野編號2、12、0049；斜一出土）。

9. 同7.（紅號2004；田野編號3、12、0099；橫十一丙出土）。

圖版叁：殷虛出土之全素青銅觚形器

1. R2010（M308出土）。

2. R2006（M232出土）。

3. R2016（M388出土）。

圖版肆：小屯乙組基址出土之觚形器（一）

1. R2007（M238出土）。

2. R2000（M18.4出土）。

圖版伍：小屯乙組基址出土之觚形器（二）

1. R2008（M238出土）。

2. R2005（M232出土）。

3. R2004（M222出土）。

圖版陸：小屯丙組基址出土之觚形器

1. R2015（M333出土）。
2. R2012（M331出土）。
3. R2017（M388出土）。
4. R2013（M331出土）。

圖版柒：侯家莊西北岡西區出土之觚形器（一）

1. R11004（M1001出土）。
2. R1036（M1488，M1217附坑出土）。

圖版捌：侯家莊西北岡西區出土之觚形器（二）

1. R1037（M1550出土）。
2. R1038（M1550出土）。

圖版玖：侯家莊西北岡東區出土之觚形器（一）

1. R1045（M2020出土）。
2. R1039（M1769出土）。

圖版拾：侯家莊西北岡東區出土之觚形器（二）

1. R1047（M2046出土）。
2. R1044（M2006出土）。

圖版拾壹：侯家莊西北岡東區出土之觚形器（三）

1. R1029（M1022出土）。
2. R1034（M1400出土）。

圖版拾貳：殷虛出土青銅觚形器之腹飾（比較圖版叁至拾壹）

1. R2012（M331出土）。
2. R2015（M333出土）。
3. R2007（M238出土）。
4. R1036（M1488，M1217附坑出土）。
5. R2017（M388出土）。
6. R11004（M1001出土）。
7. R1037（M1550出土）。
8. R2013（M331出土）。
9. R2005（M232出土）。
10. R1039（M1769出土）。
11. R1030（M1133，M1001附坑出土）。
12. R2008（M238出土）。
13. R1045（M2020出土）。
14. R1047（M2046出土）。
15. R1044（M2006出土）。
16. R1034（M1400出土）。

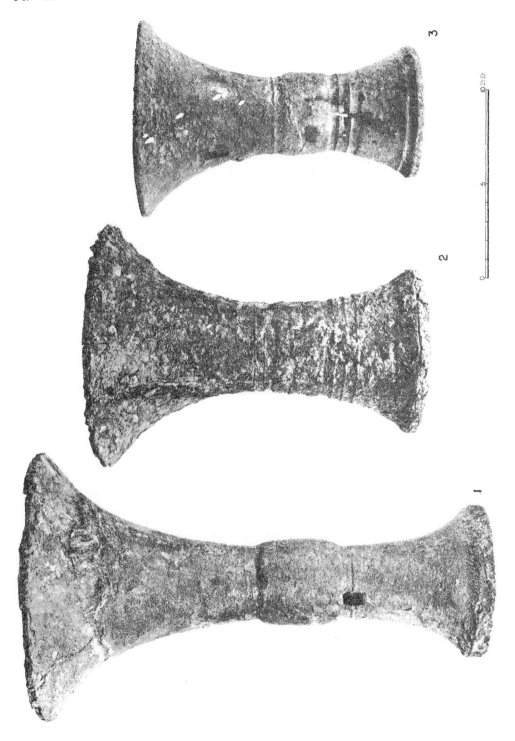

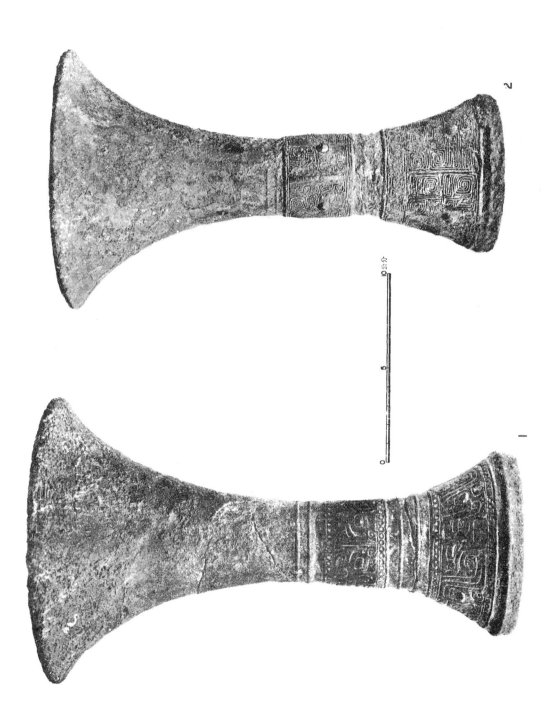

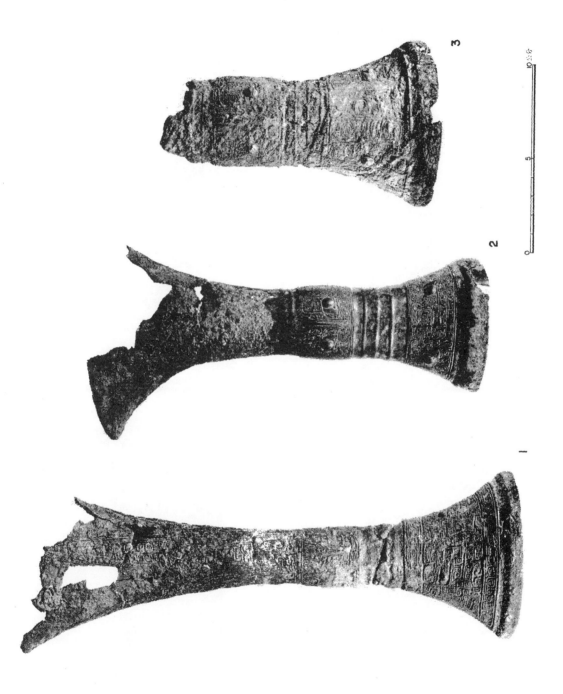

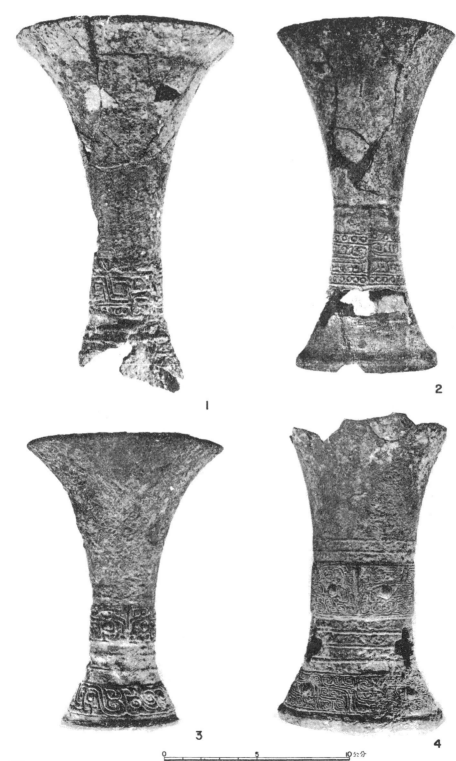

1

2

3

4

0　　　　　5　　　　10公分

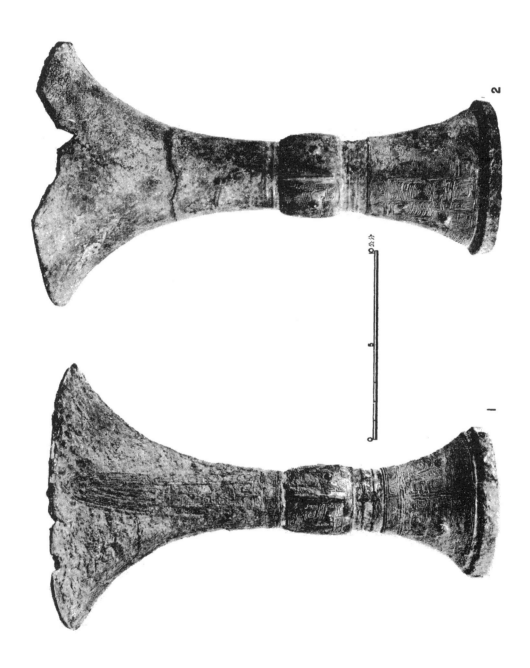

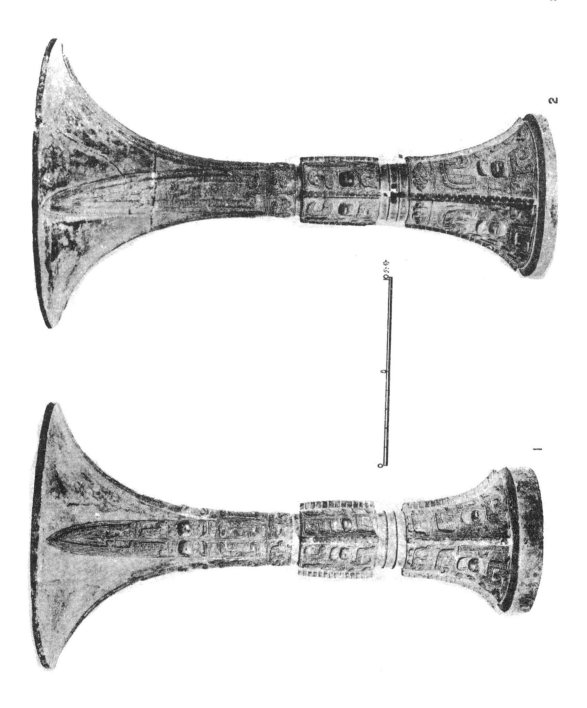

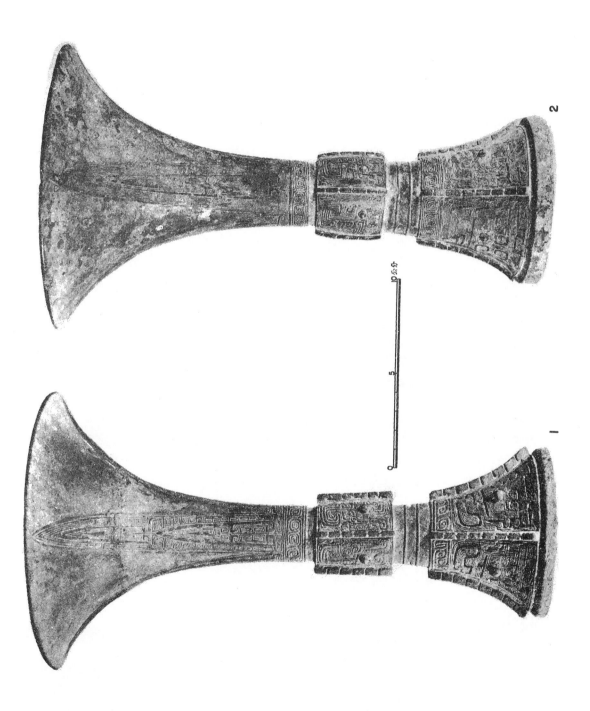

4 (貳乙)

3 (貳乙)

2 (貳甲)

1 (壹)

8 (叁丁)

7 (叁丙)

6 (叁乙)

5 (叁甲)

12 (叁戊)

11 (叁丁)

10 (叁丁)

9 (叁丁)

16 (肆丙)

15 (肆乙)

14 (肆乙)

13 (肆甲)

中國考古報告集新編
古器物研究專刊發刊辭

　　民國二十三年，歷史語言研究所計劃「發布其有預計的發掘」的報告時；目
的只是要對學術界報告發掘的成果。三十年來，在中國考古報告集所刋佈的這一
序列的報告已經出了十二本 ； 這些都是考古的讀者所知道的 。 關於這一類的報
告，本所當然是要繼續下去的；同時，我們室內工作的進展，使我們感覺到在古
器物研究這一方面，我們需要另作一種刊佈的方式；因爲在這一工作中，我們不
能把研究的對象限制在一個遺址或一羣墓葬上。換而言之，中國考古報告集原來
的計劃是以發掘的工作爲單位的；所報告的內容，只限於描寫每一個遺址或一個
墓葬的發掘情形及出土遺物；這自然是紀錄原始資料最基本的方法，爲一切進一
步研究工作的起點。

　　本所進行的進一步的研究也有幾個不同的方向，其中最要緊的一部份就是古
器物學這一門。由近代田野考古發展的古器物學，與傳統的古器物學比，在研究
的方法上展開了一層重要的分別。我們在這裏所說的「古器物學」，是以發掘的
資料爲基礎，再進而作比較及實驗的研究；由此所得的成果就構成了上說的古器
物學。凡是在這個範圍以內的研究，我們預備在這一新編——卽中國考古報告集
新編陸續刊佈出來。新編報告中採用的資料不局限在一個區域或一個時代，也並
不以田野資料爲限，因爲研究的主體是器物，而不是遺址或墓葬。我們的目的是
想把各種古器物本身的歷史——它的製造方法，它的形制及裝飾的演變，它的功
能等等——根據第一手的地下知識，能作一系統的陳述。這一研究所需要的比較
材料及預備工作都是多方面的；除了田野的原始紀錄和文獻上的記載外，更要依
賴對若干自然科學和實驗科學的發現與發明的認識作參考，方能得到我們所希望
的成績。所以這一新刊物除了發表本所同仁的論文外，更希望各界抱有同一志趣
的朋友們的贊助與合作。　　　　　　　　　　　　　　　　　五十三年三月

本文原載於中央研究院歷史語言研究所中國考古報告集新編古器物研究專刊第一本　民國五十三年

中國考古報告集新編
古器物研究專刊第一本序

　　王國維說：「凡傳世古禮器之名皆宋人所定也。」（註一）；他跟着說，若干古代禮器各具有自己的名稱，宋朝的學者因以名之；也有若干古器物雖刻銘辭，但銘辭中並無本名，宋朝人便依它的形制而定名，後來的人就沿用下去了。這篇報告所研究的一組青銅器，習慣地均稱爲「觚」，就屬於沒有自己名稱的古器物。至於宋人爲什麼稱呼這組器物爲「觚」呢？在博古圖錄的學觚斗觶等摠說中，有一段議論：

　　　「……禮義修於後世之僞，法度立於至情之衷，故創一器則必有名。指一名則必有戒，異代因襲，不一而足。自三王以來，各名其一代之器。……皆所以示丁寧告戒之意，若曰學、曰觚，曰斗，……曰角之類是也。……側弁之俄，屢舞傞傞，而繼之以醉而不出，是謂伐德，然後知酒之敗德有如此者；敗德若是，安得而不孤哉。先王制觚，所以戒其孤也。」（註二）

　　這一大段議論，若詳加分析，實在沒有可以幫助我們鑑別觚這一器物形制的任何說明。究竟觚是什麼樣子？我們只能在所附的圖錄中尋找。在比博古圖錄稍早的考古圖中，列舉了兩器圖樣，標名爲觚；第一器名曰亶甲觚，原藏河南王氏，據說明得於鄴郡亶甲城，但無銘識。第二器屬於廬江李氏，只標名爲觚，沒有銘識；但所附的收藏家李氏的跋語，有下列幾句話：「此器口可容二爵，足（圈足）容一爵，『禮圖所謂二升曰觚（出韓詩外傳）』（註三）」這可以說是宋人根據形制而定觚名的最早意見；兩器的圖像大概就是較晚的博古圖錄定爲觚名的三

　　（註一）王國維：觀堂集林卷第三，說觥。海寧王忠慤公遺書初集，卷三，第十二頁。
　　（註二）王黼等：博古圖錄卷第十五，第五頁；本立堂藏版。
　　（註三）呂大臨：考古圖卷五，第十三頁；亦政堂藏版。

十五器的根據 (註四)。照博古圖錄的分類，所列的三十五件觚，有十六件屬於商朝，其餘的十九件都是周朝的。

王國維說宋人定的名稱「至今日仍無以易其說」的一類，包括了觚這一型的器物。但是在他的宋代金文著錄表所列的二十件觚中，表中附錄項下所列的兩條意見甚可注意。(註五) 在「單觶從彝二」下，雜記附云：「此器實觚而無稜」，在最後的數行，根據續考古圖所錄的五件名「罍」的四件 (父乙罍，伯丁罍，父辛罍，父己罍)，雜記中註云：「實皆觚也」。據此我們可以曉得宋人傳下來的觚這一類的器名，有四分之一並未確定。所以王國維說的「至今日仍無以易其說」這句話，並不證明這一型器物的名稱已經有了劃一的標準。

為古器物定名，確實是一件需要細心思考的工作；古人為器物命名的根據，同今人一樣，可以有很大的差異；有些似乎完全是依器物的功能作的選擇，如博古圖錄所說的「先王制觚，所以戒其孤也」。這一類的話究竟是後人的附會，還是原來的意思，尚無人加以考訂；但問題的核心為這種功能是否與某種形制有固定的連繫？換而言之，要表示「戒其孤」的意思，是否只有某一種形制才能勝任？博古圖錄所載的三十五器，結構雖大致類似；就其外表的形制與文飾說，卻有很顯著的差異。這些差異凡是翻閱這些圖錄的人便可一望而知。最令人發生疑問的是下面所引「周素觚」的說明：

「凡觚之形，必為觚稜狀，或飾以山形，以至作黃目雷紋種種之異。然是器則自純緣而下，通體皆純素，足間兩旁又有竅，略相通貫，莫知其何所用也。(註六)」

這幾句話可以說等於否決了擸說中的若干議論。因為既不知道它的用處，「戒其孤」的說法當然就發生搖動了。不過這些文字上的遊戲是不值得追求的。

研究古器物學命名的問題，也就等於為每一類型器物的歷史作一番考訂。這一考訂的工作應該以實物為主體，尋求它們所具的功能，及它們形制的演變。但

(註四) 博古圖錄卷第十五，第二十二至五十六頁。
(註五) 王國維：宋代金文著錄表第二十八頁，王忠慤公遺書外編。
(註六) 博古圖錄卷第十五，第五十六頁。

是做這一件事情，我們的出發點雖說是以發掘的資料爲主，同時也應該藉此把著錄中的資料加一番界說及清理。關於史前的部分，我們所遭遇的困難爲沒有文獻材料作比較；到歷史期間，這類困難減少了，但是新的問題也發生了。我所說的新的問題，很多牽涉到古器物的名稱部分。很僥倖地我們已經有若干整理完善的成績可資憑藉；不過也有一些未完的工作，尚需現代的學人努力。譬如現在我們所研究的這批資料，即觚形器這批資料，雖經宋人加了初步的鑑定，但是地下的發現就引起了新問題。僅就名稱這方面說，我們應該解決的至少有兩種：㈠名字與形制的關係；㈡形制與功能的關係。若是就實物作出發點看這些問題，自然是形制方面比較容易說明。但是器物的形制不但有它的區域差異，也有時間上的演變。這兩種不同的因素所引起的形制演變，表現在實物上的可以有大量的偏差，產生出很多的變種；形制差異的變種可能具有同一名稱，也可能有不同的名稱。至於功能則更難說了。上引博古圖錄所說的「戒其孤」的意思，在發現的新材料中，固難加以證實，亦不能加以否定。不過現在材料的發現，也供給了我們對於這一類器物若干先前古器物學家所沒有的新認識：如它們被放置在地下的原在情形。由這情形推測它的功能，我們可以作一種比較確切的判斷。我們現在知道，觚這類器物在三千年前埋藏於地下時，總是與我們假定爲爵的這類器物相伴在一起的。田野考古發現的這類事實已經累積到一個很可觀的數字，其中不但包括青銅質的觚形器與爵形器，並且伸展到陶質的這兩種類型；它們經常是相隨在一起的。民國三十七年，我在記小屯出土的青銅器一文內，曾把觚形器與爵形器的連繫，就出土的材料，用一個表詳細排列出來。並說：

「觚形器與爵形器的普遍存在，並成了一對分不開的夥伴。這一結合遵守一種極嚴格的匹配律：有一『觚』必有一『爵』，有二『爵』必有二『觚』；M331 的三件觚形器，雖只有一件三足的爵形器相伴，却另有兩件四足的爵形器作陪，故算起來，仍是照一一相隨的例；同時這也可以證明，在功能方面，四足爵與三足爵大概沒有分別。」 (註七)

(註七) 李濟：記小屯出土之青銅器第七十九至八十頁（中國考古學報第三册）；民國37年。

　　九年後，石璋如先生把我上說的話，加了更多堅強的證據。他說：「觚與爵是一套酒器，在安陽殷代的完整墓葬中，有觚必有爵，有爵必有觚，兩者似有不可分離的現象。到了周初也是如此。」（註八）同時石璋如先生在同一文中，他又作了一個有關的，並且有趣的統計。他發現在傳世的周易、尚書、毛詩、禮記、左傳、穀梁、孟子等七書中，都沒有「觚」字出現；十三經中，只有儀禮、周禮、爾雅和論語說到「觚」字。論語上說到觚的雖有四次，却只有一句話，卽：「觚不觚，觚哉！觚哉！」孔子的這句話所引起的問題，大概就是博古圖錄在周素觚的說明中懷疑的根據。由地下的材料，我們還得到另外一點認識，就是：觚形器在結構上有一大段過去的歷史，必須追溯到史前時代的陶器身上；在歷史期間，用青銅製造的這類器物，只代表它全部生命的一段；單就這一段歷史說，也具有若干外形的變化。因爲它的體形雖保持一固定的輪廓，如容庚所說的——「其形如圓柱，腹微鼓，足微侈，而大張其口」（註九）——但是附在器外表的文飾，呈現了很大的變化，這類的演變可以說爲觚形的研究，保存了一批豐富的資料。體型本身的變化，也是不拘於一格的。由這些發現的事實，我們可以推想到先前經學家認定爲「觚」的這類器物，很顯然地只限於具有稜脊的標本。但是現在我們知道，這一類的標本只能代表觚形器全部歷史中，很窄小的一個範圍，很短暫的一段生命。我們固然不能不尊重這一具有豐富含義的古代傳下來的界說；不過我們也只能把它們當作一個大類型中的一組特殊的形制看待。我們承認「觚」這一名稱是可以用來專指一組特殊的，有稜脊的標本；但是，在這一研究中，器物的「類型」是我們的一個基本觀念，若是我們把有稜脊的這一型的器物的專名，引伸而作爲一個類型的通名，那就要犯孔子所說的「觚不觚」的毛病了。我們用「觚形器」這一名詞，來統稱這一類型器物，在理論上我們就可以減少若干不必要的矛盾。嚴格地說，若是我們從純客觀的觀點處理這批資料，我們應該採用編製陶器的方法，把這些不同形制的觚形器排成一套圖錄，用簡單的數目字表示它

（註八）石璋如：儒家經典中所見的觚與爵 學術季刊第五卷第四期，第五至三十三頁；民國46年6月。

（註九）容庚：商周彝器通考上册，第401頁；哈佛燕京學社出版，民國30年3月。

們演進的次序，這是將來可以作的一種工作。

這並不是說我們應該或可以忽視古代傳下來的習用名稱和固有的定義。用近代考古學方法考察古器物的最終極目的，就是要把最早的名稱及器物本身的功能弄明白；像觚形器這類器物，究竟當時使用它的人以甚麼名字稱呼它？宋代古器物學家所作的考訂，實在沒有解決這個問題，只能作為我們的參考資料。我們現在知道使用這類器物最多也最普遍的時代，是在小屯期的殷商時代；但是在與這一器物同時的甲骨文中，還沒有發現「觚」這個字；據文字學的考訂，觚字的最早出現只見於三禮。田野發掘顯示着這類器物在商代以後却很少見了。宋人以來的金石著錄中所列的若干所謂周代的觚，顯然還是一個待考的問題。

田野的發現所引起的，與這組器物有關問題的重心有三點：㈠形制本身的來源與演變；㈡鑄造的方法；㈢文飾的演進。這幾組問題都可以由田野的資料及器物的本身逐步解決；所以我們研究的着重點也集中在這三組資料上。再由這三組資料研究所得的結果，與過去的資料比較，有些不但反映出過去古器物學家收藏的旨趣，或考證的目的；同時也反映了這類器物埋藏在地下的一般情形。我曾就金石書中所錄觚形器在三十件以上者，比較它們的花紋分佈，得表如下：

比較項目　件數及百分數　書目	所錄觚形器總數	花　紋　的　分　佈								銘　文			
		素		單　裝		半　裝		全　裝		有		無	
		件數	百分數	件數	百分數	件數	百分數	件數	百分數	件數	百分數	件數	百分數
博　古　圖　錄	35	1	2.86	2	5.72	14	40.00	18	51.43	13	37.12	22	62.88
西清古鑑（註十）	87	12	13.80	8	9.19	35	40.23	32	36.78	29	33.33	58	66.66
西清續鑑（註十一）	34	1	2.91	4	11.77	14	41.18	15	44.12	9	26.47	25	73.53
寧壽鑑古（註十二）	45	4	8.89	7	15.56	18	40.00	16	35.55	17	37.78	28	62.22
善齋吉金錄（註十三）	44	3	6.82	5	11.36	16	36.36	20	45.45	44	100.00	0	0
殷　虛　出　土	40	5	12.50	4	10.00	16	40.00	15	37.50	9	22.50	31	77.50

（註　十）梁詩正等奉敕編：西清古鑑，清光緒十四年邁宋書館銅版影印本。

（註十一）清王杰等奉敕編：西清續鑑甲編，清宣統二年涵芬樓依寧壽宮寫本石印小本。

（註十二）清高宗敕編：寧壽鑑古，民國二年涵芬樓依寧壽宮寫本石印小本。

（註十三）劉體智：善齋吉金錄，民國二十三年石印本。

　　上表最後一項所列的殷墟出土的四十件觚形器的花紋分佈，是這本報告研究資料的一部份。就裝飾發展各階段的代表器物的百分比說，它們的花紋分佈情形與西清古鑑的八十七件最相近。若是與善齋吉金錄的四十四件比，我們可以看出兩點有趣的分別。善齋所錄的觚形器全是有銘文的；它們的花紋分佈以全裝的最多，半裝及單裝的依次遞減，完全沒有花紋的還不到百分之七。總看北宋以來的金石著錄，我們可以說過去的私人收藏家對於沒有花紋及無銘文的素觚——除非保存的情形特別良好——是不輕易收入的。近代出版的金石著錄中，與殷墟器物最有關係的為鄴中片羽(註十四)三卷；三卷圖版中所錄的十三件觚形器，跟善齋吉金錄的一樣，全是有銘文的，其中九件具有全裝的花紋，佔全數百分之七十，其餘四件是半裝的。在其他較早的著錄，如陶齋吉金錄(註十五)，兩罍軒彝器圖釋(註十七)，以及恒軒所見所藏吉金錄(註十六)等所錄的觚形器雖不多，也均是有銘文的。同時在文飾方面也都是全裝或半裝的。至於故宮所藏，器物的來源龐雜，眞膺雜揉，考古價值甚低；因此它們常為鑑賞家所詬病。但是從上列的比較看西清古鑑所錄八十七件觚形器的花紋分佈及銘文的出現頻率，却最近於我們在安陽一帶所發現的地下情形。這證明了故宮的這批銅器，尚有重新衡量的價值。不過，在這兒我們應該加強說明的一點，為：沒有現代考古觀念的收藏家，也就沒有形制演變的觀念；因此他們收藏的對象，只集中於具有花紋或銘文的器物。沒有花紋或款識的就得不到他們的注意，也就完全被忽視了。很自然地，這一傳統的錯誤觀念把形制研究的任何途徑都窒塞了。但是單就他們留下來的紀錄說，仍有它們自身的價值。我們若要利用這批材料，我們必須意識到每一件紀錄在卷的，有銘文，有花紋的器物，象徵着若干無銘文，無花紋的同樣器物的埋沒；這一點可以就本報告列舉的事實加以證明。

（註十四）黃濬：鄴中片羽初集，民國二十四年；二集，民國二十八年，北平尊古齋發行；三集，民國三十一年，北平流璃廠通古齋發行。
（註十五）端方：陶齋吉金錄，清光緒三十四年自石印本。
（註十六）吳雲：兩罍軒彝器圖釋，清同治十一年自刻。
（註十八）吳大澂：恒軒所見所藏吉金錄，清光緒十一年自刻本。

就這組新材料推尋我們所提出來的新問題，我們尚有很多不能解決的方面，其中有若干牽涉到鑄銅業的技術問題。單就觚形器這組器物來說，它們最原始的形制，固然可以追尋到陶器上去，但是這一系列的連繫尚缺很多鏈環。有些形制出現的先後，現在也不能遽然斷定。譬如鼓出的腹部與不鼓出的腹部相比，固然是鼓出的例多，但是那不鼓出的腹部，是代表早一期的階段，還是晚一期的退化，就不容易採取肯定的說法。這是與形制沿革很有關的一點。像這一類的例子，在我們的討論中是常見的。至於文飾的變化，更爲繁雜，先後的次序已不能靠一種標準斷定。只有一件事情，我們可以肯定說：可靠的標本多了，解決的方法就比較容易；這是最簡單，也是最持久的一個原則。我們希望這一研究可以引出更多的，紀錄更準確的材料發表出來，讓我們具有共同興趣的人，來解決這些共同的問題！

這本報告，分爲上下兩篇，上篇講青銅觚形器鑄造程序，是萬家保君的研究工作。萬君本是一位學機械工程的（臺大三十九年畢業）；他對於商代的鑄銅業很早就發生了一種業餘的興趣。自民國五十一年起，史語所就請他來，用一部份的時間，以鑄銅技術的觀點，研究本所所藏的青銅器及與鑄造有關的土范。這一篇是他研究所得的第一篇報告。下篇研究所根據的資料，同上篇一樣，實在是由於我讀萬君檢查銅器初步報告所得到的鼓勵而作的一點研究。工作雖是新的，所討論的問題存在心裏却已多年了。若問所得的結果呢？我的答案是同一切科學研究一樣，舊的問題是否完全解決了，或部分解決了，或尚待更多的證據方能解決，在報告中自有個別的交待；但很多新的問題，又從此發生了，更須新的努力。

有一點意見，我願在此處提請讀者注意。技術與藝術說起來好像是兩種不同的人工創造，實在只是同一精神活動的兩面；提高的技術成就也代表最高的藝術境界。殷商時代的鑄銅業，在技術方面所經過的實驗與改進，大部分都反映在裝飾的設計與安排。反過來說，好多圖案及其構成份子的造意和形成，都是爲技術的新發明所啓廸或由於技術的舊習慣所限制的。對於這一親切的連繫認明白了，我們對於古代裝飾藝術所引起的若干神話，也就可以「思過半矣」。根據神話而設計的裝飾圖案自然是有的，也許很多。但是，這 類圖案的設計也要跟着器物的形態轉變，決不是一成不變的；而器物形態或形制又要隨時隨地，依着製造技術的進步，保守或退化而改變。這一親切的內在連繫，可以在觚形器這一類型器物的歷史上看得很清楚。

　　關於觚形器的形制部分，在記小屯出土之青銅器上篇一文，已有所討論，本文不另加引伸。本報告中所用的圖版、插圖、拓片，皆由本所技術工作人員——黃慶樂、劉淵臨、宮雁南三位負責製作；下篇的稿件全由呂承瑞女士代為紀錄謄寫；並此誌謝。

五十三年四月二十七日，南港

本文原載於中央研究院歷史語言研究所中國考古報告集新編古器物研究專刊第一本
民國五十三年

殷商時代青銅技術的第四種風格

論十二件弦紋爵形器所表現的作風，並再
論小屯墓葬羣與侯家莊墓葬羣的時代關係

（附圖一，圖版四）

（一）

在討論斝形演變的兩篇文章（註一）中，對於小屯遺址與侯家莊墓葬的時代關係，我有一條重要的結論，卽：＂我們可以斷定：早於乙組基址的甲組基址的建築時期，是在侯家莊大墓開始以前的工程。＂（註二）最近作青銅觚形器的研究，我又在這一組器物上，把小屯的墓葬分爲早、中、晚三期；在小屯乙組基址中，我發現了M18.4出土，屬於C形第三式的觚形器，與侯家莊西北岡西區 M1550 出土的觚形器完全類似，在分類上，它要比侯家莊西北岡東區 M1769 出土的雲雷紋動物面的觚形器早一級（註三）。在殷盧出土青銅觚形器之研究這篇論文中，我又另外地得到一普遍的推論，認爲小屯丙組的墓葬要比乙組的略晚。以上的這些結論都是關心小屯遺存與侯家莊墓葬時代關係的讀者所注意的事。在這篇短文中，我想就另一組材料，把這一問題再作一次討論。這組材料就是我正在研究中的，由小屯與侯家莊兩羣墓葬所出土的青銅爵形器。關於這組器物研究的詳細報告，將在中國考古報告集新編古器物研究專刊第二本

（註一）　李濟：由斝形演變所看見的小屯遺址與侯家莊墓葬之時代關係，中央研究院歷史語言研究所集刊第二十九本，第809至816頁；臺北，1958年。

　　　　李濟：斝形八類及其演變，中央研究院歷史語言研究所集刊第三十本，第1至69頁；臺北，1959年。

（註二）　李濟：由斝形演變所看見的小屯遺址與侯家莊墓葬之時代關係，第816頁。

（註三）　李濟：殷盧出土青銅觚形器之研究，第110-111頁（中國考古報告集新編，古器物研究專刊第一本；臺灣南港，民國53年）。

發表。這裏所提出的只是有關這一問題的若干基本事實及重要觀察。

　　兩羣墓葬出土的青銅爵形器共三十九件，其中沒有複雜花紋的（卽僅帶弦紋的）要佔十二件。若是把這十二件器物陳列在一起，在形制本身上，就很顯然地可以歸納成若干類型。今從它們的口部說起，有的尾部寬短，有的細長；口上一對立柱所在，有的近於流折的地位，有的離流折較遠；至於流的本身，有的較寬較短，有的較窄較細。這些變化都是很淸楚的。再就爵杯本身的形制說，有的口大而似乎很淺，週壁由上向下向內縮；有的週壁所呈現的外線，曲度柔和有致；有的週壁上下近於垂直，線條轉折處頗爲刺目，像半個盛麵粉的口袋或一隻水桶似的。再就最下的腿部說，也是有長有短。最引人注目的爲全身的外形與各部的配合所顯出的不同比例；這些比例有時可以用數目字表達。我曾把這十二件爵形器做過下列三種簡單的測量，並算出兩種指數(註一)，這些測量與指數如下列三表：

表一：十二件弦紋爵形器的出土紀錄，測量與指數

標本登記號	出土地		測量			指數	
	區屬	墓	(1) 口長	(2) 身高	(3) 全高	第一比例 (1)/(3)×100	第二比例 (2)/(3)×100
R 2018	小屯乙組	M 18.4	157.0	96.4	160.0	98.13	60.25
R 2020	小屯乙組	M 222	166.5	95.8	147.0	113.27	65.17
R 2025	小屯乙組	M 238	166.4	84.0	159.0	104.65	52.83
R 2034	小屯丙組	M 388	150.5	95.0	141.0	106.73	67.37
R 1053	侯東 8 組	M1400	189.4	93.5	167.0	113.41	55.99
R 1054	侯東 8 組	M1400	192.6	94.4	170.0	113.29	55.53
R 1055	侯東 8 組	M1400	190.5	99.0	168.5	113.06	58.75
R 1057	侯　西	M1550	188.8	92.7	180.0	104.89	51.50
R 1058	侯　西	M1550	181.7	94.0	179.0	101.51	52.51
R 1059	侯東 7 組	M1768	145.0	90.3	142.0	102.11	63.59
R 1060	侯東 7 組	M1769	160.5	102.0	157.0	102.23	65.42
R 1065	侯東 2 組	M2020	180.5	93.4	178.0	101.40	52.47

(註一)　三種測量爲：口長（流口至尾尖的長度），身高，全高；兩個高度的測量都是用口緣最低的地方（卽鋬上或鋬對面的純緣頂部；這兩處在高低不平的爵形器口唇上，總是最低的部份。）做定點；身高爲由口唇最低處到杯身底部的最下點；全高爲由口唇最低處到足的最下點。由這三種測量，我們算出了兩個指數（身高指數，口長指數），爲杯身高與全高的比例，及口長與全高的比例。

表二　弦紋爵形器的第一比例（口長指數）等級

第一比例等級	口長/全高×100	標本登記號
壹	95.01—100	R 2018
貳	100.01—105	R 2025
		R 1057
		R 1058
		R 1059
		R 1060
		R 1065
叁	105.01—110	R 2034
肆	110.01—115	R 2020
		R 1053
		R 1054
		R 1055

表三　弦紋爵形器的第二比例（身高指數）等級

第二比例等級	身高/全高×100	標 本 登 記 號
甲	50.01—55	R 2025
		R 1057
		R 1058
		R 1065
乙	55.01—60	R 1053
		R 1054
		R 1055
丙	60.01—65	R 2018
		R 1059
丁	65.01—70	R 2020
		R 2034
		R 1060

　　就上表所列的兩種比例說，對於全器體型（註一）的構成，應以第二比例更爲重要。各標本在這一比例上所陳列的數字爲：在甲級（百分之五十至五十五之間）的有四件（圖版壹至肆），卽小屯乙組 M 238 出土的 R 2025，侯家莊西北岡西區 M1550出土的 R1057 及 R 1058，與侯家莊西北岡東區 M 2020 出土的 R 1065。出土這四件爵形器的墓葬分別屬於三個不同的區域。我們從青銅觚形器的研究，曾得到一條結論，卽各區域的器物都表現着若干共同的羣性。但這四件爵形器卻分佈在小屯乙組，侯家莊西北岡西區及東區等三區的三個墓葬中，這一共同點應具有另一歷史的意義，所以我把它們先抽出來，進一步追尋它們是否尙有其他類似的地方。它們似乎呈現一種內在的親屬聯繫，好像同一父母生的兄弟姊妹，雖然年歲不等，高矮不一，我們仍

（註一）　若是借用形容人類形態的名詞，可以用 "儀表" 二字說明這個意思。

舊可以在它們的體型上認出明確的血緣關係（參看附圖）。在器物學上，我們所說的上項現象也許可以拿"作風"兩字代表全部的意思；換而言之，這四件器物的作風是相同的。再詳細一點解釋這句話，若是比較它們口部的流與尾的比例，口緣兩柱的高低，及其所在的部位，鋬的作法等，它們差不多都表現同一作風。尤其令人感覺得深刻的一點，爲杯身外表所呈現的曲線。這些曲線的類似在每一件標本上都可以由流下部轉入杯身的前壁，由尾下部轉入杯身的後壁，以及圜底的曲線均可看得很清楚；以上是從鋬面或正面看這一器物。若再從前面看兩旁的週壁外線，四件標本也同樣地給人以緩柔調和的美感。

我認爲這些相同的作法代表一種風格，有它的時代性。既然這四件器物出現在三區的三個墓葬中，也就反映了這三個墓葬的時代屬於一個嗜好相同的期間，前後不會相差太遠。這一點聯繫的重要性，我們不能輕易放過；因爲M238在小屯乙組要算是比較晚期的一座墓。在觚形器研究一文中，我把它列在小屯中期，晚於M18.4及M222。M1550在侯家莊西北岡西區的墓葬中，晚於1001大墓；但最要緊的爲侯家莊西北岡東區M2020所出土的R1065，爲侯家莊東區墓葬羣中比較早的一期，即東區的第二期（E2）；這是頭一次我們能把這三區的墓葬，憑藉一種實物聯繫起來。現在以這一聯繫做起點，再看一看這些區域中的其他墓葬出土的弦紋爵形器，呈現一種什麼樣的作風。

先從小屯的一組說起，小屯出土的弦紋爵形器共有四件，即M18.4出土一件，M222出土一件，M238出土一件，以上皆屬於乙組，M388出土一件，屬於丙組。乙組的三墓，我們已經說過了，在地層上以M238較晚，M222及M18.4的時代比較早。後兩墓分別出了R2020及R2018兩器；它們的足部都較矮小；它們的第二比例（身高指數）一爲65.17（R2020），一爲60.25（R2018）；兩器杯身的外形，由流下部到尾下部的一週，尙沒有先加緊束再向下放大的作法。兩器相互比較，又有若干顯然的區別；R2018的杯身近於桶形，但是尾尖較長，所得的身高指數比M222出土的R2020降低百分之五，杯身週壁前後的外線差不多都是直的。R2020出土的地層有最清楚的紀錄，爲乙組較早的墓葬；它的體型是長流短尾，敞口，矮足；在小屯與侯家莊的墓葬羣中，找不出同型的第二例。這兩件較早的弦紋爵形器沒有任何銘文；這是值得說的，因爲R2025及與它同型的其他三件（R1057，R1058，R1065）都具有銘文。由以上的比較，我們可以推斷：小屯乙組出土的這兩件弦紋爵形器，在地層上既比R2025早，在形制上所表現的若干作風，仍保留較早的樣式。

我們由小屯乙組轉到侯家莊西北岡東區墓葬羣所出土的弦紋爵形器。R1065出自M2020，照田野的紀錄是這一區中比較早期的墓葬，即爲侯東第二期（Ｅ２）。東區出土的其他弦紋爵形器五件，屬於第七期（Ｅ７）的有M1768出土的R1059，及M1769出土的R1060；屬於第八期（Ｅ８）的R1053，R1054，R1055三件，皆出於1400大墓。若拿這五件較晚的標本與R1065比較，它們的第二比例就呈現着很大的參差；頭兩件的身高指數爲63.59（R1059），65.42（R1060）；後三件的身高指數爲55.99（R1053），55.53（R1054），58.75（R1055）。這說明了Ｅ７期流行的弦紋爵形器爲矮足的，到了Ｅ８時代又轉向高足的風尚；但是這一指數所表現的分別，遠不如全部器形比較起來所顯示的時代精神。最值得注意的一點，爲這一變遷似乎是漸進的。侯家莊西北岡東區第七期（Ｅ７）的兩件（R1059，R1060）均有銘文，如R1065。今從鋬的作法說起，這兩件所表現的與R1065已微有不同；它們的外表，上下的寬度似乎已沒有顯然的差異；由外向旁漸趨方轉；在R1065一器上，鋬的部份尙保有一些早期的作風，鋬中段外表的寬度要比上下兩段較窄較細。R1059杯身的外線，尾下保持類似R1065的曲度，但流下的轉角已不是前期的作法了；R1060一器，杯身加大了，外形又顯着長，純緣以下好像半個口袋，雖說它的上端還保持着若干曲線美，却已不是R1065的樣子。兩器的尾尖與流口上翹，開始一個新的作風；到了侯東第八期（Ｅ８）的時代，M1400出土的三件，所代表的這一新作風已有充份的發展。這一新作風包括：（１）尾尖的向上向後延長，（２）兩柱的加高，（３）外表方轉的鋬，（４）立柱離流折漸遠。至於杯身週壁所表現的外形，差不多恢復了小屯Ｍ18.4出土的R2018的樣子；但是，R2018却沒有這樣翹的尾，高的柱，方轉的鋬。

此外還有小屯丙組Ｍ388出土的弦紋爵形器一件，編號爲R2034。這一器具有一種特殊的品質：即環繞杯身的三條弦紋都經鋬下，沒有中斷；其他的十一件弦紋爵形器的弦紋都在鋬下中斷。它的身高指數爲本文所研究的全部標本中的最高指數（67.37）。它具有最高的身，最短的脚；最近於這一比例的爲小屯乙組Ｍ222出土的

R 2020（見前）；但 R 2020 鋬下的一足長度與全高的比例，如其他十件弦紋爵形器一樣，在百分之五十以上(53.61)(註一)，R2034鋬下足的長度卻不及全高的一半(48.87)，這顯然代表另一個作風。這一器鋬的製造方法，尾部的粗短形態都近於 R2018；杯身的外形卻很像侯家莊東區，M1768出土的 R1059一例。我們知道 M 388 的地層，屬於小屯晚期；它自然可以是早期遺物到了晚期才埋葬的，但據上述的幾點突出的事實看，我們也可以認為這一器可能具有另一歷史意義：即它是晚期仿造早期的一件仿製品，卻帶有若干晚期的痕跡。照董作賓先生的甲骨文斷代研究，殷商的晚期原有一個復古運動時代；這件銅器雖不能作為旁證，但為解釋當時青銅業的發展，這一可能是我們應該記着的。

（二）

根據以上的比較與統計，我們可以說這十二件弦紋爵形器，顯然代表着一種傳統，它們在安陽（包括小屯乙組，丙組，侯家莊西北岡西區及東區）出土的爵形器中，佔百分之三十以上，遠超過觚形器中的同類比例(註二)。所有這一類型的標本都是宋人以來所說的典型的“爵”，即容庚所界說的：“其狀前有流，後有尾，旁有鋬，上有二柱，下有三足”(註三)。安陽出土的弦紋“爵”，沒有一件畸形的例——如單柱的，四足的，平底的，或者沒有鋬的，及容庚所說的其他發展(註四)。這些畸形的“爵”都具有較複雜的花紋。這一事實似乎象徵着一種藝術的傳統。我們在這組沒有複雜花紋的標本上，可以很容易地看出在安陽出土的花紋富麗的青銅器上向來不為人注意的現象：即，以線條表現器物的個性。說詳細一點，就是在一件器物的構造上，各部位的佈置與其相互的比例，為設計人認為表現美感的一種重要方式。這一表現，不靠顏色的運

(註一)　其餘十件弦紋爵形器的鋬下足高與全高的比例為：R 2018 (53.63)，R 2025 (59.49)，R 1057 (63.11，最大)，R 1058 (61.78)，R 1065 (56.63)，R 1059 (54.78)，R 1060 (56.56)，R 1053 (57.48)，R 1054 (59.12)，R 1055 (53.29, 最小)。

(註二)　在殷虛出土的四十件青銅觚形器中，只有五件沒有複雜花紋（僅帶弦紋）的標本，佔全部觚形器的 12.5％。見李濟：殷虛出土青銅觚形器之研究第70頁，古器物研究專刊第一本。

(註三)　容庚：商周彝器通考上冊第 375 頁（哈佛燕京學社出版，民國三十年三月）。

(註四)　同註三。

用或雕塑的技巧 , 只是形制本身所具有的線條的安排 , 由此逐形成了一種獨特的風格。這種線條的表現很顯然地隨着時代的先後而有變化，在上一段已有具體的說明。假如地層上的觀察是我們斷定時代的可靠標準，根據這組器物外形的演變，我們可以歸納出下列的說法。

在這兩羣墓葬出土的十二件弦紋爵形器身上，我們所發現的最顯著的現象，爲每一件標本各部份的相互比例有隨着時代變遷的趨勢；外形的線條並不是簡單地隨着器物本身的功能變化。這些已在講第一比例時有了充份的說明。現在我們再把口長比例與身高比例連在一起討論。我們可以把聯繫<u>小屯</u>與<u>侯家莊</u>東西兩區的四件貳甲型(註一)爵形器再作更進一步的分析。這四件標本不但在兩種比例上都屬於同一等級，它們口部的各種副件及所表現的曲度也極類似；至於杯身外線的相像更是顯然的。不過它們也有不同點，卽它們的高矮長短並不完全一樣。它們的重量可以相差很遠。所以它們的類似處只代表一種時代風尚，好像文章的體裁似的。最應注意的是這兩種比例隨着時代的變遷。較早的 R2018 屬於壹丙型，腿較短，口長與全高的比例爲全部弦紋爵形器中之最小者。在似乎更早的 R2020(肆丁型)一器上，三條腿更顯得短，但口部却較長。這兩件器物是否代表同時並存的兩個作風，或略有先後，也是值得研究的問題；此處標本太少，不能作肯定的答案。它們比貳甲型早是沒有疑問的。大概這兩種形制經過了若干時期，都過時了，所以就被放棄了，而有貳甲型的發明；到了 E 7 時代，風行一時的貳甲型又被放棄了，出現了貳丙、貳丁兩新型；不過 R1059(貳丙)與 R1060（貳丁）雖又恢復到早期的短足制度，口長與全高的比例尙維持貳甲型的作法。這一時期另有幾個新趨勢萌芽，一爲尾部的上翹，一爲柱的加高。到了 E 8 時代，這兩種新趨勢得到了充份的發展，M1400 出土的三件弦紋爵形器標本，都有上翹的尾部及高的柱；這三器的口長同時也加大了，與最早期口長比例一樣；不過第一期（ R2020 ）的尾部是禿而短的，沒有以上三器的極顯著的翹尾。這三例的立柱所在，離流折均在半公分以上。這些差異點可以說都與實際用途無關，只是好美衝動的一種表現，卽本文所說的"作風"。

（註一） 口長指數等級(貳)＋身高指數等級(甲)＝貳甲型。

以上所討論的各點，只有在這些沒有雕刻富麗花紋的標本上，才能給人以清楚的印象。在有花紋的銅器上，這些比例當然也是存在的，但是它們的重要性為富麗堂皇的文飾所掩飾，得不到被人欣賞的機會；製造爵形器的鑄工與設計人也許看到了這一點，特別保留了這部分沒有複雜花紋的器物，把它們在這方面——線條美感的這方面——作了一些強有力的發揮。這個力量必有一個深厚的根基，所以到了三千年以後，還能給人以不可忘的印象。在東方的史前史中，黑陶業對於線條的運用，已經到了一種表現美感的階段。我們把山東一帶所發現的黑陶與彩陶相比，它的作風有一個很顯然的區別；黑陶的技術完全在形制的變化中發展，因此就育成了一種線條美的傳統。殷商時代的青銅業承襲黑陶的傳統很多；現在，我們在爵形器中發現了這些美麗的形制，決不是一件偶然的事情。但在青銅器的研究中，這一方向的發展却向來沒有被人注意過。我個人的看法是：這類只有弦紋的，完全以形制精巧取勝的青銅器，代表了一種近乎獨立的技術傳統，本文稱它為殷商青銅技術的第四種風格（註一）。

（三）結　　論

在本文的附圖上，我已經把殷商時代青銅技術的第四種風格，用一種圖畫式的排列說明它的演進及時代。對這種風格的開始情形，我們尚不能作任何具體的解釋；因為我們不能斷言所發現的最早的弦紋爵形器（M 222 出土的 R2020）是否屬於最早階段；同時它與 M 18.4 出土的 R2018 這件弦紋爵形器的時代先後也無法斷定。不過，這兩器都比 M238 出土的 R2025 早，這是可以根據地層上的層位加以確定的。R2020 及 R2018 兩器既然是小屯早期墓葬中的遺物，似乎我們可以說：當小屯早期的時候，這一風格還在形成時代，製造爵形器的設計人可能還沒有把握一種固定的作法。但是，到了小屯中期，很顯然地，由於爵形器各部份的配置與比例，因長期實驗而得到若干基本法式，又以運用這些法式的熟練，這一風格已經發展到了一個高峯；這可以拿貳甲型弦紋爵形器的出現，作最切實地的說明。因此，我認為小屯中期是這一風格的鼎盛期。鼎盛期的貳甲型不但表現着一種創造的成功，同時也為我們解決了一個

（註一）　其他的三種為：㈠純動物形的裝飾；㈡純幾何形的裝飾；㈢前兩種的混合。

歷史問題，卽：它爲侯家莊東西兩區與小屯乙組三區的墓葬作了親切的聯繫。很僥倖地，我們在侯家莊東區發現了更多的弦紋爵形器，並且可以把它們分爲兩期。M1400出土的三件都屬於肆乙型，但是它們並不像是衰落時代的產品；與貳甲型比較，它們代表一種新的作風，所以我認爲由貳甲型到肆乙型中間，有一段轉變期；這一時期可以拿貳丙型的 R1059 和貳丁型的 R1060 作代表。在肆乙型以後，好像還有一個時代，但是現在我們並沒有找到具體的實物，可用以說明這時期的弦紋爵形器是何作風。我作此文的主要意思，是要指明貳甲型弦紋爵形器所給侯家莊東西兩區與小屯乙組的新聯繫，爲研究小屯與侯家莊時代關係很重要的物證；由此物證，對於標定小屯及侯家莊出土器物的時代，我們又得到了一個新的據點。

本文原載於中央研究院歷史語言研究所集刊第三十五本　民國五十三年

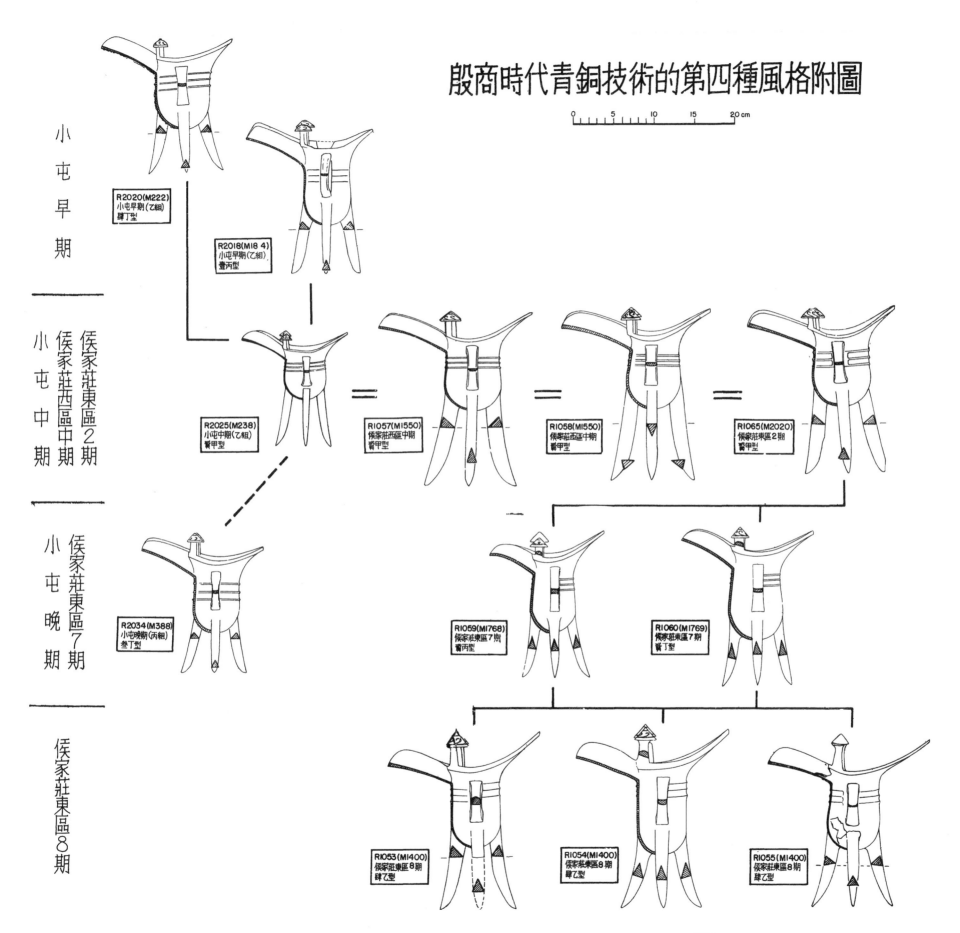

殷商時代青銅技術的第四種風格附圖

0 5 10 15 20 cm

小屯早期

小屯中期

小屯晚期

侯家莊東區2期
侯家莊西區中期
侯家莊東區7期

侯家莊東區8期

R2020(M222)
小屯早期(乙組)
肆丁型

R2018(MI8 4)
小屯早期(乙組)
壹丙型

R2025(M238)
小屯中期(乙組)
貳甲型

RI057(MI550)
侯家莊西區中期
貳甲型

RI058(MI550)
侯家莊西區中期
貳甲型

RI065(M2020)
侯家莊東區2期
貳甲型

R2034(M388)
小屯晚期(丙組)
叁丁型

RI059(MI768)
侯家莊東區7期
貳丙型

RI060(MI769)
侯家莊東區7期
貳丁型

RI053(MI400)
侯家莊東區8期
肆乙型

RI054(MI400)
侯家莊東區8期
肆乙型

RI055(MI400)
侯家莊東區8期
肆乙型

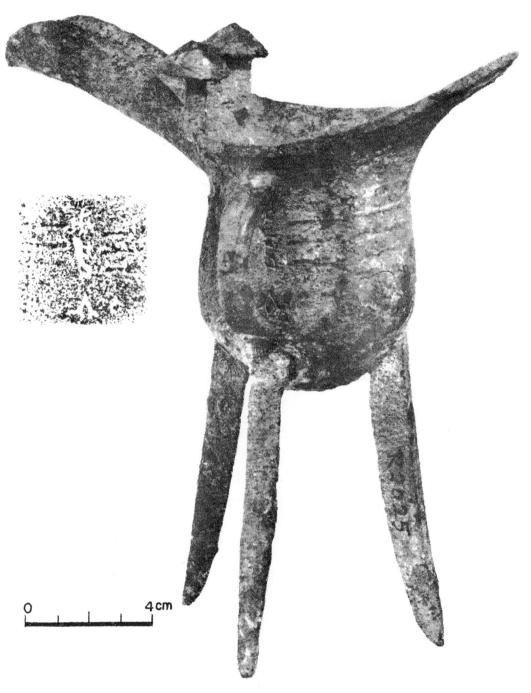

M238出土之青銅弦紋爵形器（R2025）

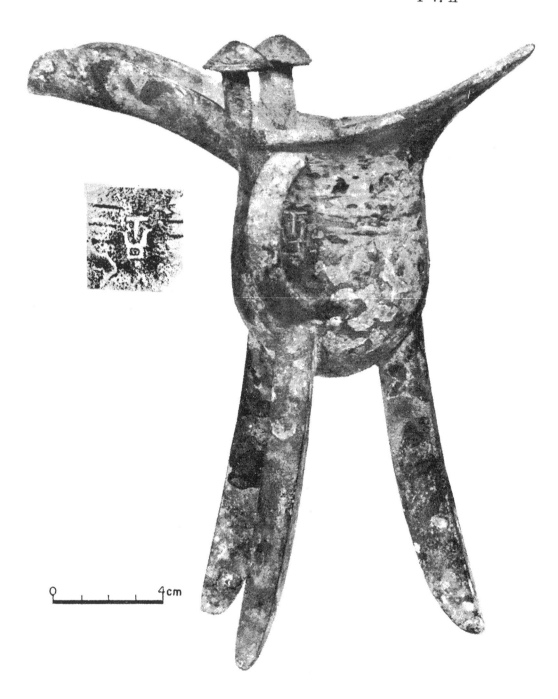

M1550出土之青銅弦紋爵形器(R1057)

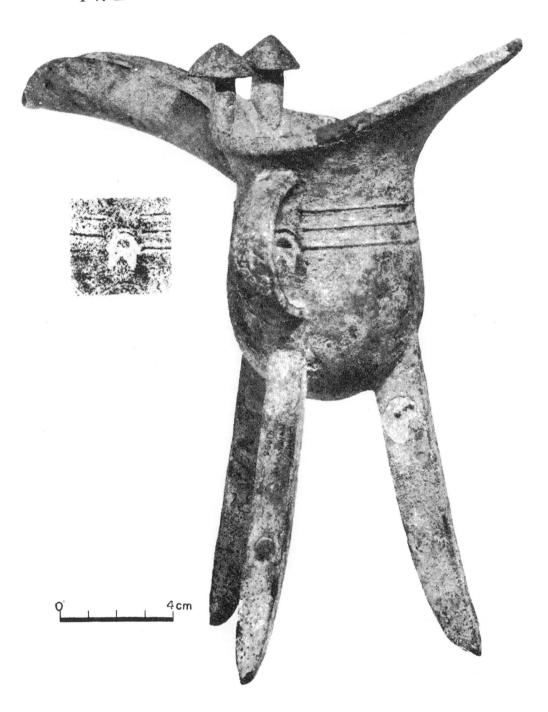

M1550出土之青銅弦紋爵形器（R1058）

M2020出土之青銅弦紋爵形器（R1065）

斝 的 形 制 及 其 原 始

　　斝的形制見於傳世有圖錄的記載，應以宣和博古圖錄為最早。此書卷第十五，所錄的斝形器共十六件，一件標為漢器，餘皆列為周器 (註一)。

　　若按研究容器的標準，類別博古圖錄列舉的周斝和漢斝，至少可以辨出四種不同的類型如下：

　　1.　三聯襠足，細頸（圖版壹：1，2；周父丁斝，周虎斝）。

　　2.　三分立足，杯形身，平底，有底折，侈口（圖版壹：3；周雲雷斝五）。

　　3.　三分立足，深盆形身，平底或凸底，有底折，褶疊週壁，侈口（圖版壹：4，5；周風紋斝，周子乙斝）。

　　4.　三分立足，簋形身，圓底，有頸，口外坡（圖版壹：6；周山斝）。

以上四類型六例，都是三足的；博古圖錄中，不見四足的斝形器。但較晚的箸錄，以及殷虛發掘出土的，都有四足的斝形器；它們同三足的一樣，也可分為聯襠的足，和分立的足，兩種。

　　許愼說文解字說斝云：

　　　　「斝玉爵也，夏曰琖，殷曰斝，周曰爵。从叩，从斗冂象形，與爵同意，或說斝受六升……」（註二）

　　羅振玉則謂：「斝从叩不見與爵同之狀，从冂亦不能象斝形；今卜辭斝字从竹上象柱，下象足似爵而腹加碩，甚得斝狀，知許書从叩，作者乃由甘而譌；卜辭从𠬞象手持之，許書所从之斗殆又由此轉譌者也。」（註三）

（註一）　（宋）王　黼等，卷第十五：七至廿一。（詳參考書目，下同）

（註二）　（漢）許　愼，卷十四上、五。

（註三）　羅振玉，1914年，第三十七頁。

李孝定教授同意羅之說法，但認所釋「斗」乃「乃」之誤則頗有所商，他說：

「……从斗蓋累增之偏旁，斝為酒器，斗為量器，物類相近，故又增斗以為偏旁；此亦文字孳乳衍變之通例也。」（註四）

根據文字學家的這些意見，我們再就實物的本身，檢查它們的形制。若是把這些可以命名為「斝」的青銅器聚在一塊兒比較，它們的形制變異的幅度，就顯然地很大了。但是，同時我們也可以在這些標本上，發現兩點不變的特徵：即(1)口上有兩柱，(2)身旁有一鋬；若由兩柱腳所在，定一直線，這一條線的方向與鋬弓拋出的方向就構成了一正角的「T」字形。這一正角關係，跟爵形器的鋬和柱位置關係相比，呈現了一個基本分別，爵口上兩柱腳所定的直線方向，與爵鋬弓所拋的方向，兩線是平行的。

斝與爵的形制互比，尚有另外的兩點重要分別，即為(1)爵形器有流，斝形器無流；(2)爵形器容量小，斝形器容量大。

以上這些形制上的區別，不是在象形字的「爵」和「斝」所能完全表現得出來的。最初造字的人，卻把握了「以簡馭繁」的原則，認定了有流和無流為兩器各自特有的形態；再以單柱作爵的符號，雙柱作斝的符號，造字的人遂造成了這兩個象形字。至於這兩個字以後的衍變，自然各有它個別的歷史背景，顯然不是最初造這兩個字的人所能預料的了。

由上段分析，我們得到一種重要的認識，即：愈是得用的部份，器物的變異愈大；而附着的部份 —— 如柱和鋬 —— 經常不變，或變異甚少。這些變異甚少的部份不但用作了代表這組器物文字的符號，同時也構成了為它們下界說的定點。下列分類表所根據的實例，為見於箸錄中，命名為斝的一百十五器。不符上一界說者，雖命名為斝的，當作斝的變種處理（見下文第210—211頁）。

Ｉ．三足斝形器

第壹式：聯襠足，細頸，純緣外坡，唇向外，下體如黑陶遺址出土之「鬹」或潼關一帶新石器時代末期之單耳鬲（圖版陸：4）（註五），上身向內緊縮成高頸形，純緣坡向外，身旁一鋬，上端扣入頸部，下端接於一足上段。口緣兩柱，位置在其他兩

（註四）　李孝定，1965年，第4108頁。

（註五）　Andersson, J. G. 1947年。

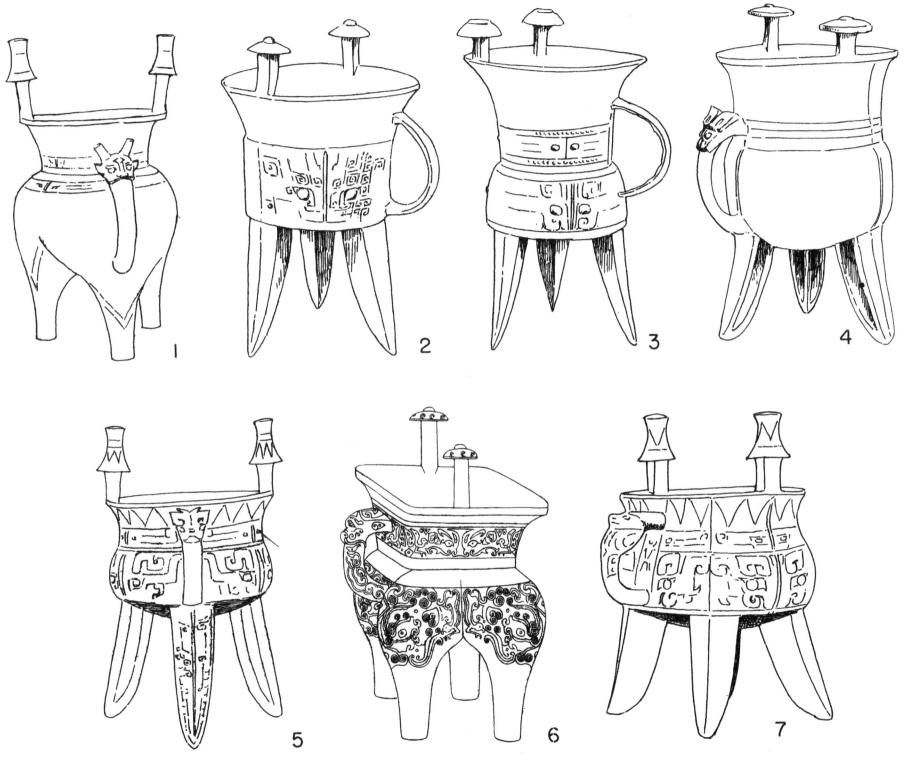

插圖：青銅斝形器的類型

足之上。

這一式的舉，在有圖錄的金文箸錄中得到三十四例；它們的文飾，差異頗多，又可以分為兩型；第二型再分為四支型：

(甲)素鋬型：鋬是全素的；腹部和頸部有弦紋（圖版貳：1）。

(乙)獸頭鋬形：

  (1) 素體型：鋬上端塑成獸頭，器身無文飾（圖版貳：2）。

  (2) 弦紋型：鋬如（乙：1）型，器身如（甲）型（圖版貳：3）。

  (3) 半裝型：頸部裝有花紋，腹以下弦紋（圖版貳：4；插圖：1）。

  (4) 全裝型：除足跟和柱外，全身及鋬與柱頂均有裝飾（圖版貳：5）。

第貳式：分立足，平底杯身，有底折，純緣坡向外。此式見於箸錄者，只有二例：一見博古圖錄（圖版壹：3），一見瑞典皇室收藏目錄（圖版貳：6；插圖：2），兩器形制極類似，鋬和柱的構造亦同；各有花紋一週，但博古圖錄中一器的文飾，有聯續圈紋作成之花邊，瑞典一器則無。兩器的鋬都是素的；鋬弓向外的一面，中有范線一條，上下行。瑞典一器的鋬上端較高。此外，兩器沒有結構上的區別。

第叁式：分立足，深盆形：平底或凸底，有底折；雙層週壁，外表作折疊狀；純緣坡向外，唇向外。

這一式的器身週壁，下半較粗大，腰向裏折，上半如一擴大之頸部，與純緣緊接；唇部坡向外。這一式見於箸錄的，共得五十二例；按照花紋的分佈和形制的差異，可分為兩型，九支型。

(甲)素鋬型：有下列五支型：

  (1) 矮柱，週壁上層弦紋三道（圖版壹：8）。

  (2) 矮柱，單層花紋；花紋在上層，或在下層（圖板叁：1）。

  (3) 矮柱，雙層花紋（圖版叁：2；插圖：3）。

  (4) 高柱，雙層花紋（圖版叁：3）。

  (5) 高柱，全裝花紋（圖版叁：4）。

(乙)獸頭鋬型：有下列四支型：

 (1) 矮柱，雙層花紋（圖版叁：5）。

 (2) 高柱，桶帽鈕，雙層花紋（圖版叁：6）。

 (3) 高柱，桶帽鈕，全裝花紋（圖版肆：1）。

 (4) 高柱，鳥體鈕，雙層花紋（圖版肆：2）。

第肆式：分立足，圜底，大肚高頸瓶形身；純緣外坡。只一例，獸頭鋬，弦紋三週，矮柱（圖版肆：3；插圖：4）（註六）。

第伍式：分立足，圜底簋形身，外轉純緣；純緣下大牛均有粗短或較細長之頸部，有帶蓋者，共得十五例，分兩型，第二型再分兩支型。

 (甲)素鋬型：細頸，身部有近球狀者或扁圓形；單層花紋；頸部有加弦紋者，或加山紋（圖版肆：4）。

 (乙)獸頭鋬型：頸部較（甲）粗大，或僅保微跡；純緣外坡。

  (1) 矮柱，身上花紋，或帶蓋（圖版肆：5）。

  (2) 高柱，全裝花紋（圖版肆：6；插圖：5）。

Ⅱ．四足斝形器

第壹式：聯襠足，細頸，純緣外坡。

此式只有一例，見善齋吉金圖錄上；四足上部，頸部及鋬均有文飾（圖版伍：3；插圖：6）。

第貳式：分立足，器身長方盒形，純緣外坡，純緣下略向內束，作短頸形。多數有蓋；獸頭鋬，全身文飾有及足部者（圖版伍：1，2；插圖：7）。

在見於箸錄的斝形器中，除了上述的類型外，有四器不能納入以上的分類系統。這四器為：

（註六） 梅原末治，1940年，圖二八：6。

(1) 宣和博古圖錄，卷第十五，「漢虎斝」這一器形，類似現代箸錄中的盉（註七），北宋的古器物學家叫它作「斝」，並認爲是漢器，可以代表那時對於古器物名稱，尚沒有劃一的標準，缺乏若干基本的認識，也許主持這一器命名典禮的人，把向上的一流，當着柱看待了（圖版壹：7）。

(2) 雙劍誃吉金圖錄上，三十一之「耤作斝」：口上以耳代柱，據于省吾考訂，雙耳「爲後人所補」，單論器身形制，可以類別入三足形，第壹式，甲型（圖版伍：4）。

(3) 西清古鑑二十三、十七之「鳳文斝」：口上無柱，聯襠三足，上身爲細長頸，無純緣，身旁一鋬，足跟甚細長。這一器的形制，顯由陶器中的單耳鬲衍出；但不具斝形器最主要之象徵性的形態，口上兩柱。這一器不應命名爲斝（圖版伍：5）。

(4) 西清古鑑二十三之八的「丁亥斝」，分立的四足斝形器，這一器的鋬與柱的位置之關係，屬於爵形器的作法；若非贋品，必爲改造；但未見原器，無從判斷（圖版伍：6）。

茲將見於箸錄中的斝形器一百一十五例，與小屯侯家莊兩地出土的斝形器十五例（註八），作一分類的比較，得表如下：

			見於各家箸錄的例	安陽發掘出土的例	備　　　　　註
三	第	壹 式	34	0	
足	第	貳 式	2	0	
斝	第	叄 式	52	11	
形	第	肆 式	1	0	
器	第	伍 式	15	1	
四足斝形器	第	壹 式	1	0	
	第	貳 式	6	3	
變		種	4	0	
合		計	115	15	

（註七） 孫海波，1939年，圖二三、圖二四。

（註八） 李濟、萬家保，殷虛出土青銅斝形器之研究，（寫稿）。

　　據上表安陽發掘出土的青銅斝形器標本，百分之七十三的形制爲三足的第叁式。這一型，雖在箸錄中的斝形器亦佔最大多數，但與所見的總數比，却不及百分之五十。箸錄中的次多數（三足，第壹式），卽聯襠的三足斝，在<u>小屯</u>和<u>侯家莊</u>兩址，却沒出現過。這是最値得注意，並應加以討論的一點。

　　聯襠足與分立足，遠在<u>華北</u>新石器時代的陶器羣中已是很普遍地並著現象：聯襠的空足爲鬲的原始型，獨立實足，卽爲實足鼎的原始型。不過「鼎」和「鬲」，兩個名詞的出現，雖已見於甲骨文字；它們可能並不是同時的東西；很顯然地，它們並不一定同時出現在同一區域。所以，後來文字學家賦予它們意義，也許並非它們最初的原意。據考古學的發現，新石器時代的三足陶，在足的結構部份，至少可分下列的三大類：

　　　(1)　聯襠的空足（圖版陸：1，4，5）。

　　　(2)　分立的空足（圖版陸：2，3，6）。

　　　(3)　分立的實足 (註九)。

　　(1)和(3)，是符合鬲與鼎的定義了；但第(2)類，「分立的空足」，都是先前古器物學家所未注意的現象，在現代考古學的發現中，就構成了一組新的品種；瑞典學派名之爲「鬲鼎」(註十)。

　　這三種足形，在見於箸錄的青銅斝形器的標本看，都有例證；但在<u>小屯</u>出土的實物中，却沒有聯襠的這一類型，無論是三足的或四足的(註十一)。<u>安陽</u>所出斝形器的青銅標本只見分立的空足(2)，和分立的實足(3)，兩種足形；這兩種足形在<u>安陽</u>時代，似乎尙沒達到穩定狀態。我曾在記<u>小屯</u>出土之青銅器一文中，指出斝形器足部結構所表現的，自「三邊三角形透底空足形」衍變到「T形實足」所經過的幾個階段；證明透底空足顯然代表青銅斝形器較早的例(註十二)。

　　專就形制論，若將透底空足與聯襠的空足比較，在陶器的形制演變史中，後面的一組確實出現較早。最原始的聯襠空足，如黑陶時代的單耳袋狀足鬲，爲<u>黃河</u>流域在

（註九）　<u>李　濟</u>，1934年，圖版XXⅥ。

（註十）　Karlgren, B. 1936年，p. 91。

（註十一）　<u>李　濟</u>，1948年，38—39頁。

（註十二）　<u>李　濟</u>，1948年。

這一時代甚常見的三足器；但「分立足式」的透底空足陶器之分佈區，較聯襠的遠爲窄狹，只出現在黑陶文化的晚期。

用青銅仿製新石器時代的三足器，最先所選擇的那一種樣本，尚不能得到確定的答案。小屯，侯家莊發掘出土的斝形器，不見聯襠足的斝，並不一定證明這一時期沒有這一式；不過這一可能性却存在。若是我們承認這一可能性；三足斝形器在安陽出現最早的爲第叁式，第肆式，第伍式。第壹式和第貳式出現也可能和分立足型同時，但必定在另一區域流行。這是現在尚不能證實的一種假設。見於箸錄中的第壹式三足斝共有三十四例；除了兩件之外，都沒有確定的出土地點；但大多數都帶有款識，（28件）；第叁式的斝共五十二例，足部的結構和外表的裝飾呈現了很大的差異，具有款識的却比例地少，（19/52）。這兩式，就它們留存的標本數目說，構成了殷周時青銅斝形器的兩種主要的類型。次於這兩類型的，爲三足形的第伍式：即圜底簋形身的斝，見於箸錄的共有十五例。這一類型，雖不見於小屯的出土品，但在侯家莊的墓葬中，有一例：即R1115；這一標本，在它的底部內面鑄有一字，爲安陽斝形器中唯一帶字的標本。

青銅斝形器的形制之溯源及其演變

1. **青銅斝形器的特徵**：斝形器常具的形態爲柱和鋬的排列，顯然取法於黑陶時代的鬶的結構。鬶有上升的流；若以口沿上兩處的流折爲定點，拉一直線，就恰與鬶的鋬弓所抛出的直線成一「T字形」的正角關係；這一排列恰與斝形器的「T字形」鋬柱線「完全一樣」，但是，斝形器在青銅所製的標本中，却沒有像鬶似的「流」。

這一事實所引起的問題，可分兩方面討論：㈠青銅製的爵，把鬶上的「流」是保存了，但流口却下降了；且在流折部份，生出了兩隻立柱，而鋬的部位，在器身上，與鬶相比，作了一個九十度的大轉變，與流折（亦即立柱脚跟的前身）所定的直線平行。㈡在青銅斝形器上，流是沒有了；但又像銅爵似的兩立柱代替了流折的地位，並保存了與鋬弓在鬶形器上原來的關係。這一問題的兩面，都由一個假定出發；即，青銅爵形器和青銅斝形器，都與黑陶時代的鬶形器有若干血緣上的關係。

很顯然地，鬶形器自身系統是不能獨自的演繹出斝或爵這兩種新型的；器物形制的演變——尤其是在較進步的階段——很少是完全——借用一個社會人類學的名詞——一由「內婚制」完成,更沒有完全「自進的進化」(Orthogenesis) 的例。新型的降生,可以說大半是由「雜交」得來。我的推想為:爵和斝口上的立柱,最可能的來源,為由效法木器的樣本。

但古代的——殷和殷以前的木器——差不多沒有保存下來的;不過流行在民間的家常用的木器,如挑水的水桶,盛飯用的飯桶——凡是用木製的都帶有立耳或立柱。就構造上看,木容器在口上加立耳或立柱,要比在器旁加一個把手(鋬)更為方便;所以我對於斝形器形制的來源,認為它是揉和下列三類器物的綜合產品:

(1) 鬶形器。

(2) 透底空足,折壁的三足陶。

(3) 帶立柱的木器。

2. 青銅斝形器形成後的演變:照上一假設,我們可以不必斤斤於青銅斝與青銅爵在中國出現的先後問題了。假如我們認為「斝」和「爵」的立柱都淵源於木器,它們之間,在這一共同的特徵上,也就沒有孰先孰後互相摹仿的問題了。

但在斝形器本身所顯示的不同類型,却有一先後次序的問題存在,尤其是前段所說的聯襠足與分立足兩類型在青銅所製的斝形器中孰先孰後的問題。

在安陽出土的斝形器標本中,分立足這一類型顯然要早些;在這遺址中九年發掘所得的斝形器,沒有一件具聯襠的足。除了一例外,它們也沒有帶款識的。最近考古報告,在鄭州、輝縣出土的斝,也沒有聯襠式的(註十三)。

我們根據這些記錄,是否可以斷定,青銅所鑄的斝形器,最早採取的樣本為分立足這一式咧?若以圖版叁:1,為比較最早的斝形器說明此意,它的器身和小屯先殷文化層出土的一件黑陶「斝形器」的器身(圖版陸:2)極為近似;不過黑陶斝的透底空足,外貌近圓錐形,青銅的斝足是三角三邊的;它們的分別在橫截面上顯示得最清楚:黑陶的近圓形,青銅的為三面三角形。這件黑陶,不但沒有立柱,也沒有鋬,此處專就器身說。

假定,青銅三足斝的第叁式的原始與上說的黑陶有關,這一式的進一步的分化,

(註十三) 考古研究所編,1956年;1957年。

又可以說是用靑銅鑄造此器後附帶產生的情形舉乳出來；這些新情形歸納起來，可以分成三點：

(1) 器物用處的擴大或改變。

(2) 鑄銅技術的改進。

(3) 宗教美術觀點，意義，漸漸地代替了實用目的。

爲適應上說三種新情勢，器物的形制就必須有所改變。專就第叁式說，它的形制成立後，每一器的各部都有若干或大或小的蛻變，變得最顯明的爲在構成它下體的足。在記小屯出土之靑銅器一文中，我曾經把小屯侯家莊出土的斝形器的足，分爲六個階段：卽(註十四)

(1) 透底空足。

(2) 不透底空足。

(3) V形足。

(4) 不透底凹邊，三角形，橫截面近T形，下端帶一粗錘。

(5) 橫截面T形，尾端有細錘。

(6) 橫截面T形。

同文中認爲透底空足，代表六個階段的最早一級；和以後的五級就自然地成一系統。這一行列的演化，大概是由鑄銅技術的改進所促成的。

以上所說的足部結構之蛻變，所據的標本，包括有三足斝的第叁式，第伍式及四足斝的第貳式；以三足斝的第叁式標本佔絕大多數。三足斝的第貳式及第肆式，以及兩種聯襠式的斝形器均不能插入上一足形演變的系統。三足的第貳式和第肆式，見於箸錄的，各只有標本一件，可以暫置不論。但是聯襠的三足和四足斝，顯然構成了獨立的一羣，自成一行列。

照各家的箸錄所登記的三十四件聯襠式的三足斝，帶有款識的共二十八件，佔這一式的總數百分之八十二•四；與帶款識 (19/52) 不及半數的第叁式相比，這分別已不可忽視了。若再進一步，把小屯侯家莊出土的第叁式各標本作參考，比較的結果就更可注意了：

(註十四) 李 濟，1948年，39頁，插圖四：斝形器足部結構之演變及其可能之原始。

	①無款識	②有款識	③ ？	④總 數	②/④×100
見於箸錄的第壹式三足斝形器	6	28	0	34	82.4
見於箸錄的第叁式三足斝形器	24	19	9	52	36.5
小屯侯家莊出土的第叁式三足斝形器	11	0	0	11	0

見於箸錄的聯襠足的斝形器，雖說百分之八十以上具有款識，可以查出原出土地的器物只有兩件；兩件中沒有一件來自安陽區；這是可以注意點之一。

至於第叁式的分立足形的斝形器，在箸錄中的標本中，帶有款識的雖及百分之三十六·五，但小屯、侯家莊出土的這一式共十一件，却沒有一件帶款識的；這是可以注意點之二。

照各家的箸錄，第壹式斝形器款識，大半都鑄在鋬下的一塊週壁，第叁式的款識則多見於器底的內表。這是可以注意的第三點。

注意到第一點，我們可以推想：聯襠式的三足斝，可能是安陽區以外的——很可能是潼關一帶地方的產品。它的出現顯然比第叁式晚(註十五)；這一式器身的形制，黃河流域與潼關以東一帶流行的單耳鬲，及黑陶時代的鬶，有密切的關係。

注意到第二點，我們可以斷定小屯侯家莊一帶發掘出土的第叁式，顯然代表早一期的發展；不過就足部的結構，小屯最早的墓葬中，殉葬的青銅斝形器已具有中晚期的形制了，(M188, M232)(註十六)。

注意到第三點，我們可以推想到：第壹式和第叁式，所構成的兩列平行的系統的斝形器，形制各有所本。這兩式，除了形制上所見的若干重要分別外，款識的所在也曝露了不同的地位。箸錄中第壹式有款識的二十八件中，款識地位準確的只十七件，其中十五件在鋬下，兩件在口沿。第叁式的款識，地位準確的有九件，只有一件在鋬下，五件在器內底部，二件在立柱旁，一件在器口。

結　　語

斝形器的生命史，同爵形器一樣，雖在形制上富有變化，它的變化過程大致是可

(註十五)　此點根據有款識標本所佔的百分率論斷。
(註十六)　兩墓中各有斝二件，一件作透底空足屬第(1)級，另一件足部橫截面屬第(4)級構造，T形下端帶錘。

以譜出來的。　古器物學早期所討論的有關這組器物各方面的問題，最大的糾紛是在它們的名稱上，所牽涉到的「詩」和「禮」的解說是很複雜的。

我們若是同意北宋以來古器物學家所命名的「爵」爲爵形器這組器物的代表，歸納其形制而加以界說，我們就發現了靑銅所製的「爵」實具有若干不變的特徵，如上文所說。

在這一界說內，見於圖錄中的爵，有一百餘件。在這些標本上，我們可以看出，這一式的靑銅器原始於新石器時代陶器形制的重要證據，並可推斷它所受的木容器的影響。

靑銅的爵形器之形成，除了抄襲陶器和木器的形制外，當然也發展了若干前所未有的新形態和花樣。最早的靑銅爵，很顯然地，遠在小屯最早的墓葬時代以前，已經存在。按足部的結構演變的階段，鄭州和輝縣琉璃閣出靑銅爵的墓應該比小屯乙區的還早一個階段。但這兩處的墓，在黃河流域的華北區，實在不能算作最早靑銅時代的遺存。

至於爵形器這組器物的名稱，起自何時，我以爲是古文字學家可以詳加研究的問題。許慎根據舊說，定它爲「玉爵」——這一界說確實值得玩味，可以加以研究的。

在已可認辨的甲骨文字中，我們已經發現了，可以當着「爵」字的象形字遠比「爵」字多。在那些富於變化的象形「爵」字的字體中（註十七），足部作聯襠的，要佔一個大數目。但象形的「爵」字，只有很少的實例（註十八），少數的實例中，沒有任何字帶有聯襠足的符號。

若把文字和實物對照，我們可以瞭然，聯襠足的象形爵字，所象的器物，顯然不是在小屯一帶出的殷商時代的靑銅爵。我以爲甲骨文中這一部份象形的「爵」字所取的對象，應該是黑陶時代袋狀足的三足器。據此：我們可以說，「爵」的象形字體，可能在靑銅時代開始以前，卽已存在，所象的最早器形，爲新石器時代的陶器——這種名爲「爵」的陶器，可能還沒有立柱；它不但是後起的靑銅爵的雛形，可能也是靑銅

（註十七）　李　濟、萬家保，1966年，附錄：瓢爵兩形銅器銘文考釋。
（註十八）　李孝定，1965年，第4105頁。

斝的雛形。

這一雛形，除了土製的外，也許還有石製的和骨製的；它們的形制不必與陶器完全一樣，但却可以借用陶器的名稱，都叫做「爵」。到了青銅時代，用新材料摹仿舊形制，器物的名稱仍舊，於是「爵」就成了一個大共名；或者說，成了一種通名了。但器物的形制不但繼續變化，用處也漸專化，於是這些專化的特產品，除了享有通名外，又取得專名。「斝」字大概就是比較後起的專名之一。

姑作此說，以作文字學家的參考。

五十六年十月廿三日　李　濟

附記：此文的寫作，有關圖版之製作，參考書目之編輯以及抄寫，校對等工作均
　　　由本所陳仲玉君襄助。特誌。　　　　　　　李　濟　十一月二日

本文原載於國立中央研究院歷史語言研究所集刊第二十二本　民國三十九年

參 考 書 目

丁麟年

　　柲林館吉金圖識，石印本。

于省吾

　1934　雙劍誃吉金圖錄。

上海博物館

　1964　上海博物館藏青銅器，上海。

（清）王　杰等奉敕編

　　　　西清續鑑甲編。

　1931　西清續鑑乙編，北平古物陳列所。

（宋）王　黼等

　　　　博古圖錄，本立堂藏本。

文物出版社

　1960　青銅器圖釋，（陝西省博物館、陝西省文物管理委員會藏）。

　1965　安徽嘉山縣泊崗引河出土的四件商代銅器，文物，1965—7。

水野清一

　1953　殷商青銅器編年の諸問題，東方學報，京都二十三。

　1959　殷代青銅器と玉，日本經濟新聞社。

考古研究所編

　1956　輝縣發掘報告，中國田野考古發掘報告第一種，北京。

　1956　試論鄭州新發現的殷商文化遺址，考古學報1956—3。

　1957　鄭州商代遺址出土銅器，考古學報1957—1。

　1958　鄭州南關外商代遺址發掘簡報，考古通訊1958—2。

　1962　新中國的考古收穫，文物出版社，北京。

　1962　陝西涇水上游調查，考古1962—6月。

　1964　河南澠池縣考古調查，考古1964—9月。

　1965　河南偃師二里頭遺址發掘簡報，考古1965—5月。

　1965　鄭州市銘功路西側的兩座商代墓，考古1965—10月。

李孝定

　1965　甲骨文字集釋，中央研究院歷史語言研究所專刊之五十。

李泰棻

　1940　痴盦藏金，國立北平師範大學史學系考古室專刊之二。

　1940　痴盦藏金續集，國立北平師範大學史學系考古室專刊之三。

李　濟

李濟考古學論文選集

　1934　城子崖，中國考古報告集之一，南京。

　1948　記小屯出土之青銅器，中國考古報告集第三冊，中央研究院歷史語言研究所專刊之十三，商務印書館，上海。

　1956　殷虛器物甲編，陶器上輯，中國考古報告集之二，小屯第三本，中央研究院歷史語言研究所，臺灣南港。

李　濟　萬家保

　1966　殷虛出土青銅爵形器之研究，古器物研究專刊第二本，中央研究院歷史語言研究所，臺灣南港。

　　　　殷虛出土青銅斝形器之研究，古器物研究專刊第三本（寫稿）。

帝室博物館

　1932　周漢遺寶，東京大塚巧藝社印行。

孫　壯

　1931　澂秋館吉金圖，北平商務印書分館。

孫海波

　1939　河南吉金圖志賸稿，考古學社專刊第十九種。

容　庚

　1929　寶蘊樓彝器圖錄，北平京華印書局。

　1935　海外吉金圖錄，考古學社專刊第三種。

　1941　商周彝器通考，燕京學報專號之十七，哈佛燕京學社，燕京大學北平。

（清）梁詩正等奉敕編

　1888　西清古鑑，邁宋書館銅版影印本。

（漢）許　愼

　1959　說文解字，四庫善本叢書館，臺灣臺北。

國立故宮中央博物院、中央圖書館聯合選製

　1952　中國文物景集。

國立故宮中央博物院編製

　1958　故宮銅器圖錄，中華叢書委員會印行。

（清）高宗敕編

　1913　寧壽鑑古，涵芬樓依寧壽宮寫本，石印小本。

商承祚編

　1935　十二家吉金圖錄第一集，商務印書館。

黃　濬

　1935　鄴中片羽初集，北平尊古齋發行。

　1937　鄴中片羽二集，北平尊古齋發行。

梅原末治

　1933　歐美蒐儲支那古銅菁華，山中商會，日本。

　1940　古銅器形態，考古學的研究，東方文化研究所，研究報告第十五冊。

1940　河南安陽遺寶，小林寫眞製版所出版部。

1942　青山莊淸賞，根津美術館，日本京都。

1947　冠斝樓吉金圖，日本京都。

1959　日本蒐儲支那古銅菁華，山中商會，日本。

1965　殷虛，東京朝日新聞社。

馮雲鵬　馮雲鵷輯

1821　金石索，滋陽縣署藏版。

鄒壽祺編

1927　夢坡室獲古叢編。

端　方著

1908　陶齋吉金錄，自石印本。

劉體智輯

1934　善齋吉金錄，石印本。

濱田靑陵等

1934　删訂泉屋淸賞，日本京都。

濱田靑陵　原田淑人

1926　泉屋淸賞

羅振玉

1914　殷虛書契考釋，永慕園印本。

Ackerman, Phyllis (The Iranian Institute)

1945　Ritual Bronzes of Ancient China. New York.

Andersson, J. G.

1947　Prehistoric Sites in Honan. BMFEA No. 19

Freer Gallery of Art, Washington D. C.

1946　A Descriptive and Illustrative Catalogue of Chinese Bronzes, Acquired During the Administration of John Ellerton Lodge.

Grousset, René

1930　Les Civilisations de l'Orient (Tome III—La Chine). Paris.

Gyllensvärd, Bo and Pope, John Alexander

1966　Chinese Art from the Collection of H. M. King Gustaf VI Adolf of Sweden.

Hentze, Carl

1951　Bronzegerät, Kultbauten, Religion im Ältesten China der Shang-zeit. Antwerpen, De Sikkel.

Heusden, Williem van

1952　Ancient Chinese Bronzes of the Shang and Chou Dynasties. Tokyo, Privately published.

Karlgren, Bernhard

1936 Yin and Chou in Chinese Bronzes. BMFEA No. 8

1952 A Catalogue of the Chinese Bronzes in the Alfred F. Pillsbury Collection.
University of Minnesota Press.

Kelley, Chatles Fabens and Ch'en Meng-chia

1946 Chinese Bronzes from the Buckingham Collection. The Art Institute of Chicago.

Kidder, J. Edward, Jr.

1956 Early Chinese Bronzes in the City Art Museum of St. Louis. The City Art Museum.

Sirén, Osvald

1928 A History of Early Chinese Art, the Prehistoric and Pre-Han Periods. London.

Voretzsch, E. A.

1924 Altchinesische Bronzen. Berlin, J. Springer.

Watson. William

1962 Ancient Chinese Bronzes. London.

White, W. C.

1956 Bronze Culture of Ancient China. University of Toronto Press.

圖　　版

圖版壹：1.博古圖錄，周父丁罍　2.博古圖錄，周虎罍　3.博古圖錄，周雲雷罍五

4.博古圖錄，周風紋罍　5.博古圖錄，周子乙罍一　6.博古圖錄，周山罍

7.博古圖錄，漢虎罍　8.鄭州市銘功路西側的兩座商代墓，圖二：7

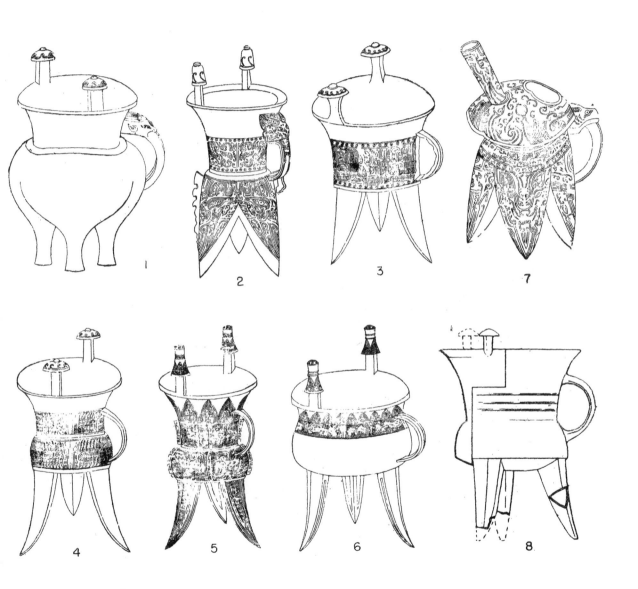

圖版貳：三足斝形器。

1. 十二家吉金圖錄，居二十七；聯襠足、素鋬、弦紋

2. 十二家吉金圖錄，榘十二；聯襠足、獸頭鋬，素身

3. 日本蒐儲支那古銅菁華㈢，圖二四七；聯襠足、獸頭鋬、弦紋

4. 十二家吉金圖錄，貯十一；聯襠足、獸頭鋬、頸有花紋、腹帶弦紋

5. 殷商青銅器と玉，圖版24；聯襠足、獸頭鋬、全裝花紋

6. Chinese Art (from the collection of H. M. King Gustaf VI Adolf of Sweden) p. 22: 3；分立足、素鋬、平底有底折

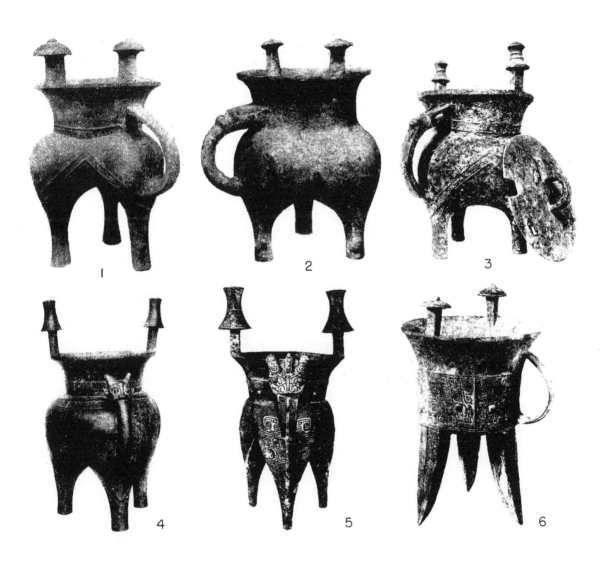

圖版叄：1. Bronze Culture of Ancient China, Pl. LXXXI；第叄式、素錾、矮柱、單層花紋

2. 上海博物館藏青銅器，圖二；第叄式、素錾、矮柱、雙層花紋

3. 上海博物館藏青銅器，圖十八；第叄式、素錾、高柱、桶帽鈕、雙層花紋

4. A Descriptive and Illustrative Catalogue of Chinese Bronzes, Pl, 4. p. 25；第叄式、素錾、高柱、桶帽鈕、全裝花紋

5. 日本蒐儲支邢古銅菁華㈡，圖二四六；第叄式、獸頭錾、矮柱、雙層花紋

6. 殷商青銅器と玉，圖33；第叄式、獸頭錾、高柱、桶帽鈕、雙層花紋

圖版肆：1.日本蒐儲支那古銅菁華㈢，圖二四一；第叁式、獸頭鋬、高柱、桶帽紐、全裝花紋

2.歐美蒐儲支那古銅菁華㈠，圖六九；第叁式、獸頭鋬、高柱、鳥體鈕、雙層花紋

3.古銅器形態の考古學的研究，圖二八：6；第肆式、分立足、圜底、頸瓶形身、獸頭鋬、弦紋三週在頸

4.Bronze Culture of Ancient China, Pl LXXVIIIA ；第伍式、素鋬、單層花紋

5.Chinese Bronzes from Buckingham Collection, Pl, V–VII, p. 22；第伍式、獸頭鋬、矮柱、身上花紋

6.海外吉金圖錄，圖九十三；第伍式、獸頭鋬、高柱、桶帽鈕、全裝花紋

圖版伍：1. The Pillsbury Collection of Chinese Bronzes, Pl. 14；四足斝形器、第

　　　貳式、獸頭鋬、高柱、桶帽鈕、身上花紋

　　　2. A Descriptive and Illustrative Catalogue of Chinese Bronzes, Pl, Ⅰ,

　　　Ⅱ；四足、第貳式、獸頭鋬、高柱、屋頂鈕、全身花紋

　　　3.善齋吉金錄，禮器六・六七；四足、第壹式

　　　4.雙劍誃吉金圖錄上、三十一；變種之一例，口上雙立耳代柱

　　　5.西清古鑑二十三、十七；變種之一例，無柱與鈕

　　　6.西清古鑑二十三、八；變種之一例，鋬與柱鈕成平行方向。

圖版陸：1.殷虛陶器圖錄，365D

2.殷虛陶器圖錄，371E

3.BMFEA No. 19, Prehistoric sites in Honan, Pl. 87:5

4.BMFEA No. 19, Prehistoric sites in Honan, Pl. 86:2

5.鄭州南關外商代遺址發掘簡報，圖三（考古通訊1958—2）

6.試論鄭州新發現的殷商文化遺址，圖版肆：4（考古學報1956—3）

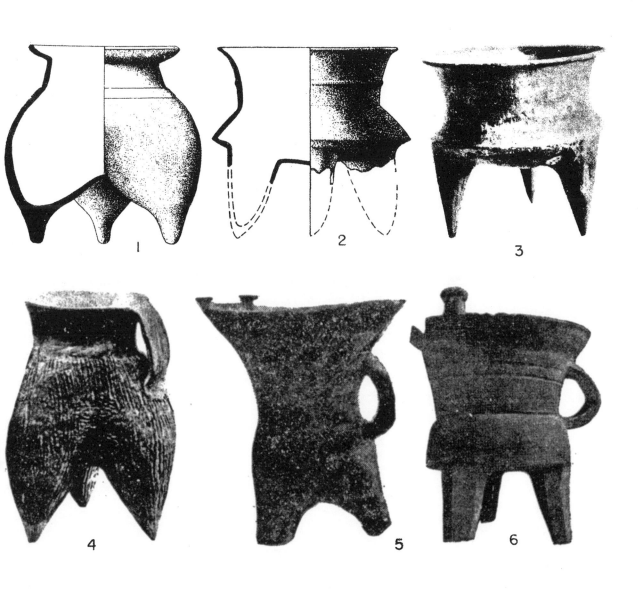

安陽發掘與中國古史問題

(一)　安陽發掘之經過

安陽的發掘（圖版壹：1, 2）不是偶然發生的一件事；這是曾經在中國的學術界，醞釀了很長期的一段時間，方實行的一種計劃。

民國十四年，王國維教授，在清華研究院開 "古史新證" 一課，力倡 "二重證據法"（註一），他說：

"吾輩生於今日，幸於紙上之材料外，更得地下之新材料。由此種材料，

我輩固得據以補正紙上之材料，亦得證明古書之某部份，全為實錄，即百家

不雅馴之言亦不無表示一面之事實。"（註二）

這一時期，王氏所指的"地下材料"，仍以有文字者為限，但所代表的更重要的一面，實為中國的史學界，接受了 "地下材料" 這一觀念。這一觀念的產生，可以追溯到滿清的末期；自光緒二十五年己亥起，河南安陽小屯村出土的龜甲文字（註三），已漸為國內的經史學界所重視；到了民國初年，龜甲、獸骨的收藏，不但成了中國金石學家的一種特別嗜好，更引起了國際學術界的注意。甲骨文的研究，漸漸地蔚成了治中國古文字學的人們，不能忽視的一種新興的項目。在這一進展中，王國維教授的貢獻，最為特出；所以當他在講堂上提倡二重證據法時，安陽的發掘已經是我國進步的學術界所公認的一種緊要的，急待進行的工作了。（註四）

在那時，近代考古的訓練，已開始輸入中國的大學（註五）；所以田野考古工作，在心理與技術方面的準備，可以說已完成於民國十五年左右。中央研究院歷史語言研究所的成立，在民國十七年；傅斯年所長就職後，他為研究所擬定的第一課題，是提倡科學的考古。他所作的最早的一件事，就是派編輯員董作賓，到河南安陽小屯村去調查甲骨文的遺址（註六）。這一調查的開始，算是為安陽發掘建立了一處田野考古學的據點；而科學化這一田野工作，却是經過了一種長期的努力，方完成的（圖版捌：1）。最初一段堅苦的奮鬥（註七），表面上是政治性的；但實際上，大半是社會性的；結果却以學術的意義最為重大。若把當時的情形作一簡單的分析，安陽發掘所引起的初期糾紛，可以說是起原於古董商的"自衛"；他們為了要保護自己私人的利益，不惜用種種的手段，來破壞學術性的考古。甲骨文在當時的古董行業中，是一項"熱門貨"，具有高價值的貿易品；市場又是國際性的（註八）。販賣這種貨品的古董商，雖把它的學術價值計算在內，但也只是因為這一估計法，可以抬高它們市場價值而已。若是要作純學術的田野考古工作，只有政府的主持，方能收到預期的效果。安陽發掘初步的成功，可以說靠着三種政府的力量。

(1) 歷史語言研究所的所長傅斯年先生的主持：沒有他的主持，這個計劃根本就不會拿出來。

(2) 中央研究院院長蔡元培先生的倡導：沒有他的提倡，這一件事的重要性就不會有人認識。

(3) 中央政府對科學事業的積極輔導政策：國民政府主持教育文化事業的若干負責人的積極支持，矯正了河南省政府最初不合作的態度，方使這件事情順利地進行而有所收穫。

安陽發掘所遭遇的早期糾紛及其經過，是我們學術界一件值得記錄的事（註九）；因為它不是簡單的地方與中央之爭。同時，它也代表了兩個不同的學術觀點；而中央政府是以近代純學術的立場，處理這一糾紛的；安陽發掘所以能繼續下去，也是靠著這一正確的立場。

所謂純學術的觀點，又有兩層意義：第一層意義，較容易說明。進步的學術界認為要把古器物的研究，建置在純學術的基礎上，第一件事情要作的，必須把私人的愛憎完全放棄，這是辨別古器物的客觀價值以前，必須作的一種工夫；也是地下的古物，應該完全歸公的理論基礎。就法律上說，這應該是一件順理成章的事；但是熱心把這件事促成的社會人士，却是不多。所以我們促請政府宣佈古物國有的"古物保管法"是費了很多的時間，才達到這一目的的(註一〇)。第二層意義，爲"地下材料"這一觀念，應由王國維氏的定義，加以擴大。考古學家必須根據現代考古學的定義，把"地下材料"再作一番新的界說，卽：凡是經過人工的、埋在地下的資料，不管它是否有文字，都可以作研究人類歷史的資料(註一一)。這一觀點，實爲殷虛發掘團全部同仁，所接受的基本觀念。安陽發掘第二次的田野工作，就是根據以上兩個觀念，組織進行的。這一新觀點，更爲繼續在安陽發掘的十三次田野工作人員所遵守，直到日本人發動七七事變，這一工作方才中斷；故實際的田野工作，前後共繼續了，只有九年。

（二） 安陽發掘以前現代考古學在中國境內之收穫

所謂"現代考古學"的收穫，我們暫以田野考古工作得到的成績爲限，並從這一部份說起。在方法與經驗上，中國區域內早期提倡的田野考古，得力於地質學及古生物學最多(註一二)。民國十七年以前，在北洋軍閥時代，北京已經成立了一處地質調查所；這是以調查國內礦產的儲藏爲主要目標的一個政府機構。這一機構的設置，因爲最初幾位主持人的遠見，促成了大學內地質學研究的風氣。地質學會的創辦，是這一路的研究興趣發展的結果。同時美國洛克裴勒基金會捐欵在北平創辦的北京協和醫學校，雖是以醫學教育爲目的，但對於醫藥有關的學術研究，尤其是人類本身的分化和演變，以及中國民族之體質作了甚大的努力。這兩個機構提倡的科學研究，加以若干私人組織的學術團體之興起，聯合地努力，他們對於早期華北的田野考古，推進了若干極有成績的工作。

上說的各種考古成績，因它們的性質不同，所引起學術界的注意，是頗有等差的。其中最爲中國史學家感到興趣的，爲新石器時代文化的發現，尤其是民國十年前後華北一帶出現的彩陶文化(註一三)。這一早期文化，立時引起了中外學術界的大量注意。因爲這一史前文化的出現，暴露了埋藏在地下極豐富的考古資料，也開闢了尋找新史料的一條新途徑。注意的焦點爲遺址中出土的現代考古學命名的陶器。在"陶器"中，有數目很多的一類，完全符合經史記錄中所稱述的陶器，如鬲、鼎、斝等三足器(註一四)。與這些經典式的古陶同出土的，另有一種引起了國際注意的陶器，卽考古家所說的彩陶。彩陶的表面上帶有不同顏色繪製的花紋；花紋的內容大半是幾何形的，但也有動物形的。這種彩色陶器，根據近代考古學的發現，分佈區域甚廣，由中央亞細亞向西直到歐洲的多瑙河畔，自十九世紀末期以來，陸續地爲田野考古家大量地發現了。等到安特生氏在河南澠池縣仰韶村，第一次注意到這一類的實物時(1921)，彩陶已經是世界史前史的一項重要資料；因此黃河流域的彩陶文化，立刻就引起了國際學術界的密切注意(註一五)。

不過那時華北一帶的考古發現，尙有同等重要的資料；但它們出土的數量不多，沒有得到中國史學界的關切。這一批資料包括兩種考古工作的收穫。一爲河套一帶出現的舊石器時代的文化；發現這一文化的人爲天津北疆博物館的桑志華與德日進兩位神甫。另外一件，就是到七七事變時已吸收了全世界科學界十餘年注意的周口店的化石人了。在專家的研究計劃中，這兩件事情的重要，都遠超過新石器時代文化以上；但是在中國史學家的心目中，直到現在爲止，總以爲這些問題，距離中國歷史太遠了，頗有些"難稽"之感(註一六)。

地下出現的資料是否重要，重要到什麼程度，自然都是很大的問題。站在中國學術史的立場看，這些發現的眞實影響，爲由這些新問題的新認識，中國史學界對於史料之範圍及採集史料之方法，產生了一種革命性的變化。"地下材料"這四個字，取得了一種全新的、很具體的內涵。中國的史學界，已漸漸地相信，人類歷史開始的一段——這自然包括中國上古史的部份——不能以文字的記錄爲限。不過上古史究竟應從何處說起咧？這就應該看我們所得到的地下資料，來作我們裁判的根據。

（三）　史料的新分類

中央研究院歷史語言研究所在安陽的發掘，開始於民國十七年秋季，董作賓的小屯試掘，中斷於民國廿六年的夏季；前後共有九年的歷史。工作的季節，總算起來共爲十五次。發掘的報告截至目前爲止，有下列的種類(註一七)：

(1) 安陽發掘報告，共四本，自民國十八年至廿二年。

(2) 田野考古報告，自第二期起改名爲中國考古學報，共出四本。

(3) 中國考古報告集（一、二、三）包括城子崖、小屯、侯家莊三地區之報告，共八本。

(4) 殷曆譜(註一八)。

(5) 中國考古報告集新編。

集合發掘所得及見於各種研究殷墟出土品之報告，按實物的性質類別，我們可以把殷墟出土的資料分成下列的組合。

(1) 建築遺址

(2) 墓葬（包括殉葬坑）

(3) 甲骨刻辭及在器物上刻劃書寫之文字。

(4) 遺物，又可再分為下列的細目：

    (a) 石器及玉器

    (b) 骨角器，齒牙器及蚌器

    (c) 陶器

    (d) 青銅器，及其他金屬品

(5) 骨骸

    (a) 動物骨骸

    (b) 人類骨骸

以上的類別，只是指出安陽發掘所得的地下材料性質之一般(註一九)；由此可知除了甲骨文字外，其他的遺存與遺跡，也構成了重要的地下材料。由這些材料的研究，所得的結論，不但有很多部份是過去的記載中所沒有的，也是新發現的甲骨刻辭中未記錄的。它們所引起的問題，構成了一種嶄新地挑戰的陣勢，包括的內容為先前治史學的人們想知道而無法知道的重要史實。有些可以說是，在他們的想像中，沒出現過的事物。但是更重要的一點，我們應注意到，却是發現的新資料，更有很多可以與先秦的傳說，相互印證。現在讓我們舉若干例，把所印證的舊問題，及所發現的新問題，加以說明。

（四）　舊問題、新資料、新問題

（甲）　一　般　說　明

我們可以把上古史的問題，分成兩大系列：

(1) 古籍記載中原有的問題，或曾經前人提出過的問題；這一類的問題是我們在這一章內所指的上古史的舊問題。

(2) 地下材料引起的問題，是我們所指的新問題。

這兩大系列中，又可分成很多支系。

先就古史中原有的問題，舉幾個例來說。

（1） 朝 代 的 名 稱

我們可以把史記殷本紀所記錄的"殷"這一朝代的名稱，略加討論(註二〇)。在安陽建都的這個王室，古史記載認為是子姓天子；但是過去的史家，把這一朝代，有時稱"商"，有時稱"殷"，也有稱為"殷商"的。這三種不同的稱呼，並載於先秦的記錄。究竟這三個名稱的含意是否指一組絕對相同的歷史時代，還是各有不同的限度咧？這是很可以討論的一個問題。甲骨文的發現，供給了討論這一問題不少的材料。

（2） 系 譜

這一朝代的系譜，在司馬遷的史記中，已有一近乎完整的編排；但是與其他的記錄，如竹書紀年相比，却有若干出入。究竟比較正確的系譜，是否可以由新發現的資料建立起來？這在研究甲骨文的很多貢獻中，可以說是構成了一組極有系統的新資料。

（3） 時 代

這一朝代，建都在安陽的時代，頗有不同的傳說；甲骨文中是否可以找出推算這一朝代"遷殷"後的年代，準確的根據呢？

以上所舉的三個例子，所以成為問題的主要原因，完全是由於留傳的記錄互相矛盾的緣故。若有比較原始和可靠的資料出現糾正這些記錄中的錯誤，這些問題也就隨着可以部份地或全部解決了。地下的材料，正供給了這一需要。

為解決上列的三類問題，地下新材料中，應以甲骨文最為適合。不過甲骨文中，是否有這一類的資料咧？

（乙） 甲骨文字所解決的和引起的問題

（1） 朝 代 的 名 稱

我們現在就上舉的三組老問題，談到由甲骨文材料的發現及研究所得到的有關它們的新見解(註二一)。以朝代的名稱說，照司馬遷的記錄，是稱為"殷"的；史記的殷本紀，就是記錄這一朝代的歷史。但"商"這一名字，却見於比司馬遷更早的記載。古本竹書紀年稱它爲"商"；不過今本竹書紀年，則稱爲"殷商"(註二二)。在甲骨刻辭中"殷"字沒出現過(補註一)，但"大邑商"却見了不止一次。很顯然地，盤庚遷殷後，這個朝代的人，仍以"商"稱自己。"殷人"，是商朝時代的外國人對於商人的稱呼。一般的推斷，是這個朝代最後建都的地方，地名爲殷，如尚書盤庚三篇所記，所以遠方的人，就把他們首都所在的地名，用來代替原來這朝代的名稱(註二三)。

好像現代我們自己稱謂自己是中華民國人，日本人却有時稱我們是"支那人"。三國時代，劉備一系(註二四)，自居爲漢正統，而魏國、吳國的人們，却稱他們爲蜀人。周朝初期的詩，見於詩經裏面的，常用"殷商"一詞稱謂盤庚以後的商朝人，這也就像後來的史學家講三國時代劉備一系的漢人爲"蜀漢"一樣。這些詞字的演變是可以瞭解的。現在我們有了甲骨文記錄，就可以明白"商"、"殷"及"殷商"三詞的不同意義了。

（2） 王 室 的 系 譜

關於商朝的全部系譜，由於甲骨文中有關的材料，甚爲豐富，增加了我們許多有關的知識，已如上說。但是，說也奇怪，這些新的知識與兩千餘年前司馬遷的記錄相比，雖說是對於每一個商代的先公先王的認識，增加了很多；而對司馬遷所排的這一朝代的先公先王繼承的秩序，新材料只把它加了強有力的證實。復原的王室系譜除了幾個名號外，沒有任何部份，可以刪改史記原文的。自王國維以來，商代的世系表，曾經過不少的學者，就甲骨文的新發現，加以全盤的考訂，與史記的記錄作了詳細的校訂工作。董作賓在他民國四十四年出版的甲骨學五十年一書中(註二五)，把這些研究作了一次總結，他說："殷本紀的世系與卜辭對校，自太乙至帝辛，共爲十七世，是絕無違誤的。"這一結論的最要緊的證據完全根據甲骨上的刻辭；不過最初出土的材料，都是零碎殘破的，而且散在四方；經過若干專家的拼湊補綴後，方才把這些殘破的原始記錄恢復原形，構成整段的論據。復原的資料中，最重要的有三組：

第一組，由王國維將散見於戩壽堂殷虛書契後篇及劉善齋所藏的甲骨文字拓片，合併在一起的一條，如下文：

乙未酒癸品：上甲十，匚乙三，匚丙三，匚丁三，示壬三，示癸三，大乙十，大丁十，大甲十，大庚七，賁三"(註二六)。

董作賓說："這一復原片，把上甲到示癸與殷本紀對照，六世全合，只有用字小異，次序稍紊而已"(註二七)。

第二組見於殷契佚存第九百八十六條，原文如下：

("辛"未卜：求雨自上甲、大乙、大丁、大甲、大庚、大戊、中丁、且乙、且辛、且丁、十示率牡"(註二八)。

董作賓說："所謂'十示'，全是大宗，除上甲外，尚有九世，與殷本紀對照……只有古今字的不同，可以說完全密合的"(註二九)。

第三組，見於殷虛書契後篇：

"甲辰卜貞：'王賓求且乙、且丁、且甲、康且丁、武乙衣、亡尤'。

（後上，二〇·五）"(註三〇)

照董作賓的研究，這條刻辭，是武乙時代的，所指的且乙為小乙、且丁是武丁、且甲是祖甲、康且丁是康丁、武乙就是武乙。

根據這一類的甲骨文記錄，自王國維起，直到最近出版的商殷帝王本紀，所載的夏商周帝系比較表，大致和董作賓所說的相同。考古資料經過六十餘年的整理，證實了二千年前司馬遷所寫的殷本紀中的世系，"絕無違誤"：——這是中國史學界的一件大事，所以我們大家都可以同意史記這部書確實是如三國時王肅所引劉向揚雄對它的評語：一篇"實錄"(註三一)。

（3） 重 要 史 實

可惜的是，司馬遷在殷本紀所記錄的事，有點過份地簡略！這也許是他的"寧缺勿濫"的標準，使他採取了這一作風。若是我們把甲骨文所登記的史實，與殷本紀所記盤庚以後的歷史相較，很明顯地，這些見於甲骨文的史料包括了有很多記錄在其他先秦古籍，而為司馬遷所刪去的重要歷史事件。例如高宗伐鬼方一事，見於易既濟爻辭："高宗伐鬼方，三年克之……"；又見於易未濟爻辭及詩大雅蕩等先秦的傳述(註三二)。甲骨文中所記載的有關武丁時代在西北的戰爭，經董作賓的纂輯考訂，可以證明王國維氏所說：

"我國古時有一疆梁之外族，其族西自汧隴，環中國而北，東及太行常

山間；中間或分或合，時入侵暴中國；其俗尙武力，而文化之度不及諸夏遠

甚；又本無文字或雖有而不與中國同；是以中國之稱之也，隨世異名，因地

殊號。至於後世，或且以醜名加之。其見於商周間者，曰鬼方，曰混夷，曰

獯鬻，其在宗周之季則曰玁狁，入春秋後，則始謂之戎……"（註三三）

這一考證是可以與殷虛卜辭互證的。董作賓根據卜辭所作，對於此一問題的考證，見

於武丁日譜，實爲殷曆譜最重要的一章；這也是他用力最勤的一部份工作（註三四）。

在這一篇日譜內，董氏輯綴了五百零五條有關 "武丁時代" 的甲骨文刻辭，這些

刻辭不但有原拓本可資憑藉，作直接研究（圖版玖）；並且大牛都有實物可以校訂。

這五百零五條刻辭，照董氏的斷代方法，都是沒有疑問地，屬於武丁時代。它們大部

份都有干支的記日，有些並附載有月份，所以編輯人可以順著時代的次序，把它們排

列，構成了自武丁廿八年七月十日（癸巳），至武丁卅二年十二月廿六日（癸丑），

一段歷史的長編。這一段復原的武丁日譜，所記的是些甚麼呢？它的內容雖說是很龐

雜——有卜年的、卜祭祀的、卜夢的、卜旅行的等等——其中最突出的，却是與北方

邊疆民族戰鬥有關的事實，尤其是伐 "呂方" 一事。如以下所舉數例（註三五）：

1. 廿九年十三月癸未九日 "癸未卜殻貞：「旬亡（囚？」王固曰：「屮）
   希！其屮來嬉，三至」？七日己（丑），允屮來嬉自西，臿戈（化）告
   曰：「呂方品于我奠」。（四日）壬長，亦屮來自西，申乎（告曰：「呂
   方）品我奠，戈四邑。"（參閱圖版拾）

2. 卅年五月壬子 "壬子卜，殻貞：「呂方出，不佳我屮作囚」？五月"

3. 卅年五月壬子 "壬子卜，賓貞：「呂方出，王蓮」？五月"

4. 卅年七月、戊辰 "戊辰卜，賓貞：「登人，乎往伐呂方」？"

5. 卅年十月，甲午："甲午卜，出貞：「王伐呂方，我受又」？"

6. 卅一年一月，戊辰 "（戊）辰卜，殻貞：「翌辛未令伐呂方，受屮又？」
   一月。"

7. 卅二年十二月，乙巳："貞：「我受呂方又」？"

上舉七例是從武丁日譜所集的一百八十三條有呂方字樣的文件摘錄出來的。在短

短不及三年的時間內，"呂方"（註三六）這名字在甲骨刻辭中，出現了如此多的次數，

它的重要性是可以推想的。這一方國的名稱，顯然是指一座落在殷商王國西北的方向。很多史學家，包括董作賓在內，認爲這就是武丁時代，“鬼方”在甲骨文中的名稱(註三七)。今本竹書紀年根據易下經，把高宗伐鬼方的故事，放在卅二年至卅四年。王國維重新輯校古本竹書紀年時，却將此條删去(註三八)，但在他的鬼方昆夷玁狁考一文中，對於高宗伐鬼方的歷史傳說，頗爲置信，所以我們可以推知，王國維在他的古本竹書紀年不載此條，並不是完全不相信高宗伐鬼方這一歷史事件，只是不相信今本竹書紀年所載的，是原書中的實錄。在甲骨文的記錄中，“鬼方”這一名詞，出現了也不止一次，但照董氏的說法，它們都屬於晚期(註三九)。按他的解釋，當“鬼方”這個名字出現時，“𢀛方”已不見於卜辭的記錄了。這些新材料所引起的問題，當然不只是一個名稱演變的問題；實際看來，甲骨文紀錄的𢀛方，與先秦傳下來的，及金文銘辭、史書以及經書中所說的鬼方，有許多相符合的地方；而新的資料却加增了史學家對於三千多年前，這一邊疆戰爭，很多的新認識(註四〇)。這些新認識涉及的範圍，是多方面的，有好些超過了文字記錄的項目：如所用的兵器和運輸工具，以及這一民族所代表的文化，殷商在武丁時代的軍事力量等等，這些都可以由殷虛出土的別種資料加以推論或解決。這是先前的史學家所不知的，也沒想到的。

以上所擧的各例，可以說明新發現的甲骨文材料之研究，對於舊存的歷史問題已發生了一種澄淸作用。但是這一類的資料，若用得不恰當，也可以導致新的歷史糾紛。近代唯物論的政治哲學常要假托考古資料作立論的根據(註四一)，往往把這些新資料，在不求甚解的心理狀態下，加以大量利用，作一種宣傳主義的工具。涉及甲骨文資料最顯著的一例，爲羅振玉、王國維提出的所謂商三句兵銘文解釋的問題(註四二)。治上古史的學人，大概都知道，在民國初年，羅振玉、王國維是收藏家中最注意殷商文字的兩位。這三件句兵，據說是出土於河北的易州，每件上均刻有銘文，順序排列，每一器刻一列祖先的名稱。三句兵的銘文中，一爲祖輩的名稱，一爲父輩的名稱，一爲兄輩的名稱。當時的考古界，咸驚爲一大發現，就根據這些銘文，作了很多文章，並推測它們可能的含意。最有名的一套，爲那些對於中國古代社會組織的推測。尤其傳說得熱鬧的，爲郭沫若氏的“湯盤孔鼎之揚推”一文(註四三)。在這一文中，他認爲四書中大學所載的湯之盤銘：——“苟日新、日日新、又日新”——爲兄日辛、祖日辛、父日辛的誤讀。這一解釋，轟動了當時的學術界；很多人以其新穎可喜，就競相傳說。
但在那時除了羅振玉外，很少人曾經檢查過這一批原始資料。著者在整理殷句兵時，
對於三句兵的考古價值已覺得甚低，並將此意告訴董作賓先生。直到民國卅九年，董
作賓才明白地指出，所說的"商三戈"銘文，全是偽刻(註四四)。他並從甲骨文上，證
明郭沫若氏所揚搉的，顯然只是一種膚淺的偏見；(註四五)。這一例可以說明，用地下
材料的人，首先必須做的一件事，應該是對於原始資料的本身，加一番徹底的檢查。
若沒有這一番工夫，就是以羅振玉、王國維、郭沫若這些人的聰明及學力，也要鬧出
"商三句兵"的錯誤解釋一類的笑話了。同時若是沒有田野工作的經驗，如董作賓經歷
過的，也不會很容易地看出這一假古董所引起的錯誤解釋。

（4） 中國文字的演變階段及其起源問題

現在，我們可以說到發掘出來的甲骨文研究，在中國文字學研究上所發生的影
響，以及這一影響所涉及的中國思想史中的若干問題。

先說文字的本身。所謂文字本身的問題，自然要討論到中國文字的來源及其原
始，以及在殷商時代演變的階段。文字學家對於這些新材料的處理，已經盡了很大的
力量(註四六)；他們對於這些文字的認識及甲骨文與殷商以後的文字之連繫，也作了很
多有益的工作。因此，我們對於讀一般的甲骨文，沒有很大的困難了。單講這一成就，
已將中國思想史中的幾個基本觀念改變了；譬如"帝""王""皇"諸字(註四七)，皆不
是許慎的解說所能概括的了。說文所說的"帝""王""皇"三字，在漢以後的中國政
治思想中，可以說佔了核心的地位。由說文發揮出來的意見，且爲漢及漢以後的注疏
家，比附在先秦書籍中，所用的這幾個字上。甲骨文的發現，却把王、帝兩字的早期
代表形，刻劃出來了；例如"王"字之形，在甲骨文中，實與"士"字同體(註四八)；
最早的形態，上下只有兩橫，貫之者並非一直，故"一貫三爲王"之說，完全是漢儒依
孔子的權威加以附會的，與原來的字義無關。至於"帝"在卜辭中，原是一個象形字；
所謂"王天下之號"，是後起的意思(註四九)。帝王兩字之原形，原意如此，漢以後建
立起來的帝王思想，以及根據這一思想在政治上及社會上設置的若干制度，當然就失
去了它們開始於三代的權威性及神秘性了。

甲骨文字的研究在思想界所發生的影響，尚有更深入的。我們現在知道，春秋戰

國時代流行的若干抽象名詞，在甲骨文中，往往毫無跡象，如"仁"字、"愛"字、"心"字、"性"字；這些字在卜辭中是找不出它們的前形的(註五〇)。由此我們可以推斷，這些重要名詞所代表的觀念，都是周朝中期以後，中國思想界的發展，在殷商時代，這一類的意思是否已經萌芽了，實在是問題。

根據甲骨文的研究，近代推進的中國古文字學，已能把很多代表抽象觀念的中國字，在字義與字形的演變程序方面，排列出一種次序來，這確實供給了研究中國思想史的學者，一種前所未有的資料。這一路的研究對於托古改制的若干派哲學基礎，是一致命的打擊(註五一)。

不過這僅是就傳統的文字學，所建立的標準說的。若是我們要追溯中國文字的來源，文字學家尚不能根據這一新發現作一假設。譬如說，以六書解釋中國造字的歷史，顯然仍是我們對於早期中國文字創造經過的一種主要說法。解釋甲骨文字的專家，仍墨守這一傳統(註五二)。偶爾有從這些新的發現中，想出另外一種研究途徑的，只能算是例外。董作賓曾嘗試過把甲骨文(註五三)中的象形字與早期青銅銘文上的象形字，作若干比較；他又曾把中國這些象形字，與埃及的古象形字及麼些人現代的象形文字，作若干比較研究。由這些比較所得的印象，使他感覺到在青銅器的銘文中，尚保留有最原始中國文字的象形階段(註五四)。這些最原始的象形文字，在甲骨文中，已經大為簡化，不能代表最原始的情形了。因為限於材料，董氏的這一工作沒有繼續下去，但他所推進的這個方向，應該是一極有前途的研究，由此我們可以設想出若干尋找新材料的新途徑。

荀子說："好書者眾矣，而倉頡獨傳者壹也"(註五五)。這句話就現在的情形看來，大概具有很高程度的可靠性；中國文字，不可能是一個人的創造，如古史傳說中的倉頡(註五六)。現在民族學的研究報告中，常有關於沒有文字的民族，在山邊岩石上刻劃記事畫的報導(註五七)；這種記事畫有時演變成若干可以類別的類型，如畫一個人、畫一棵樹、畫一座山、畫一條水或畫一件器物，都是根據這一民族思想習慣中，所想像的這個人、這棵樹、這座山、這條水或這件器物所透露出來的印象。他們把這些印象畫在山上或水邊的岩石上，來紀念他們要紀念的事體。這一類石頭上的刻劃，在北美與南美，已經發現了很多(註五八)。在歐洲舊石器時代的洞穴中，更有若干保存了好幾萬年的雕刻故事，甚至於有用顏色繪畫的(註五九)。在西班牙與法蘭西交界的地方，更有若干洞穴把這些繪畫簡化了，用符號來代替。一般地說來，這些符號可以算作象形文字最早的代表(註六○)。亞洲東部，也常有在深山大谷中發現石刻的報導(同註五七)；但是它們的時代，尚無法斷定。若是考古家、民族學家對於這一類的材料，作一種有系統的搜尋，那麼對於早期中國文字的開端，我們可能得到一種比較正確的研究途徑。我個人認爲倉頡這位聖人，有沒有，固然是一個問題，但實在並不是一個很重要的問題。不過中國文字在遠古的時期，一定經歷過自由刻劃記事畫的這樣一個階段；——在這階段中，曾有若干人把散在各處的記事畫，作了一番整理的工作，把那些所用的，已經爲大多數人認識的符號，標準化了，作成一種傳播的工具。這一階段就是後來歷史上所傳說的，倉頡造文字的階段。到了周朝，一般的知識階級，尚沒有忘記這一段經過；荀子偶爾把它記錄下來，就說："好書者衆矣，而倉頡獨傳者壹也"。倉頡大概就是上面所說的這一階段，一位出色的領導人物了(註六一)。

除了文字本身的原始和演變，以及一般內容外，甲骨文的出現所引起爭辯最多的問題，是殷代的曆法。董作賓根據貞卜文字所用的記日、記時方法，得到有關殷代曆法的推論較多，也得到學術界最大量的注意。我們可以提起的，有下列的幾點：第一，我們可以認爲根據甲骨文中很豐富的，用干支記日的方法，推算那個時候的曆法，經董氏整理後，已確實地使我們對於殷曆的內容，瞭解了很多；並且把若干散佚的歷史事實，連結起來了。但是與殷商年代最有關係的一個問題，卽殷商時代在天文曆上所佔的準確部份，雖說是經過了若干專家的努力，至今仍未得到一個令人滿意的解決。因爲甲骨文的記錄中，沒有任何可靠的日蝕記錄；至於月蝕的記錄，雖有數件，但它們在天文曆上的位置，是可以上下移動的(註六二)。就推算商朝年代的這一問題說，我們在甲骨文中還沒有發現任何直接的資料。至於是否可以根據現代的資料，用不同的方法作一比較可信的結論呢？這要看各位專家的技術運用了。若是借原子物理的研究，所引伸出來的斷代方法——如放射性碳素一類的方法——，也許不久的將來，殷商時代的上下限，可以加以更明確的劃定了。

（丙） 發掘出土的殷商時代之遺物與遺存

現在，我們可以進一步地說到安陽發掘出土的，沒有文字的這組資料，及它們所引起的問題。

（1） 建 築 遺 存

　　這組資料所包括的範圍，甚為廣大；其中留存在地下分佈最廣的，要算版築的遺跡。對於版築的認識，完全是安陽發掘工作進行的期間，田野考古家漸漸聚集起來的新知識。在最初發掘的一個階段，作田野考古的人，只把這些遺跡當作洪水氾濫時，沉澱在地下的土層解釋（圖版叁：1）(註六三)。 以後經驗多了，他們逐漸地就認辨出來這些遺存的真實性質，斷定了它們是建築的痕跡(註六四)。由這一新認識，殷虛發掘團對於殷商時代的建築，就開始作一系統的追尋。所發現的，除了分佈在地下甚廣的建築層外，更有用作柱子基礎的大塊礫石；這些礫石大部份都排列整齊，有規則地分佈在版築土的地面上，也有些藏在版築中的。由於這些遺跡和遺存的發現，殷商時代建築的房屋之面積、方向、屋架的構造、門戶所在等情形，也就有了些很堅實的復原憑藉了。順著這些遺跡尋找，田野的考古家們又發現了臺階遺跡，以及由純黃土建築的神壇。分佈最多而保存較完整的建築遺跡，為地下的窖穴了。這種窖穴有好些不同的式樣：有些入地甚深可以下及地面下十公尺以上；橫截面有圓形的，也有方形或長方形的，窖穴的週壁有很多留有上下成行的腳窩（圖版貳：1,2），以便升降時，作放腳的踏步。這一類的深窖，似為窖藏器物或糧食用的。另有較大，較淺的地下坑，帶有臺階，大概為人居住之所。淺的地下坑，底部表面常有一薄層石灰的痕跡。在小屯一帶發掘所得的深坑，數目甚多，坑內所填的東西，性質極為龐雜，以破碎的陶片及獸骨最為普遍。有些坑帶有比較完整的器物，但有不少坑，藏的是殷商時代的甲骨或青銅器、玉器等。此外還有埋藏人類骨骸的坑，它們好像並不是正式的墓葬。

　　就劃分時代說，小屯一帶所發現的各種建築遺跡，實具有最清楚的標幟，可以把先殷時代與殷商時代作一界限。我們認為版築的遺跡，大概是殷商王朝建都到此以後的建築遺存。在殷商建都以前，小屯(即"殷")，已經沒有疑問地是有人居住過的一處聚落。先殷時代留下的居住遺址，似乎只是若干比較淺的地下坑；可以確定為先殷時代的深坑，是很少的。較深的、長方形與圓形的地下坑，大概都是殷商時代的建築。這一類深坑的週壁有時作得非常齊整，表面加塗一層甚厚的細泥，壁牆掘有上下成行的腳窩，為人升降的便利。這一整齊劃一的做法顯然都是殷商時代完成的。

建築遺存中最要緊的發現，應該是埋葬在侯家莊和小屯的大小墓室（圖版叁：2）(註六五)。侯家莊的發掘，在民國廿三年秋至廿四年秋（圖版肆：1）；由於這地點大墓的發現，我們對於殷商時代的墓葬制度，得到若干很深切的瞭解(註六六)。侯家莊西區大墓都具有四條隧道；另有兩條隧道的大墓分佈在另一區域。繞着大墓，以及埋藏在它們內部的，另有好些小墓；這些小墓都是犧牲坑，只算是大墓建築的附屬品，裏面埋有很多陪葬的人畜和器物。四條隧道的大墓，規模是最大的；它們的底部(註六七)離地面都在十公尺以上，底部的中心及四隅，另有更深的犧牲坑，最深處的最下部，埋有殉葬的人和狗。這些殉葬坑的上面，築有以長條方木舖成的槨室地板；周圍亦由長方木條堆積的槨室，構成陵寢的核心建築。這大概就是禮經中所說的"槨"。"槨"門是向南開的，直接通向南方一條很長的隧道，傾斜向上達數十公尺（各大墓的隧道，長短不等），直到地面。埋葬的靈柩以及隨葬品，大半都是由向南的隧道送進去的。

侯家莊發現的殷代陵墓，以及小屯發現的建築遺址，是我們討論殷商時代建築的基本資料。由這些原始資料，我們可以看出殷商時代的營造方式，在土木工程方面，"版築"佔了一個基本地位。版築法不但建了地基；大部份的牆壁，也是用這一方法累積起來；不過牆也可以用長條圓木堆成；至於屋頂的構造，現在尚沒有地下的發現，可以作復原的憑藉。甎和瓦沒有在這一時期出現過；石頭也未曾像同一時期的西方建築大量的利用過。房屋的構架，顯然要靠體積甚大的木材；但很不幸地，安陽發掘團所搜集的有關木材的資料甚爲有限。田野工作人員，曾經有計劃地搜集了大量殘餘木炭，附以詳細的記錄；但在抗戰時期，這些寶貴的資料都遺失了，現在我們尚無法斷定，殷商時代建築所用木材之品種。至於屋內裝飾的部份，發掘所得的資料亦極零碎。我們只能由若干殘餘的石刻，未消滅的灰燼，及印在土上的痕跡，來推想那些附屬在少許部份的裝飾。建築的裝飾，顯然包括不少的石頭雕刻的人像，神話動物一類的石雕以及刻劃在牆壁上的花紋(同註六七)。

此外引起了最多揣測的建築遺存，爲深藏在夯土底下的一組溝渠網(圖版肆：2)這些縱橫密布在小屯文化層下溝渠形的構造，已經石璋如先生在"建築遺存"第五章詳細的描寫。沒解決的問題是：這些藏在地基下的水溝與上層建築的準確關係。

以上所說的若干有關建築的發現，有一部份恰與歷史的傳說相符合；如孟子所說："傅說起於版築之間"，證明了版築這一類的營造方式在殷商時代，已經是一種專門的技術了。精於此道的人可以得到最高統治階級的注意；他可以被擢升爲當時行政的領導人物；這一傳說也可以證明，在他原來的工作中，他曾表現過一種過人的組織能力。安陽一帶所留存的版築，是一種很大規模的工程，需要大量的人力，方能完成的一件事。如何有效地把這些力量組織起來，自然是領導人物表現能力的機會，傅說大概就是這一類型的領導人物了(註六八)。

殷商時代廣泛採用的版築建築法，開始於何時？這一追尋所引起的問題，要牽涉到這一方法與中亞早期的夯土法是否同一來源？若說版築的方法是受了中亞及兩河流域的影響，這一推論却呈獻了更複雜的一面；因爲在公元前十五世紀時，兩河流域早已有用土磚的建築物了(註六九)。假若版築可以由伊朗一帶傳到東亞，爲什麼作磚的方法沒有傳來列？同時，在兩河流域一帶，因爲有了磚的供給，用夯土建築的工程，就少有像安陽這樣大規模的發現。這兩件事可能是由另一處更早的地方起源，傳播後再分化出來的現象。那個更早的中心在哪兒？這是值得進一步追求的問題。

（2）　獸　　骨

除建築遺存外，安陽發掘出土的器物，以殘餘的獸骨及破碎的陶器爲最多。史語所對於這兩項材料，都已經作過適當的處理，並有描寫的報告出版(註七○)。由殘餘獸骨的研究，我們發現了很多現在仍常見於安陽的動物，也有不少罕見的，或者完全絕跡的。根據發掘出土的長骨及頭骨等之研究，全部殷商時代安陽動物羣，楊鍾健與劉東生作了下列的統計（圖版伍：1）(註七一)：

"……安陽之哺乳動物……共廿九種；……此廿九種動物中，在一千以上者，僅腫面豬，四不像鹿，及聖水牛三種，佔安陽哺乳動物之最大多數。……"

我們有理由相信，殷虛留存的動物遺骸，有若干種類不是當時安陽的土著；因爲同時並存的骨骸包括了習於寒帶生活與習於熱帶生活的兩種動物。遺骸中有鯨魚的肩胛骨和脊椎骨，以及犀牛骨孔雀的脚骨(註七二)，此外尙有不少的標本，可以證明它們的中間至少有一部份是由人工遞送到殷都的。但這並不是說所有出現在殷商時代的安陽，而現在已經絕跡的動物都是由別處遷移來的。照古生物學家的意見，象與水牛雖早已絕跡於安陽，可能是三千年前安陽的土著；此外如竹鼠與貘爲那時土生的可能性也很大。殷商時代的王室，遠處田獵的習慣，常見於甲骨刻辭；先秦留下的記錄亦廣載殷王室有蒐集珍禽奇獸的嗜好。所以兩重證據都證明在這些動物的遺骸中，可以有若干外來的"移民"。這實爲考古發現的實物，能證實歷史傳說的一條强有力的例子。

（3） 陶器（圖版陸：1）

若將有關上古史全盤的新資料加以衡量，陶器的整理所解決的問題，不但是多方面的，更具有基本的重要性。最值得注意的一方面，爲這組材料，可以把安陽的歷史文化與近半世紀在華北一帶所發現的史前文化連繫起來。其次，由這組材料系統的整理，所得之結論，又將青銅器的研究推進了一大步，幫助青銅器研究解決了若干先前難解決的問題。由這些問題的逐漸解決，並更啓發了與上古史有關的若干其他的新問題。早期在各地零星發現的散漫無紀的史前文化，由於安陽陶器的整理得到了一個聯絡的中心；史前史的分野由此可以劃分清楚；它們並著和相承的秩序，也可以排列出來了。殷虛出土的陶器，完全屬於殷商時代的，大致說來，可以分成四大系統，即：灰陶、紅陶、白陶及帶釉的硬陶。這四列系統外，加上存在先殷文化層中的黑陶，構成了小屯的陶器羣(註七三)。我們從它們製造的技術、形制、與文飾各方面，作了種種比較，把每個方面演變的痕迹，大致都追尋出了一個輪廓。按照這些陶器演變的歷史，殷商時代，以及早於殷商時代，安居在黃河流域的中國民族，有若干重要的生活習慣，如日用食品及其種類，預備食物的方法，吃的方式，習用的飲器，以及飲的習慣，可以推知其大略。這些問題並沒得到完全滿意的解決；但是由於這些陶器的研究，所得到有關這些類問題的重要知識，已爲上古史的研究，闢了一個新途徑。

在陶器的製造方面，我們不但看出這種技術發展的過程，也可以在形制與花紋的表現部份看出若干純藝術的資料。這些很豐富的裝飾藝術資料，除了它們本身美術的價值外，還保有它們的歷史意義(註七四)。

小屯一帶出土之殷商時代的陶器，承襲了好幾個不同的史前傳統：如盤泥條的製造方法、模製法、拍打在外表的繩紋，以及運用輪盤拉胚的方法(註七五)。這些都是殷商以前已經發展得很成熟的陶器製造技術。殷商時代的陶人，在改進製造技術方面，有兩種重要的新貢獻：（一）選料與配料的特別精進，由這一類的改善，發展出了純灰色的灰陶，以及用高嶺土燒成的白陶。(二)更重要的技術上的新貢獻，是燒製硬陶，及在硬陶上敷釉的發明。在形制與文飾兩方面，這組硬陶並沒有特別可以令人注意的地方；但是它們的硬度，差不多是標準化了，吸水率大量減低；這一技術的成功，是殷商時代的陶人所獨立創造的一種特殊成績(同註七五)。 它們是否受到淮河揚州一帶史前文化的影響，自然是一個問題。 但在殷商時代，它們出現了很多 ，已經是在大量地生產了。這兩種新的創始，爲中國瓷器的發明舖了路。到了周、秦、漢時代，用釉的方法，是逐漸改進的；選料與配料的技術，更加增了它精密的程度。所以到了三國六朝時代，中國瓷器製造的技術，也就近於完成了。

（４） 石器、玉器、石雕

(圖版伍：2；陸：2；柒：1；捌：2)

殷虛出土的石器，與陶器相比，性質又不一樣；所引起的問題，也屬於另外的一個範疇。這一範疇內，所包括的，有三組性質不同的器物。史前史提到最多也是我們最熟悉的一組器物，爲石頭製造的鋒双器，及一般用器：如石刀、石斧、石鋤以及各種石容器。這一類的器物是殷虛遺址中經常見到的(註七六)。

第二組類似第一組，但它們的用途，顯然已經經過這一種蛻變，離開實際生活漸遠。它們已經取得了一個新的發展方向；不過在形制方面，它們仍舊保守了第一組用器的樣子；所納入的分化跡象，有時並不明顯。它們就是經學家所說的"禮器"。最常見的這一類的例爲：璧、環、璋、戚等形。製造這些器物所用的原料常是比較貴重的"美石"——有很多是岩石學家所說的"軟玉"；是否有硬玉在內，尙是一個疑問。我們知道中國早期，對於玉的觀念，大概只認爲是"石之美者也"。這一界說當然可以包括眞正的"玉"在內；不過大部份却是類似玉的美石，並非現在岩石學家所說的"軟玉"或"硬玉"。一般地說來，中國古代所說的玉，大約包括一切可以磨光發亮，而帶溫潤的石質以及若干帶有顏色的寶石。蛇紋岩、水晶、靑晶石以及變質的大理石等，在早期都可當着玉看待；符合科學定義的眞正"玉"在內，只構成了中國古玉之一種；"玉"的價值是慢慢地辨別出來的(註七七)。在殷虛出土的禮器一類的石器，有不少的樣子，所用的製造原料，並不限於一種岩石。以璧與戚兩種器物爲例，我們發現它們有用軟玉製造的，也有用大理石或蛇紋岩製造的。 這一複雜的現象 ，說明了一種很清楚的石器演變的過程。大概每一種石器，在早期都是與日常生活有關的實際用品，大半爲普通的岩石造成。到了殷商時代，這類石器的實際需要，雖仍存在，同時它們却逐漸地取得了一種新的用途。殷人尙鬼，他們對鬼的信仰，極爲濃厚，所以有些石製的日用器物，不但爲供給生人的需要，也要供養死鬼和天神。爲供給死人的需要，這些生人的用器就逐漸地鬼化或神化了，變成專門的供奉器，亦卽古器物學家所講的"禮器"。富貴人家對於供給過去的祖先——因爲他們能作威作福——就選擇特別珍貴的質料。又因爲鬼神的需要在他們子孫的想像中，也許有與生人不完全相同的地方，所以這些禮器的形制，也就漸漸地起了變化。這連繫都可以就殷虛出土的第二組石器，看得比較淸楚的。

殷虛出土的第三組石器，是近代考古學的一大發現(註七八)。較大的石刻，很多是附屬於地面上或地下建築的裝飾品，所附麗的準確地位，現在可以確定的可以說沒有。石雕中的立體形標本出現後尤吸引了鑒賞家和學術界大量的注意，這些標本中有龜、象、虎及若干綜合形的神話動物。最特出的爲那些代表綜合性的複體動物；頭部、身部、四肢，各代表一種不同的獸類；虎頭立雕卽爲此類最有名的一例(註七九)。這一石雕的頭部，完全作老虎的形狀，但身部却像人形，而四肢、手足形狀，則是人與虎的聯合體。大一點的立體動物形石雕，脊背部份具有自腦頂到臀部，上下直行的一道寬的槽道，似乎原來是用作騎入一種凸出的、立柱形的建築物上的！因爲發掘出土時所在的地點，曾經屢次擾動，它們原來所佔的地位，尙無法復原。

這一組石雕刻的出現，展開了中國學術史嶄新的一頁，證明殷商時代已有一種流行了很久的琢石的傳統。在公元前一千四百年至一千一百年間，根據侯家莊一帶出土的實物看，石雕的作風，顯然已可分成好幾個派別了。這些不同作風，自然也可能代表一個長期的累積。它們很少帶有初級的原始意味；其中最早的代表標本已是成熟的作品。這確實是中國藝術史的新資料，爲史學界啓示了一組極富刺激性的新問題。

若由歷史的眼光來看安陽出土的殷商時代的石器，第一組所包括的各種實例，對我們幫助最大；因爲由研究這一組石器，我們可以看出殷商時代的文化，所保存更遠的史前文化傳統。我們已經知道，這一關係可以由陶器的研究，尋找出若干線索；但更早的史前文化，就到了沒有陶器的時代。早期的新石器時代文化，雖有陶器，但留存下來的，多半是破碎的小片，性質難加肯定。石器是質料堅實的器物，它們的全形比較容易追溯，質料鑒定的手續，也較簡單，而且製造的方法在器物上也留存了較多的明顯痕跡。研究早期的漁獵耕種方法，石器可以幫助我們的地方，要比共他質料的器物研究，所供給我們的知識更爲明確豐富可靠。

（5） 骨角器、牙器 （圖版捌：2）

殷商人利用獸骨獸角作製造器物的原始材料，規模是很大的；殷虛發掘團發現過製骨工廠所堆積的骨、角、牙料，尤以牛羊的腿骨數量甚大(註八〇)。用骨料以及各種獸角製作的器物，大半是日用品，如：匕、枹、針、錐、鏟以及簪、笄等。此外，又有占卜所用的肩胛骨，構成了一組特別重要的史料。卜骨的數量，比日用品更多 (註八一)。這一大類的骨塊，特別引人注目，因爲它們很多是帶文字的實物，殷商時代的貞卜文字，大半都刻在牛肩胛骨所製成的骨版上或龜腹甲版上。安陽所出卜骨之研究，對於古代占卜所習用鑽與灼的方法，解決了不少的疑問。殷虛卜骨代表這一技術最進步的一個階段。把握了這一認識(註八二)，殷虛發掘團的工作人員在山東發現黑陶文化的時候，就能由城子崖出現的破碎骨片所帶的模糊殘缺的鑽灼痕跡上，辨別出骨卜演化的早一階段。城子崖出土的卜骨之骨版爲鹿、羊等草食動物的肩胛骨；骨版上均無文字，但是它們保有的鑽灼痕跡。與小屯所出有文字的卜骨之“鑽”與“灼”兩種痕跡相比，顯示了很明白的血緣關係(註八三)。

骨器這類資料，可以研究的方面，不但是在那些經過人工製造過的器物，這些資料的本身，另有很多的“史的”價值。最近的田野報導說，殷商時代製造骨器的工廠內堆集的原料中，有人骨的發現(註八四)。這一報導是否可靠，尙待後證。假如可靠，這一習慣的原始，也是值得追問的。我們知道青銅時代的開始，也就帶來了大規模的殺人殉葬，以及以人作犧牲祭祀鬼神的習慣。這一習慣差不多遍見於歐亞各區域的青銅時代，所以殷商時代，中國統治階級所習用的“伐人”殉葬之祭祀，只代表了青銅時代的一般風氣。若有以人骨作骨器的事實，可能地，它也只是與上說風氣有關的另一面。

（6） 青 銅 器
（圖版柒：1；伍：2）

殷虛發掘出土的青銅器，所引起的問題，大致說來，又可分爲下列的兩類：

　　第一類就是它們的時代問題。在<u>小屯</u>與<u>侯家莊</u>墓葬出土的青銅器，經<u>殷虛</u>發掘團十五次的工作，確實累集了一個可觀的數量。以出土的情形論，大部份保存完整的青銅器，都是墓葬中的隨葬物；此外有見於圓坑和方坑堆積中的藏品；另有很多小件及殘片，散見於各處的地下坑，情形甚為複雜。很多地下坑是經過後期盜掘，而又重新填滿的，它們原始的情形已混亂或極不清楚了。當前的問題是如何確定這些銅器的時代性？先以隨葬的青銅器為例，來說明此意。它們出土的記錄，是比較最完整的，但是大多數發掘過的“殷商時代”的墓葬，都沒有準確的時代標幟。若是墓葬本身的時代不能作肯定性的估計，那些埋葬在墓葬以內的隨葬器之時代，當然也要跟著墓葬的時代游移了。<u>小屯</u>與<u>侯家莊</u>出土的隨葬品中，沒有甲骨文出現過(註八五)，因此這些墓葬與甲骨文時代的關係，就構成了研究這一組問題的第一課題，實際上有關<u>殷虛</u>青銅器時代問題的研究，完全集中在青銅器與甲骨文的連繫這一點上。這一研究已有若干成果，並有了若干推斷。

　　第二組問題，在研究進行中有四個方面：

　　(1) 鑄造技術的表現

　　(2) 形制的來源

　　(3) 裝飾藝術的構造和內容

　　(4) 欸識的現象

　　鑄造技術所引起的問題，包括青銅原料的分析、鑄造所用的方法，以及開採原料所用的方法，及其有關的問題。這些問題已是一組獨立的研究，需要若干專門的訓練，方能完成的一種學術事業。但在有關形制這方面的問題，大半屬於古器物學的範圍。形制與花紋又應該分開來說；形制的演變歷史，很顯然地自成一體系，與花紋演變的體系，雖有若干密切的關係，但並不是平行的變化；這在<u>中國</u>的青銅器上，可以看得很清楚。<u>殷商</u>時代的青銅器所具的形制，有很多是承襲黑陶時代的陶器或由陶器演變出來的。不過它們同時也接受了史前時代若干石容器和木器的傳統(註八六)。以上是專就容器這一組器物說的；容器是<u>北宋</u>以來<u>中國</u>古器物學家最注重的部份；他們所珍視的三代重器，都屬於容器這一範疇。近代考古的發現，證明<u>殷商</u>時代也製造不少的青銅兵器，尤其是帶双的鋒双器如戈、矛、箭、鏃之類；這些鋒双器大半是仿造先史時代的石器或骨器。青銅時代開始以後，由於技術的進步以及對於青銅質料、品質認識的加深，這些新經驗逐漸地啓發了鑄造青銅人的自信心，模仿的形制就漸漸地爲創造的新形制所替代了。這一種自信心再進一步地發展，成了一種完全自由開展的創造精神，因而形成了青銅器本身在形制上與花紋上獨自的風格。安陽發掘出土的殷商時代的銅器，以最早的標本論（按地層次序），已經在花紋與形制上表現很成熟的階段：如雲雷紋的普遍，及很熟練地運用，就是一例。最具體的例，爲爵形器形制的演變，已經脫離了摹仿陶器的階段，而完成青銅質料所賦予它的新形態了(註八七)。這些現象都可以幫助我們說明，在小屯時代以前，中國的青銅業，已經在另外的地方，有過一個較長期的經驗。

小屯及侯家莊出土的青銅器，具有欵識的，也有一個不小的數目，所表現的現象有三點可以注意：

(1) 它們沒有很長的銘文，最多的沒有超過四個字。

(2) 大部份有欵識的，都是一個字的銘文。一個字的銘文，有些完全是象形字，如鹿甗和牛甗上所刻劃的。

(3) 銘文中不見"父甲"，或"祖甲""母庚""母癸"一類的字樣(註八八)。

以上的情形，是否能代表所有小屯及侯家莊出土的，殷商時代有銘文的銅器，甚難斷定。照過去盜掘的風氣論，有銘文的青銅器，具有最大的誘惑性；在古董商的眼目中，它們有最先入選的優先權，因爲在古董的市場內，它們可以很容易地得到最高的代價。殷墟是遭盜掘最多的一處刼餘的遺址，科學發掘所能記錄這一帶的青銅器，只是過去不值盜掘者一顧的或幸而免刼的刼餘品而已。

關於裝飾方面，根據小屯及侯家莊這批資料，我們發現了這一時代，有關青銅器這一問題的全貌，卽：它們只有一部份具有全部裝飾的花紋。這些滿裝花紋的青銅器，可以說代表了過去古器物學家心目中"殷商"時代青銅器的全部。地下發掘的資料中，證明了殷商時代的青銅器除了全裝的以外，還有了很多半裝的，或完全沒有裝飾素淨的標本。這些沒有花紋的標本——就它們的體型與實質說——仍應該視爲那一時代的重器。它們的表面雖是樸實無華，它們的體型卻富有變化：在線條的表現上，尤爲變換無窮；這很顯然地承襲了新石器時代，黑陶文化的一種傳統。有很多青銅器的種類，如觚、爵、鼎、觶等形制，都有不具刻劃花紋的標本。至於花紋的內容，自然更是一套複雜的問題；但若把它們構成的成份，加以詳細的分析，我們也可以歸納出若干條例出來。有些變化，只是受了鑄造技術的影響：如一個獸面的演變，不但要隨着裝飾面積的大小及形狀，定它的表現方法，這些限制更可以影響到構成獸面圖案的成份之組織，以及它們包含成份的增減。至於花紋所代表的意義，也許只是一個原始的獸面，如鹿頭、牛頭或其他動物的頭部；但是，因為它們所裝飾的器物，形狀不同，表現的外貌隨着更動，這些不同的圖案就給予欣賞家以不同的印象，而引起了非非的幻想和不同的解釋。

據研究鑄銅技術的結論，我們知道青銅器上所表現的花紋，是由塊范的拼湊（圖版柒：2）鑄造出來的；所以一切花紋的原稿，都是在土范或者印土范的模上設計的；表現花紋的方法，有好幾種不同的種類：有刻劃的，有堆雕的及塑造的等等。由這些不同手續，在模上或范上所製造的花紋，經過了一道或兩道的翻印，方能出現到銅器上；所以銅器上所看見的花紋，只是翻印在模和范上最初設計的圖案。這些製造花紋不同的手續，經常的在變動中（註八九）。

有關中國青銅器最基本的問題，我們認為應該是它最早的一段；這一段歷史在安陽發掘的這批資料中，却不存在。安陽的青銅器，從各方面說，都代表成熟期的作品；所發現青銅標本，就它們的鑄造技術、形制和花紋說，都顯示了進步狀態，這些狀態與三千年前華北的自然環境，是可以配合的。這是安陽青銅器研究，在現在可以報告的一點主要結論。

關於青銅器的來源問題，可以向好幾個不同的方向追尋。首先，我們應該在中國領土以內尋找。在這範圍內，我們的注意力，除了集中在黃河流域一帶外，也應該分一部份到揚子江以南的區域；因為構成青銅這種合金的重要原始材料之一——錫——似乎在黃河流域尚沒有大量地發現過。安陽發掘出來未經用過的錫，有兩件，都保存了輸入品的形態，不像黃銅這種原料，完全是在小屯本地提煉出來的。但這兩塊錫是從那裏輸入的呢？（註九〇）這是我們現在研究青銅器的工作者，一個很要緊的課題。我們設想中錫的來源，也許就在中國境內的西南區；但這尚需若干田野工作，方能加以證實。第二個方面，我們應該追尋的，為中亞細亞、兩河流域地帶。連繫這一問題最要緊的一個發現，爲小屯、侯家莊一帶出土車器的青銅裝飾品。西方考古家早已證明，在兩河流域一帶，車的出現可以追溯到三千年以前。中國的歷史記錄，講車的故事固然有很早的，但是考古的發現，却沒有早於殷商時代的了。若是安陽發現的車在結構上，以及駕駛的方法與西方同時或更早的車，有類似的地方，它們中間的關係，也就不能隨便地否認了。不過鍊銅的原始，却並不一定可以跟車的原始同時解決。失蠟法在西方出現得很早，而中國鑄造的銅器，在殷商時代，乃完全用塊范拼湊的。這兩種截然不同的系統，所表現的發展過程，顯然各有其獨立性；它們是不是有相互的關係，仍需要進一步的研究。第三個方面的追求，應該根據中國青銅器發展的幾個特點，尤其是裝飾藝術的資料，作一系統的討論。這一份藝術很顯然地融合了好幾個不同的傳統；其中包括了很多成份，只見於太平洋區域所發展的裝飾藝術。殷商時代的青銅器，卽是這一傳統最早的代表作。分佈在太平洋區域各地，幾個民族所受殷商裝飾藝術的影響，是可以推知的。不過商朝藝術顯然也含有兩河流域的成份。

（7） 殷民族的體質問題

在安陽發掘所得的資料中，有一組最難加以通俗說明，而爲過去史學家所不輕談，但却構成了考古家認爲最重要發現之一的；爲所收集的人類體骨。這類資料，按原收集的記錄，在民國廿六年的時候，已經累集了一個可觀的數目；但在抗戰時期却損失了一大半。保存到現在較完整的，只有若干頭骨。參加這些頭骨研究的，有吳定良博士和楊希枚教授(註九一)。照楊希枚教授最近發表的論文，安陽所發現人頭坑內的頭骨，可以分成五個類型，分別代表類似北方的查克其（Chukchi）愛斯基摩，南方的美拉尼西亞以及大洋洲常見的一種矮小民族；此外還有一種較少見的、顴骨較低、頭型較長、鼻型較高的類似"胡人"的頭骨。問題是，究竟在這些不同的頭型中，那一型是殷商時代的殷人呢？我們所以要問這一問題的緣故，因爲殷商時代的王國，跟晚期的中國一樣，有不少的邊患來自北方、西北方、東方、南方各種不同的方向。有名的殷高宗跟西北方的鬼方打仗，就打了三年。殷紂王與東夷打仗，也是一個很長期的戰爭。殷人有一習慣，打勝了仗就把一部份敵人的頭砍掉了，作爲祭祀的犧牲。安陽發掘團在侯家莊所發現的人頭坑，很可能的，就是這些戰俘的人頭。所以楊希枚教授的研究報告，所說的不同類型，可以解釋這些戰俘的不同來源，但是研究歷史的人，當然對於殷民族的體質，感到更大的興趣。人頭坑中，是否有可以代表殷民族體型的呢？確實是值得一問的。可惜的是安陽侯家莊的大墓主人，雖經過了最科學的整理工作，它們因爲經過不止一次的早期盜掘，大墓的主人翁遺骸，一具也沒找到；因此，我們所蒐集的殷商時代人骨，究竟以哪種類型最接近殷商王朝的統治階級，尚不能確定。若以少數的刻像爲標準加以辨定，他們的體型接近於北方的蒙古種，卽楊希枚敎授所說的第一和第二類型，應該是最接近於眞相的一種假設。

（五）　結　　論

若是安陽發掘不爲戰爭中斷，我們對於早期的建築和殷民族的體質這兩方面的研究，是可以得到更圓滿的答案的。當然，新發掘資料的增加，在每一個問題上，都可以擴大我們的新認識；但是在小屯及侯家莊一帶，究竟還有多少新的資料埋葬在地下，直到現在爲止，尚不能作一正確的估計。不過在數量上，這些埋葬在地下的資料，應該是有限度的。譬如像侯家莊的大墓，縱然尚有若干未盡發掘，但也決不會很多的了。只有甲骨的蘊藏，沒發現的究竟尚有多少，實在是一個謎。因爲窖藏甲骨的，雖以小屯爲中心，出土的範圍却並不以小屯爲限；也許在安陽小屯附近，還埋葬着類似這一類的資料。最可惜的是我們對於小屯的居住遺址，沒有得到全份的研究資料；已有的發現，只引起了無數的疑難問題，而不能加以解決。

不過總論起來，安陽十五次的發掘，所累集的史料，在中國史學史中，可以說是空前的了。這批資料最大的價值爲：

(1) 肯定了甲骨文的眞實性及其在中國文字學上的地位。

(2) 將史前史的資料與中國古史的資料連繫起來。

(3) 對於殷商時代中國文化的發展階段，作了一種很豐富而具體的說明。

(4) 把中國文化與同時的其他文化中心，作了初步的連繫，證明中國最早的歷史文化，不是孤獨的發展，實在承襲了若干來自不同方向的不同傳統，表現了一種綜合性的創造能力。

（民國五十七年一月廿三日）

本文原載於中央研究院歷史語言研究所集刊第四十本　　民國五十七年

附　　識

1. 本文係中國上古史稿第二本第二章。審查人爲石璋如高去尋兩位先生。

2. 本文版權屬中國上古史編輯委員會所有。

註釋：註內人名係本文引用書目所列之作者姓名。圓括弧內之阿拉伯數字代表其著作；如僅引用一種著作，
則僅註作者姓名。書文名稱詳見引用書目。

(註一)　王國維 (1)，366頁。

(註二)　同上。

(註三)　董作賓 (8)，41-54頁。

(註四)　梁啓超，1-15頁。

(註五)　民國十四年夏，清華學堂設置國學研究院，開始組織田野考古工作，由作者擔任。在這一時期，發掘
了山西夏縣西陰村史前的遺存，發掘報告於民國十六年八月出版。見李濟 (1)。

(註六)　董作賓 (2)，3-36頁。

(註七)　傅斯年 (1)，387-422頁。

(註八)　外國傳教士收購龜甲獸骨文字開始於光緒二十九年。詳前註三，董作賓 (8)。

(註九)　傅斯年 (1)，387-422頁。

(註一〇)　衞聚賢，286-294頁。

(註一一)　李濟(10)，序，第2頁。

(註一二)　參閱 J. G. Andersson，序文 (Foreword), pp. XVII-XXI。

(註一三)　安特生，1-46頁。

(註一四)　李濟(13)，7-11及38頁。

(註一五)　安特生，164-187頁，244-250頁。

(註一六)　參閱中國上古史第一本各章，又 J. G. Andersson p. 94-155，p. 244-250。

(註一七)　第1，2兩種爲調查報告，田野工作初步報告；第3種爲正式發掘報告。新編爲綜合性研究報告。
詳細目錄見中央研究院歷史語言研究所出版品目錄，民國五十二年十一月印。

(註一八)　董作賓 (3)。

(註一九)　中國考古報告集的分目中，殷虛文字自成一目；此外，古器物及建築遺存均與文字平列，另成兩
目；古器物一目中，又有分目若干，如陶器、銅器等。

(註二〇)　王國維(2), (3), (4), (5)。

(註二一)　周鴻翔。

(註二二)　王國維 (2) 第3頁及 (3) 第13頁：「殷商成湯」。

(註二三)　王國維 (5)。

(註二四)　陳壽 (1)，19頁：「劉備在蜀卽皇帝位是因爲：……祖業不可以久替……懼漢邦將湮于地……故受
皇帝璽綬……告類于天神，惟神饗祚于漢家。」

(註二五)　董作賓 (7)，102頁。

(註二六)　同上，100-101頁。

(註二七)　同上，101頁。

(註二八)　同上，101頁。

(註二九)　同上，101頁。

(註三〇)　羅振玉 (2)，二〇‧五。

(註三一)　陳壽 (2)：「司馬遷記事不虛美，不隱惡；劉向、楊雄服其善敍事，有良史之才，謂之實錄。」

(註三二)　易、未濟、爻辭：「震用伐鬼方，三年有賞于大國。」詩、大雅、蕩，文王曰：「咨女殷商，……內奰于中國，覃及鬼方。」高去尋云：「在此三項所記，是否爲同一事件，不無問題。對於易未濟爻辭『震用伐鬼方，是年有賞于大國』，近來有兩種說法：a.最近大陸上某一學人引用王國維之說，認爲震亦爲亥字之訛書，震用伐鬼方，即殷王亥伐鬼方。此說不足信。b.徐中舒先生曾着眼於『有賞于大國』一語，謂周人向稱殷爲大國，易未濟爻辭之所記，亦即竹書紀年所記周王紀歷之伐鬼方。非殷高宗之伐鬼方。徐先生因有賞于大國一語，謂非殷人之伐鬼方固可信，但王季之伐鬼戎，是否三年之久，與殷高宗同，則於史無徵，且未免過於巧合。目下合理之推測，易未濟之爻辭，可能爲殷代方國曾參加高宗伐鬼方之紀載；如爲周人，但亦非王季；因王季無論如何皆不可能與殷高宗同世也。(二)詩大雅蕩。(三)『內奰于中國，覃及鬼方』，後世之註疏家，似皆認爲乃周人傳述文王遣責殷紂王之語。竊以爲覃及鬼方，可能爲漢代傳說中紂殺鬼侯之事，亦未可知也……」

(註三三)　王國維 (6)。

(註三四)　董作賓 (3)。

(註三五)　同上，8-18頁。

(註三六)　同上，39頁前面。

(註三七)　同上，39頁後面。

(註三八)　王國維 (2)。

(註三九)　董作賓 (3)，39頁後面。

(註四〇)　紀錄中有戰事的起因，告廟的次數，「登人」的數目，戰後的安撫等。

(註四一)　大部份左派史學家都有此傾向；郭沫若氏爲其中較著者。但他們也並不能自信。故郭氏到了七十五歲峙，却又公開的申明，要焚毀他所寫的一切；因爲他對於他所說的一切失去了信心了。自由學術界對於他的此項公開的申明，是否具有誠意，覺得仍有待考的必要。

(註四二)　王國維 (7)。羅振玉(1)，20-21頁所載三戈，「大且日己戈」二十二字，「且日乙戈」二十四字，「大兄日乙戈」十九字。

(註四三)　郭沫若。

(註四四)　董作賓 (4)，1-8頁。

(註四五)　同上。

(註四六)　董作賓 (7)；又 (6)

(註四七)　徐中舒，441-446頁。

(註四八)　同上441頁。

(註四九)　李孝定，卷第一，0030頁云：「帝字古文象花蒂之形，殆無可疑。」

(註五〇)　李孝定，卷首143-181頁索隱；董作賓(9)；傅斯年(2)，第一章。關於這一類的著作，應以董作賓創辦的「中國文字」定期刊所發表者較有系統，臺灣大學文學院發行，民國四十九年第一冊。

(註五一) 把人類的黃金時代寄託於遠古時代，在過去史學家的心目中，完全靠想像的歷史作支持；這類想像的歷史已爲考古的發現推翻了。

(註五二) 唐蘭。

(註五三) 董作賓(10)，46-56頁。

(註五四) 董作賓(11)，22-25頁。

(註五五) 荀子，541-573頁。

(註五六) 呂不韋，452-456頁；陳啓天，25-62頁；宋衷；班固，75-84頁；許慎。

(註五七) 關於印第安人的記事畫，自1889年，Garrick Mallery, Picture Writing of the American Indians (Annual Report, Bureau of American Ethnology, 10, 1888-1889) 出版後，此類材料蒐集極多。參閱H. Thomas Cain, 1950。中國境內，最近曾在雲南西南邊境，阿瓦山區高山上發現了「古代的崖畫」；發現期在1966年1月20日至2月10之間。參閱：文物，第2期，7-16頁，1966。

(註五八) 參閱 Thomas Cain, 1950。

(註五九) Henri Breuil, 1952。

(註六〇) Hugo Obermaier, Chapter VII, On Palaeolithic Art, and Fig. 104, Mural Designs From the Cave of Southern France and Spain。

(註六一) 董作賓 (6)，1-17頁。參閱註五七。

(註六二) 董作賓 (5)。

(註六三) 張蔚然。

(註六四) 石璋如 (1)，1-25頁，總述。參閱郭寶鈞。

(註六五) 高去尋 (2)，李序。

(註六六) 高去尋 (1)。

(註六七) 高去尋 (2)。

(註六八) 孟子。又高去尋 (2)，序。

(註六九) Kathleen Kenyon, 1957, pp. 51-76。

(註七〇) 李濟(10)；楊鍾健、德日進 (1)；楊鍾健、劉東生 (2)，(3)。

(註七一) 楊鍾健、劉東生 (2)。

(註七二) 李濟(10)。又：據哈佛大學動物系貝因得 (R. A. Paynter, Jr.)副教授(1960年1月14日)鑑定函，安陽鳥骨中有孔雀 Pavo (Muticus) 的腿骨。

(註七三) 李濟(11)。

(註七四) 李濟(10)，116-132頁。

(註七五) 同上，100-115頁。

(註七六) 李濟 (7)。

(註七七) 李濟 (5)，179-182頁。

(註七八) 李濟 (9)。

(註七九)　高去尋（2），圖版柒拾壹。

(註八〇)　李濟（3），574頁；又楊鍾健、劉東生（3）。

(註八一)　董作賓（1）。

(註八二)　同上；又李濟（4），85-89頁。

(註八三)　同上註，85-89頁。

(註八四)　安志敏，65-108頁。

(註八五)　李濟（8），179-240頁；（14），343-352頁；（16），1-10頁。

(註八六)　李濟（6）。

(註八七)　李濟（17），102-107頁。

(註八八)　同上，8 -86頁。

(註八九)　李濟（15）；（17），69-74頁。

(註九〇)　劉嶼霞，681-696頁。

(註九一)　楊希枚，1-13頁；吳定良，1-14頁。

(補註一)　有若干甲骨學家，認爲契文中，當作地名或祭祀名用的 "衣" 字，就是 "殷" 字的前身；不過這些
　　　　　當地名用的 "衣"，所指的只是殷王田獵之區。甲骨學者尚沒發現過用 "衣"字名都邑的例，如 "大
　　　　　邑商" 這一類的卜辭。以下爲張秉權說："甲骨文中的衣，讀爲殷，王國維謂「衣者古代殷祭之名」
　　　　　（見殷卜辭中所見先公先王考），其後王氏於殷禮徵文中又加考證，自是陳直、陳邦懷、金祖同等，
　　　　　並從其說，然皆以爲祭名，至於以衣爲地名，則郭沫若首創其說，郭氏卜辭通纂第六三五片考釋
　　　　　云：「衣當讀爲殷，水經沁水注：'又東經殷城北' 注引竹書紀年云：'秦師伐鄭，次于懷城殷'地在
　　　　　今沁陽縣，此與疆在沁陽西北可爲互證。」按衣爲殷王田獵之區，與疆，臺，高，木，玟，叝，盂
　　　　　租，演，䡇，螽，䮸，厶，雞等地相近，其見於卜辭者如：

　　　　　　　戊□卜，在豆貞：王田衣逐亡災？

　　　　　　　辛酉卜，在臺貞：王田衣逐亡災？

　　　　　　　□□卜，在木□：□田衣□亡災？（前 2, 15, 1）

　　　　　　　辛巳卜，在臺貞：王田㸬衣□亡災？（前 2, 43, 1）

　　　　　　　壬申卜，在䮸貞：王田㸬衣逐亡災？（前 2, 12, 3）

　　　　　　　壬寅卜，在玟貞：王田衣逐亡災？（前 2, 11, 5）

　　　　　　　戊申卜，在叝貞：王田衣逐亡災？（前 2, 11. 5）

　　　　　　　戊辰卜，在㸬貞：王田衣逐亡災？（人文 2865 ）

引用書目之一：中文

　Ⅰ　以下十一種書刊，本文引用次數較多，簡稱如下：

　　　簡稱　　　　　　書　　　刊　　　　全　　　　名

（1）〔十三〕　十三經註疏：臺北，藝文印書館本，民國四十四年。

（2）〔廿五〕　廿五史：開明書店本，民國二十三年九月。

（３）〔文史〕　文史哲學報：國立臺灣大學文學院發行，民國三十九年起。

（４）〔史刊〕　中央研究院歷史語言研究所集刊，民國十七年起。

（５）〔古學〕　中國考古學報：中央研究院歷史語言研究所，民國三十七年。

（６）〔平廬〕　平廬文存，臺北藝文印書館印行，民國五十二年十月。

（７）〔安報〕　安陽發掘報告：中央研究院歷史語言研究所，民國十八年起。

（８）〔考集〕　中國考古報告集：中央研究院歷史語言研究所印行，民國二十三年起。

（９）〔考新〕　中國考古報告集新編：中央研究院歷史語言研究所印行，民國五十三年起。

（10）〔慤〕　海寧王忠慤公遺書，民國十七年，（三集本）。

（11）〔觀〕　觀堂集林：烏程蔣氏密韻樓印，民國十二年（癸亥）。

　　　Ⅱ　引用書目(照著者姓氏筆劃排列)

王國維：(1) 古史新證，國學月報，第二卷第八、九、十號合刊，民國十六年十月，365-416頁。

　　　　(2) 古本竹書紀年輯校（朱右曾輯錄），〔慤〕。

　　　　(3) 今本竹書紀年疏證，〔慤〕附錄。

　　　　(4) 說商，〔觀〕。

　　　　(5) 說殷，〔觀〕。

　　　　(6) 鬼方昆夷玁狁考，〔觀〕。

　　　　(7) 商三句兵跋，〔觀〕。

王　弼、韓康伯註：易經，〔十三〕。

毛　公註：詩經，〔十三〕。

石璋如：(1) 殷虛建築遺存，〔考集〕之二，小屯第一本，乙編，民國四十八年，南港。

　　　　(2) 殷虛發掘對於中國古代文化的貢獻，學術季刊，第２卷第４期，民國四十三年六月。

安特生：中華遠古之文化：地質彙報，第五號，一冊，民國十二年十二月，北平。

安志敏：1952年秋鄭州二里岡發掘記，考古學報８期，北京科學出版社，1954年12月。

李　濟：(1) 西陰村史前的遺存，清華學校研究院叢書第三種，民國十六年八月，北京。

　　　　(2) 民國十八年秋季發掘殷虛之經過及其重要發現，〔安報〕第一期，民國十八年。

　　　　(3) 安陽最近發掘報告及六次工作之總估計，〔安報〕第四期，民國廿二年。

　　　　(4) 城子崖，〔考集〕之一，民國廿三年，上海。

　　　　(5) 研究中國古玉問題的新資料，〔史刊〕第十三本，民國三十四年，上海。

　　　　(6) 記小屯出土之青銅器——上篇。〔古學〕第三冊，民國三十七年五月，南京。

　　　　(7) 殷虛有刄石器圖說，〔史刊〕第二十三本下冊，民國四十一年，臺北。

　　　　(8) 記小屯出土之青銅器——中篇，鋒刄器，〔文史〕第四期，民國四十一年十二月，臺北。

　　　　(9) 跪坐蹲居與箕踞，〔史刊〕第二十四本，民國四十二年，臺北。

　　　　(10) 殷虛器物：甲編、陶器、〔考集〕之二，小屯第三本，民國四十五年。

　　　　(11) 殷虛白陶發展之程序，〔史刊〕第二十八本，民國四十六年五月，南港。

　　　　(12) 侯家莊一〇〇一大墓發掘報告序，〔考集〕之三，民國五十一年。

　　　　(13) 南陽董作賓先生與近代考古學，傳記文學，第四卷第三期，民國五十五年三月，臺北。

(14)殷商時代青銅技術的第四種風格，〔史刊〕第三十五本，民國五十三年六月，南港。

(15)殷虛出土青銅觚形器之研究，〔考新〕第一本，民國五十三年六月，南港。

(16)如何研究中國青銅器，故宮季刊第一卷第一期，民國五十五年七月，臺北。

(17)殷虛出土青銅爵形器之研究，〔考新〕第二本，民國五十五年十二月，臺北。

李孝定：甲骨文字集釋，中央研究院歷史語言研究所專刊之五十，民國五十四年，南港。

宋　衷輯：世本作篇（廣韻引），叢書集成初編3700，上海商務印書館，民國二十六年。

呂不韋：呂氏春秋君守篇，卷十七，(民國四十年，臺北藝文印書館)。

吳定良：殷代與近代顱骨容量之計算公式，人類學專刊第二卷，第一、二期合刊，中央研究院歷史語言研究
　　　　所，民國三十年。

孟　子：孟子告子章句下，〔十三〕。

周鴻翔：商殷帝王本紀，民國四十七年，香港。

徐中舒：士王皇三字之探原，〔史刊〕第四本，民國二十一年至二十三年，上海。

班　固：漢書古今人表，卷二十，〔廿五〕。

荀　子：荀子解蔽篇，卷十五，四部備要本。

唐　蘭：古文字學導論，民國二十四年。

高去尋：(1) 安陽殷代皇室墓地，臺大考古人類學刊第13、14期合刊，民國四十八年十一月，臺北。
　　　　(2) 侯家莊第一〇〇一大墓，〔考集〕之三，民國五十一年。

商承祚：殷契佚存，金陵大學文化研究所，民國二十二年，南京。

許　慎：說文解字序，四庫善本叢書館影印，民國四十八年，臺北。

郭沫若：湯盤孔鼎之揚榷，金文叢考第四，日本昭和七年（民國二十一年）石印手寫本。

郭寶鈞：B區發掘記之一，〔安報〕第四期，民國二十二年六月。

梁啓超：中國考古學之過去及將來，飲冰室專集之一百一，民國二十五年，中華書局，(今有英譯)。

陳啓天校釋：韓非子五蠹篇，卷一，中華叢書，中華書局，民國四十七年，臺北。

陳　壽：(1) 三國志蜀志二，〔廿五〕。
　　　　(2) 三國志，卷十三，王肅傳，〔廿五〕。

張蔚然：殷虛地層研究，〔安報〕第二期，民國十九年十二月。

傅斯年：(1) 本所發掘安陽殷墟之經過，〔安報〕第二期，民國十九年十二月。
　　　　(2) 性命古訓辨證，第一章，民國二十七年；現收於傅孟真先生集第三冊，臺北，臺灣大學。

雲南省歷史研究所調查組：雲南澄源崖畫，文物第二期，7-16頁，1966。

楊希枚：河南殷墟頭骨的測量和形態觀察，中國東亞學術研究計劃委員會年報第五期，民國五十五年六月，臺
　　　　北。

楊鍾健、德日進：(1) 安陽殷墟之哺乳動物羣，北平地質調查所，中國古生物雜誌丙種第十二號，民國二十五
　　　　　　　　　　年六月。

楊鍾健、劉東生：(2) 安陽殷墟扭角羚之發現及其意義，〔古學〕第三冊，民國三十七年五月，南京。
　　　　　　　　(3) 安陽殷墟之哺乳動物羣補遺，〔古學〕第四冊，民國三十八年十二月，南京。

董作賓：(1)商代龜卜之推測，〔安報〕第一期，民國十八年十二月，北平。

（2）民國十七年十月試掘安陽小屯報告書，〔安報〕第一期。

（3）殷曆譜下編卷九，中央研究院歷史語言研究所，民國三十四年四月。

（4）湯盤與商三戈，〔文史〕第一期，民國三十九年六月。

（5）殷代月食考，〔史刊〕第二十二本，民國三十九年七月。

（6）中國文字，國民基本知識叢書，中國文化論集，民國四十三年十二月，臺北。

（7）甲骨學五十年，臺北藝文印書館，民國四十四年七月。

（8）甲骨文發現及其研究經過，〔平廬〕卷三。

（9）古文字中之仁，〔平廬〕下冊。

（10）中國文字演變史之一例，〔平廬〕下冊。

（11）從麼些文字看甲骨文，〔平廬〕下冊。

劉嶼霞：殷代冶銅術之研究，〔安報〕第四期，民國二十二年六月。

衞聚賢：中國考古學史，中國文化史叢書，上海商務印書館，民國二十六年二月。

羅振玉：（1）三代吉金文存，二、卷十九，（珂羅版），民國二十五年。

　　　　（2）殷虛書契後篇——上，臺北藝文印書館影印，民國四十八年。

引用書目之二：英文

ANDERSSON, J. GUNNAR:　Children of the Yellow Earth, London, 1934.

BREUIL, HENRI:　Four Hundred Centuries of Cave Art, Montignac, 1952.

CAIN, H. THOMAS:　Petrolyphs of Central Washington, University of Washington Press. 1950.

KENYON, KATHLEEN:　Digging Up Jericho, F. A. Praeger, N. Y., 1957.

MALLERY, GARRICK:　Picture Writing of the American Indians, Annual Report, Bureau of American Ethnology 10, 1888–1889.

OBERMAIER, HUGO:　Fossil Man in Spain, Yale University Press, 1952.

1. 繞殷虛東岸之洹水（民國十八年秋攝影）

2. 小屯第六次Ｂ區發掘進行狀況；由西往東視景（民國二十一年五月攝影）

1. 方坑與圓坑（B27 方坑，B26 圓坑）

2. 葫蘆形坑牆壁之脚窩（B81 坑）

1. 版築土（俗稱夯土）叠積的層次（yb034）

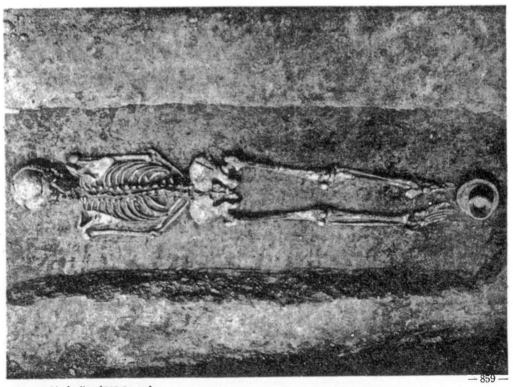

2. 俯身葬（YM047）

1. 侯家莊大墓 HPKM1001 發掘進行中

2. 版築土下之溝渠形構造 (C74)

1. 殷墟遺址出土的骨料（E10）

2. F16 坑的銅器與石器

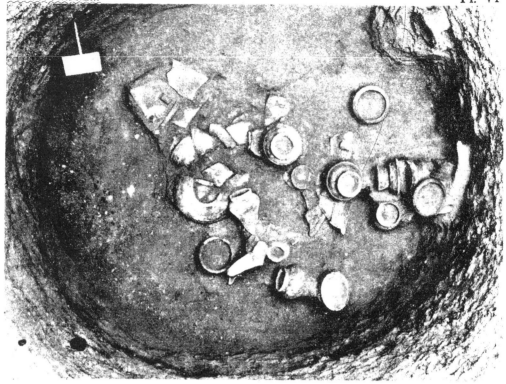

1. H198 坑的陶器

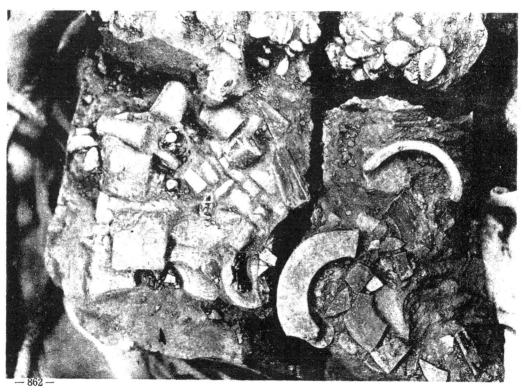

2. HPKM1443 墓出土的玉器

1. HPKM1004墓出土的方鼎

2. 小屯出土的銅范

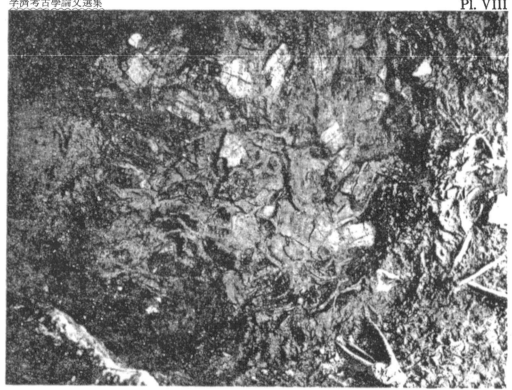

1. 小屯 H127 坑甲骨文在地下堆積的狀況

2. HPKM1217 墓的鼓與磬

安陽發掘與中國古史問題

1. 有 '鬼方' 字樣之甲骨文拓片 （4.2.0010）

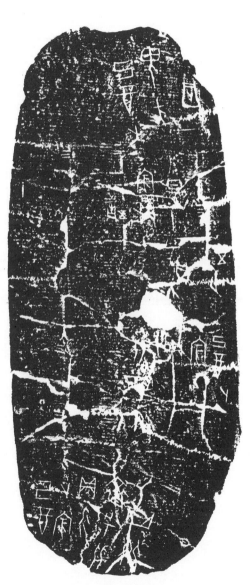

2. 有 '鬼方' 字樣之甲骨文拓片 （13.0.14064）

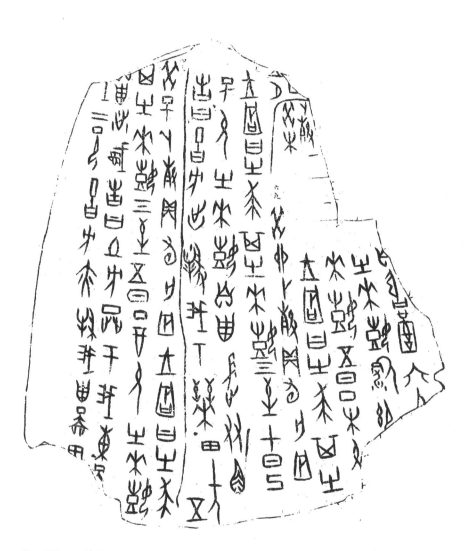

殷曆譜（下編九、二十一）摹寫殷虛書契菁華所載有關‘呂方’之資料

中國古器物學的新基礎*

　　中國古器物學的新基礎，建築在現代考古學與民族學組織的田野工作所蒐集的材料上。要了解新基礎的性質，我們應該先檢查一次舊基礎的結構。由北宋到滿清末年，中國的古器物學家有過不少的輝煌成績；但是很顯然地，假如我們墨守傳統的方法作下去，這門學業的前途，就顯得沒有多少路可走了。這裏有一個重大的原因；讓我把八百年來，古器物學在中國進展的情形，先作一番概括的說明。

　　留傳到現在，最早的，比較最完整的金石著作，自然是呂大臨的考古圖；這是宋哲宗元祐七年完成的，等於公元一○九二年。就很多方面說，這部書的出現，不但在中國歷史上，並且在世界文化史上，是一件了不得的事件；在這部書內，我們可以看見，遠在十一世紀的時候，中國的史學家能用最準確的方法，最簡單的文字，以最客觀的態度，處理一批最容易動人感情的材料。他們開始，並且很成功地，用圖象摹繪代替文字描寫；所測量的，不但是每一器物的高度、寬度、長度、連容量與重量都紀錄下了；注意的範圍，已由器物的本身擴大到它們的流傳經過及原在地位，考訂的方面，除欵識外，兼及器物的形制與文飾。約三十年後，規模更大的宣和博古圖問世。有了皇家的支持，金石學，古器物學的前身，漸漸地在那時的學術上就佔了一個地位。但博古圖的組織及編輯，紀錄的方法、考訂的題目、敍事的體裁，差不多全以考古圖爲準則；只在若干小的方面有些改進。從此以後，經南宋、元、明，直到滿清，在這門學問上致力成專家的，有不少著名的學者：但是，很奇怪地，這些名人的貢獻，差不多完全在文字的解釋及器物名稱的考訂上；呂大臨爲古器物學所懸的三大目標：探制作之原始，補經傳之闕亡，正諸儒之謬誤，似乎只有最後一條吸引了南宋及滿清兩代的金石學家全部的精神，得了若干結論。在材料本身的處理上，這幾百年內，不但沒有進步，並且顯露了退化的跡象。前清二百六十餘年內，出有不少的大收藏家；有好多是看不起宋人的工作的；但是，假如我們拿光緒三十四年出版的陶齋吉金錄，清代最後的一部具規模的金石著作，比考古圖晚了八百一十六年；——假如我們拿這部書與考古圖比較，我們可以很清楚地看出，端方及他的門客所綱纂的這部書，連抄北宋人都沒抄會。呂大臨很小心地注意到古器物的出土地；陶齋的紀錄，包括這一項目的却很少；單就這一點說，我們已經可以辨別他們不同的治學精神了。民國年間，王國維纂輯兩宋金文著錄時，曾說：

> "考古、博古二圖，摹寫形制，考訂名物，其用力頗鉅，所得亦多；乃至出土之地，藏器之家，苟有所知，無不畢記；後世著錄家當奉爲準則。至於考釋文字，宋人亦有鑿空之功，國朝阮、吳諸家，不能出其範圍；若其穿鑿紕謬誠若有可議者，要亦國朝諸老所不能免也……"

這可以說是一段非常公允的批評。由此引起的一個問題就是：爲何在十一世紀已有的一門光芒四射的金石學，經過了八百年以上的時間，兩朝皇家的提倡，仍停滯在不進步的狀態中？是否因爲成了一種宮廷學術，就構成了它不繼續發展的重要原因？這一假設也許說對了一部份，但並不能成爲全部答案。這問題的範圍牽涉到中國全部的思想史，及治學的態度。我們可以說，自然科學在中國落後的原因，也就是古器物學在這一悠長的時間，沒有進步的原因；這個原因，概括地說，可以推溯到，兩宋以來半藝術的治學態度上。自然科學是純理智的產物；古器物學，八百年來，在中國所以未能前進，就是因為沒有走上純理智的這條路。隨着半藝術的治學態度，"古器物" 就化為 "古玩"；"題跋" 代替了 "效訂"；"欣賞" 掩蔽了 "了解"。在這一演進中，呂大臨為古器物學所懸的目標，也就像秦、漢方士所求的三神山一樣，愈求愈遠，成了永不能達到的一種境界。因為與這一學業有關的幾個基本問題，沒有被這半藝術的態度照顧到，這八百年的工作，好像在沒有填緊的泥塘上，建築了一所崇大的廟宇似的；設計、材料、人工，都是上選；不過，忘記了計算地基的負荷力，這座建築，在不久的時間，就顯着傾斜、卷折、鏽漏、不能持久地站住。

上面所說的注意地基工作，在現代學術工作程序上，等於原始材料的審訂。中國古器物學的創始人呂大臨，原認識這一點的重要，故在他的效古圖所錄的二百一十九器中，註明了九十七件的出土地。很可惜地，他的繼承人，沒有能夠在這一方面，充分地發揮那內在的重要性。

民國十八年，歷史語言研究所印行安陽發掘報告的第一册的時候，蔡故院長子民先生曾替這刊物作了一篇序，勉勵我們這些從事田野考古工作的人們。說：

"……我們現在做考古學的同志，不可忽略自宋朝以來，中國考古學這段光榮的歷史"。"但是" 他繼續地諄誡我們，"近幾百年，世界為自然科學所動盪，已經改了一個形勢；前代的典型，自不盡適合現代的要求。……我們若不擴充我們的憑藉，因以擴充，或變異我們的立點和方法，那裏能夠使我們的學問隨時代進步呢？……"

蔡先生說這些話的時候，正是自然科學開始動盪中國的時候；在中央研究院前總幹事丁文江先生，及現任評議會秘書翁文灝先生領導下的地質調查工作擴大的範圍內，已將那沉沒在神話傳說中的遠古人類歷史，東亞的一面，給我們一種新的認識，同時，科學的考古發掘，也就在這一風氣中開始了。順着這一方向努力所獲的成績，給研究古器物學的人們至少有兩種啓示：一、古器物學的範圍，決不能以三代爲限度，更不應封鎖在三代有文字的吉金內；人類的活動，表現在器物上的，有很多不同的資料；在時間上，也超過我們過去所知道的百倍以上。二、古器物學的原始材料，也同其他自然科學的原始材料一樣，必須經過有計劃的蒐求，採集及發掘，最詳細的紀錄及可能的校勘，廣泛的比較，方能顯出它們的眞正的學術價值；經過古玩商手中轉來的古器物，既缺乏這種手續及有關的紀錄，自然沒有頭等的科學價值，更不能用着建築一種科學的古器物學。

田野工作是一門獨立的科學訓練，在地質學古生物學及若干生物學的部門，都是不可少的；地質學的重要推論，差不多全靠着田野工作得到的觀察。古器物學倚靠這一門訓練的程度，至少與地質學相等；所需要的精密的程度，有時也許還要超過地質學的要求。我們可以舉一個實例來說明這一訓練的必要性。諸位中有很多是聽過安特生博士的大名的；他是瑞典的一位有名的地質學家，約三十年前，被聘到中國來作地質調查所的顧問；安特生博士確實替地質調查所作過不少的事，包括若干具有永恆價值的貢獻。他的豐富的興趣，並不限在地質學及古生物學的範圍以內；在他的田野工作期間，他作過幾件動人的考古工作，第一次發現了華北史前文化，領導了好幾次科學的發掘。他的考古報告久已成爲研究中國史前文化必讀的書。但是，最近已有不少的專門學者感覺到：他的田野觀察，雖甚精確，似乎尚可作得更精確一點；他的推斷，大部雖極可靠，但那可靠的程度，顯然尚可提高。他在甘肅工作時，只親手發掘了幾個遺址，却大量地收買了盜掘的古董。根據有限的發掘經驗，評定大量的盜掘器物，結果就陷入若干短時期難以糾正的錯誤。他的有名的甘肅史前六期的推斷，照最近在田野的覆察，已需要基本的修正；他的更有名的，"中國遠古之文化"，所作的推論，是否完全符合地下的實在情形，已招致了不少的疑問，到現在已成為史前考古在中國的一件亟需要解決的公案了。

以安特生博士在地質學的成就及他的廣大的田野經驗，來作幾回小規模的考古發掘，尚不能滿意地配合現代科學的要求，我們可以由此認明，科學的田野考古工作，所需要的這一項訓練，應該是如何的嚴肅、堅實、透徹了。這決不是一種業餘的工作，可以由玩票式的方法所能辦理的。這更不是故意地要把田野考古工作的方法說得特別的艱難深奧。現代科學所要求的，只是把田野工作的標準，提高到與實驗室工作的標準同等的一種應有的步驟。一個作化學、物理學，或生理實驗的科學家，雖也靠不少的助手推動他的工作計劃，但到了緊要的階段，總是自己主持，親自動手工作，並作紀錄的；他決不會想到躲在家中或圖書館內遙遙指揮，托另一個人代替執行的辦法；對於同行的實驗，在接受以前，大半都要在自己的實驗室覆作一次，或若干次，看它準確到什麼程度。重複實驗，可以說是幫助同行朋友最虔誠的友誼表現，到現在，已成為實驗科學的一種固定習慣了。靠田野工作得原始材料的科學家，却享受不了這種實驗室的互助。田野考古的情形尤為特別；冰川的遺跡、火山的構造、斷層的暴露，均可供給無數的地質學家繼續的踏查、覆查及再覆查；但人類的歷史却永不重演。一個重要的遺址、一座古墓、一尊紀念石刻，若是被摧毀了，沒有第二個同樣的遺址、古墓、或石刻可以代替的；同樣也，若經手發掘古代遺址，古墓的工作者有了錯誤的觀察，或不小心的紀錄滲入他的報告內，這種錯誤却很難用直接的方法在短時期內校勘出來；一個嚴重的後果就是認種流傳，無形中構成這學業前進的一大障礙。像這樣的情形，除了古生物學外，沒有其他的科學可以比擬的。因此，我們更感覺到從事田野考古工作的人們所負的科學使命之重大；這種責任感應該使實際工作者加倍的小心；無論如何，他應該用自己的耳目，作自己的觀察。這自然不是唯一的條件，但是不可少的條件。如此得來的材料，至少可以給採集人一種精神上的安慰；這種材料的可靠性，由此亦可以得到研究人的信心。這是一門科學能夠成立的起碼條件，宗教家所說的"起信"的作用。這種信心的培養，必須完全由純理智的觀點出發，不能雜任何情感的成份；若在任何方面，情感與理智發生些微的衝突，從事這一工作的人應該有勇氣放棄他的情感，遵從他的理智。只有如此地作下去，方能把這門學問建築在牢固不拔的基礎上。

中國古器物學，經過了八百多年的慘澹經營，始終是因仍舊貫，沒有展開一個新的局面，最重要的原因就是：對於原始材料審訂的工作及取得手續，這八百年來的古器物學家沒有充分地注意；他們很顯然地都曉得，古器物是一種珍貴的史料；但他們很少感覺到，這些材料的本身另有一段歷史，爲說明它們所以成爲歷史性材料的不可少的知識。若干對於古器物的來歷有直接興趣的人們，却沒有把這興趣正常地發展出來，只在古器物的本身上撫摩，想由這一方法斷定它的眞僞。眞僞的斷定，在他們的下意識中，似乎不必在"出土"問題這個方向尋求，向這一方向尋求所引起的可能困難，不但是遠在斷定眞僞之上，同時也是不值得讀書人嘗試的。

十餘年前，羅振玉的兒子羅福頤，校補王國維的國朝金文箸錄表，改名爲三代秦漢金文箸錄表；表內列了，他認爲可靠的古器物，共五千四百二十三器；表中有出土地一欄，但大半都是空的；塡有出土地的器物，共爲一百三十三件，與所錄全數的百分比爲：2.45，就是說，在這表中所列的器物，每一百件內，平均只有將近兩件半的器物有出土地的紀錄。但所紀的地名，大半是"關中""秦中""洛陽"這類地理上的共名，雖說是比沒有好，它們的科學價值甚爲有限。這一表足以證明滿清一代的古器物學家對於古器物出土地的極端的忽視。

要是我們再進一步，追求古器物流傳的眞相，我們更可以進一步地了

解，宋朝及滿清兩代的收藏家所重視的古器物，只能代表極狹小範圍內的
選擇標本：根據這些標本發展出來的古器物學，也隨着流行的選擇標準，
完全變成了文字學的附庸。有田野工作經驗的人，可以很容易地推想到，
滿清學者著錄的五千四百二十三器，照那時的蒐集及流傳的情形看來，至
少代表十倍以上的損失；換句話說，錄存的五千餘器，每一件都是由很多
數目中挑選出來的一件。古董商挑選的器物，除了"有欵識"爲他們的最
高標準外，還有若干不可少的附帶條件：這些器物必須是完整的，花紋好
的；只有如此，才能入收藏家的眼，他們才可以得到他們所希望的代價。
在整理安陽出土的器物時，我常感覺到，小屯發掘出來的青銅禮器，要是
用古董商的尺度來衡量，八十二件中可以拿出來與收藏家見面的，最多也
到不了八件；其餘的，也許經手蒐集的人根本就不會用正眼一看。這一實
情，是每一個有常識的古玩商人都要承認的。我們姑且不必憑弔這種慘重
的損失；但我們必須認清：根據這些無情淘汰幸存的標本所建置的古器物
學，是一種畸形的發展，片面的、不健全的；這一發展決不能解決古器物
學的 基本 問題 ； 好像研究上海或北平社會問題的專家們只根 據 他 們 在
上海的四大公司或北平的三海內裏繞圈子所找的資料 ， 他們顯然不能解
決他們想要解決的問題。

　　近三十餘年，田野工作所蒐集的與古器物學有關的材料，可分兩組解
說：一組是由地質的調查及古生物的尋求所涉及的人類遺物與遺跡，主持
這一工作的機關爲地質調查所，及與地質調查所合作的機關；又一組爲完
全尋找早期歷史材料而發現的人類居住遺址及墓葬所得的成績，主持這一
工作的機關，由中央研究院歷史語言研究所領首。這兩組工作雖說是由兩
種不同的立場出發，但在短期間，他們却攜了手；在方法及工作技術上，
他們有絕對的相同的地方，只在題目上，各有各的範圍。由地質調查及古
生物探尋入手的工作者，最緊要的課題之一是想把人類歷史與自然歷史打

成一片，專門歷史學的人，眼前的問題爲急於把純歷史性的若干主要跡象，由田野考古的途徑， 向遠古追溯它們的根源。這兩種出發點是可以同時進行不悖的，在若干方面是可以互相輔佐，充分合作的。近二十年來，這兩門學科在中國的共同努力，是我們學術界最可喜的現象；他們的收穫值得我們在此作一簡單的報告。

德日進神甫，在第二次世界大戰尚在進行時，曾把近二十年在華北一帶搜尋遠古人類遺跡所得的成績作了一次簡單的綜合的敍述 。 據他的意見，周口店的北京人時代應該放在早冲積期，約等於三門系的紅土期；周口店的第十三，第一，第十五各洞穴的文化遺存雖代表一長時間的發展，有先後的秩序，大致均屬於一期。繼紅土期而起的黃土期文化，曾在甘肅、陝西、山西一帶陸續出現，以寧夏附近靠長城邊的水洞溝的遺址爲最晚，所包含的內容也最進步。 到了晚冲積時期的終結 ，就到了德日進神甫所稱的黑土期，文化發展的階段也就快到了先史學家所說的新石器時代。最足代表這一期文化的遺址及遺物，爲散見於蒙古沙漠的石片工業及最近在哈爾濱附近札賚諾爾所發現的先史時代的遺存。紅土文化期，照德日進的推斷，大致與西歐的賽呂(Chellean)文化同時； 黃土文化在模斯(Mousterian)及奧呂(Aurignacian)兩期的前後。

這幾條重要的結論所依據的材料，可信的程度確實合於科學的最嚴格的標準。周口店的發掘工作，在第一次與第二次世界大戰中間可以說象徵了人類最向上的精神活動；就純科學的立場說，周口店的工作成績，在質與量的方面，世界上尚沒有可以比得上的。以周口店的工作爲模範，在華北一帶 ，從事廣泛蒐集遠古人類遺跡的工作者努力所得 ，在方法與成績上，很多可以與周口店的發掘比美的。到現在，我們根據這些原始材料，所能推想的東亞舊石器時代的文化進展，雖遠趕不上西歐或北非的豐富，但在這短短的二十年間，能證實這一類文化在遠東區域同樣地存在，已足使以三代爲上古的中國古器物學家有所省悟了。

到新石器時代，就快接近有文字紀錄的歷史期間。這一類的遺址，在華北一帶，就已發現的論，遠較舊石器時代的遺址爲多。第一次從事發掘新石器時代遺址的人，是已經提到的安特生博士；據他的"奉天沙鍋屯洞穴層發掘報告"的記載，他在中國領土內尋找早期人類遺跡的工作開始於民國八年，發現仰韶及沙鍋屯遺址，在民國十年。有名的仰韶遺址所代表的文化階段似緊接着關外的黑土時代文化，雖仍屬於先史時代，但是，若把史前的人類遺存從周口店算起，仰韶已是尾聲。不過，若是從有文字紀錄的歷史向前推溯，仰韶遺存，自然又可視爲中國遠古之文化了。仰韶式及比仰韶較晚的彩陶遺址，經過二十餘年田野工作人員的不斷的搜尋，已經證明，滿佈秦嶺以北的黃河流域一帶，由西而東，將近山東境界，轉向北及東北，直達熱河及南滿州。由甘肅向西北踏查，中國的彩陶，似乎與中亞、小亞細亞，及多腦河流域一帶的遺址所出的類似陶器有些不可忽視的關係；這雖是些未定的推測，彩陶文化的國際性是很顯然的。專從這一角度看這一批材料的歷史意義，仰韶文化的重要，可以與水洞溝的相比，它們都超過了國際的界線了。安特生博士，在最早的期間，更注意到彩陶文化與中國早期歷史文化的關係，把仰韶遺物與三代器物作比較研究，得了不少極有價值的結論。

民國十七年，歷史語言研究所的考古組，在蔡院長的領導下成立，所選擇的第一個發掘遺址，就是出甲骨文字的安陽小屯村。在開始這一工作時，參加的人員就懷抱着一個希望，希望能把中國有文字紀錄歷史的最早一段與那國際間甚注意的中國史前文化聯貫起來，作一次河道工程師所稱的"合龍"工作。那時安特生博士在中國所進行的田野考古調查工作已經到了第十個年頭了。這一希望，在第三次安陽發掘時，由於在有文字的甲骨層中一塊仰韶式彩陶的發現，大加增高。現在事隔二十年了，回想這一片彩陶的發現，眞可以算得一件歷史的幸事。安陽發掘團前後所紀錄的小屯出土的陶片，差不多快近二十五萬塊，但始終沒得到第二片彩陶發現的報導。那時注意這問題的，在發掘團中，只有極少數的人；要不是終日守着發掘的進行，辛勤地紀錄，這塊陶片的出現，很可能地就被忽視了。有了這一發現，我們就大胆地開始比較仰韶文化與殷商文化，並討論它們的相對的年代。同時，這觀察也增加了我們蒐求類似遺址的信心，參加殷虛發掘工作的幾位青年考古家，對於陶器的研究，也就大感興趣了。

參加田野考古工作的同志，在推進他們的工作時，漸漸地得了一個共同的信念；這一信念，若是用語言加以說明，就是：要解決一個遺址所引起的問題，我們必須參考好些其他遺址的事實；這些事實必須是科學的發掘事實，具有同等的可靠程度。因此，在這一個小圈子內的青年考古家，短期內就養成了一種跑外的習慣；在抗戰開始的前兩三年中，這種外勤工作的興致差不多成了一種狂熱；每一季節中，除了經常的發掘工作外，總有幾次調查的團體出發。斯文赫定博士有一次告訴我說，三年不回到駱駝背上，就要感覺到腰酸背疼；這一句話最能得到考古組同仁的同情；他們却並不一定要騎在駱駝背上；他們只要有動腿的自由，就可以感覺到一種 " 獨與天地精神往來 " 的快樂。

這種辛苦確實可以得到極豐富的報酬。民國十九年，考古組田野工作的第三年，我們在山東濟南附近的城子崖發掘了一個小的遺址，却得了極重要的收穫，開始了黑陶文化研究的一幕。黑陶文化的發現，解釋了一大批在殷虛遺址發現的實物中難加說明的現象；繼續的研究，證明這一文化，在中國東部的文化圈內，是由史前到歷史期間，最扼要的一道橋樑；它的存在，不但把若干專門的考古問題，順利地、明朗地解決了；也把我們對於黎明期中國文化較簡單的、單調的印象所具的內容加充實了，並增添了豐潤的色彩。小屯與仰韶的關係問題，漸次擴大為小屯、仰韶與龍山

（城子崖）的關係問題，這一複雜關係問題的解決，一時成了田野考古工作人員所追求的中心對象，佔了他們的不少的時間。

城子崖發掘一年以後，我們在安陽境內，小屯的附近一個新的遺址，後岡，發現了三種文化重疊堆積的現象。領導這一工作的梁思永先生，是第一個斷定，彩陶文化、黑陶文化，與殷商文化繼承秩序的人。從這時起直到抗戰的一年，每年考古組的外勤人員都有新黑陶遺址發現的報導；風氣所及，別的學術機關，也感到同樣興奮；西湖博物館在杭州良渚發掘黑陶遺址的工作，確實是一件值得稱讚的成績。民國廿八年，梁思永先生曾為太平洋國際科學會議把黑陶文化的分佈，作過一次綜合的報導；統計起來，在那時已有七十幾個遺址可數；大多數均集中在洛陽以東，黃河流域的下游，河南、山東、皖北一帶，南到杭州灣了。抗戰期間，日本的考古家在遼東半島也發現了黑陶遺址。雖說是德日進神甫仍不相信，這一文化單位尚滯留在石器時代的階段，但直到現在為止，我們尚沒得到，在黑陶文化層中金屬器存在的任何證據。

同時，我們在安陽的殷虛發掘工作，仍是我們田野工作的中心；七七事變一年的春天，是我們在安陽的第十五工作季。這不是一個以獵取甲骨文字為唯一目的的工作團體；假如我們把歷年發掘的實物分類的列舉，所得的重要項目為：陶器、骨器、石器、蚌器、青銅器、玉器，腐朽了的木器痕跡，附於銅器上的編織品，在原料狀態中的錫、水銀及其他礦質，作裝飾用的象牙、牛骨、鹿角；占卜用的龜版、獸骨；鑄銅器用的銅範；鑲嵌用的襄陽匋子，當貨幣用的貝；殘留的或作犧牲用的各種獸類骸骨；保存完全的人骨，等等。這還只是比較顯著的節目。每一類的數目均甚為可觀；譬如陶器，可以看見全形的，有一千七百餘件，若單論出土的碎片，經統計的將近二十五萬片。獸骨的種類，曾經楊鍾健博士及德日進神甫分別鑒定，除通常的家畜外，包括東海的鯨魚、太白山的羱角羚、南方的水牛、象及其他若干在現在安陽氣候不適生存的種類。有文字的甲骨、青銅製的用器、武器與禮器，均積到一個可觀的數目。這些都是頭等的，最可靠的，古器物學的原始資料。

處理這批材料的方法，自然有不少可以斟酌的地方。科學考古報告的寫作，已有一種國際的標準，今天我不打算在這兒討論；所擬討論的是在寫這報告以前，對於這些發掘出土的器物了解的程度，應該推到什麼限度。不加任何解釋，赤裸裸地把原始材料公佈出來──如氣象局、人口局經常所作的──雖是一種有效率的處理辦法，却不是古器物學家應該效法的；若說是，必須等到對於每一實物、每一現象的各方面都有一個說法，然後才發表他的報告，爭取這樣理想標準的科學家能否得到他所需要的支持，却是不能預定的。假如我們把研究與發表分開來講，我們討論的範圍，就可劃分得清楚些。

所謂"對於一種事物的了解"大半是由研究的趨向發展出來的。呂大臨八百多年前為古器物學所懸的三個目標──探制作的原始，補經傳的闕亡，正諸儒的認誤──每一項均代表對於古器物了解的一面，均是現代的古器物學家應該繼續追求的。

但是，"探制作的原始"，單就這一目標說，真是"談何容易"！對於一件器物，或一種制度，能把它的原始說出來，照現代的觀念發揮，就是對於這一器物或一制度有了全面的了解。這工作最迫切的先決問題，應該是所談的對象在地面的分佈，與在時間的秩序；現代考古學及民族學的田野工作，對於所蒐集的實物及所觀察的現象，發生區域的測定，已到了比較可靠的程度，但對於它們發生時間的推斷，却離那精確的標準尚遠。

斷定一件器物的時代，可以說是自北宋以來，古器物學家用力最久，最沒上軌道的一件工作。一件可以完全證明不是偽造的古器物，若也不是由科學發掘得來的原始材料，大約除了這器物本身有文字，文字中帶有時代的啓示，沒有其他更可靠的方法，可以用來準確地標定它的出現年月的。自然，根據已經知道的事實，作若干原則上的規定，用作校定游離物品的時代，一般地說來，不失爲合於邏輯規律的辦法；但是這些原則，無論是如何精密地歸納出來的，若運用得不小心，很容易領入嚴重的錯誤。這是處理古器物的一個核心問題，值得我們細心地檢討一次。

我們可以舉兩個實例說明，對於這一問題我們應該注意的方面。譬如，以趙希鵠這樣精於賞鑒的人，他所舉出的第一條辨別鐘鼎彝器時代的標準是這樣的：

"夏尚忠，商尚質，周尚文；其制器亦然。商器素質無文，周器雕篆細密，此固一定不易之論，而夏器獨不然。余嘗見夏珮戈，於銅上相嵌以金，其細如髮。夏器大抵皆然，歲久金脫，則成陰竅，以其刻畫處成凹也。相嵌今俗譌爲商嵌…"（洞天清祿集，第五頁。）

他這一段理論，幾條原則，被近代考古發掘的事實，差不多完全推翻了。由發掘所得的商器，雖也有"素質無文"的，但並不是"一定不易'的現象。殷虛所出的商代禮器，文飾繁縟的居大半，至於周器，有八百年的歷史，更是變化多端，不但有時代的差異，還有地域的區別。最無稽的，爲所說的"夏器"，這一代中國有了銅器沒有，尚是考古學的一大問題。

趙希鵠所定的斷代標準，完全是由"夏尚忠……"這幾句話演繹出來的，再把自己的收藏經驗雜亂地附會上，算是爲"天統說"加了一種新的註釋。現在看來，他的理論力量的淺薄，幾乎令人難以置信。但是，假若我們記得清楚，這是遠在自然科學動蕩中國以前的著作，陰陽五行說所籠罩的學術空氣下的產品，這又何常不是"持之有故，言之成理"的一套理論。他所推演出來標準，經不起現代科學的考驗，並算不得很奇怪的事。

近三十年來，在以現代科學方法整理國故的運動下，關於古器物學的工作，中國的學人已有不少的勞績。科學的源頭在西方，故鞭策我們最緊的，也就是西方的漢學家。瑞典的高本漢教授，是現代歐洲漢學家中最特出的一位，對於中國古代語音學有過很大的貢獻；抗戰前，在倫敦舉行中國藝術展覽的前後。他對於中國青銅器的研究也發生了熱烈的興趣，陸續在瑞典遠東博物館舘刊內發表了幾篇關於中國青銅器研究論文。最初，他根據了四十六種有關中國青銅器的圖錄及銘文的著作，作了一番甚詳盡的分析、比較，由此找出來了殷銅器與周銅器的基本分別，並把周銅器分成：殷周、中周、淮，三式。他所選的類別標準，以銘文爲出發點，包括全器的形制，各部的形態，文飾的結構，圖案的內容；他所作的比較工作，不但將器與器比，並且把每一器的個別部位，及構成每一圖案的文飾細目，都作了極詳盡的分析，極仔細的較量，故他歸納出來用作分辨各期的標準，要算是極實質，極縝密的了。這是以現代科學方法，整理中國古器物一部最有貢獻的成績，值得我們的重視。

至於他所提供的若干辨別時代的具體的標準，是否完全符合由考古發掘所得的事實，自然是我們應該有的追問。據我所知道的答案，他並沒作到十全的程度；這一點，高本漢教授却並不願放在他所願討論的範圍以內；他的目的，據他的申明，只是要把見於有圖象著錄的，或有照片的中國古青銅禮器，整理一個秩序出來。他很巧妙地用了統計學的論證法，有若干數目字作他立論的根據；在這一方面，他所下的工夫最足令人欽佩。

假如我們用小屯出土的青銅禮器，校訂一次他的結論，有兩事值得大家注意。一、"舉""亞形""析子孫"，高本漢教授認爲標定殷代器物的三種基本符號，在小屯出土的八十二件禮器上，一次也沒出現過。二、他所認的有殷代銘文的器物，所表現的形制與文飾，統計地說來：一有些在小屯器物上完全沒見過；有若干雖見於小屯器，却不甚尋常。小屯器物的形制與文飾，在高本漢的標準單上漏列的亦不少。

這兩件可以注意的事實，自然可以有若干不同的解釋；但是，無論我們加以何種解釋，高本漢教授的結論可以運用的範圍却是大大地被限制了。所受的限制，就純理論的一方面說，也頗有它的必然性；因為，他的研究所根據的原始材料，雖是極精緻的揀提標本，同時，却是經過了有偏見的選擇的一群，已經失去了一般的代表性。根據這一群材料所得的推論也就必然地為材料的特性所限制，只能在適當的條件下，方能採用。

在器物本身上，尋找它的時間性，如高本漢教授所作的，在歐洲史前史研究的程序上，原是一件經常的工作。這一方法，如用在考古發掘的資料上，往往可以收更宏大的效果。大體說來，一種器物的形態表現，也同一種生物一樣，有它的"生命史"；形態的演變是隨各器物存在的年歲依次顯露出來的；把時代展進的秩序，與形態演變的階段——兩者相依的關連，有系統的說明出來，實在是現代古器物學家的中心課題。

由形態的演變說起以探制作的原始，可以說是最穩當的第一步。再向前進的路程，當然也不是一條平坦的直線。過去的古器物學家，最不容易避免的一種錯誤，是把器物的形制、文飾、與功能，不加分辨地，混在一起談。於是文飾的差異，可以認作形制的差異；形制不同的器物，常被它們的類似功能，在觀念上同化了。完全免除這一類的錯誤自然是絕對的需要；沒有這種混淆，形制的真相方能認明。

用作這種比較研究的器物，自然是以來歷分明的，時代清楚的為最上；在田野考古極度發展的時期，這一目標是可能達得到的。雖說不是每一個古器物學家都可以有這樣的幸運，但那不得已而求其次的辦法，也有它的限度；這一限度，以清除贗品，為絕對的，不可少的條件。故在所選的原始材料中：來歷不十分分明的，還可用；時代不十分清楚的，還可用，但是，有仿造嫌疑的，必須全部剔除。辨別真偽所需的功力，有時遠在科學發掘所需的訓練以上；這一困難的克服，是每一位古器物學家必須要完成的。

有了大量的、可靠的資料，方能談到"類別"工作。"類別"絕不是單單的一種秩序的排列。按器物形態的差別，排出一種行列，固是分類工作的必要節目，但在開始這一節目以前，一個分類學家，對於器物形態發展的秩序應有充足的認識：——有些幾微的差異，可能象徵重要演變的開始；若干顯著的、離奇的、龐大的形變，或只代表一種暫時的病態。若把分類工作完全限在外形測量上，那就真是皮相之談了。鄭重從事這一工作的人們，對於器物的形態——無論是集團的，個別的，或部份的，——發生的起點，可能的演進方向，消滅的原因，都是他們所要細心追求的。有了這種經驗，才能選出一種合理的健全的類別標準；經了這種標準的類別，器物演變的原委，也就可以看出一個頭緒出來了。

但是，要對古器物求全面的了解，專在形態的演變方面下工夫，無論作得如何澈底，是不夠的。器物都是人類製造的，它們的存在，既靠着人，故它們與人的關係，——器物的功能——也必須要研究清楚，然後它們存在的意義，以及形態演變的意義，方能得到明白的解釋。要充分地解釋古器物的功能，民族學的訓練，顯然是最大的幫助；這是在多方面已經證明了的。看紅印度人打製石器及用石器的方法，就增進了史前學家對於石器時代生活無限的了解；看他們圍獵野牛的方式，萬年以前洞穴藝術發展的背景好像就重演出來了。鄰近冰川過日子是一種什麼樣子的生活？住在北極圈的埃斯基摩所對付的自然環境是極相像的；他們適應環境的方式，大概有若干仍舊沿襲那些古老的辦法，所以他們的與日常生活有關的干若用具，還保守着冰川時代的樣子。雲南的麼些人習用的象形文字，有不少的字可以使我們領悟到若干金文及甲骨文字的起源。這一類的例，現代民族學家——如索那斯教授，在他的名著，"遠古的獵人"所作的——搜集得至為豐富，這些都是古器物學家最寶貴的參考資料。

　　這種參考資料，不但可以加深我們對於古器物的個別了解，並且**可**以幫助我們對於古器物所代表的，全部社會的遠景，得一明確的、有比例**的認識**。有了這一認識，古器物學的研究就可以推進到一種全新的、更穩固**的基礎**上了。

　　✳民國三十七年，正月十一日上午，在南京北極閣，中央研究院禮堂，中央研究院與北京大學同學會聯合組織的，紀念蔡孑民先生學術講演會宣讀。原講演後段，有幻燈片說明，本文未能插入，只將講辭改寫數段，以求聯貫；但大半仍是宣讀原文。付印前，曾請沈剛伯、董作賓兩先生校正字句，特此誌謝。　　　　　　　李　濟，卅九年四月二日夜。

本文原載於國立臺灣大學文史哲學報第一期　　民國三十九年

殷虛陶器研究報告序[*]

　　民國十五年的多天，我與地質調查所的袁復禮先生，在山西夏縣西陰村，發掘了一處彩陶遺址
，共作了約一個月的時間。發掘的收穫，大多數是破碎的陶片，石器骨器等只佔很小的成分；實物
的全部共裝了七十餘箱。當時我們就決定把全部採集品，運到北平研究，僱了九輛大車，每一車的
動力都是由五匹至七匹騾、馬與驢子配合的。這一壯盛的運輸隊，自夏縣啓程，走了九天方到達正
太鐵路的榆次站。如此大量貨物的運輸引起了不少的謠言；省政府的當局有點不放心，就派人在榆
次縣的關口檢查了一次。檢查員所看見的第一箱是破碎陶片，第二箱是破碎陶片，第三箱還是破碎
陶片！他們有點不耐煩了就問我們道："你們化了這些錢，運這一堆貨物到北平，難道說都是這些
破磚亂瓦嗎(1)？"我們答道："都是一樣的，請你們每一箱都打開看就是了！'他們聽了，雖說有點
信不過，卻心灰意懶地搖搖頭，也就不看了。看樣子，他們總覺得我們作的這件事有點荒唐、滑
稽，近乎瘋顛，不可以常識理論。於是將信將疑地，讓我們過去了。第二天裝火車，抬箱子的苦力
們覺得箱子旣是如此地沉重，裏邊必定有寶貝，不免紛紛地議論。同時他們也知道，檢查人員已經
把箱子翻過了不少；若是有寶貝，他們決不會輕輕地讓這批貨物通過。他們不大懂爲什麼這些重的
箱子，可以如此隨便地放走！正值這些工人七嘴八舌講到熱鬧的時候，有一位自命不凡的，在火車
站工作的站員，就出來向這些懷疑的工人們講：

　　"這些箱子所裝的東西都是科學標本；運到北平後就要化驗；化驗後就可提煉值錢的東西出來。
……"如此地，這一位站員先生就把這一羣勞苦羣衆打發了。我沒再遇見這位替我們排難解紛的朋
友。他說的那些話，無論是出於急智，或眞相信它，在我個人的囘憶中是帶有刺激性的。三十年的
經驗使我感覺到，"提煉"這兩個字也許是說明這一研究工作甚爲適當的語句；不過所"提煉"的卻
沒有"值錢的東西"，而只是若干不能以錢估計的準確知識而已。

　　陶器的研究在現代考古學內有它的重要地位，理論上一般的說法用不着我在此處饒舌；我想在
此處加以說明的爲這一類的材料在研究中國上古史的重要性，其重要的程度決不低於研究任何其他
區域由新石器時代到青銅時代及文字開始時代的文化所包括的陶器！在兩河流域，在埃及，在愛琴
海以及中歐與北歐，在新世界的中美，南美與北美，各區域的考古家差不多都把這類材料整理到了
可以通俗地應用的程度；但在中國呢，我們眞慚愧得很，連蒐集的工作，尚滯留在原始的階段！因
此殷虛的這批材料更顯得重要了。

　　太史公說："……百家言黃帝，其文不雅馴，薦紳先生難言之……"；他寫五帝本紀只是就若干

---

* 中國考古報告集之二：小屯第三本，殷虛器物：甲編，陶器：上輯，中央研究院歷史語言研究所出版，民國四
　十五年。

　（1）　這是檢查人員對於陶片所用的名稱；考古家絕對不認可的。"磚"與"瓦"都是在殷商以後方在中國出
現的文化成份。

學者的稱道及孔子以來的傳說，擇其"言尤雅者"作一紀錄。但是黃帝以前咧，似乎連那"不雅馴"的傳說也沒有了！這是根據文字紀錄作歷史的必然限制。沒有文字的歷史，只靠傳說，更遠的過去，連傳說都追溯不到了，只有依據想像中的神話了。這一情形並不是中國特有的；所有遠古文明的開始，各有同樣的經過；史學家現已接受這一說法。神話與傳說，都是太史公列在"不雅馴"種類的材料，不肯隨便採用。就史學的立場說，這應該視爲太史公留下來的一種良好的傳統。

沒有文字的歷史是一個現代的觀念；在中國區域，這一觀念的發展尚到不了五十年，而"中國遠古文化"之發現，是由一位歐洲學者的工作引導出來的！民國十七年，中央研究院歷史語言研究所第一次組織田野考古工作時，華北一帶雖已發現了若干史前文化的遺址，但是這些沒有文字的早期中國文化與中國有文字的紀錄歷史是一種什麼樣的關係，卻煞費猜想。殷虛田野工作開始後，由發掘所得的有文字的材料，把上古史的傳說性質的材料點活了，把殷本紀的大部份紀錄考信了。與有文字的材料並著的，沒有文字的實物出土後，把華北一帶新發現的史前遺存聯繫起來了。發生前一作用的材料，以有文字的甲骨爲主體；同時也有若干有字的其他實物，雖是比較地少見，卻是同等地重要。發生後一作用的殷虛材料，雖包括一切出土的實物，但實以陶器爲最主要。陶器所以如此重要，因爲這項資料，具有他項實物不常同時兼備的三樣品德：(1)數量多；(2)在地下保存可以歷久不變；(3)形制質料隨時變化，變的部份均足反映時代精神。用這三個標準衡量殷虛出土的陶質材料的歷史價值，我們尋到了的是：就它們的作法，形制，以及文飾論，它們與華北一帶所出現的史前陶器，在很多方面，可以聯繫起來。殷虛陶器上所刻劃的符號文字以及若干雕成的花紋，又與殷虛出土的殷商時代的甲骨文字及青銅器，表示親切的關係。故這一發見使我們，第一次地，能把華北史前文化最後的一段，與中國境內所找到的歷史文化最早的一段，歸納成一種，有科學證據可證的，脈絡貫通的系統。但所以能得到這一結論的，又大半靠這批材料的紀錄與研究工作。這一工作在田野與室內的若干節目，今依次解釋如下：

這一組將近廿五萬塊的陶片以及一千五百餘件可復原形的陶器所具的歷史意義，靠著下列的三種紀錄與研究：(甲)出土時的紀錄及它們在地下的原在情形，以及所在地的地層與其他地層的相對位置。(乙)與同時同地層或墓葬出土的他種器物的關係。以上兩項紀錄包括發掘時的記載，照相及圖錄：——這些都是斷定它們歷史價值之原始證據。(丙)它們的質料、作法、形制、以及文飾的研究，爲出土後的幾種基本工作。有幾項研究更需要其他專門的技術幫助。譬如陶質的化學分析，就必需送請化學分析家鑒定。七七事變以前，這類的合作，在中央研究院的工作範圍內已是一項正常的業務；地質研究所替我們作的第一次陶器質料分析就是一個例。但是到了抗戰時代，這種合作的業務就大受限制，終於不可能。我們在昆明時代又送了一批陶片請化學研究所代爲化驗，卒因化驗材料的缺乏，未能完成；以後就再沒有這樣的機會了。本報告講陶器質料的部份所根據的化學分析仍是第一次請地質研究所化驗所得的結果。

戰事帶給我們的災害，是不宜於在此處申訴的；不過對於這一普遍而持久的變亂，影響到我們的研究工作部份，我們確有留一紀錄的義務。抗戰時代，史言所在大搬家的時候，雖帶走很多的考古標本，但陶器卻沒佔甚重要的地位。沒帶走的陶器標本，留存在三個地方：安陽的冠帶巷，北平的躄壇，南京的北極閣。隨著研究所流浪的，只限於考古人員習常說的"形制代表標本"(Type specimens）；這一項目，是在作類別工作時檢選出來的各式各型的代表，大牛均見於本報告內的圖錄與圖版。白陶，釉陶，有文字符號以及有特樣文飾的陶片大部份都跟着機關遷移了；但是因爲運輸的困難，遷徙無定，這些寶貴的標本也免不了有遺漏的。只有全部的原始紀錄始終跟着我們走，沒離開我們一步。

根據這些原始紀錄以及若干代表標本，我們的研究工作在抗戰期間就斷斷續續地作下去；我說"斷斷續續地"，因爲我們的移動是不能預先計劃的；所以往往一段將近完成的研究，因忽然奉命遷移而中斷；這一研究可能永不完成；可能要隔一個長久時期方能繼續下去；可能原工作人改業了或者死了，要換一個新人來作！像這樣的情形可以說是戰爭時間的一種常態；但就研究工作說，工作的損失是沒法子估計了，時間的損失就更不必說。不過我們仍完成了研究計劃中的若干節目。

在昆明的一個時期，第二次作陶質化驗的嘗試雖失敗了，但在別的部門卻得了些成績：一爲吳金鼎博士所寫的可復原形的及完整標本的作法，形制與文飾之說明；一爲石璋如先生對於昆明窰業之調查。後一調查爲瞭解殷虛陶業之一幫助。同時，關於陶質之物理的實驗——如吸水率，硬度等也獲得了若干進步。統計表的整理，田野號的調整以及圖錄的安排，與序數的編製都是在這一時期開始的。

由昆明遷到李莊後，算是有了一個較長久的安定時期；這一時期完成了序數的編製。最後所採用的編製方法，雖是很簡單易曉的，卻是經過了一段長期的實驗與不少的改正方達到的一個階段。編製內的第一標準之選擇——卽以容器底部的形態作類別形制的基本標準——爲全部編製工作一個劃時代的決定；有了這一決定，編製工作方順利地完成了。按照這一編製方法，殷虛出土的一千五百餘件全形及全形可以復原的陶器都可納入這一系統；在系統內的每一式，每一型，都有了一個固定的名稱。這些名稱聽來雖沒有考古圖博古圖所用的名稱那樣的典雅，卻也沒有那樣渾沌的含意；每一名稱都有一個圖樣替它作界說；這一名稱，在本報告內統稱爲"序數"；這是借用圍棋譜的一個名詞；考古同仁喜歡這一名詞，在此處用得適當，已有普遍採用的趨勢。

每一序數的每一圖樣，均將所繪標本的輪廓，結構與文飾表現出來；因此報告中的十六幅圖錄序數排列了殷虛陶器羣的各式各型的全貌；此一編排爲上輯中最扼要的一篇。

這實在是一件很艱辛的工作；其中有些決定是經過了很熱烈的討論方才得到的。盤旋在編製人心中最久的一點爲下一項事實：小屯地面下的文化遺存，雖以殷商時代留下來的爲中堅，但地層的秩序與實物的包含均證明了先殷文化的存在；故小屯出土的陶器——顯然晚期的自然除外——很清楚地不是全體都爲殷商文化的產物。編序數的一個大問題爲：應否把殷商時代與先殷時代的陶器分開處理？最後的決定卻是把這兩個時代的陶器合在一起編。我應該在此處把作這一決定的理由說明。

小屯地面下先殷文化與殷商文化的層次可以劃分得清楚的只居少數。大部份的地層都被後期擾動了或毀壞了，所以我們雖能根據未擾亂的地層斷定先殷陶器若干形制，但並不能劃定全部先殷陶羣的範圍。先殷時代的陶羣既不能在地層上全部勘定，殷商陶羣的範圍也就被牽涉了同樣地不能劃定。這本是一個問題的兩面，不能分開解決的。地層上既無幫助，要解決這一問題，只有先將陶器在地面下分佈的情形，先作一研究，以有層秩可尋而擾亂最少的坑位所包含的實物爲基礎追尋那在地下堆積的先後秩序，再決定兩個時期的分別。但是，研究如此大量的陶器在地下分佈的情形，所需要的不但是耐性的排列，更緊要的是細緻的分析；而分析的初步自應從形制的類別着手，這又轉到序數編製的問題上去了。換句話說，先殷陶器的全部與殷商時代陶器的全部，兩組的分別並不能在小屯地面下的地層中完全劃分；三千餘年的翻土工作，在很多的地方把歷史的秩序顛倒到了一種不可認識的程度。現在我們要恢復這一秩序，我們必須按照所有這兩期的陶器在地面下分佈的情形分別論列，重建每一組或每一形制的個別歷史，然後才能復原這一段歷史的全貌。爲實行這一研究計劃，最有益的開始還是把全部殷虛陶器——包括先殷與殷商兩個時代——編成一本圖錄，然後按這些標本的組別再分析它們的分佈及其歷史。

但在討論陶器的各式形制之時代性以前，各器物形成的結構基礎及其附着之文飾尙需要若干詳細的研究；如此我們方能更進一步的瞭解：(1)外形與結構之關係；(2)形制與文飾是否有聯繫性；(3)製造方法對於形制之影響以及(4)每一器物各部結構與形制之相互關係。以上各種不同之關係，一經分析，都是錯綜的，不一律的；有些似甚固定，大半顯着不常。這些變化多半反映時代的演變；如何把這些形制的變易扣入時代不同的期限內，就成爲這一報告要討論的一章最大的課題。

這本報告分爲上下二輯：上輯是一種分析性的描寫，報告材料本身的性質；下輯報告陶器在地面下之分佈情形及其歷史意義。國家經過了一次生死存亡的鬥爭，原來計劃中的若干節目未能完全實現；故按照我們自己所懸的標準，報告的內容實有若干不全不盡的地方。譬如陶質的化學分析，數目不夠，前已提到了；此外尙有若干別的實驗工作，我們屢次想作而沒能作到的。照相一項，尤使作者感覺遺憾。在大播動的時代，史言所雖盡了最大的力量將所需要的照相材料帶走，但若干比較笨重的設備，是絕對地超乎史言所所能得到的運輸能力；於是這些非常有用的工具，都送到香港去存放了。故在昆明與李莊兩個時期，陶器整理工作最活躍的時代也是我們照相設備最貧乏而最難得到補充的時代。因此，很多標準的及復原的器物留下來的影片甚難令人滿意。早期的照相，以玻璃底片佔一大數；這些寶貴的原始資料又因長途的運輸，損壞了很多；圖錄中的 23 J，73 A 各型照相都是由早期圖片翻照出來的；原來的底片在抗戰期間損壞了。原器物皆是大件，都留存南京，抗戰後失踪了。像這樣的例佔一個很大的數目。

這一研究是一件集體的工作，代表歷史語言研究所考古組全體人員的成績。現在印刷將近完成的時候，追想自民國十七年殷虛發掘開始以來曾經參加這一工作的人員們，已有很多的死亡，有不少改變了職業。抱殘守缺隨本所流亡到臺灣的只居很小的一個少數。對於這少數的工作夥伴，我應在此特別誌出他們的勞績與貢獻。石璋如先生是安陽發掘最後幾次的主持人；第十三、第十四、第十五這三次的大量蒐集陶器與陶片以及田野工作的準確紀錄都是在他領導下的成績；他在昆明的窰業調查所得的結果實爲研究殷虛陶器製造方法極重要的參考資料。序數的圖錄以及圖版的照相多賴潘慤先生設計；繪圖與照相的工作大半由他親自動手。關於統計表的編製，李光宇先生盡了最大的力量；他的耐煩與細心把表格中的數目字可能的錯誤減到了最小的程度。陶片的粘對與器形的復原爲室內研究工作的初步；參與這一工作最久的爲茹占魁君。陶文的考訂原是請董作賓先生擔任的；因爲他正在忙殷曆譜，就改請李孝定先生代替；李先生的釋文經過董先生的校閱是這報告的極重要的一部份；他的結論爲斷定陶器的時代最基本的憑藉之一。這些都是這本報告的骨幹工作；沒有他們的協力，這本報告就不能完成。我個人對於這一研究的興趣更賴死去的四位朋友的鼓勵，同情與幫助：丁在君先生(文江)，傅孟眞先生(斯年)，梁思永先生，吳禹銘先生(金鼎)。丁在君先生是最早勸我選擇研究工作作終身職業的；他對科學的見解，給了我早期的研究最大的鼓勵；在困難的時期他尤不吝忠實的意見。傅孟眞先生創辦歷史語言研究所時，我尙不認識他；民國十七年我與他在廣州初見面，他就把考古組的業務全部交給我。我跟他同事前後廿餘年，他對於考古工作，總是全力以赴地使每一計劃可以順利地完成。梁思永先生是中國第一位受有澈底的現代訓練的考古工作者。我們兩人對於考古一般問題的見解及工作的方法，很少有不同的意見。他的工作的膽量與處理事務的細密，是考古組全體同仁所佩服的。吳禹銘先生對於早期陶器研究致力最久；他在倫敦留學時受過頭等的技術訓練；對於殷墟陶器的研究，他的貢獻是多面的。對於這四位已故的朋友，在這一報告將近出版時我的懷念是特別深切的。

我更願在此把我自己對於這一研究的意見紀錄下來。

（一）　這批材料不是"古董"；其中雖也有若干件可以供人"淸賞"或"雅玩"並可以刺激人的美感，但這只是極少數的例外。若正視它們的實際性質，它們只是一組道地可靠的學術"材料"；傅孟眞先生鼓勵人尋找的"材料"。

（二）　由長期研究得到的這批材料的價值，借用正太鐵路那位員工用的一個字眼，是慢慢地"提煉"出來的。不過提煉的價值卻不能以金錢估計；而提煉的手續更不是燒丹煉汞的那套法門；這是按照一種小心安排的計劃，一步一步地搜尋的。報告所憑藉的廿四萬七千餘片的陶片以及一千五百餘件可以復原的陶器大牛都有它們的身份證，它們的系譜以及親屬的紀錄；凡是參預過殷墟發掘的田野工作人們都可以作它們的保證人。根據這些實物與這些紀錄，我們可以看出殷商時代與史前文化的若干關係；我們並可以看出不見於文字紀錄的，殷商文化中的若干新成份。

最後我應該謝謝中華敎育文化基金董事會及董事會的諸位董事；沒有他們的慷慨與同情，及長期的支持，以及最近對於出版的經濟上的幫助，這本報告的問世可以說是不可能的。

民國四十五年八月十八日於臺北

本文原載於國立臺灣大學考古人類學刊第八期　　民國四十五年

FOREWORD TO A STUDY OF POTTERY OF
THE YIN AND PRE-YIN PERIOD
EXCAVATED FROM HSIAO-T'UN*

It is a well-known fact that the study of ceramics, in the last half a century, has developed into a special branch of archaelogical research, equal in importance to that of paleography. In the neolithic and protohistorical periods, ceramic remains have been considered by all archaeologists the most reliable documents of human activities that survived the ravage of time. It is for this reason that in the Mediterranean region and Egypt, in Asia Minor and Mesopotamia, in middle and northern Europe and the two Americas, in fact all over the world where history exists, students of antiquities have lavished the most tender care on these relics; they constitute the most substantial testimonies, on which the history of these periods may be reconstructed.

But in the Chinese area, we are still tarrying in a collecting stage. Although a number of valuable monographs have been published on this subject, the present study is perhaps the first attempt to present the results of a planned and systematic investigation.

The finds from Anyang are important for two reasons. In the first place, they include among them the earliest written records not only of the Chinese area, but also of the whole region east of the Himalaya Mountains. They are the records of what may be considered the state archives of the Yin dynasty, usually considered semi-legendary by Chinese historians before the days of scientific archaeology, but now taken as the beginning of authentic Chinese history. As associated with the oracle bone inscriptions, which constitute the bulk of the written materials recovered from the dynastic remains, are abundant artifacts of many varieties and different materials, and many of them could trace their origins to the prehistorical time; thus a link was also found to bind historical China to her prehistorical past. Among those which may serve as a link of the second type, pottery is undoubtedly the best and the most important. Finds under this category are not only abundant, but also better preserved and the most variable in typology, reflecting the culture and spirit of time more faithfully than any other artifacts recovered from these remains.

The scientific value of the pottery collection from this site however lies chiefly in the detailed field notes that tell the history of every pot and in fact every shard that was taken out from this site. Many of them are accompanied by photographs of their

* Archaeologia Sinica, Number two, Vol. III, Fasc. 1. Pottery of the Yin and Pre-Yin period, by Li Chi. Published by the Institute of History and Philology, Academia Sinica, 1956.

locations *in situ* and the associated finds discovered together with them; and quite frequently, there are also drawings to illustrate these features in addition. With these records as their background, their historical value and true' significance become much better appreciated in the course of home studies.

A number of these studies carried at home naturally required expert outside help. It is necessary for instance, in order to determine the chemical composition of different ceramic types, the help of some expert chemists be asked. Academia Sinica worked out some definite scheme for such co-operative researches before the Japanese invasion, started in 1937, so the first lot of pottery samples were analyzed in the Institute of Geology, one of the sister institutes in the Academia Sinica. But the arrangement was completely wrecked in the war time when the different institutes' were scattered and located separately in different parts of southwestern China. During the war years, althou many attempts were made to carry on the chemical investigations of the pottery types a little further, no success was achieved' owing to the lack of necessary equipments. In the present report, the author has to rely exclusively on the pre-war analyses made in the laboratory of the Geological Institute in Nanking.

Other investigations carried on in the war time were more successful. It is hardly necessary for the author to dwell upon all the handicaps, the shortage of necessary equipments, the loss of valuable personnels, etc. which one had to take for granted at a time when the whole nation was engaged in a life and death struggle. Nevertheless, it is the duty of those finding themselves in such a situation to put on record some such damages that were done by the war that had vastly limited the scope of this piece of scientific research so that a more appropriate estimate may be made on these reports. In the case of the pottery collection, it is to be remembered that in the course of the southwestward migration of the Instiute of History and Philology during the war time, only the type specimens of the collection were carried along; the main bulk of the pot shards were left behind, and deposited in three different localities: Anyang, Peking and Nanking. The type specimens were selected in the course of preliminary classification; all such specimens have been described and illustrated in this fascicle. In addition to this nucleus collection, most of the rare types, like the white pottery and the stone ware, inscribed pot shards and the decorated ones: all of these were transported with the other valuable articles. But owing to the frequent shortages of the necessary means of transportations, even these important specimens sometime had to be left out. Inspite of all these difficulties, however, the complete file of field notes, drawings and photographs were preserved intact during the eight years of war time migration.

Thus the present report is based on studies, most of which were carried on and completed in the war years; and these, mainly on the bases of materials available at the time. It must be owned that, even these were done only intermittently. Trekking in the wartime, as may be well known, were always dictated by developments which could not be foreseen. hence no plan could be made ahead of the time. Not infrequently, a piece of research work on the verge of completion had to be stopped all of a sudden. It may never be completed, because the original investigators had lost their interest or were dead; or it may have to be taken up by another person after the lapse of many years. Such a state of affair has to be accepted as almost normal in the time of military operation; but it is impossible to calculate the loss to science.

Of the researches accomplished in this period, there are many notable contributions. When the Institute established its headquarter in K'unmín (1938–1940), Dr. G. D. Wu completed the description of all the type specimens whose shapes are either complete or restorable. Mr. C. J. Shih investigated the local ceramic industry, which proved very helpful to the study of the Anyang finds. Meanwhile tests of hardness and porosity of the different types of the Anyang pottery were carried out by the present author and made great progress. The idea of a corpus for the whole collection was also germinated in this period; and the different systems of field numbers used in the nine years of excavations at Hsiao-t'un for classificatory and registration purpose in the field were co-ordinated and brought under control. Many tabulation works also started.

When the Japanese army marched into Indochina in 1940, the headquarter of the Institute of History and Philology moved by order from the capital city of Yunnan to the western part of Szechuan at Li-chuang, where the Institute kept working till the Japanese surrender.

On the whole it may be said that the major part of the studies of Anyang pottery was carried out during the Li-chuang period: namely the completion of the corpus work and the final touch of the various tabulations. These were tortuous tasks, especially those concerning the corpus compilation. The author of this written report, not satisfied with the methods of classification adopted by archaeologists in other areas, tried and tested his own ideas for almost two years before a satisfactory solution was found for this particular purpose. The solution is as the following.

The bottom structure of the container is to be taken as the fundamental criterion for primary classification. Ten primary classes are given to the whole corpus, each comprising 100 numerical figures for the main types within each class, and the capital letters of the English alphabet are used to designate the sub-types after the type-number. The scheme so designed may include one thousand main types and twenty six thousand subtypes within the ten classes. Actually, however, six of the ten classes are sufficient to take care of the whole ceramic collection from the site of Hsiao-t'un, assignable to the Yin and the pre-Yin period. They are:

CLASS I.   The Round-bottomed Group, with Type-numbers: 0–99
CLASS II.   The Flat-based Group, with Type-numbers: 100–199
CLASS III. The Ring-foot Group, with Type-numbers: 200–299
CLASS IV.   The Tripod Group, with Type-numbers: 300–399
CLASS V.   The Quadripod Group, with Type-numbers: 400–499

CLASS X.   The Covers, with Type-numbers: 900–999

It should be pointed out that the decision to adopt the morphological feature of the bottom of the containers as the criterion of the primary classification was a momentous step and marked the beginning of a series of researches leading to the completion of the present report. The importance of this decision may be shown by the fact that the corpus so designed and adopted actually covered more than 1500 specimens, each possessing some characteristic features of its own, and finding a place in one of the classes. The workability and usefulness of this corpus arrangement is further testified by the fact that the pottery specimens so classified seem to follow a natural order.

Before the final adoption of this scheme, however, there had been many years of hesitations and discussions, both in the field and at home. It started in the early thirtieth, when the Hsiao-t'un excavation had just begun, with the simple idea that some such scheme was needed for registration purpose. While the need became increasingly urgent in the course of excavation, the great quantity of the pot-shards dug out every season rather overwhelmed the busy mind of the field staff whose daily routine certainly allowed them no calm moment to give any careful consideration to this need. They were pressed by its urgency, but as how to meet it, they were unable to find a satisfactory solution.

The situation was much complicated by the unfolding of the underground conditions: the Yin and the pre-Yin strata were widely disturbed and much mixed up, and only in a few places the different strata were kept intact, where a clear sequence could be established. But the condition as a whole was rather confusing, and for a long time, the field staff would prefer not to commit themselves too definitely as to whether certain types of pot-shape were of Yin or pre-Yin origin. So there was always the question, whatever corpus arrangement to adopt, whether it should include only the finds of the Yin period. There are obvious advantages to confine the corpus materials to a definite period. But, as the situation is such, that it is almost impossible, when basing on stratigraphical observations alone, to draw a definite line of demarcation between the Yin and the Pre-Yin deposit, a rigid limit given on uncertain bases to the choice of materials would lead only to confusion and negate all the advantages that may be gained from a corpus compilation. So the present scheme to include in the corpus both the Yin and the pre-Yin materials provide a more rational basis for the following thesis.

The main thesis of this report is to define the characteristic features of the Yin pottery and find out its group differences as compared with the prehistorical groups discovered in north China, including the pre-Yin phase of Hsiao-t'un. As the search is to be started with a combined corpus of the two groups, there is at least no implication of any preconceived group characters given beforehand; and the unified arrangement actually shows much better, certain structural differences between these two groups which were incapable of being demonstrated in their stratified positions. The typological sequence of the different types could be also traced out more clearly in a combined corpus than a separate treatment. If the sequence of the main types could be outlined, it would certainly be a great help to a definite determination of the differences between the Yin and the pre-Yin ceramic features.

There are on record nearly one quarter of a million pot shards from the Hsiao-t'un excavation; and of these, as already noted, there are more than 1,500 nearly complete specimens included in this report. The main task of part one of this fascicle is to give a classified and descriptive account of the ceramic types discovered from this important site. In Part II the underground distribution and the evolution of the various types will be traced and discussed. The purpose of the whole report is to expound the proposition as laid above; it is hoped that the present publication may serve this particular purpose.

論『道森氏・曉人』案件及
原始資料之鑒定與處理

　　英國是進化論學說的老家。也許就是這個緣故，一件有關進化論的人造化石
輕輕地欺騙了英國最前線的人類學家、古生物學家、地質學家、考古學家以及他
國在這幾門科學的最高權威——欺騙了他們們前後四十年。這一騙案出現在英國
本土，人造的化石是百分之百的英國製造。案正式開始在一九一三年，正式結束
在一九五三年；前後恰爲四十年。案情大致如下。

　　一九一三年出版的倫敦地質學會季刊，載了下譯的一段科學新聞：

　　「若干年前（1908年），我在閨爾當附近的農場散步，看見補修路面的石子
中，有甚爲別緻的棕色燧石，是在附近區域所不常見的。但探尋的結果，知
道這些石子，就是從這一農場地面下的礫石層中掘出；這使我甚感驚異。不
久我就追踪到出這種石子的地方訪察了一次，正碰見兩個工人在掘石子舖路
。發掘的地點，北出所知道的燧石礦層邊界約四英里。此一發見鼓起了我很
大的興趣，因此就作了一番更切近的考察。我問作工的人們曾否看見過骨殖
或化石一類的東西；他們似乎沒注意到。我乃拜托他們；假如有這一類的發
現，把它們妥爲保存。以後常往訪問，有一次一位工人就遞給了我一小塊很
厚的，屬於人的顱頂骨；隨着我就在當地搜尋了一次，沒有收穫，工人們也
沒有看見另外的骨頭。……以後又陸續訪問了好些回，再也沒聽到新發現。
此處的地層，似乎不出什麼化石。好幾年後，1911年的秋天，再遊這一地
方，我在那雨水冲刷過的，翻過的礫石堆裡，却檢出來了一塊較大的，屬於
（與頭一次得到的顱頂骨）同一頭骨的前額骨：包括一部份左眼眶上的眶上
脊。……」。

譯自Quarterly Journal of the Geological Society of London 1913. Vol, 69, PP. 117-

又見 Arthur Keith：Antiquity of Man, 1925, Vol. II. 491 轉引

上文的作者爲：查爾斯•道森（Charles Dawson），他是一位業餘的古生物學家，他的本行是法律；他酷好古生物學，對於地質學，考古學更有興趣。根據上述的及繼續的發現，道森氏的老友，大不列顚博物館的古生物學主任研究員，斯密士•伍德瓦德（Smith Woodward），把人骨的部份作了一次澈底的檢察：全部資料包括九碎塊頭頂骨，一殘塊下顎骨。頭頂骨最不尋常的部份是那特大的厚度——八至十二公釐。殘闕的下顎骨仍帶有第一、第二、臼齒；它的形狀、大小、肌肉生根處的糾結與溝脊，全形的曲度及結構——這些形態都個別地加了詳細的研究。伍德瓦德的結論是：

> 頭頂骨重要處皆是人形。下顎骨似屬於一個猿的，所具有的一切形態，除了臼齒外，沒有可以列入人形的。

J. S. Weiner：The Piltdown Forgery, P.5

這一初步結論的含意，最重要的而予人印象最深的是這一化石人所代表的品種：頭頂已取得人形，但仍傳有猿形的若干痕記；下顎雖保持完全的猿形，所裝載的大牙却表現了人式的咀嚼磨擦面。這一介乎人猿之間的體形湊合，恰恰地暗符了主持進化論學者的一種長期的願望。猿與人之間，似乎必須出現此一體形，方能充實生物進化論的理想論證。因此，當時英國自然科學界的重鎮，除了大衞•瓦特斯頓外（David Waterston），如伊里的•斯密士（Ellit Smith）、阿瑟吉士（Arthnr Keith）、杜克威士（W. L. H. Duckworth）、梭拉斯（W. J. Sollas）等，都很熱烈地歡迎了這一新人形種屬；伍德瓦德命名的「道森氏•曉人」遂正式排入人類宗祠裡祖宗靈位了。

配合了並加强了這一初步結論其他的論證，爲古生物的、地質的，以及考古的若干觀察與發現；這些發現大半都由道森氏得來，它們奠定了曉人（俗名：闊爾當人）的年歲計算的基礎，屬於這兩門的主要證據爲：

㈠地質方面的：出曉人的地層，在礫石層的最下面，礫石層是更新統冰川時代冲積成的。

㈡古生物的標本有河馬，鹿，獺，馬骨；又有更老的古象及犀牛的遺存。有些化石，道森氏認爲與曉人同時，有些，也許比曉人更早。

㈢考古學的證據爲若干早期的舊石器及更老的曉石器出現，並有一件古象的腿骨製成的骨器。

但是，自從道森氏於1916年去世後，別的科學家在這一地方的搜尋，都失敗了；直到1950年的時候，還有一次大規模的發掘在閾爾當附近一礫石臺地進行，移動了成噸的土方，所有的土方均經鐵節濾過，却沒有尋出任何人工遺存或化石。

自 1913 年後，四十年間，講進化論的書籍論文中，道森氏・曉人所佔的地位，比出土較早的爪哇猿人，引起了更大的注意；因爲大多數的權威學者都承認曉人的時代在更新統的早期，而他的腦容量已發展到與現代人相等——1358立方公分。（參閱 E.A. Hooton, Up from the Ape, P. 309, 1949），認爲同出土的石器與骨器，證明曉人已經有了文化。這幾點，在這一個時期構成了人類學家一般的信仰了。雖說是與頭骨相配的下顎骨不斷地使專門研究人類進化的學者提出疑問，這些疑問對於曉人在進化論的地位並沒發生搖動。例如，以研究北京人出名的魏敦瑞博士（Dr. Franz Weidenreich）在1945年對此表示過一次意見，他說：

「自從閾爾當人發現以後，凡是所知道的與早期人類有關的事實，均證明『人』不可能有一個帶着猿形下顎骨的老祖宗；………發現的事實却是相反的；人形的下顎骨與人形的牙齒配合在保持着猿形品質的頭骨下，却是常有的。」

Franz, Weidenreich: Apes, Giants and Man. 1945, PP. 22-23.

但在1946年改版的；由猿上陞（Up from the Ape）一書中，哈佛大學的虎籐教授（F.A. Hooton）仍堅信英國學者復原的曉人是沒有重大錯誤的的；上書第三一一頁有一段此類的辯論，今節譯如下：

「……有些人以爲閔爾當人的頭骨與下顎骨原屬於兩種不同的動物：下顎是
猩猩的或黑猩猩的，頭蓋骨是人的。這是根據着一種錯誤的人類進化觀念
得出來結論。進化並不是一個機體的各部份之平均發展：它是跳動的，不對
稱的演變。人的身體，有些部份，如上肢，仍保持着爬蟲的形態；別的部
份，如下肢，在演化中却很快地變了形：適應新的環境，發生新的功能。
人的身體好像一座常加革新的古老房屋似的，有些因爲事實上的需要全改革
了，有的擴大了，有的裝了電燈，加了抽水馬桶，有的保持原樣……」

虎籐教授如此比喻人類的身體，大致是不錯的；但是用在頭蓋骨與下顎骨的
部份却不十分適當。不過這一說法足可代表英美的人類學家大多數的意見。除了
少數的專家外，道森氏・曉人在1946年前後所享受的信托仍有點像華盛頓發行的
美國鈔票一樣。

事情的轉變開始於1948年。

1948 年 10 月，古生物學家用以測量古生物化石年代的新方法──氟量測驗
（Fluorine Test）──第一次用到閔爾當發現的化石人骨上，以氟量測驗法斷
定化石年代在法國開始較早；這一實驗的根據爲埋在地下的骨骼吸收地下氟質的
情狀：埋藏年歲愈久，骨殖內吸收的氟量愈多。法國的鑛學家加洛氏（Carnot），
就他研究所得，曾編成一表如下：

埋 藏 時	所含氟量平均數
近 代	千分之三
更 新 統	百分之一・五
第三世紀	百分之二・三
中 生 代	百分之三・四
古 生 代	百分之三・七

上表見：Ruth Moore: Man, Time amd Fossils, P. 306, 1954.

繼續的實驗證明這一現象大有區域的差異：埋在地下的生物骨殖吸收氟質的
多寡，要看所在地氟質的儲量：儲量多，吸收就多、儲量少、吸收亦少。此外又

要看各種骨殖在地下的結合狀態，有的利於此項吸收，吸收率快，不利於此項吸收的，吸收率亦遞減。因此單獨靠化石中所吸氟量，並不能斷定它的相對的年齡。但是，出於同一地點埋藏情形相似的化石，氟量與結合狀態既無差異，若是有時代的不同，這一不同的程度即可由各標本所包含的氟量檢定出來。與最後這一點有關實驗的完成，大半是英國的地質人類學家峨克萊博士（Dr. K.P. Oakley）的工作。

峨克萊的實驗成功後，大不列顛博物館的負責人乃允許他檢查道森氏・曉人各化石標本包含的氟量。由此一檢查所得的發現，最重要者可以分兩層說。

㈠曉人的頭頂骨與曉人的下顎骨所吸收的氟量完全不等。不但如此，兩部份的骨殖所含的其他化學成分如淡氣（N）、炭素（C）、水分、硫酸鹽等，互相比較，均相差甚大。這些成分在枯骨中的含量都具有時代的意義；根據這幾方面檢查的結果論斷，認為是曉人下顎骨的時代與新近埋在地下的骨殖沒有什麼可以稱述的分別；頭頂骨的部份所含的各種化學成分，只能與新石器時代埋葬的生物骨骼相比。由此計算，四十年來在各種書刊中習常看見的現代人類的最早祖先，曉人的面貌，所根據的復原資料，至少有兩種不同的來源；兩種的時代都不能到達如道森氏及英國的幾位大權威所標榜的歲數。

㈡再從別的方面檢查曉人的頭頂骨部份，更發現這一部份是陸陸續續地雜湊起來的一件贗品；道森氏的關於這些骨塊的報導幾乎無一可信。新的檢查發現了：（甲）出曉人的頂蓋骨之礫石層，經過幾次重掘，沒有獨立地出現過任何化石；礫石層內的化學狀況，並不宜保存骨殖。（乙）頭頂骨的氟量雖比下顎骨的較高；但若照一般所估計的年歲，所在的礫石層可以供給的氟量應遠比所包含者多多。（丙）頭頂骨的顏色曾經人工加以鐵質顏色的塗抹。（丁）道森氏自己的紀錄沒有任何部份可以證明，他檢取的這些骨塊是由沒有經過擾亂的地層掘得的。（戊）與曉人的頭頂骨含有同量氟質的河馬化石，亦經證明由他處搬來，表面加了有鐵與克羅米成分的顏料塗抹；所以決不是闗爾當地方的原藏。

（以上兩段參閱：J.S. Wemer: The Piltdown Forgery, PP. 189-205）

自從1953年十一月，克拉克、魏勒、峨克萊三氏的聯合發表後，曉人的案件可以說告了一個結束；這一報告澄清了四十年來討論人類進化問題一層最大的障礙。這一偽件——一具假古董之王，所糟蹋的全世界知識階級的精力與時間是一種無法計算的損失。作者的業師，哈佛大學的教授虎籐先生，由於他早年所受的牛津大學的教育，向來是篤信曉人真實性的一位肫摯的科學家。曉人的偽裝揭曉時，他尚健在。當時有一位報館的記者去訪問他的意見，只得了他一句話。他說：「這好像有人向他報告，美國通行的華盛頓發行的鈔票是假造的！」。作者1954年訪問劍橋時，他老先生已歸道山，就沒得機會與他談此案件。那時有的同學告訴作者，虎籐先生的逝世，與這一案件有些關係；他為這一事精神上所受的打擊極大，這是上了年歲的人難加支持的一件事。

這一件假古董之王的出現，照已經揭穿的事實看來，確實經過了一番最縝密的佈置與計劃，所以能把當代若干最有經驗的科學頭腦哄騙了四十年；這真是：「君子可欺以其方」了。不過這並不是一件簡單的騙案；這一案的經過實在可以給予從事自然科學以及人文科學工作的人們幾種嚴厲的教訓。現在可以從三方面討論此案的教訓：㈠此案的造成以及取信一時的緣因；㈡所引起的自然科學與人文科學原始資料之鑑定與處理的問題；㈢可以供史學家參考的地方。

㈠曉人案的造成以及取信一時的緣因

魏勒氏分析此案的經過，以為這一偽裝的人類祖先所以得到初期成功最大的緣因，是那時的科學界對於人類早期的發展留存在地下的證據有一種期待。這一期待因爪哇猿人的發現而更加強。廿世紀的初期，英國的生物界都熟悉達爾文、赫胥黎諸先進對於早期人類的可能形態說的預言，一旦真有近似這形態的化石人出現，真要使研究人類原始的科學家喜歡得手舞足蹈了。於是迫不及待地，不管他的籍貫族望門閥世系，大家都爭前與他握手認親：

阿塞、吉士說：

「遲早我們總要發現像閎爾當人這一種人的，自從達爾文後，這是人類學家

信仰中的一條信條。」（Arthur Keith: Antiquity of Man, 1925. P. 667）

杜克威士說：

「從解剖學上說，閔爾當人的頭骨，把研究人類進化的學者們所期待的實現了。」（W. L. H. Duckworth: In Discussion to Dawson and Wood-ward, 1913, P. 149）

梭拉斯說：

「在道森氏・曉人的體質中，我們似乎實見了一種已經修到了人的智力，但尚沒完全失去更早祖先所具的下顎骨及戰鬥犬齒的一位生靈。」（W. J. Sollas: Ancient Hunters, 1924, 3rd. ed.）

伊里約・斯密士說：

「曉人的腦內模是所發現的人腦型最原始的最像猿形的。」

在這四位權威學者領導之下，關於曉人的科學意見差不多近於統一了。與他們意見不同的，如大衞・瓦特斯頓的見解因此就沒沒無聞。這四位大權威固然脫不了疏忽，蔽於若干偏見的責任，但他們都是君子人，說的都是眞話。同時主持這一喜劇的內幕人物——現在大家已共認是道森氏本人——他的手段確實高妙。譬如曉人復原所根據的原始資料，大半都由道森氏經手發現，但是他的紀錄既不完備，他很早就顧及到由他經手取得的此項資料的手續，可能引起外界的疑心。因此，他就把此組資料中幾件極重要的項目，借重到場參觀的另外一位科學家而問世。那時法國籍的德日進神甫——自民國十二年後，在中國工作了廿餘年，對於遠東區域古生物研究有極大貢獻的一位卓越的古生物學家——正在英國進修，碰上了「曉人」的誕生典禮。對於這一重要「發現」；一位青年的古生物學者如德日進神甫當然要發生絕大的興趣。得了道森氏的允許以後，並經他的邀請，德日進神甫在曉人出現的地帶「發見」了：古象齒一件，E.字六〇六號石器一件；並在一九一三年八月卅日，發見了曉人的犬齒。最後的這一發現，是德日進神甫應道森氏的邀請而得到的；此一工作幫助他成了大名。但是最近重新檢查的結果證明：古象齒是由非洲突利西亞（Tunisia）輸入英國的標本；E. 字六〇六號石器，曾經塗過含有克羅米成分的顏色，也不是悶爾當本地的產品。至於那更重要的、點睛的發現——那一枚犬齒咧，據過去的紀錄，伍德瓦德在曉人的犬齒出土六個月以前曾替它作了一個預測的模型，而德日進神甫的發現差不多與模型完全一樣。偽犬齒的原形是一顆年輕的尚未長成的標本，但是外表的用痕却顯示了廣大的且緊迫的磨擦；這是與自然情形最相乖違的部分。所以，假手德日進神甫問世的三件與曉人有關的證據，已經證明件件是假——假件造好了，埋藏在悶爾當附近的地方再由造假的人約請他去表演一番發現的工作。這一幕戲劇演得如此精采，當時的科學界也就很容易地被瞞過了！

曉人享受的信譽，不但有早期進化論學說的支持，很顯然地還有若干感情的成分在內。分析本世紀初期世界學術的風氣，英國沒有疑問地是生物研究的中心。這一事實，英國科學家感覺得尤為敏銳。他們自己有此感覺，別國的科學家也尊重他們的這一感覺。曉人的出現，可以證明最大頭腦的人類，最早生在英國；換過來說，最早的英國人也是現代人類最早的祖先。這一有生物學根據的事件所給予英國人的下意識的滿足，可以與「大英帝國國旗飄揚處太陽永不沒落」所給予的是一樣的。由此，大英帝國人之領導人羣的地位可以說是由於生理的稟賦了。英國科學家接受曉人證據的輕易態度與過份的熱烈，大半可以由潛伏在他們的下意識內的這一情緒解釋。

㈡本案引起的原始資料之鑒定問題

「原始資料」可以說是作現代學術工作的人們所追求的第一對象；不少的成名的學者，成名的憑藉就靠着一批別人沒有的資料。不過原始資料的價值，顯然也是有等級的；等級類別的標準固然沒有定說，它們的存在却可以由資料本身出現的情形與取得的手續看出。若將北京人與悶爾當人（即曉人）兩件舉世皆知的發現作一比較，專就出現的情形說，兩組資料已有很大的分別。構成悶爾當人的形態及年歲的原始資料經過了最近的一次檢查發表後，都知道是一件假古董，但在五年以前大家尚不信此說；因此這一名貴標本偽裝的暴露，科學家都要歸功於研究方法的進步——如氟量的檢定，氮量的檢定，X光線更精密的檢查方法，這些當然都是事實。不過，要是回顧悶爾當人取得的手續，照考古學建立的標準說，這類資料的品質，尚够不上第三等的資格，因爲它們沒有：㈠準確的出土的紀錄；㈡沒有正面的證據可以證明這些實物與土層的直接關係；㈢第三者在該處發掘，不能證明所說的出土地層有出此類化石的可能。北京人的原始資料，從最早的一批起，卽保有準確的田野紀錄；所出的大量化石，莫不有本有原，各有其原在地點及同層出品。故兩組資料有關本身之報導，詳略程度相差之距離甚遠，其品質之高下亦可由此衡量。魏敦瑞所寫關於北京人研究之報告，出版已逾十年，其資料之眞實性與可靠性，無人提出疑問。

悶爾當人所以能成爲一大騙案，若略加分析，作僞者之存心玩弄科學界尚是次義，只負一小部份責任；大半的責任實應由當時的幾位權威學者擔負，因爲他們忽視了那時古生物學家及考古家已經建立的科學水準，忘記了悶爾當人這批資料甚低的品質及可靠性，他們所作的解釋及推論都超過了邏輯的範圍。照田野工作的習慣，像悶爾當人的復原所依據的幾塊碎骨用着拚湊工作，像鬪七巧圖似的，自無不可；但是用這些基礎不穩定的復原標本，進一步地討論人類進化的大問題，實在有欠斟酌。這類大問題的基礎，只有第一等的原始資料方能負荷那建築的重任。

所謂第一等資料者，若專就考古這門學問說，至少應該具有北京人那批資料的品質：爲一有計劃的發掘，有詳細的地下情形之紀錄的資料。但是這一類資料雖是人人可以尋找的，並不是人人有機會得到的，而田野工作很顯然也只是少數人的專門職業。故考古家，同別種科學家一樣，在進行地下的研究工作中，不斷地要採用品質龐什的資料，其中大半是第二手或第三手貨。這些二轉三轉的材料，却往往具有極高的品質，能否盡量發揮它們的內涵，就要看用的人眼力了。此處可以舉中國藥材店的龍骨爲例說明此一意義。

中國藥材裏有龍骨一味，照中國醫生的想法可以治若干疑難病症，古生物學家對它們都另有一種意見。他們從藥材店裏儲藏的龍骨中可以尋出非常重要的及非常有趣的古生物的原始資料，並可以找出古代人類的化石。北京人的發現，最早的朕兆就是從中藥店所採的龍骨中露出來的。最近十餘年香港的中國藥材店又出現了同等寶貴的類似資料。對於它們的鑒定工作可以從兩方面考慮：一為實物本身，一為鑒定人的心理背景。實物本身（假定它確是真實可靠的），固具有不同等的科學價值，反映出來的意見所具的學術意義，也可能有很多不同的等級。同是龍骨，中醫對於它的意見與古生物學家對於它的意見相比，完全是兩個境界。古生物學家在龍骨中所能發現的學術資料又要看有關它們來源的紀錄而分等級，如下列各例：

㈠來源不分明的：例：香港藥材店裏巨人臼齒。

㈡採集範圍可以說明，地點不能確定：例：河套人的門牙。

㈢有採集地點但地下情形不能說明，例：爪哇猿人。

㈣科學方法發掘出來的：例：周口店的發掘品。

㈤上項採集品中的新發見：例：北京人的頭骨。

上列五例完全由它們的原在情形見於紀錄的而分等級，由此歸納出來的一個原則是：關於它們的身份可靠的紀錄愈多，所具的科學價值也愈高。故香港藥材店的巨人臼齒，只能供形態的比較研究，河套人的門牙已有地域上的聯繫，可以用着作進一步的推論了。若爪哇猿人，因為與若干其他的古生物有了親切的關聯，更具有一種對於猿人的生存時代討論的根據。周口店的發掘紀錄，連北京人的文化階段，都能加以確切的判斷。

由此一比較可以看出原始資料的學術價值並不完全附麗於資料的本身，也不全靠工作人的搜尋能力；這裏有些機遇的成分，可以促成若干資料在科學研究中的特別用處。但是，因為工作人的低能，頭等的資料降為三等以至於完全無用的例却是太多了，太普遍了。一般地說來，所有古董商經手的古物都屬於這一類的例。但古董商同藥材商人一樣，本是與學術無關的企業，是不能以學術標準苛責的。最可惋惜的還是以學術相標榜的一部份職業收藏家的若干習慣。譬如廣泛地搜索有文字的器物（墓誌銘）而毀壞無文字的器物（全部墓葬的內容），如高昌墓磚作者的行為，結果只是把大量寶貴的原始資料化成毫無價值的廢物。

　　構成原始資料的重要因素，至少有一部份應該在研究人的思想程序中尋找。蒐集資料的人有一個問題在心中盤旋，碰見了一批東西，使他感覺到這批東西可以幫助他解決這一問題，於是這批東西對於他就發生價值了。要是這批東西未經人用過，它的價值將更加提高。由於知識階級接受了進化論，古生物留在地下的骨骸都成爲研究進化學說的資料，這些資料也就取得了學術的價值。對於進化論不感覺興趣的人當然也就看不出它們的學術價值，只把它們當着龍骨看待。不過這究竟只是這一問題的片面；資料的本身仍是構成資料價值的核心，也是科學研究的出發點。這一點頗有可以與其實驗室所得的資料相比處。以實驗室的資料論，固然皆開始於實驗人懷抱的問題，構思的計劃，但其所追求的現象，要無客觀性的存在，設計無論如何巧妙，實驗是得不出結果的。實驗室取得的資料，是人人在同一情形下，可以覆按的；若其是眞，反對者不能使之永久掩沒；若是不眞，迷信者不能使之永不暴露；就是實驗人自己的催眠，也不能長期欺騙自己。在自然科學與人文科學的領域內，資料的客觀價值雖同樣地存在，本身的性質與實驗所得的却完全兩樣，而一經毀滅卽永久毀滅。悶爾當人的資料，若同北京人的一樣，在戰時失踪，他的眞相就不會暴露了；他的眞僞或將成一永久問題。不過這兒仍有一個限度，懷疑曉人的眞實性，很早就存在若干科學家的心中；早期因爲這一態度有違時代的風氣，就沒得發揮適當的作用。近三十餘年，北京人、爪哇猿人以及南方人猿的新發現證明初期人類進化所循的路線是一種與曉人所代表的完全相反的方向這些新資料研究的結果使曉人這副嘴臉在理論上已漸漸地沒有存在的可能。所以，就是與曉人有關的原始資料在第二次世界大戰時完全毀滅了，他的眞面目不能用科學方法揭穿，他的地位與重量也要與時俱減以至於無的。

　　（三）可以供史學家參考的地方

　　將近三十年前，傅斯年先生創辦歷史語言研究所時，發了一個宏願，他要把「歷史學語言學建設得和生物學地質學等同樣」。（見歷史語言研究所集刊第一本第一分第十頁。民國十七年十月刊印）他在戰前的努力都循着這一方向；不幸八年的抗戰把他壯年的精力，大半浪費在消極的方面，但他所建築的這一基礎直到現在仍爲史學家所重視。經過了這一長期的考驗，現在可以檢討一次他所許的這一宏願，理論上的根據是否穩定了？

把「歷史學與語言學建設得和生物學地質學等同樣」具有可以討論的**兩層意義**：第一層：是問題應如何開始，第二層：是資料如何蒐求；**兩層的關聯雖是密切**，仍可分開討論。生物學與地質學的一般背景及所包括的範圍都沒有區域的限制，若要把歷史學以及語言學建設得和它們一樣，意思是否要把傳統的夷夏的界線與中西的界完全取消咧；取消了這些疆界，代替的應該是什麼？對於最後這一問的答案，可以說是全部人類文化史的背景，以全部人類文化史爲背景建設中國的歷史學，不但是一個新的觀點，更是一個蒐求歷史資料的新路線。由這一看法到達的第一個境界就是地質學家丁文江先生告訴他的朋友的話，他說：「中國境內作現代學術工作，眞是遍地是黃金，只要有人揀。」這話並不是單就地質學的立場爲地質學說話；他的話也是爲從事人類學考古學歷史學語言學的工作大衆說的。若把中國歷史當着堯舜以後人類墮落的故事說，或當着週而復始的循環故事說，一部廿五史已說得淋漓盡致了！現代史學家可作的工作範圍是很窄狹的；可用的資料也就大有限度。若把中國歷史當着全人類歷史的一部份處理，就是垃圾堆裏也可以找出寶貴的史料出來——由一堆枯骨、一片破陶、一塊木炭到最完整的鐘鼎彝器，由最落後的區域的陋俗到最崇高社會的禮節，由窮鄉僻壤鄉人的土語到最時髦社會的演說詞——這些都成了史學家的原始資料。

大部份的史學家現在已接受這一觀點了，從這一方面蒐材求料的結果已有若干成績可以列舉出來。譬如：民國十二年的時候，胡適之尚向顧頡剛說：「發現澠池石器時代文化的安特森，近疑商代猶是石器時代的晚期（新石器時代），我想他的假定頗近是。」（見古史辨第一冊二〇〇頁）現在沒有人再說商朝是石器時代；因爲從垃圾堆內尋找史料的工作人們已經尋出不少的確實可靠的商代青銅器。

廢墟中蘊藏的固有黃金，但也不盡是黃金，這揀取的工作是十分艱難的。所需要的工作條件應該以自己動手動脚爲第一義。有了這類工作經驗的人們都知道：同是資料，而以親眼看見的爲更可信賴；同是看見的，又以自己找出來的更可鼓舞研究的興趣。所以新史學的第二境界可以說是「百聞不如一見」，靠別人不如靠自己。

資料與人接觸之間，永遠是一件事情的兩面：一面在人，一面在物。資料能否取得人的信賴，是物的品質問題，人肯不肯信托自己所見及所得的資料，是人的見解問題。兩面接觸的結果，經常有下列的四類可能：

（甲）資料是眞的，人亦信是眞的：如法國南部發現的舊石器時代晚期的洞
　　　穴壁畫；居延出土的漢簡。

（乙）資料是眞的，而人不信是眞的：如章太炎之對甲骨文字。

（丙）資料是假的；而人信是眞的：如一九五三年以前，人類學家之對曉人；
　　　閻若璩的尚書古文疏證以前，中國讀書人之對古文尚書。

（丁）資料是假的，人亦知道是假的：1953年以後的曉人，尚書古文疏證以
　　　後的古文尚書。

（甲）（丁）兩項可暫不論；（乙）（丙）兩項，不但引起糾紛，並且妨碍學術的進步。問題又回歸到這類情形發生的最初階段；這仍應該從資料的原始情形與取得手續說起。假定一批資料是眞的，它能否取得人的信賴又要倚靠另外的兩個成分：㈠最眞部份若是發表出來了，是否符合當時的風尚，以及研究人的思想習慣？㈡取得手續的巧拙及其安排。第二成分比較容易說明，今以甲骨文出土以後的歷史爲例：甲骨文爲什麼不能取信於章太炎，而能取信於現代的文字學家？因爲章太炎所見的甲骨文是古董性質的：古董這類資料向來是有眞有假。近代學人往往譏笑章氏的頑固；但就他不輕信羅振玉傳拓的甲骨文說，却甚近於科學家的態度。至於現代的文字學家相信甲骨文字的理由，也是容易說明的；發掘出來的甲骨文字的資料，在地面下的情形，出土的情形以及出土以後的情形，都有很清楚的交代，每一步的歷程所保存的紀錄都是多方面的可以互相校勘的。最要緊的證據自然是：殷商時代確有用龜甲獸骨貞卜並刻文字的這件事，而骨卜的起源遠在商朝以前已有不少的實物可以證明。在這一情形下，眞實資料之能取信

於人似乎是必然的；至少就甲骨文出土的歷史看，可以作此一判斷。

　　學術的風氣與研究人的思想習慣影響學術資料的命運也是很顯然的一件事。假古董之行世並不完全起源於「存心欺騙」。作假是由仿效演變出來的；仿效實為藝術發展之初步現象；古董之成一種商品也就等於仿製品取得了經濟的報酬；這一發展，沒有任何學術的意味。摹仿的作品有時要超過原件，若專就藝術而論藝術，真假之間並無辨別的需要。若是當着歷史資料用，辨偽的工作却是必要。辨偽完全是一件鬭智的工作。為假古董所矇混的，與其責騙人者之不道德，不如說受騙者之不細心。偽古文尚書之所以行世千餘年，因為千餘年的中國讀書人不細心；曉人之受崇拜四十年，也是因為這一時代的大部份的生物學家，以及其有關部門的科學家之不細心。

　　假古董的騙人雖為害甚烈，遇了細心的人把它揭穿，隨時就可剔除。史學家最大的難題却在如何處理真材料。這一難題牽涉的方面很多，中心的事實是如此的：真的史料與哲學家追求的真理有類似的地方，它們都是無情的，不變的。它們的出現可以為時代風尚加註解，可以把個人的思想習慣納入正軌；-也可以諷刺當代的迷信，不符合統治階級的利益。細心人處理這些材料，若要把它們各作適當的安排，更需要一種職業上必具的膽量。故新史學家的第三個境界應該是：「寧犯天下之大不韙而不為吾心之所不安」，原始資料遇了這種有勇氣的人，庶幾乎可以相得相輔了。

　　現代史學界最前線的工作者所喜歡的一句口號為：「有多少證據說多少話」。這句口號喊久了，似乎尚需要重新界說一番。證據是否指所有的原始資料？要證的是什麼？這真是史學界的大題目了。原始資料既可分成若干等級，可以作證據的程度顯然是不同的。但是要證的是什麼，却是最可以使好問的工作人，「輾轉反側」的了。要證過去有個黃金時代？要證將來有個大同世界？要證文化只有一個來源？要證民族只有一種優秀？要證天命有常？要證人類進步？這些，好多史學家都嘗試過了，但都在材料本身中發現了矛盾。用作證據的資料，唯一可以避免矛盾的方面，為證明資料本身存在之真實性。史學家所有的工作企圖若能達到這一目標，其他待證的問題，也許就隨着解決了。這是史學家可以追求的第四個境界，姑稱之爲「無用之用是爲大用」的境界。

在這一境界中作歷史學語言學的工作，可以說和生物學家地質學家的工作情形是同樣的。

〔附註〕：本文前段所用資料，凡未個別註明出處者，皆根據魏勒氏：悶爾當僞件(J.S. Weiner: The Pittdown Forgery, 1955, Oxford University Press) 一書特此申明。　　　　　　　　　1957 2. 8. 臺北。

本文原載於「現代學術季刊」第一卷第二期（民國四十六年）

黑陶文化在中國上古史中所佔的地位[*]

中國考古界開始認識史前時期的黑陶文化，是在民國十七年。 那年春天，吳金鼎先生在山東濟南東約二十五英里，屬於歷城縣的龍山鎮旁邊的城子崖地方，發現了第一個黑陶文化的遺址。龍山鎮旁邊有一條武原河，城子崖就是武原河河旁的一個臺地。當吳金鼎先生向作者報告他的這個發現時，恰逢中央研究院史語所的考古組正預備在山東做點田野工作。 作者隨吳君到他所發現的這個黑陶遺址看了一次以後，改變了原來準備在臨淄試掘的計劃，選擇城子崖做為田野考古發掘的第一個工作區。我們在此前後發掘了兩次，發掘的報告列為中國考古報告集之一。（註1）

三十年來，考古家與史學家討論黑陶文化，全是由這一發掘引起的。在討論黑陶文化的各種問題以前，我們應該先把它的真實內容做一個系統的界說。城子崖遺址地面下的包含，經田野工作人員發掘出來的有兩層。所謂"黑陶文化"者，屬於下層；蓋在黑陶文化上的另一層，是比較晚的文化層，所包含的內容，當時發掘人都認為是春秋戰國時期的文化遺留，它與下層文化有很清楚的分別。

下層的黑陶文化由大量的陶器，石器，蚌器，以及若干建築遺跡構成；但是沒有銅器及帶有文字的器物；這兩個成份在上層文化中都出現了。當發掘的工作進行時，最令工作人員感到驚奇的，有下列幾點：

第一、陶器中有質地細緻的純粹黑陶，有些黑陶的厚度僅及一至二公厘，薄得像蛋殼一樣，大家稱它為蛋殼陶。蛋殼陶雖然為數不多，它的存在已經可以使人大感驚異了。這些黑陶的顏色，有時極為純一，而且磨得非常光亮；比較薄的一種，顯然完全是由快輪製成的。下層中大部分陶器都是灰的、黃的、或近於白的顏色；黑陶的數量極少，因為它的製造及形制的特別，就得到特別的注意，因此整個文化也就以黑陶著名了。

第二、遺址裏出了很多用大蚌殼作成的器具，很多蚌殼的邊沿且帶有鋸齒。似乎這也是在華北史前考古的第一次發現。

第三、城子崖下層文化的石器，有不少標本與別處的發現類似；代表石器有一部份磨得很光，橫切面作長方形，以小型的鑿較多，同時也有大一些的碏；出土的斧為數不少，以偏鋒的居多。

第四、遺址周圍出現了規模很大的城牆，都用版築法造成。這個圍牆究竟是上層的遺留？還是下層的？在當時曾引起不少的辯論。但是有若干現象使得主持第二次發掘的梁思永先生認為它屬於下層的可能較大[註2]。

（註1） 李濟等：城子崖，中國考古報告集之一，中央研究院歷史語言研究所，南京，中華民國二十三年。
（註2） 李濟等：城子崖，第叁章、建築遺留，城牆，pp. 26−31。

第五、使我們最感驚奇的為卜骨的出現。下層文化用作貞卜的骨頭，有鹿的肩胛骨、牛的肩胛骨、及一種不能辨定的動物的肩胛骨。這些卜骨不但帶有鑽的圓坎，並且有灼的痕跡[註3]。這一發現使研究甲骨的董作賓先生得到若干參考資料，當然也給了我們這些參加殷虛發掘的人們極大的興奮。

所遺憾的就是對此遺址進行的兩次發掘，只限於探溝方法，沒能把整個遺址的地下情形整翻一次；所以有好多問題只能懸着，不能解決。但是就已經發掘出來的實物說，初步的檢查已引起了若干重要的問題，並鼓起了一般考古界的濃厚興趣。而這些興趣大部份都集中在蛋殼式的黑陶上。

城子崖發掘所引起的歷史問題，可以拿遺址所在的地點，做為問題的出發點。這個前所未聞的史前文化，與較西方的河南、甘肅、和河北所出現的史前遺物相比，構成了一幅鮮明的對照。出史前彩陶文化的遺址，大部份都在西北，根據當時的考古知識，這些彩陶文化的遺存沒有在山東半島出現過。在中國傳統的歷史中，山東半島確是中國文化開始的一個重鎮。在濟南附近出現了與彩陶顯然完全不同的這種史前文化，並且包含有啓發殷商貞卜文字的卜骨。這個新發現的文化與仰韶文化相比，顯然更接近於歷史期間。史學家都熟悉商代歷史的前半段，由契至成湯八遷，所遷的地方多數都在山東境內；所以很自然地，研究古史的人們對於這個新發現的文化都會感到加倍地親切。三十年來的討論，雖然因新事實繼續不斷的發現而有不少的演變，但是所得的結論，却不能改變上述的兩點；所不同的只是這新發現的文化與西方仰韶文化的關係問題。

黑陶文化與中國早期歷史的關係，我們留在下章討論。本章先討論其原始及分佈。三十年來，發現的黑陶遺址已遍佈東海岸，北自遼東半島，南達閩粵，以及海外的臺灣。經考古家在華北一帶的殷勤地追尋，最近已經把它的若干成分之原始追溯到甘肅一帶。在這些普遍的調查報告中，有一件很突出的事實，即黑陶文化的勢力，對揚子江以南的影響，遠在彩陶以上。至於它與彩陶文化的關係，可以分兩方面來探討：

(一)我們可以問：在彩陶文化的中心區域，若是有黑陶文化的存在，它是個什麼地位？

(二)我們也可以問：在黑陶文化區域裏，假如也有彩陶文化的存在，彩陶文化所居的又是什麼地位？

我們要談這兩種文化在不同區域的相對地位，首先應該對若干基本事實有適當地了解，這些基本事實就是原始資料的性質問題。

我們先從大家所注目的廟底溝發現講起。關於廟底溝的發掘，前章已有說明。在總報告內，編輯人報告廟底溝以新石器時代的仰韶文化為主，龍山文化次之，並有明顯的地層交疊證據[註4]。在廟底溝所發現的"龍山文化"遺址的分佈區域，與"仰韶文化"遺址的分佈區域並不一樣；但是有很多交錯的，即在同一地點出現了兩層文化。凡是有這種現象的地下證據，總是仰韶文化居下層，而龍山文化居上層；所以工作人員認為這個上下次序，也明確地斷定了這文化的繼承次序。我們要談的是所謂廟底溝文化究竟是個什麼樣的內容。這自然要根據出土實物做具體地比較。張光直博士

（註3）　李濟等：城子崖，第六章，石、骨、角、蚌及金屬器物，pp. 85–89。

（註4）　廟底溝與三里橋，中國田野考古報告集，考古學專刊丁種第九號，pp. 4-7；1959.

在他最近的論文中，曾列表比較這兩層文化出土最多的陶片[註5]，根據出土的統計，廟底溝的仰韶文化層與龍山文化層所出的陶片，有下列的分別：

佔全部陶片百分比＼陶片種類＼文化層別	細泥紅陶	夾砂紅陶	夾砂灰陶	細泥灰陶	細泥黑陶	總　計
仰　韶　文　化　層	57.02	32.62	0	10.34	0.03	100.01
龍　山　文　化　層	2.05	0	66.45	30.62	0.88	100.00

以上比較所根據的資料，仰韶文化層出土的陶片為16082片，龍山文化層出土的陶片為3941片。這個比較所給我們的印象，是：龍山文化陶人大概已經把先前燒紅陶的習慣放棄了，而着重於灰陶；黑陶在數量上的增加，更表現了一種新的技術發展。不過，更重要的分別是形制的改變[註6]。仰韶時代習用的瓶形器，約佔所有器形的五分之一，似乎在較晚的龍山文化中已經完全沒有代表了；龍山文化中的新器形，為若干不同的三足器，即：鼎、鬲，及圈足器的豆、杯等，這些差不多是在仰韶文化中所沒見過的。這些形制的變遷，很清楚地表示了一個習慣上的分別，就功能上的含義，是值得史學家加以深切注意的。有好些考古家認為廟底溝的龍山文化層，代表龍山文化的早期階段，為一切分佈在中國各區域的黑陶文化發源地，並且供給了龍山文化原始於仰韶文化說的最堅強的考古學證據。現在我們從這個觀點來分析這個意見及其所引起的問題。

廟底溝Ⅱ所出龍山文化的陶容器，雖然在燒製方法上，與仰韶時代者顯然不同；但是在器物的製造方面，無論是夾砂粗灰陶，或者是泥質灰陶，或者為細泥紅陶，以及細泥黑陶，都沒有例外地完全是手製品，不見任何輪製的痕跡。有些器物也可以歸入蛋殼陶一類，外表磨得甚為光滑，質料極為堅硬，或者為紅色，或者呈純黑色，但是也都是手製的產品。輪製的陶器只在與廟底溝相近的三里橋黑陶文化層中開始出現；據原報告的統計云，約有五分之一的陶器具有輪製的痕迹。[註7]

廟底溝Ⅱ陶器形制的發展最可注意的有下列幾式：①夾砂灰陶質的三足器，三足器中已有圓底及平底兩種不同的鼎形，並有袋狀足的鬲；這幾種三足器都不見於廟底溝Ⅰ，即仰韶文化層。廟底溝Ⅰ出現的三足器有兩種，一種為平底的灶，底下帶着三個矮小的足；另一種是小口方肩三足器，肩下帶有三個小足。這兩種三足器似乎與廟底溝Ⅱ的三足器顯不出任何血緣關係。②豆的出現，廟底溝Ⅱ所出的豆，數量並不甚多，可以復原一半以上的標本只有一件，屬泥質灰陶系統，這是在廟底溝彩陶文化層中完全沒有見過的形制。彩陶層中也出帶圈足的碗，大口小底，所帶圈足亦極矮小，沒有像豆形的高大圈足器。③廟底溝Ⅱ的細泥黑陶器形僅限於罐與碗兩種，都是小口的，這在下層的仰韶文化層中，也有四片黑陶；但它們所代表的形制却不能復原。

現在我們再就石器部份討論廟底溝Ⅰ的仰韶文化層與廟底溝Ⅱ龍山文化層的關係。一般說來，廟

（註5） Chang, K. C.: The Archaeology of Ancient China, pp. 81-2; Yale University Press, Table 3; 1963.

（註6） 廟底溝與三里橋，p. 25，下表、仰韶文化（灰坑5, 10, 363, 387）陶器器形統計表。及 p. 64，下表、龍山文化（灰坑551, 567, 568）陶器器形統計表。

（註7） 廟底溝與三里橋，第92頁。

底溝Ⅰ所用的石料遠比廟底溝Ⅱ所用者廣泛。在原報告中列舉了廟底溝Ⅰ的石器原料八種，八種中的四種繼續被廟底溝第Ⅱ層文化所利用；其餘四種：燧石、石英岩、玄武岩及片麻岩都不見於廟底溝上層龍山文化所製的石器。在石器製造的技術方面，兩層文化也有不同的情形，廟底溝Ⅰ的打製石器甚多，但是也有磨製的標本；到了廟底溝Ⅱ差不多全是磨製的了，打製的石器只出現了一件。石器器形的種類也以廟底溝Ⅰ較多，有些只見於廟底溝的第Ⅰ文化層，如打製的盤狀器、網墜、石錘，以及比較少見的石鑿、石鏟、石紡輪、石球、石墜等，這些器形都沒在廟底溝Ⅱ出現；有四種石器只見於廟底溝第Ⅱ文化層，最要緊的一種為石箭頭，共出了十九件，此外尚有石鐮刀1件，石彈丸3件，石璜4件。兩層文化共同具有的石刀、石斧的形制也略有差異，廟底溝Ⅰ的石刀都是長方形的，或有孔，或無孔；廟底溝Ⅱ也有長方形石刀，但轉角呈鈍形，同時也出現了牛月形的石刀。至於石斧，廟底溝仰韶文化層出土石斧27件，佔全部石器的1.04%，形制不甚一致，有帶孔者，但大部份都是近於扁而薄的形狀，中鋒者居多；龍山文化層所出的石斧形制漸為統一，橫剖面呈鈍角長方形，此形石斧出土了11件，佔第Ⅱ層全部石器的15.07%。此外兩層文化共有的尚有石磨杵、石磨盤、石環等器。總計上下兩層的石器，下層共出土了2,607件，其中打製的盤狀器有2,230件，佔了85%；石鏟130件，佔4.83%；石刀100件；盤狀器與石鏟為上層文化所沒有的；其餘的項目沒有到50件的。上層的石器共出73件，以石刀為最多，共為21件，佔全數28.8%；此外石簇19件，佔全數26%；第三多的為石斧，但只有11件，佔全數的15.07%；其次為石砕；其他多為5件以下的標本。所以從總數看來，石簇的出現可以說是廟底溝第Ⅱ文化的突出現象。

比較骨器，在兩層文化中似乎沒有很顯著的分別。廟底溝Ⅰ出骨器174件，廟底溝Ⅱ出骨器67件。針、錐、簇和笄在兩層文化中都是共有的。有一件可以注意的發展為在上層文化出現的帶鋸齒的骨片、梳和匕，這三個形制都不見於下層文化。此外尚有角器、蚌器及牙器三種，各種數目都很少，差別亦不能表現任何文化上的意義。

總論起來，廟底溝Ⅰ及Ⅱ出土的器物中，除陶器外，所見的分別，最可注意者為箭頭的演變。在仰韶文化層中的箭頭全用骨製，骨簇的形式據報告稱可以分六式；在這六式骨簇中，簇身的橫剖面變化頗大；簇身與簇鋌却沒有清楚的分別；簇頭大多趨於尖形，但以鈍尖的居多，銳尖的數少。到了龍山文化層時代，不但箭頭的原料加多了，形式也豐富了。最可注意的為簇鋌與簇身的完全分化，石質的簇呈三角形薄片，平均長度約3公厘。骨質箭頭的形制仍以錐狀、橫剖面圓形者最多，其餘三種新的形制都不見於下層，即有清楚的鋌部；扁平稜狀的箭頭，與石箭頭相似，這類箭頭似乎在簇桿上也無鋌；一種有鋌的簇身橫剖面作圓形。此外尚有牙質的一種，簇身作三角形，甚為尖銳，一面有中脊，並且有鋌。蚌質的一種，形狀如石質者，呈三角形，無鋌。照形制的演變說，顯然廟底溝第Ⅱ層文化中所出的箭頭象徵着一個習於弋獵生活的民族文化，對於箭頭的製造，下過一番特別的工夫，它們的形制遠比廟底溝Ⅰ所出的為進化。第Ⅱ層文化箭頭的特點有二：①鋌的清楚分劃，②扁平式箭頭的出現，這種扁平的箭頭可以騎在箭桿上，在接縫的工作上說，這是一個技術上的進步。

以上一條推論，可以與原報告記錄之由兩層發現的獸骨遺存對證。原報告第六十三頁所記錄的下層文化出現的家畜骨骼如下；

"家畜骨骼多出自灰坑中，總的數量不多，都破碎不堪，難于統計。[1]可識別者有豬、狗兩種，以豬骨最多，狗骨次之，此外也見到羚羊角可能是獵獲來的，當不是家畜。……"

此外尚有少數的厚殼蚌及鹿角。

在同報告第八十二頁，記錄了廟底溝龍山文化層的自然遺物，如下：

"家畜骨骼在各灰坑中出土相當豐富，從數量上來講，26個龍山灰坑所出土的家畜骨骼，遠遠超過168個仰韶灰坑所出土的總和，可見家畜的數量比仰韶文化大有增加。………可鑑別的有豬、狗、山羊、牛等，仍以豬骨為最多，牛僅見到幾塊殘脛骨及尺骨，種別不詳，可能是家畜。……野生動物的骨骼次于家畜，以鹿 (*Cervus hortulorum* Swinhoe) 為最多，可能為當時的主要狩獵對象，此外尚有少數的麝 (*Moschus* sp.)，狐 (*Vulpes vulpes* L.)，虎 (*Felis tigris* L.) 等殘骨，當都是獵獲來的。"

最要緊的記錄為雞骨的發現，共四塊，為雞的大小腿骨及前臂骨。此外還有魚骨的發現，所發現的為黃顙魚 (*Pelteobagrus fulvidraco*)，還有厚蚌殼。

由以上兩項記錄，我們可以推想到在廟底溝第 II 層龍山文化時代的狩獵活動是增加了的。這究竟是一個自生自發的現象呢？還是由別處的刺激而發生的呢？這是一個待解決的問題，不過兩種文化相比，較晚的廟底溝 II，顯然承襲了廟底溝 I 的若干成份，但是也充實並增添了很多新的生活方式，這個革新運動的出現之推動力，是需要檢討的。

要檢討這個問題，我們應該先把在華北發現的、並曾經發掘的典型遺址的出土器物內容做一番比較。所選擇的代表遺址，除廟底溝第二期文化外，為安陽附近的後岡第二期文化、西安附近的客省莊第二期文化以及山東的城子崖。這四個遺址是一般考古家所承認的華北的重要黑陶文化遺址。每一個遺址不僅代表一個重要的發展階段，並且具有區域性。它們出土物的重要內容見下表：[註8]

以上四種文化的排列，有若干地層上的證據，證明它們的前後次序；它們的內容本身也有若干現象顯示了一個演進的步驟。如以輪製陶及黑陶為例，在廟底溝 II 沒有輪製陶的痕跡，黑陶不到百分之一(0.88%)；到了後岡第二期文化階段，輪製陶開始出現，黑陶已略為增加；客省莊第二期有輪製的罐形器，黑陶的數量到了百分之一；到了城子崖階段，輪製陶與黑陶均達到了鼎盛時期。再就卜骨說，廟底溝 II 完全不見任何卜骨的痕跡，後岡第二期文化與客省莊第二期文化均有若干卜骨的出現。[註9]在城子崖遺址中發現的卜骨，差不多把晚期卜骨所具的條件都具備了，所用的肩胛骨有鹿的、牛的、及一種不辨種類的動物的。

以上的說法，是根據若干參加這類田野工作人的意見，以及最近做了比較研究的人的推論所得到的一條結論；這似乎是一件言之成理的、可以接受的史前史的定案。但是這裏也不是沒有問題的，在此我們應該提出下列幾點：

（註8）　此表乃根據1962年8月出版的考古學專刊甲種第六號編成。

（註9）　王伯洪、鐘少林、張長壽：1955～57年陝西長安灃西發掘簡報，考古1959年10期，第521頁："6. 其他遺物：不屬於生產工具和生活用具的發現物有卜骨、人骨雕刻和食餘的獸骨和螺壳。……卜骨都用羊的肩胛骨，不加修整，只有灼痕，不加鑽鑿，可能是因為羊骨太薄，不便鑽鑿。灼痕皆透過背面，無定數，由兩個到十多個，也沒有一定的排列規則。

分佈地區	發掘遺址	遺　跡					石器	遺　物								自然遺物
		住屋	墓葬	窰	其他			陶　製法	質地（色）	器形	文飾	骨器	蚌器	其他		

(1) 上列的一個次序，據說是根據若干地層現象推斷出來的；這些地層現象卻散布在不同的地方，而所根據的文化層在內容上顯然是頗有差別的；所以這些地層的疊壓關係固然是最好的斷定時代的材料，但是綜合在一起看，仍不能做爲一個標訂時代的絕對根據。

(2) 所謂標訂時代的絕對根據，最理想的當然是有如放射性碳素及類似這類的、檢查過的資料。這是華北史前史料中最缺乏的一種。因此，我們尙不敢百分之百肯定地說，廟底溝 II 的龍山文化沒有疑問地代表着龍山文化的最早階段。

(3) 廟底溝 II 的龍山文化固然具有構成龍山文化的若干重要成份，但是與壓在它底下的廟底溝 I 的仰韶文化相比，它似乎不能代表一種土著的發展。這裏有好些成份顯然是受了外界的影響，由外邊傳到此地。在構造居住遺址與燒製陶器方面都顯着若干基本的分別。譬如最典型的龍山陶器之一——袋狀足的鬶與圜底及平底的鼎，高圈足的豆，這幾種形制都是原報告人認爲由廟底溝 I 發展出來的陶器，應該是廟底溝 II 由廟底溝 I 演化出來的最好證據。但是就他們的原報告檢查，他們的材料尙不夠證明他們的這個推論。以三足器的鼎說，原報告中所記錄的廟底溝 I 的鼎，爲一個小口帶肩圜底的三足器，列入報告中的釜一類，而最可注目的一條記錄如下：[註10]

"鼎（D3；圖二九，圖版參玖，4）僅一件，係遺址附近採集，由 D2C 式釜附加三個扁足而成，足下端已殘。"

這件採集品是否屬於原來的仰韶文化層？需要一種强有力的證據。所以在報告人拿出這種證據前，我們尙不能完全接受廟底溝 I 的仰韶文化有 "鼎" 這種形制。至於廟底溝仰韶文化層中的圈足碗，是否與廟底溝 II 龍山文化層中的高圈足豆有 "發生" 的關係？也是值得討論的。豆形器的演變在山東區域的史前遺址中，有比較詳細的實物記錄。但是在此地卻是由一種類似做蓋用的圈足碗，躍進到甚爲成熟的豆形器。這種大躍進的變化固然是可能的，但是也不是沒有疑問的。居住遺址的構造也有若干值得注意的分別，如門向、形狀和門道的結構等。

以上所說的這幾點意見，只是要指出，我們對於甚爲時新的兩點推論加以保留：

(一)認爲廟底溝 II 由廟底溝 I 發展出來的這一說法不是十分正確的。

(二)廟底溝 II 的龍山文化誠然代表了龍山文化的一個階段，但是要說它是龍山文化的最早階段，現在尙沒有充份的證據。

因此，我們根據這一發現來看，要遽然地推論龍山文化起源於河南西部的這一說法，是否尙嫌太早？我們要認清構成龍山文化的基本成份，然後才能有力地討論龍山文化的原始階段。至於什麼是構成龍山文化的基本成份，自然是人異其說，不過下列的幾種，大概是一般先史學家可以承認的：

(1) 黑陶

(2) 三足器，包括鬶、鼎、鬲等

(3) 高足豆

(註10) 廟底溝與三里橋，第45頁。

(4) 磨製方轉偏鋒端双器，包括大的碎與小的鑿

(5) 石簇，包括樹葉形與三稜形

(6) 卜骨

直到現在爲止，就發現的這部份看，上述的六個重要成份都集中在洛陽以東的地帶；在黃河以北的山西，以及潼關以西的陝西所出現的龍山文化，雖然都多少帶有這一類的成份，但是却沒有絕對的、屬於這一文化早期的年代證據。例如陝西的鬪瑞莊（卽客省莊），雖然包括着若干代表性的龍山文化特點，如卜骨、三足器的陶斝、鼎，以及磨製方轉的石鑿；但是這遺址的時代，就地層上說只是早於周代，它可能與東方的殷商同時。在近於東方的安陽地區，所發現的黑陶遺址，如小屯的先殷文化層[註11]，不但具有高度發展的打磨光潤的石器與陶器，陶器中具有三足的斝、鬲與甗，而蛋殼型的黑陶已經到了發展的高峯；它的時代比西安的鬪瑞莊可以早過三百年至五百年以上。但是若要假定一個早期原始龍山文化的存在，這一階段應該比小屯的先殷文化層更早。這便要把在河南西部一帶發現的廟底溝Ⅱ類型的龍山文化更推早到若干世紀。事實上廟底溝第Ⅱ期的龍山文化，單就三足器說，斝與鼎都不是原始階段的形制；同時地下的證據並不能完全證明三足器在純仰韶時代已有開始的跡象。所以假定這一形制爲屬於龍山文化的一種發明，我們就有理由假設有比廟底溝第Ⅱ期文化更早的龍山文化階段的存在。這一個階段似乎不曾在豫西一帶發現過。

石璋如敎授認爲三足陶器的原始，應該在平原地帶[註12]。理論上這一說法很有見解，事實上也有很多的史實證據。這應該是指中原地帶──洛陽以東的地方，當然也包括着黃河流域的一部分。由這地帶開始製作的三足器，向四方傳播，大槪東邊的一支發展得最快，向西的一部份，以及過黃河向北的一部份，都是發展比較慢的。廟底溝第Ⅱ期所代表的是三足器的西支，似乎與地下出土情形所表現的甚爲調和。這比勉强地說它是由廟底溝第Ⅰ期文化發展出來的說法要自然得多。

我們再看一看卜骨分佈的情形。自從發掘城子崖，出現卜骨以後，考古家對這種遺物均予以極大的注意。直到現在，有記錄可查的資料，在華北出土卜骨的遺址已有五十處以上。但是這些出卜骨的遺址大都集中在潼關以東的平原地帶。陝西與甘肅的考古發現，雖然也有卜骨出土的記錄，但大部份都是商或商以後的遺存。如陝西華縣的南沙村，和邠縣的下孟村可以晚到周代；此外鳳縣和甘肅寧夏的大何莊都是比較晚的遺址。其他將近五十處出卜骨的遺址，差不多都分佈在河南、山東及河北，也是以殷商時代的居多。不過在這一帶却很淸楚地出現了先殷時代的卜骨。如山東歷城縣的城子崖，河南安陽的晁家村，和河北邯鄲的澗溝村；這些地方都沒有疑問地是屬於黑陶文化的遺址。尤其以小屯本身先殷文化層出土的沒有文字的卜骨，很淸楚地說明了這一習慣是原始於華北東部的先史時代。值得注意的一點的是這些先殷時代的卜骨，包括牛、羊、猪、鹿以及好些別的食草的四蹄獸類。到了殷商時代，用作骨卜，差不多以牛肩胛骨爲主要的材料。用龜的習慣也是比較晚期的，在早期的卜骨中很少見用龜的。用肩胛骨占卜的習慣到了有文字記錄的時代分佈甚廣，

（註11）　李濟：小屯地面下的先殷文化層，中央研究院學術滙刊一卷三期；重慶，民國33年。

（註12）　據石璋如先生口述，並見：石璋如：中國彩陶文化的解剖，大陸雜誌2卷6期，pp. 4～6；2卷7期，pp. 18～22；臺北，民國40年。

不過似乎也有一點限制，就是這一習慣的傳播大概以遊牧民族為限[註13]。就歷史期間的傳播現象追溯它的原始，這一習慣顯然也是與遊牧民族有比較親切連繫的。中國早期的歷史，尤其是早期中國的文字與占卜的記錄似乎是分不開的現象；因此我們就不能不追想所謂東方的黑陶文化與傳說中的早期殷商文化的可能關係。不過這一點我們不必在這兒討論，我們只是要說明我們承認卜骨為龍山文化的重要成份——其重要性也許超過黑陶以上——而龍山文化的早期似乎不可能原始於它的早期分佈區域的西北邊緣，如陝縣廟底溝。

卜 骨 的 分 佈

龍山文化 或其他新石器 時代文化	山東歷城縣龍山鎮城子崖 河南安陽晁家村 　濬縣大賚店 河北唐山市大城山 　邯鄲龜台 山西太原光社 四川忠縣睿井溝汪家院子 吉林延吉市百草溝 　龍潭山 熱河昭烏達盟，巴林左旗，富河溝門村 遼寧旅順羊頭窪
殷商文化	山東濟南大辛莊 　梁山青堌堆 河南安陽小屯，侯家莊，薛家莊，大司空村，四盤磨，後岡， 　王裕口，南覇台，同樂寨，花園莊 　鄭州二里岡，池砦王村，上街，洛達廟，人民公園， 　白家莊，方白柴莊，彭公祠 　陝縣七里鋪 　新鄉潞王墳 　陝縣三門峽水庫 　輝縣琉璃閣，褚邱，豐城村 　偃師灰嘴 　洛陽澗西孫旗屯，澗河兩岸 河北邢台曹演莊，東先賢村，賈村，西關外，尹郭村 　邯鄲澗溝村 　邠縣下孟村 江蘇徐州高皇廟中層
周代文化或 春秋戰國	山西洪趙縣坊堆村 陝西西安張家坡，澧西客省莊 　侯馬牛村，古城

(註13)　Kroeber, A. L.: Anthropology, 1923, pp. 210-211; Harcourt, Brace and Co., New York.

	鳳縣龍口村，郭家灣 湖北圻春毛家咀 四川成都青羊宮第三、四層
時代不明者	陝西華縣，南沙村 甘肅臨夏大何莊，秦魏家，黃娘台（金石併用期） 遼寧旅順石豪 江蘇南京北陰陽營（金石併用期）

POSITION OF THE BLACK POTTERY CULTURE IN THE HISTORY OF ANCIENT CHINA

An English Summary

The Black Pottery Culture of prehistoric China, known also as the Lungshan Culture, was first discovered in 1928 by G. D. Wu and excavated by the archaeological section of the Institute of History and Philology of Academia Sinica. The reports were published as number one of Archaeologia Sinica in 1934, which was translated into English and published by the Yale University Press as number fifty-two of the Yale University Publications in Anthropology.

The type site of this culture located in the neighborhood of the modern capital city Tsi-nan of the Shantung province revealed the following distinguished features of this culture:

(1)   The appearance of egg-shell pottery, extremely thin, beautifully polished and shiny black, in the cultural stratum fully saturated with pot shards.

(2)   Great number of edged tools made of stone, bone and thick shells.

(3)   Stone implements well-polished and with edges more frequently asymmetrical.

(4)   Walls surrounding the settlements.

(5)   Oracle bones with drilled cavities and scortched marks but without any written character.

The first and fifth remarkable feature have both attracted special attentions among historians as well as archaeologists from the very beginning of their appearance. Since the publication of the first report, prehistorical sites with similar contents have been found in great number, first along the sea-coast from the Liaotung peninsula southward to Fukien and Kwangtung, and even as far as the Island of Formosa. Later, this culture was also discovered in the western part of North China as well as many inland provinces south of the Yangtze River.

When the attention of historians was first directed to this culture, it was con-
centrated on it's location and area of distribution along the coastal provinces with
Shangtung as its center. Very soon the archaeologist in the field established its
relative chronology as a result of the excavation of some stratified archaeological
diggings; the sequence being the prehistoric Painted Pottery Culture followed by
the Black Pottery Culture which is again overlaid by a layer of historical culture
of the Shang Dynasty as in the case of Hou-kang located in the Anyang district.
So, for a long time, it was thought that while the Painted Pottery Culture was
evolved in north-western China, the prehistoric Black Pottery Culture was mainly
a maritime development. These two prehistorical cultures met in Honan, where the
influence of Painted Pottery Culture from the northwest reached first, succeeded by
the Black Pottery Culture from the coastal region later on, and the Shang Civiliza-
tion was probably a direct development from the Black Pottery Culture.

Owing to the extensive field works in the recent decade, many prehistorical sites
were found and excavated all over China. Some of these sites have revealed strati-
fied cultural layers. Among the excavated sites, those which have shown both the
Painted Pottery Culture and Black Pottery Culture have naturely revived the interest
of archaeologists as well as historians about the early origin and development of
these two cultures. There is one theory that has aroused a great deal of discussions,
namely that the Black Pottery Culture was directly from the Painted Pottery Culture.
The proves were given from the excavated materials of the stratified sites located
in the neighborhood of Yang Shao T'sun and it's adjacent area, particularly the site
of Miao-ti-kou, of which the archaeological report was published in 1959. Dr. K. C.
Chang in his recently published book on "The Archaeology of Ancient China",
devoted a considerable amount of space to the discussion of this theory and quoted
extensively from the original source to support arguments for the theory: namely,
Miao-ti-kou II, which is a Black Pottery Culture, was developed directly from
Miao-ti-kou I, the earlier cultural stratum of this site, consisting of mainly the
Yangshao cultural elements.

The author of this paper has examined these arguments very carefully and also
made a careful analysis of the report of Miao-ti-kou. The following are the results:

(1) The ceramics of these two cultures (Miao-ti-kou I and II) show funda-
        mental difference both in the method of firing and the general shapes.

(2) Among the remains of bone, stone, shells, etc., he is struck by one remark-
        able feature in Miao-ti-kou II remains, namely, the arrowhead shows a
        greater variety of shapes and a more refined technique; Miao-ti-kou II
        remains indicated a more active hunting life also by a greater amount of
        remains of animal bones which includes both abundant wild animals like
        Cervus, Valpus, Felis, etc., as well as domesticated animals. Remains of
        wild animals were altogether absent in the earlier stratum. In other
        words, the people of Miao-ti-kou I Culture seems to be much more

sedentary than the Miao-ti-kou II folks, who were still dependent upon hunting as an important source of their food supply.

(3) In fact, it can not be definitely determined how early the cultural remain of Miao-ti-kou II can be dated except that it is later. than Miao-ti-kou I. On the other hand, the Black Pottery Culture found in the eastern part of Honan, may be definitely asigned to pre-Shang, such as the sub-stratum of Hsiao-t'un Culture. So the possibility of the origin of Miao-ti-kou II Culture from eastern sources could not be entirely excluded; at least this is true of some of the more important cultural elements, especially the practice of scapulimancy which was not traced in Miao-ti-kou II but was discovered in sites as far as Kansu. These remains invariably are late in the northwestern area when the date could be determined. The same is true with the origin of the tripod group of prehistoric pottery,......as *ting, chia,* etc., which were found more abundantly in the Black Pottery Culture sites in eastern Honan and Shantung.

For all these reasons, the present author is of the opinion that pending further evidence and more precise dating, the early phase of Black Pottery Culture could hardly be attributed singly and directly to Yang Shao inspiration; its origin is an integration of several diversified elements, some of which show an independence of character quite foreign to the cradle land of the Painted Pottery Culture.

本文原載於國立臺灣大學考古人第二十一、二十二期合刊本　　民國五十二年

華北新石器時代
文化的類別、分佈與編年

　　自民國十一年，安特生氏宣讀「中華遠古之文化」這篇論文開始 (註一)，四十年來，由田野考古所得到的有關中國史前文化的資料，已經累積到了一個可觀的數量。最近又出版了兩部整理這類資料的書，它們都是用英文寫成的。一部是在英國劍橋大學執教的鄭德坤先生，他的大著爲「考古學在中國 (Archaeology in China)」 (註二)。另一部爲在美國耶魯大學執教的張光直博士，他的書是「中國遠古的考古學」 (Archaeology of Ancient China) (註三)。這兩部書的寫法雖不一樣，但是他們的目的却頗有類似的地方，他們都用中國考古新發現的資料，講中國上古史。他們的講法確有見仁見智的不同，鄭德坤教授僅按着各種資料出現的區域，加以排比 (註四)。張光直博士有進一步的分析，他着重於文化的發展次序。很顯然地，當代的史學家，對於這些新出現的考古資料，有不同的看法；因看法的不同，而採取個別的寫作方法也是很自然的。用這些材料的人，有一最不可忽視的疑問應該當先注意到，就是這些刊佈的考古資料，究竟保存了多少原始性？說得更明白一點，我們要問問這些考古報告所記錄的資料，可靠到什麼程度？這裏可以分兩點查考：一、收集這些材料的方法是否準確？是否

　　(註一) 此文後載摘印地質彙報第五號，「中華遠古之文化」，民國十二年農商地質調查所印行。

　　(註二) Chêng Tê-K'un: Prehistoric China, Archaeology in China, Vol. l, Cambridge, 1959.

　　(註三) Chang Kwang-Chih: Archaeology of Ancient China, 1963.

　　(註四) 若以新石器時代的這段歷史爲例，鄭氏在第四至第十二章中，分別紋述 Gobi, Sinkiang, Huangho, Yang-Shao, Lung-Shan, Hsiao-t'un, Yang-tze, South China 與 Manchuria.

合乎現代科學的標準？二、記錄人或寫報告的人，是否因他個人的歷史觀，對原始資料有所選擇？

　　新石器時代這段歷史之所以引起廣泛的注意，乃是因為這些新發現的資料，對於解釋中國上古史，發生了重要的作用。由於大家廣泛地注意，在最近，它的發現在數量上大為增加，對於這些材料的見解也加多了。因為有若干複雜的見解，所以各種材料的比重，也就因研究人的觀點不同而有不同。本章所採的資料，自然是以有計劃的考古發掘出來的為主體。不過所謂田野考古資料的可靠性，也有很不等的程度，上下相差很遠。就發掘資料而論，其準確的程度也是很不一樣的，錯誤的影響，往往比他種資料更為深遠（註五）。所以也要有限制地運用。至於廣泛的地面採集所得，號稱考古資料者，性質甚為龐雜，它們並不是完全都可用的，它們的取捨應該有一個比較客觀的標準，這一點便要看運用人的見解了。否則我們便會陷入「以六經為注腳」同樣的錯誤。現在將若干有計劃的發掘及研究報告列舉於下，做為我們敘述的起點：

　　一、地質調查所出版的有關考古發掘報告。

　　二、中央研究院歷史語言研究所出版的有關考古發掘報告。

　　三、抗戰後，大陸出版的若干考古報告。

　　四、其他中國學術機關出版的有關考古報告。

　　五、日本考古家發表的有關中國考古的研究報告。

　　六、其他有關的中國考古資料，如歐美各國博物院及收藏家發表的有關研究報告。

　　上面六類中，以第三類最為龐雜，但却包括不少發掘所得的原始資料，歷史價值甚高，為全世界史學家及考古學家所注意，所以我們也不能忽視。

　　歸納以上六大類材料，我們又可以把它們分成下列幾個組合討論：

　　一、有關新石器時代文化的地面採集。

（註五）如偽造的閩爾當（Piltdown）人卽是。

　　　李濟：論「道森氏‧曉人」案件及原始資料之鑒定與處理，現代學術季刊第一卷第二期，民國四十六年二月。

二、有關彩陶文化的發掘報告。

三、有關黑陶文化的發掘報告。

四、有關其他地方性新石器時代文化的報導。

關於地面採集的資料，它們的歷史價值最難斷定，理由如下：

一、採集品與採集地沒有絕對的關係；二、採集品的描寫往往不够詳細，也許只有一個簡單的名稱，如石斧、繩紋陶片及骨蚌器之類，對形制也沒有較明確的描寫；三、在同一採集地面的採集品，它們的相互關係也是不能確定的。以上是就一般的地面採集記錄而言。若是採集人有過適當的訓練，他也許可以給我們若干比較詳細而準確的紀錄，紀錄的價值雖然仍有上項的限制，但根據這比較小心的紀錄，也許還可以做若干有限度的推論。我們要記住，往往很大的發現，都是根據這類資料，加以追尋出來的。所以這類資料的運用，最需要大量的細心檢查。

我們首先要檢查的一批資料，就是最近爲大家所注意的，所謂「沙苑文化」的地面採集 (註六)。據報告，這批採集品是在陝西洛河下游的朝邑與大荔兩縣境內的沙丘地面採集所得。它們包括下列的種類：大部分屬於細石器這一範疇，製造的方法爲間接撞擊與壓剝法，材料用燧石、石英岩、瑪瑙等；另外還有一批用直接撞擊法做成的石片器，及兩件磨光的箭頭，一枚蚌飾，一枚骨珠，但沒有任何陶片雜在一起。據報告人說，這些地面採集品都帶有滾轉的跡象，出現地點似非原在地點，全部採集品都潛埋在沙丘裏邊。因爲它的總數很可觀 (註七)，不能把它當作一種偶爾的現象看待；可能在這區域附近，有一個製造這一器物的工場，甚至於居住遺址；但這只是一種猜測。這發現的重要性是由兩種比較得來的：㈠與河套一帶所發現的更新統晚期的舊石器文化，頗有類似的地方；㈡在若干彩陶與黑陶遺址中，用壓剝法製的箭頭是常出現的。所以就這採集品的組合而論，它們表現了兩重關係。因爲我們不能斷定它們本身的相互關係，我們只能說

(註六) 安志敏、吳汝祚：陝西朝邑、大荔沙苑地區的石器時代遺存，考古學報 1957：3. PP.1-12。

(註七) 同上，共519件遺物。

它象徵着華北文化由舊石器轉到新石器的過渡階段的存在。希望將來有更好的發現，及更清楚的報告，能够明確證實這一階段文化的眞正性質。

最近張光直博士曾根據沙苑遺物的發現，對中國早期農業的開始，頗有所推測。他假定中國有一個新石器時代革命，而這件事情大概發生在晉、陝、豫交界的區域，卽渭水、汾水流入黃河的地方。他叫這個地域做「中國生產經濟的搖籃地」。他所擧的理由較重要者如下：（註八）第一、在華北氣候高潮（Climatic optimum）的時候，這個地帶介於森林密佈的西方高原與低窪潮溼的東部平原之間，便於這個時代的漁獵生活。勞伯特・布萊伍德（Robert Braidwood）及卡爾・稍窩爾（Carl Sauer）認爲這種漁獵經濟是農產經濟與畜牧經濟的前身。因爲有足够的水量與溫度，使得水中的游魚與山中的走獸同樣地繁殖。可以使這一帶的居民，靠着漁獵維持生活。第二、僅見的早於仰韶文化的新石器時代文化也出現在這兒，卽寶鷄縣的渭水流域。第三、仰韶時期的農業中，漁撈仍占一重要成份。

這些意見，雖然一時還不能够證實，但却有不少的旁證。把它與古代的若干傳說相比，如神農氏之種六穀於淇山之陽，及后稷在陝西一帶的農耕，也有互相印證的地方。尤其是初期農耕文化的仰韶文化發展中心也在這個地方。張光直的這一說法雖然尚無考古的直接證據，但是他假定農業在中國早期的發展經過，確可以點活若干事實。關於神農與后稷的神話，各家傳說頗不一致，不過就地域的觀點論，總是指向黃河中下游一帶。最初遊移性的農業，也與司馬遷所傳黃帝時代的情形可以比照。這與現代民族學上記載的事實也很相符。只是就考古發現的事實論，我們實在尚不能確定彩陶文化到底開始在什麼地方。到現在爲止，有些史學家認爲在安陽附近後崗所掘到的最低層文化，代表着仰韶文化的最早期。但是也有不同意此說的，認爲那些簡單的花紋，只代表一種「邊緣的差異」，並不是「原始的象徵」。主張後崗 I 代表仰韶文化早期的，有梁思永、吳金鼎等人。

（註八）Chang Kwang-Chih: "China" (in "Courses Toward Urban Life", edited by Robert J. Braidwood and Gordon R. Willey, Viking Fund Publications in Anthropology. No. 32, PP. 177~192, 1962.) PP. 179~180.

仰韶文化最高的發展，以在潼關左右、黃河、渭水及汾水沿岸出現者較多。已經發掘的遺址，最為大家注意的為陝西西安的半坡村。

半坡村的發掘報告（註九），已經引起全世界的注意。鄭德坤氏在他最近所著的「考古學在中國」一書中，有一段比較詳細的敍述與分析。發掘所得的資料可以分為三部分討論，卽居住遺址、工業遺址與墓葬遺址。先從居住遺址說起，這要代表半坡遺址的大部分。半坡遺址的全部面積約兩萬平方公尺（東西寬約100公尺，南北長約200公尺）。居住部分佔有這遺址的西部。所發掘出來的建築遺存，證明這個地方屢經改建。有一處房屋的疊壓有六層之多，大多數都有兩層或三層。這一現象曾引起兩個不同的說法：一個說法是認為這些房子為遊移的農耕民族所建築。他們來來去去，在這兒住一陣子，放棄了到別地方去，以後又囘到這兒住，如此若干次數（註十）。另一說法是說這些農耕民族一直在這兒住着，時間久了，房子壞了，便再重修，重建的次數可以多到五、六次。這兩個說法都是值得注意的，以後將再討論。現在我們先看看房屋建築的情形，照鄭坤德氏的分析，上層與下層有下列的分別：

	屋內地面	柱　　　　洞　　（註十一）	灶　　　　　　地
上層	準備過或鋪過	柱孔周圍有一圈硬而純細的白土，厚度自五～十公分，和周圍的灰土分別的非常清楚。底部多為尖圓形，內有木灰，內表面相當光滑。	葫蘆形淺穴，表面青灰色的硬灰面，周圍和底部是相當厚的一層純細紅燒土。
下層	堅硬而平滑	沒有泥圈，在早期灰土中掘出一柱穴，表面堅硬，也是加過工的。洞口至洞底大體是一致的，也有尖圓形的，內有木灰。	不規則形灶面，只是一片燒紅的灰土面，往往不只一層，有厚達七、八層的。

實際上發現的建築遺存，大半屬於後期。這些住屋一般可分兩種類型：一種為圓形的，另一種為方形的或長方形的。圓形房子的屋基直徑可以達到三至五公

（註九）石興邦：新石器時代村落遺址的發現——西安半坡；考古通訊，1955：3. PP. 7-16.
考古研究所西安半坡工作隊：西安半坡遺址第二次發掘的主要收穫。考古通訊 1956：2. PP. 23-30.
（註十）Chêng Tê-K'ung：Prehistoric China, vol. 1.
（註十一）所謂「柱洞」，是當時人們建造房子時所立的木柱子，腐朽後所留的洞子（考古通訊 1955：3 P.8）。

尺。有一間房子周圍尚殘留着立壁，或直立地面，或向內彎曲與地平面呈弧狀的殘垣。高約二十二至三十七公分；厚度不均，自〇‧五至一公尺。內壁面是堅而光的灰面，外切灰土，厚約五公分至十公分。周壁外面豎立長方形或半圓形的短木柱，作爲架構，以支撐屋子的重量。房子中間有一個葫蘆形的**灶坑**。**灶坑**兩邊有六個對稱的柱洞，分列於**灶坑**兩側，隔牆的壁中夾有長方形、三角形或多邊形的小木柱作爲架構。兩隔牆之間相距七十公分，此處的居住面較屋內其他部分爲高，與南邊接界處傾斜而上，是出入門戶的過道。屋頂已經塌下，從塌倒的部分，可以看出屋內大體成圓錐體；下面用木椽排列起來，上面塗一層或數層硬的燒紅的草泥土，厚在五至十公分之間，外表光滑。木椽直徑平均十公分。屋頂中心不作尖錐狀，可能是長方形平面，似乎和**灶坑**兩旁六個柱洞間的長方形範圍上下相應，外表和屋面爲橫列的木板。其他的圓形房子，往往只有中間一根大支柱，這種房子的屋頂，可能就由這一根柱子支撐（註十二）。

　　長方形房子的牆，轉角大部分都成弧形。它們的大小與圓形房子類似，寬約四至五公尺；大門開至南邊，南邊有一門道。屋內地面與牆壁均塗以較硬的泥土。有些地面作半地下式，下沉的地面有時可達一公尺；爲了升降方便，已經有了階梯，發現的階梯可以多到四級。長方形房子中間也有**灶**穴。有一間比較大的長方形房子，長達二十公尺，寬十二‧五公尺。周圍尚保有寬約一公尺左右，半公尺高的矮牆。轉角是弧形的。牆面是灰白色的硬燒面，牆內爲堅硬而帶紫紅色的草泥土。屋內地面是光而硬的灰面，有些已經變作灰黑色。在牆頭上有一排柱洞，柱洞的排列是有規則的，近牆角地方，柱洞的排列較密。各個柱洞面是硬的燒土，部分還留有木理紋痕。這些柱洞口徑平均二十公分。房子中間，有兩個舟形紅燒土「柱圍」（註十三），南北相距四‧五公尺。距南邊舟形柱圍以東四米處，有炭化的殘木柱一個，直徑四十五公分，田它的大小和位置看，當初似乎也有舟形柱圍，後來爲晚期的墓葬破壞。在炭化殘木柱北邊，應該還有一個相同的柱

（註十二）考古通訊 1955:3. P.9.

（註十三）所謂「柱圍」，是在木柱周圍用硬的泥土圍起來，用以堅固柱基的圈子（考古通訊 1955:3. P.9）。

洞，也是爲晚期墓葬所破壞。這類大柱洞，從洞口到底部深一・六公尺，在居住
面以上全爲堅硬的紅燒土所作成。下部插入早期灰土層中，沒有硬的洞面。發掘
人認爲這是被火焚燒過的房子遺燼；他們也認爲在那時代，那麼大的建築，可能
是一羣男性成年人羣居的地方 (註十四)。

　　每個房子都有一個或數個灶坑，或燒火的灶面。灶坑和灶面多是由紅燒土做
成。灶坑有兩種：最普通的是葫蘆形的，表面是靑灰色的硬灰面，周圍和底部是
相當厚的一層純細的紅燒土；在這種灶坑的下面，往往有一個圓形的或同樣形狀
的灶坑，做法和構造與前者相同。這類灶坑在上層的堆積裏出現較多，在下一層
裏多爲沒有規則的灶面，只有一片燒紅的灰土面。這種灶面，往往不只一層，有
厚達七八層的，厚度不一，皆堅硬如石 (註十五)。

　　另一個與住宅相關連的，是貯藏東西的窖穴的發現。可以分成兩種不同的形
狀。第一種是圓形的袋狀坑，大小兩類皆呈圓形，口小底大。小型的底部直徑平
均一米左右，口徑約當其二分之一，這種灰坑都很淺，平均不到一米深。坑口完
全在原來地面的黑土層上，所以它是最早期的遺跡，裏面塡以灰土、陶片、骨
器、石器等。大型的袋狀坑，體積比前者往往要大一倍，多分佈在上層，它是比
較晚期的遺存。周壁是一層硬的紅燒土和灰土粒。這類地窖出土有完整的陶器、
石器和其他日常用品。第二種是圓角長方形坑，坑口部作長條形，坑的底邊都是
圓弧狀，而不是直角，口部也是在原來的黑土面上，是最早期的遺跡之一。裏面
出土物中，陶片較少，獸骨特別多，還有大的獸類的爪和牙齒 (註十六)。

　　此外在這個居住遺址中，出現許多性質不明的燒土坑。坑壁皆有硬而光滑的
硬燒面；坑的形狀有圓口尖底形的、圓口平底形的、細長如槽形的、橢圓形的。
坑內塡滿了灰土、灰渣、骨器、石器、陶片等。在下層還有一個特別的建築值得
說明。就是一個圓形地面，直徑約六公尺。它的西北部和東南部都被灰坑打破。

　　(註十四) 考古通訊 1955:3. P.9
　　(註十五) 考古通訊 1955:3. P.10。考古通訊 1956:2.
　　(註十六及十七) 考古通訊 1955:3. PP.10-11.

其餘的部分，周圍共有柱洞六十一個；地面上還留有三個長方形溝槽，槽深約十公分，槽壁兩面都有細木桿所壓的凹陷痕跡，並且有白色木灰。田野工作者推測這是豢養家畜的地方(註十七)。在這個遺址中，有猪、狗、羊等獸骨的出現在類似的遺址中，也有若干馬、牛和鹿骨的發現(註十八)。

我們所謂的工業區，是指當時燒陶器的地點。這地點位於居住遺址的東邊。就留下的遺存看，那時燒陶器的窯，可以分成兩類：第一類發掘的人稱作豎穴窯，作火爐形狀。原報告稱這類窯作第二號窯。它的特點是一面為一袋形的火爐，爐口開在南邊，為加柴火及除灰渣用的；爐口附近堆有許多灰燼。放置陶器的窯室在火爐上面，但是大部分均已破壞。在窯室與火爐之間，有通火的火道，爐火通過火道直達窯室。遺存中尚保有兩火道，直徑十五公分，長約三十公分。火爐用壁已成硬殼，非常堅硬。火爐高一‧三公尺，底徑一‧九公尺。第二種火爐，發掘人稱作橫穴窯，作筒狀。這類窯址發現了五個，保存最完整的一個，田野記錄稱為第三號窯。這種放置陶器的窯室與火爐以三道傾斜的粗火道相連絡。窯室底部呈圓形，平面光滑；周邊有一圈長方形小火眼，其中有十個保存尚為完整。這一結構證明由火爐發出來的火，經過較粗的火道，分別由較小的火眼進入窯室。室周邊已經倒塌，不知其高度。但是從殘留的部分看，周邊有五至十八公分厚，窯壁塗抹一層泥土，火道的長度在兩公尺以上。在另外一窯中，還發現未經燒過的粗陶罐泥坯。這些窯址都集中在一個地點 (註十九)。

墓葬區占有半坡遺址的很大一部分。墓葬可以分成兩類：一類是埋葬成年人的墓葬，分佈在居住區的北邊和東北；另一類是埋小孩的甕棺羣，大都在居住房屋的附近。成人的墓葬共發掘出來一百三十餘座，其中有十五座俯身葬，不帶任何隨葬品，另外有六座二次葬，也不帶任何隨葬品；大多數墓都是仰身的直肢葬。全埋在褐色夾有生薑石的硬土堆積之中，有的可深入地面下兩公尺左右。墓坑排列整齊，尤其在墓區中部和北部的一羣，一般都是頭向西，面向上。在同一

(註十八) Chêng Tê-K'ung: Prehistoric China, P. 78.

(註十九) 考古通訊 1956:2. P.29.

水平面上發現的墓葬，排列的方向以及坑位的距離尤爲整齊。隨葬品以陶器爲主，大半放在腰部或下肢骨的上面。每個墓中的隨葬品數目，可以少到一件，也可以多到十數件，最多的有十七件，平均以五、六件者居多。陶器的種類以粗陶罐、細泥陶鉢及小口尖底陶瓶較普遍，其次爲着色的長頸瓶或指文細陶罐。隨葬器放置情形，尚有幾點值得注意，有些墓中是把幾個陶器疊放在一起，小的裝在大的器物中，很多用粗陶罐或彩色陶器覆蓋細陶鉢。一個最值得注意的是有些墓葬把尖底瓶放在其他隨葬器一起，但是在另外一些墓中則是放置於墓坑的塡土中，發掘人認爲這種例子有些特別的意義。這些墓葬絕大多數都是單人的，只有一個四人合葬，一個兩人合葬。骨質保存都很好。一個保存最完整的墓葬，田野記錄（照相）爲 152 墓。是一個青年的墓葬，形式與成年人的完全相同。墓室長方形，長一‧四六公尺，寬〇‧七至〇‧八公尺，深約一公尺。四周有木板的痕跡，已經化作灰白色的木灰，厚約十公分，高約六十公分，東西兩端木板深入地面下生土中約半公尺，木板上似乎有一種「二層臺」。這裏有種類多的隨葬品，腳下爲一尖底瓶，另有兩個細泥陶鉢，蓋着一個粗陶罐及一個細泥紅平底鉢。鉢裏存有小米的皮殼。底下壓着三個小石球。屍體腰周圍繞有骨質珠六十三粒，左耳下有一用碧玉作成穿細小孔的耳墜子。埋葬小孩的甕棺葬四十個，大半在居住遺址裏邊，似乎也有一定的區域排列。陶甕是粗陶質，甕口用細陶鉢或細陶盆覆蓋，覆蓋的盆有很多帶有花文，完整的人頭和魚紋盆就是一個甕棺的蓋子（註二十）。

由這些發現，可以推知在半坡居住的人，有一個很完整的埋葬制度。埋葬成年人與未成年人各有特別的方法。在每一區域內有固定的排列，顯然也可以分成若干階級。俯身葬在這兒的出現，也具有一種特別的意義。

半坡遺存中，最大的發現，應該是那盛在一個小口大平底加夾砂粗陶罐裏的糧食，據初步鑑定，這糧食是粟類，學名是 Setaria italica（註二十一）。夾砂粗陶罐只是半坡豐富陶器中的一個種類。若以陶質來分，這豐富的陶器包括有細紅

（註二十）考古通訊 1959:2. PP. 26–28.

（註二十一）Chang Kwang-Chih: Archaeology of Ancient China, P. 59.
　　　　　　Chêng Tê K,ung: Prehistoric China, P. 79.

陶、細黑陶、夾砂粗紅陶、夾砂粗灰陶及細灰陶五類。此外尚有少數白色陶片，似爲高嶺土所製。黑陶的形制與紅陶的形制沒有差別。器形可以復原的有二十種以上。比較重要的是尖底器、鉢形器、盆形器、皿形器、杯形器、碗形器六種。三足器的鼎形器很少，是值得注意的。若從文飾方面看，最普通的是繩紋，細質陶的表面多飾以線紋，此外尚有弦紋、蓆紋、編條紋亦常出現，附加堆紋也很普遍，在夾砂粗陶器上最多；堆紋多捏成各種不同的形狀。另外一種特別的文飾是錐刺紋，多作三角形及圓形兩種，見於細紅陶的腹部部分。半坡陶器似乎都是手製，很多保有盤條的痕跡。半坡出土的彩陶不多，但是文飾相當複雜，見於盆形器、鉢形器、大口圓底器上文飾最多，最普遍的圖案爲穀葉紋和幾何形花紋。有名的人面花紋也出現在晚期的甕棺葬中。此外象形花紋還有魚紋和植物花紋。人面花紋的出現，已引起了很多的注意，由此我們可以推測這時代的若干生活習慣，如對頭部的裝飾，及有關頭部的若干迷信。此外在半坡的發掘，有一個很可注意的發現，就是器蓋與器本身的關係。據報告：有好些破碎而重修理作圓形的陶片，是用作蓋的。而一般的全形器蓋與所蓋的器，陶質常常不一樣，粗砂陶罐可以用細泥紅陶蓋合在一起，破的圈足器底也可以當作器蓋用(註二十二)。這些很普遍的人類習慣，雖爲一般人所知道。但是他們在仰韶時代已經養成了。這確是半坡發掘所得到的重要知識。少見但可能是高嶺土作成的白陶片，也是一個很要緊的新發現。關於陶器的形制與文飾，我們將來還要討論，這裏不再詳述。

除了陶器外，石器也出現了不少，總數在四百件以上，殘破的很多，大多數是磨製的。有斧、磷、鑿、錘、環杵、鏃、刀、圓球、磨石及斧（？）等。最普遍的石斧有下列的特點：圓刃、帶肩、橫剖面作長橢圓形；石磷則以小型的居多，石箭頭數量不多，以寬扁而短的一式最普通，有打製的與磨製的兩種，打製的以石英質石料，磨製的用紅色堅硬的石料，體薄而鋒利。石球可說是半坡的特產，磨得光滑有規則，直徑在一‧五至六公分‧可能作爲彈丸用的 (註二十三)。

(註二十二) 考古通訊 1955:3. PP.11–14.

(註二十三) 考古通訊 1955:3. PP.11–12.

此外骨器也在此遺址中發現了很多。包括骨鏟、帶孔針、錐、鑿、箭頭、匕、魚鈎及骨片等。魚鈎及針的製作，非常精巧。骨鏃的形式很複雜，有三棱式、半圓式及三角扁頭式。一個長條形骨片，發掘人稱為骨刀，但光滑無刃，可能是用以製造或修整陶器的一種工具。此外還有一種尖圓形，一端甚為扁平的骨器，與骨笄甚為相似，可能也是一種工具（註二十四）。

半坡出土很多殘破的蚌片，多作裝飾品用，圓形或環形，有的上面鑽有孔（註二十五）。

在現階段的史前史研究過程中，我們看半坡文化，可以有下列幾種認識：它的地點是在發現彩陶文化的中心，但是它所代表的階段，並不算是這一文化最早的一期，因為它已經進展到農業相當發展的程度，定居的證據雖不多，却已經富有村落文化的氣象了。而且在若干習慣上，如陶業的發展及墓葬制度的完整，都是一個定居社會的象徵。但是它們也顯然是在農業社會的早期，陶器完全還在手製的階段。遺址的包含證明他們聚落的範圍甚小。究竟我們應該把它放到農業社會的哪一階段？尚需與其他農業發展的文化作比較後，才能決定。

現在我們再回來談彩陶文化的代表遺址，卽河南省澠池縣的仰韶村（註二十六）。這個遺址的重要性，及其所引起的爭論，都有些歷史的原因。它所以受重視的最大理由，就是因為——就現代考古學的中國發展說——在中國，它是第一個用科學方法發掘出來的遺址。但是由此也引起了許多現在尚不能解決的爭論。

最早發現及發掘仰韶遺址的瑞典地質學家安特生博士，在他最後一次的報告中（註二十七），說明了他對於這個遺址的興趣，最初是由彩陶片的出現所引起的。起先他不相信他自己的眼睛，因為他覺得如此精緻的陶器不可能在石器時代就有了。所以他想到仰韶村所出的石斧與彩陶是否來自同一個文化層的問題。等他讀了若干考古報告以後，他漸漸瞭解了在中東及歐洲，新石器時代文化的一般情形，由此他就對仰韶遺址發生了新的興趣。經地質調查所的協助與努力，他得到

（註二十四及二十五）考古通訊 1955:3. PP. 14-15.
（註二十六）第一次發表於安特生：「中華遠古之文化」，摘印地質彙報第五號，1923。

中國政府的允許，便在仰韶村作了一次科學的發掘。發掘自一九二一年十月底開始，經過了一個多月，到十二月初才收工。我們現在所知道的仰韶村文化，就是這次發掘的結果。所以它的內容，我們應該有一個詳細的認識。

仰韶村所在的澠池縣，位於洛陽與西安之間，為周泰以來，西北交通要道所必經。縣城現在為隴海路的一站。在一個東西走向的山谷中，向北向南地勢都逐漸上升，形成帶斜坡的高原；由第三紀的紅土，和紅色土構成，上面覆蓋着黃土。這一帶的高原，都為無數的三十至五十公尺深的深溝所切割；這些交錯分佈的溝都通達澠池縣城。高原的南邊直達秦嶺山脈，北邊另有山脈，遮斷了更北邊的黃

（註二十七）J. G. Andersson: Prehistoric Sites in Honan: BMFEA No. 19. PP. 1-124, Stockholm, 1947. PP. 1-4：「我第一次所得的仰韶遺址印象，是在一九二一年四月十八日。那天，我跟我的採集人劉君，一同到那兒去。我們從仰韶縣城向北走了八公里，到了仰韶村，當時惟一的目的，是想尋找我所見到的若干石器的出土地點，離仰韶村南約一公里的地方，我們走過一條深溝，到了溝的北端，在溝邊看見一塊很有趣的斷面，最底下為第三紀的紅土，在紅土上為一層很清楚的鬆土堆積，其中包含着灰層及很多陶片。那時我以為這地層可能就是我所見石斧的來源地。尋找幾分鐘以後，在最底下的堆積層中，我發現了一小片很細微的紅陶片，打磨得很光潤，上面有黑色的彩繪。當時我對於美國巴姆貝萊調查隊（Pumplly's expeditions），一九〇三年至一九〇四年在俄屬土爾基斯坦安諾（Anau），發現的彩陶，一點也不知道。更不知道在東南歐洲新石器時代末期出現的彩陶。所以我覺得這麼細緻的陶器，會跟石器在一起出現，差不多是不可能的事。

我感到非常懊喪，覺得我走錯了路，還是回到我的老職業，去做地質與古生物研究吧！別幹考古這玩意了。那時我的興趣為在這一帶常出現的史前鴕鳥的大蛋殼，我已經收集了好幾件標本，但是地質年代學還沒有找出任何線索；所以四月十九我又回到這一研究上，在黃土層裏，發掘出來一個完整的鴕鳥蛋，解決了亞洲的鴕鳥問題。但在工作之餘，晚上時候，對於在仰韶所發現的這個謎，仍是放不下去。花了很少數銅板，我從村子裏的村童手中，買到幾個新石斧標本；我自己也找到若干標本；同時在仰韶村好些土窰牆壁上，我見着了很厚的灰色土堆積層，包含着我所發現過的那種細緻陶片。所以我又決定花一整天功夫，在溝兩壁做一次系統地調查，研究石斧與彩陶關係。幾個小時之後，從一塊沒有擾亂的灰色土堆積層中，找到一件完整的石礪，在這一天，我採集到不少這一類標本；其他遺物也蒐集了很多，包括許多種類，尤其是破陶片，有細的、打磨光滑的、彩色的，及單色的。但是這一次，我沒作發掘工作，因為我沒有得到官方的允許。而且我這次田野工作的重要目標是在地質與古生物方面。

等我回到北平，在地質調查所的圖書館裏，我很幸運地發現了三大本巴姆貝萊的安諾發掘報告。其中載有幾幅彩色陶片的照像與圖畫，差不多與我在仰韶村所見的那種細緻彩陶一樣。

這年秋天，我得到中國政府的允許，在仰韶村做了一次系統的發掘。幫我忙的有地質調查所的袁復禮先生，以及我自己的幾位助手。十月二十七日開始發掘，工作一直進行了一個多月，到十二月初一才收工。

河流域。仰韶村的座落在北邊的山叢中。由澠池縣向北行到仰韶村，要經過很多的黃土深溝。溝邊都呈現着第三紀及第四紀的紅土和紅色土，下爲上新統地層，上爲更新統的地層。在這兩種不同的地層中，發現了很多動物化石，最重要的第三紀的馬化石（Proboscid hipparion），以及黃土內的鴕鳥蛋（Strathiolithus）。

現代的仰韶村，位在兩個黃土溝中間，一個很窄條的黃土嶺脊上。這兩個黃土溝，土名叫做東溝與西溝。仰韶村的中心，雖在黃土嶺上，但有一部分房屋建築在東溝的溝壁內，土名稱作「窰房」（註二十八）。村中的生活似乎是隨着一個古老不變的規範。天氣的變化爲村民最注意的一件事，因爲附近的樹木很少，遇着大一點的雨水，可以把這些黃土地帶沖刷成若干小的或新的溝渠；深的溝也可以沖刷得更深。村民的日用器具有好多是保存着很古的形態。有的也許還隨着史前人的樣子。

仰韶村的史前文化重要堆積，保存在村南的一塊孤立黃土嶺上，爲東溝與西溝所包圍。在另一地區，卽仰韶村到縣城的大道途中，有一個小地方，卽所稱的東支溝（Tung Tzu Kou），在這條大道降入黃土深溝底的區域，發現了三個地區，仍保有很多的陶片與木炭。在仰韶村的正南，文化層多已消滅了，但在村內南邊，尚保有若干零星的灰層。據安特生的估計，這個遺址整個面積約有二十四萬三千平方公尺。

安特生在現代仰韶村以南約一公里以內，挖了十七個探坑，這十七個探坑的所在地，都在一九四七年遠東博物館雜誌第十九期中詳細發表了。據所發表的材料，安特生的觀察，有幾點確實是很重要的。一、他第一次斷定了仰韶文化確實建築在黃土期內。二、他認定仰韶時代的這個區域的地面，是沒有這些深溝的，那時候的地下水平比現在要高三十五公尺。三、他發現了若干地下袋狀窰坑，上口窄小，底徑較口徑約大一倍；深度有達兩公尺以上者。這些坑多爲仰韶時代的文化遺存所塡滿。

以上幾點，他在民國十二年第一次的報告中都已談到，它們的重要性尤爲一

（註二十八）「窰房」此名乃作者自譯。

般學術界所承認。在一九四七年發表的「河南史前遺址」一文中，他對出土遺物的各坑地層作了詳細的報導。這是原始報告中所沒有的。在這個補充材料中，他所強調的一點，就是要說明仰韶出土的陶片，有紅色的、灰色的、和黑色的不同。這三種陶器均雜見於各層，並無上下或前後次序可分（註二十九）。

在安特生的最後報告內，也有一段關於仰韶遺址中的埋葬紀錄。這個埋葬羣集中在所發掘的第十二探溝。經手發掘的人爲步達生及斯坦斯基（Zdansky）兩位教授。報告中有一個圖，詳細紀錄着所發現的墓葬地下情形。它們的深度，大多數約在地面下三至四點一五公尺之間，最淺的深約二點七九公尺。二點七九公尺以上完全是農耕土。所有的骨骼的放置都是仰身的。頭大部分都向東南；這裏面當然也有若干例外。只有一個墓葬帶有五件隨葬陶器。安特生在他的「中國史前史」一文（註三十）中，詳細描述了這五件陶器，包括兩件有鬶的鬲，都是小口，形如城子崖鬶形器的下部；其中有一件帶有流；另外兩件爲平底罐。第五件爲一圈足盤。其餘各墓，只有些小器物，是否爲隨葬品，却不敢斷定。這個墓地的範圍與時代，我們很難作進一步的說明。很顯然地，它與安特生發現的史前實物一部分是相同的。現在我們可以進一步說明由這一發掘所得的實物內容。

在安特生民國十二年的第一次報告中，例舉的實物有下列各種：石器有石斧、有孔石刀、石杵、石環、石瑗、石鏃、石戈及石紡輪等。骨蚌器有骨鏃、貝鏃、有孔骨針等。陶雜器有陶彈丸及陶環等。

陶器有彩陶（見原報告第九至十四圖版）、單色陶，卽灰陶（見原報告第十五至十七圖版）。單色陶的形制有尖底、平底、圈足及三足的各類標本；帶鬶的甚多。當時安特生最注意的一組實物，顯然是彩陶；卽他所推想的由彩陶表現的西方文化，對中國遠古文化的貢獻。他並沒感覺到彩陶以外，還有黑陶一個成

（註二十九）BMFEA No. 19 P. 30. "All these observation from the stratigraphic excavtion of loc. II and III, and from the burial grounds V and XII agree in proving that in Yang Shao Tsun the red, the grey and the black pottery occur at all levels of the site."

（註　三十）J. G. Andersson: "Researches into the Prehistory of the Chinese" BMFEA No. 15. 1943, PP. 246-7. Pl. 200.

份。拿他這部早期報告，與二十四年後，他在瑞典遠東博物館雜誌第十九卷，所發表的講仰韶文化的議論比較，尤其是他所說的仰韶遺物的縱面分布——把第二探坑與第三探坑的詳細紀錄都公佈了。但是紀錄中，對於他自己所用的名詞却是沒有定說——如黑陶、灰陶；不過他強調了一點，在第二探溝 315 公分厚的六層中，從上到下，紅陶、黑陶與灰陶三種陶片都出現過。

在他所發表的紀錄中，對紅陶的說明較詳細些，但是黑陶與灰陶兩詞沒有清楚的界說，在他的圖版說明中，都把灰色陶與黑色陶放在一起。這裏面包括下列的種類：鬲、鼎、高腳三足盤、低腳三足盆、尖底器、平底盆、尖底罐、圈足盆、平底杯、各種平底與圈足的盆、碗、碟、高足豆等。

就他的最後這一段報導說，有三點很清楚；第一，他對於黑陶的認識，是在中央研究院歷史語言研究所在城子崖發掘以後的事。第二、他在重新研究仰韶遺物時，所追認的黑陶，確立不與城子崖的黑陶完全相符。第三，在他費了很大的氣力，做了第二次研究後，似乎對於黑陶有了認識，自己仍沒有達到任何自信的程度，所以他在圖版的描寫中，把灰陶與黑陶始終混在一個大標題之內說。

關於彩陶部分，安特生說得比較清楚確實。彩陶的質料比較劃一細緻，氧化程度都不甚一致；有些內部完全是灰色的，有些由裏到外全為磚紅色，有很多陶片只有表面上帶有高度氧化的樣子。也有幾個很罕見的例子，外表呈磚紅色，裏面呈黑色，有四塊陶片是灰白色的。安特生就形制把彩陶分成六類：第一類，小型薄壁碗，直口薄唇；第二類、碗形器、內卷唇；第三類、碗形器，外卷唇；第四類、盆形器；第五類，球形容器；第六類、有頸容器。以上的形制，都是根據碎片復原的。在仰韶村發掘中，沒有完整的陶器。關於彩陶的文飾，仰韶的彩陶，有紅底黑花的，也有白底黑花的；白底的形成，大半在陶器外表另加一薄層白衣，也有加紅色陶衣的；然後才加黑色花紋。紅衣的底多半是發光亮的，上加黑色彩繪，給人以舒適的印象。安特生認為這是仰韶彩陶的高峯。彩陶的花紋大半由曲線構成，有凹邊三角形、圓點形、圓點帶加紅線，這些線條，與點在一起，構成不同的圖案，有網狀的、方形的、長方形的。

　　仰韶遺址的發掘，在中國近代學術史上，無疑的是一件很重要的事件，引起中外學術各方面的注意比任何其他學術研究要多。但是按着田野考古的標準說，這一發現所包括的可靠事實，也只限於我們在這兒所列舉的。它的重要性，可以說大半由於發現人首先認識了它的意義；而這個「首先」所得到的神秘性，又很幸運地被陸續發現的事實，加了大量的支持；所以一般人對於它的估價，連發現人在內，有時就失去了平衡，但是它的歷史價值，却是永遠存在的。我們要瞭解仰韶文化的真實性質，還需要再做些比較工作。

　　仰韶文化發現後的第三十五年，卽民國四十五年的時候，在離仰韶村不到五十公里的陝縣境內的廟底溝（註三十一），有一羣考古家發掘了一個與仰韶文化類似的史前遺址。這個遺址的面積，據發掘的報告稱有二十四萬平方公尺。這個遺址的發現是在民國四十二年，發掘的工作前後進行了兩次；第一次在民國四十五年，九月三十日開始，十二月六日結束；由遺址的東端開始，以探方式的方法進行，每一個探方長十公尺，寬十公尺；第一次共開了一百零三個方坑。第二次在民國四十六年，三月二十六日開始發掘，七月二十五日結束，方法與第一次一樣。

　　遺址的包含雖不以彩陶為限，彩陶文化却在遺址中有若干很完整的保存。其中被發現的兩座房屋尤可注意。房子的建築，都是近方形的淺豎穴；門前有斜坡形的窄門道；沿着牆壁周圍及居住面上，都有柱洞的發現，根據柱洞的排列，可以復原原來的屋架，是一座四角尖錐形的房屋；屋內的四個柱洞墊有礫石柱礎，這是其他仰韶房子所沒有的；居住地面是用草泥土加細土舖成，質地堅硬，帶有紅顏色，屋內有火塘，似乎是取暖的地方，也許有保存火種的作用。除了房屋以外，灰坑也出現了不少，共有一百六十八個；可以分圓形及橢圓形兩種：圓形的較多，有一百零三個；口大底小者有七十四個，約占 71.84%；口小底大者有十一個，約占 10.68%；其餘的十八個占 17.48%；橢圓形的灰坑有六十五個，其中

（註三十一）中國科學院考古研究所：「廟底溝與三里橋」，中國田野考古報告集，考古學專刊丁種九號黃河水庫報告之一，1959.

口大底小有五十一個，占 78.47%，口小底大的占 4.62%。直壁的占 16.93%。灰坑的底部大都是平坦的，但是也有少數不平的。有四個灰坑的周壁及底部都塗抹了一層草泥土，厚十至二十公分。灰坑內的堆積，若按它的顏色與質料分層，多者可以分十層，少者只有一層。其中出土的遺物大致都很豐富，以陶片最多，此外尚有石器、骨器及自然遺物，如獸骨等。有九個灰坑，除出土一般的文化遺物外，還發現了人及家畜的骨骼，其中出人骨的灰坑有四個，出狗骨的有三個，出豬骨有兩個。骨架的保存大部分都不完全。人骨與獸骨沒有共同出在同一個灰坑的現象。這些出人骨架的灰坑，是否代表一種埋葬，發掘人不能斷定。在這兒發現的正式仰韶式的埋葬只有一座。

全部文化遺物以陶器為最多，形式也顯著複雜。報告中復原的陶器有六百九十件，陶器的質料，據研究的報告可以分為四個系統：一、細泥紅陶，占 57.02%；二、夾砂粗紅陶，占 32.62%，三、泥質灰陶，占 10.34%；四、細泥黑陶，占0.03%。細泥黑陶，數量甚少。在四個仰韶文化的探方中，出土16082片陶片，其中只有四片黑陶，僅及全部的萬分之三，但是發掘人認為這個少數的黑陶，開了龍山文化的陶器的先河 (註三十二)。在這些陶片裏，他們還認為有少數細泥白陶雜在裏面，這些白陶是否由高嶺土作成，却沒有清楚的說明。陶質很堅硬，細泥紅陶這一系表現得很清楚。製法完全是用圈泥法，口部似乎經慢輪修整。小型器物完全是由手捏塑而成。這幾個陶系裏邊，都沒有快輪製作的痕跡。就復原的陶器形制看，絕大多數為平底器，約占全部的75%以上，三足器與圈足器各只有二件，尖底器及圓底器稍多，但是也沒有超過十件的；粗砂紅陶作成的蓋子出現了不少，約占17%以上，完整的陶座也有七件之多。

廟底溝仰韶文化層所出的陶器，表面的文飾除了用彩繪表現外，還有附加堆文、鏤空文、簾印文、布印文及籃印文等。彩繪文占文飾陶的40%。大部分彩陶均施於細泥紅陶上。這些陶片表面均打磨得很光滑，有些在原來的底子上加了一層深紅或白色的陶衣，以深紅色較多。深紅色的光澤有時發亮。彩繪的顏料，主

(註三十二) 中國科學院考古研究所：「廟底溝與三里橋」，P25.

要是黑色；紅色用得較少；紅黑兼用的更少，但有時也見於有白衣的彩陶上。裝飾的部分大部分在陶器的腹部，有時候在口緣上，沒有在器物內表的。花紋的基本結構大部分是用條紋、三角渦紋、圓點紋、及方格紋組成，却沒有固定的圖案，大概是隨着匠人的意境佈置出來的。有三片繪有蛙形紋的陶片，曾引起很大的注意。另有三片塑着的壁虎，以及鳥頭的像，也被認為是傑出的藝術作品。其他容器以外的陶器有陶片、網墜、陶彈丸及陶纇等。

石器以打製者較多，磨製的僅占小數，打製石器中，有圓形而周緣帶刃的器物，大概是作刮削用的；也有不帶刃的，可能是作敲砸用的器物。其中有長方形石刀，兩邊帶缺口。其他尚有石網墜，也發現了兩件小的燧石片，刃上有清楚的使用痕跡，大概是細石器文化的遺留。磨製石器中，以刀、鏟為較多，石鏟有裝柄的痕跡，可能是挖土的工具。石斧、石磷與石削都有，但是數量並不多。此外石質的器物有錘、杵、棒及石磨盤等。裝飾的石器有石環、石珠及各種石墜子。骨器有帶孔的針、錐、鏃、鑿、笄及其他用作裝飾品的各種小物品。角製的器物有槌、鑿、錐、柄等。其他尚有用蚌與牙作的各種裝飾品。

這一發掘報告描寫的所謂「仰韶文化」的內容，給予我們的印象，比安特生先後兩次的報告，在兩方面要明確得多：第一、對於這一文化層所代表的生活習慣，有一個清楚的界限；第二、文化的內容甚為一致，沒有很大的矛盾現象。就陶器這組實物說，雖說包含着幾個不同的系統，但是這些系統只代表一個大系統裏的小分別。如紅砂粗陶與細泥紅陶只是供應着同時的一個社會的不同需要，所發生的分別。器物的形制，差不多都劃一到了單調的程度，如彩繪的花紋與平底器形的形制。這裏三足器很少，所見的三足器為實足的釜，沒有真正的鼎和鬲，這是最值得注意的一件事。因為不到五十公里的仰韶村，根據安特生報告，鬲形器差不多都代表了仰韶文化的陶器羣，當着了它的化石指數。所以就原始資料本身的性質說，我們現在認為廟底溝的着色陶器所代表的文化階段，是一個很清楚明朗的階段；它在中國史前史上的地位，比仰韶村的「仰韶」有更實質的基礎。

以彩陶為代表的「仰韶文化」，經過四十餘年的研討與新發現，算是有了一個重心。這個重心就是渭水流域的幾處發掘，即以半坡村與廟底溝做代表。假如我們以這兩個重心——即半坡、廟底溝重心——做這一文化階段的起點，討論與它有關的若干問題。我們最應照顧的第一方面；應該是西北的這一部分，即自安特生開始，在青海、甘肅一帶所收集的考古資料所引起的問題。安特生的「甘肅考古記」，與他的比較通俗的「黃土的兒女們」(註三十三) 僅把在這一帶的工作，做了很有效的宣傳，曾吸收了世界考古學家的一般注意。並根據這一資料，認為河南一帶的彩陶文化是由西北輸入的，間接受了小亞細亞、甚至於東歐的影響。這一假設因為有其他有利的背景，得到不少國際學術界的支持；不過他的根據如何，最近我們中國的考古學家曾做過幾件很切實的複勘工作與檢討。安特生在甘肅所採集的資料，並不比他在仰韶所發掘的更為可靠；譬如他在羅漢堂、馬家窯及半山等重要區域的採集，大半都沒有田野的詳細紀錄，雖然他本人也都到過這些地方，做過若干很有用的地形觀察，並紀錄了比較有用的有關發掘的知識；實際上這些地方都沒有經正式的考古發掘，所以在他的前後報告中的一切推斷，僅只能專憑實物的形制與文飾而作判斷。至於實物本身在地下情形的紀錄都是模糊不清的。這裏自然也有若干例外，但是為討論全盤性的問題，這些價值不等的材料往往可以導致很大的偏差。例如羅漢堂文化的時代，一直到一九四三的報告中 (註三十四)，安特生還認為這遺址所出的彩陶，為他所認為的仰韶的早期；主要的理由是因為這裏面包含有齊家坪類似的陶片。但是所謂齊家文化本身的時代，在很早的時候已有人懷疑 (註三十五)，到了抗戰的時候，夏鼐博士開始找證據，證明甘肅的齊家要比甘肅的仰韶晚。最近陸續在甘肅考古的發現，又把齊家的時代推到一切彩陶以後的階段；因此安特生所說的羅漢堂的彩陶為甘肅仰韶的早期，也失了重要的根據。當然最重要的還是整個甘肅的彩陶與河南、山西、陝西的彩陶的比較。我們要把這個問題做一般的說明，最好的開始是先把這兩個區域彩陶

(註三十三) J. G. Andersson: The Children of Yellow Earth. 1934.

(註三十四) J. G. Andersson: Researches into the Prehistory of the Chinese, BMFEA No. 15, PP. 100-1. 1943.

(註三十五) 劉燿：龍山文化與仰韶文化之分析　中國考古學報第二冊1947。

的重要分別區劃一下：安特生在他一九四三年出版的「中國史前史」中(註三十六)
他拿仰韶村的彩陶代表河南的一組，馬家窰的彩陶代表甘肅的一組。他說：「仰
韶的彩陶大都是磚紅色，甘肅的彩陶大都是草黃色；仰韶村的彩陶大部分是小的
碗形器，簡單的唇緣與口緣，沒有小口瓶一類的器物，馬家窰却是比較多見。裝
飾的部分也不完全一樣，仰韶的彩陶只在碗盆或盆的表面描繪花樣，頂多只到口
沿，在內表沒有作彩繪的；但是在甘肅許多大口碗盆內部完全帶有花紋，由套圈
與成組的浪紋構成，口邊三角形紋樣雖然在兩區域內都有出現，但是在甘肅的彩
陶文飾中，三角線內常有一個圓圈，中再加一黑點；甘肅彩陶有時也畫着動植物
的圖案，這是仰韶彩陶所沒有的。馬家窰所有的彩陶文飾都用黑色，只有殉葬的
彩陶罐上用紅色；但是在河南，紅色及黑色都可以用」。以上這些分別，雖然由
於最近的發現，而把區域的界線有所移動；但是大致說來，甘肅的着色陶器與潼
關以東、黃河兩岸的着色陶器，在有經驗的發掘人手中，是很容易辨別的。最要
緊的還是近十餘年來，在渭河流域以及洮河流域所做的田野工作，已經可以把它
的分布在地圖上指定了。張光直博士研究這個問題的結論，認為考古通訊一九五
八年第九期所發表有關甘肅仰韶文化與中原仰韶文化關係(註三十七)，即在臨洮、
馬家窰的瓦家坪村的堆積中，所呈現的程序極為重要。在這個堆積上，有兩個史
前文化層；堆積上層所出的彩陶，是用黑色繪的色紋，以寬條紋為主，多平行
狀，還有圓點紋；有些文飾見於表裏兩面；器形有碗、盆、壺、罐等，這些都是
標準的馬家窰彩陶。下部灰層的土質較密而硬，出土磨製的石鑿、骨器、陶環及
大量陶片。其中彩陶片，文飾以弧線三角紋、鈎葉圓點紋為主，還有細線條紋、
網紋及寬條紋等。此外尚有沒有彩繪的泥質紅（灰）陶片。這下層文化內涵，與
河南渭河上游的仰韶文化內容相似，這一成層的堆積，照許多研究人的意見，它
解決了河南彩陶與甘肅彩陶前後次序的大問題。所以甘肅的彩陶文化早於河南的
彩陶文化的說法，也失去了證據。

（註三十六）同註三十四。
（註三十七）張學正(甘肅省文物管理委員會)：甘肅臨洮臨夏兩縣考古調查簡報　考古通訊1958：9. PP.36-49.

　　就最近二十年來，在西北境內（包括甘肅、青海在內）出現與發現的史前遺址說，代表彩陶文化的甘肅仰韶，仍爲這些遺址中最早的新石器時代文化。所發現的其他史前文化遺存，似乎都比代表甘肅仰韶的馬家窰與半山時代晚些。照安志敏一九五六年的論斷（註三十八），原來被安特生認爲是甘肅彩陶文化最早期的齊家文化，現在已有地層上的證據，證明它是甘肅仰韶文化以後的文化；齊家文化與辛店文化的時代關係，也有地層上的證據，證明辛店文化是接着齊家文化；與辛店文化同時，散布在甘肅各地的寺窪、卡窰、沙井、四壩與唐汪各種文化，照最近的發掘說，它們都是同時並存的不同文化，縱然有些早晚的分別，這些分別不會是很大的。

　　一九六二年石興邦討論馬家窰文化的問題（註三十九），根據最近的發現，表示了幾條意見，如下：一、馬家窰文化與仰韶文化的廟底溝類型早期關係是非常密切的；二、根據地層上的明確證據，馬家窰文化比河南的廟底溝與陝西的半坡要晚一些；三、馬家窰文化的典型器物，如卷唇曲壁盆、斂口缽和小口長頸瓶三種形制，與廟底溝所出的相似，文飾與作法也相同；四、照陶器上所繪製的鳥和蛙花紋看，馬家窰文化代表着一個有圖騰的氏族部落，蛙與鳥就是他們的圖騰，這與半坡彩陶上所見的魚花紋，與廟底溝彩陶上所見的鳥花紋比較起來，似乎是由同一信仰，演變出來的不同結合的標幟。

　　馬家窰文化是在西北地方分佈甚廣的一種彩陶文化，北邊到了甘肅的民勤縣，西邊到了青海。最近的發現證明了它的影響，一直延展到西南地區四川一帶，它涉及的範圍，卽後來羌、戎等民族所居住的地帶。在四川受影響的遺址，東邊一直到了三峽一帶。最近在巫山大溪發現的彩陶，就可以與馬家窰式彩陶聯繫起來。

　　彩陶文化在西北的分布，除了斯文赫定氏率領的西北科學考察團所搜集者外，新的發現並不很多。據布格曼氏的報告（註四十），他在新疆採集到彩陶的區域有

（註三十八）安志敏：甘肅遠古文化及其有關的幾個問題 考古通訊 1956:5. PP.9–19.

（註三十九）石興邦：有關馬家窰文化的一些問題 考古 1962:6. PP. 318–329.

（註 四 十）Bergman F.: Archaeological Researches in Sinkiang, Stockolm, 1939.

五。不過這些文化的全部內容，與黃河流域文化的關係，尚不能單憑這少數的彩陶確定之。這一點我們留在後面再討論。關於彩陶在內蒙古的分布，也只有根據布格曼氏的材料加以註明（註四十一）。這些出土彩陶的地點，大約都分布在北緯四十至四十一度之間。最近的一個發現，遠在這些遺址之南。根據文物一九六一年第九期汪宇平的報告（註四十二），在內蒙古清水河縣的白泥窰子村與台子梁發現的新石器時代遺址的包含，確有若干着色的陶器；所以發掘人認爲這些遺存是屬於仰韶文化的。遺址內有長方形的石板墓，土堆爲爐灶，並有燒製陶器的窰；更散布着石器與陶片。石器有斜刃石斧、磨光石鏟、打製石鏟、盤狀器、刮器、尖狀器、球狀器、錘狀器、石鏃、石刀殘片、礪石、石磨棒、石杵、石紡輪及石璜、環等；陶片包括着彩陶與紅陶兩種，可以復原的器形有壺、缽、罐、碗、尖底瓶以及鬲。彩繪花紋據報告人的分類，有花草紋、方格紋、鱗紋、三角紋、直線紋、弧線紋及鋸齒紋等；大量的紅陶則飾以繩紋、籃印紋、篦紋及附加堆紋，也有素面的。此外還伴存着若干細小的石器，發掘人以爲當時當地的文化特點也屬於細石器文化，只是因爲砂層淺薄，仰韶文化與細石器文化的時代關係尚不能察看清楚。

在內蒙古一帶所找到的彩陶文飾，大都爲平行線、角紋、帶狀紋及方格紋等。照布格曼氏原來的報告，有不少的文飾與安特生發現的甘肅馬廠期的彩陶相似；但馬陵葛爾氏認爲古爾內（Gurnai）的標本，大部份與他所說的仰韶彩陶相似（註四十三）。這一點似乎與在清水河發現的彩陶情形一樣。清水河的彩陶文飾有馬廠期最普通的鋸齒紋，與仰韶文化的凹邊三角紋所構成的各種圖案；不但如此，我們所知道的在長城最北的及最早出土的彩陶片，照安特生晚期的意見（註四十四）他認爲在沙鍋屯出土的幾塊陶片，在器型與文飾上類似甘肅馬廠期彩陶者多，類

（註四十一）Maringer: Contribution to the Prehistory of Mongolia.

（註四十二）汪宇平：內蒙古清水河縣白泥窰子村的新石器時代遺址　文物 1961:9. PP.10-13.
　　　　　汪宇平：清水河台子梁的仰韶文化遺址　文物 1961:9. PP. 13-14.

（註四十三）Maringer: Contribution to the Prehistory of Mongolia, 1950. P. 200

（註四十四）Andersson: Researches into the Prehistory of the Chinese, BMFEA No. 15. PP. 274-5.

似仰韶彩陶者少。

抗戰時期，日本考古家濱田耕作及水野清一發掘紅山後（註四十五），自第一住地所得的彩陶，似乎也表現着兩種不同的影響，卽河南與甘肅兩方面，照兩人的意見，甘肅的影響較爲濃厚。但是甘肅馬廠期的文化是甘肅仰韶文化的後期。它的器形與文飾都承襲着半山，而半山是馬家窰文化的墓葬代表。半山與馬家窰屬同一時期，前面已經提及。照最近的發現，甘肅境內，渭水與洮河之間有很多的地下證據。有了這一聯繫，我們只能認爲內蒙古及滿州地帶的彩陶文化，是比較晚一點的發展。

比較最難講的，是仰韶彩陶文化在華北東部的影響。山東這一區域，在抗戰以前可以說沒有彩陶的發現。當時考古家對於這一區域的注意都集中在黑陶遺址上。因此有一個時期，引起了一個說法，認爲彩陶文化與黑陶文化，在史前時代的某一個階段，代表着兩個平行、平等而對峙的兩種文化。抗戰後，田野考古的擴展，已經在山東境內的若干地方（註四十六）如平陰縣的于家林、寧陽縣的堡頭村、滕縣的岡上村、安邱縣、濟寧琵琶山，甚至遠到東端的棲霞，都發現了彩陶的存在。但是這類發現的大部分都是零碎的陶片，眞正完整的彩繪陶器並不多。一九五九年第十期的文物報導了在山東寧陽縣堡頭村墓葬中，出土的完整彩繪陶器，却與白陶、黑陶混雜在一起；顯然是晚期的，可能是周代的遺存。這與長江流域所見的若干彩陶（註四十七），如南京的北陰陽營，湖北天門的石家河，京山的屈家嶺，以及四川巫山的大溪等地的情形有類似的地方。就是彩陶文化傳播到邊界後的晚期發展，比本地的土著文化要晚一個時期。這在地層上，如巫山大溪的發掘已有證明。山東的彩陶可能比山東的黑陶發展的次序，與西北部的情形完全相反，如廟底溝。當然現在我們還沒有很清楚的地層上的證據；不過我們把山東的彩陶當作一種晚期的發展，也有不少的旁證。最顯明的是旅順、大連貔子窩的

（註四十五）濱田耕作、水野清一：赤峯紅山後　東方考古學叢刊甲種第六册　昭和十二年。

（註四十六）楊子范：山東寧陽縣堡頭遺址清理簡報　文物　1959:10. PP. 61-64.

　　　　　鄭偉：山東濟寧琵琶山新石器時代遺址　考古　1960:6. PP. 9-10.

（註四十七）張光直：中國新石器時代斷代　中央研究院歷史語言研究所集刊第三十本上册1959. PP.282-283.

彩陶。據最近的報告，由香港、廣東、福建到臺灣等地彩陶文化的出現，這些地方凡是有完整實物及詳細的發掘報告者，都可能證明它是很晚的時代，可能相當華北的周代，甚至晚到漢代。因此我認爲抗戰後在山東所發現的零碎着色陶片，在未獲得更堅固的證據以前，不能把它與河南陝西的仰韶式彩陶同等看待。

我們由山東轉向南邊，看看長江一帶的情形。在南京及其附近，最近有若干值得稱讚的田野考古的發掘與報告，如北陰陽營墓葬的發現與發掘（註四十八）；據報告所得的結論，我們知道在南京這個大都市裏面，蘊藏着這一大片史前墓葬。墓葬出土的隨葬品中，彩陶成份佔了百分之二，同時還包含其他器物，如黑陶及若干形制較晚的石器；使發掘人覺得北陰陽營墓葬的時代，應在新石器時代的晚期。但是這也只是一個比較的名詞。揚子江的新石器時代的晚期，可能等於河南歷史期間的早期。由東往上溯，可以穿過三峽，直到四川省的巫山縣（註四十九）。在那裏所發現的彩陶，大部分也是從墓葬裏得來的。田野觀察證明在這遺址的兩層文化層中，彩陶出在比較晚的上層。較早的下層文化裏面沒有彩陶；這說明了這一文化原來最早的背景，完全是本地的發展，發展到一個相當的階段，才得到外來——卽彩陶的影響，因而有這一新的發展。這一類文化交流的現象，在山區可以顯出的象徵，在那交通方便的區域，如湖北京山縣的屈家嶺與天門縣的石家河則更顯著（註五十）。屈家嶺出土了很顯明的彩陶，但這彩陶却代表着很複雜的綜合產品，考古家稱它爲蛋殼彩陶，卽這彩陶器物的質很薄，薄得像蛋殼一樣，可惜我們沒有完整的形制，作詳細的分析；但是與這蛋殼彩陶同層出土的尚有黑陶。我們知道在史前陶器的發展中，蛋殼陶器在黑陶中發展得最特出，因爲眞正的黑陶差不多與眞正用快陶輪製作陶器同時發展的。由於快輪的運用，在技術方面，蛋殼的製造變成可能了。屈家嶺彩陶既然像黑陶是輪製的，可以證明這批彩

（註四十八）南京博物院、趙靑芳：南京市北陰陽營第一、二次的發掘 考古學報 1958:1 PP. 7-24.
（註四十九）四川長江流域文物保護委員會文物考古隊 ：四川巫山大溪新石器時代遺址發掘記略 文物 1961:11. P.15.
四川省長江三峽水庫考古調查簡報 考古 1959:8. PP. 398-403.
（註 五 十）石龍過江水庫指揮部文物工作隊：湖北京山天門考古發掘簡報 考古通訊 1956:3. PP. 11-20.

陶比早期手製的彩陶晚了一個階段，也可能是同時受到黑陶文化的影響。究竟彩陶影響了揚子江，再向南伸展到多遠，現在尚不能說定。沿海岸的晚期發展，可能還有旁的原因。

本文原載於大陸雜誌第三十六卷第四期　　民國五十七年

NOTES ON SOME METRICAL CHARACTERS OF CAL-VARIA OF THE SHANG DYNASTY EXCAVATED FROM HOUCHIACHUANG, ANYANG

From the very beginning, as early as 1929, the field workers of the Anyang Excavation Party were given the strictest instruction to handle human skeletal materials with care and collect them systematically. One of the most important items of the field equipments is a number of chemical preservatives—liquid shellac, plaster of paris etc. Younger men learned most eagerly the bandage system as practised by field palaeontologists and successfully applied it with buried bones of younger age but in more fragile condition which they came across. Human skeletal materials were gradually accumulated in the course of excavations; meanwhile, preparations were also made to equip an adequate osteological laboratory in the National Research Institute of History and Philology, so that materials collected in the field might be properly studied and reported upon. In 1934, at the suggestion of Dr. V. K. Ting, newly appointed secretary general of Academia Sinica, a new Section on Anthropology was added to the Institute and T. L. Woo, trained in the Biometrical Laboratory of Karl Pearson was appointed to take charge of this section. While the scope of work of the new section is to cover all the different aspects of the anthropological science, the immediate task assigned to him was to study the fast accumulating human skeletons of the Shang Dynasty collected by members of the Archaeological Section in the field.

The Houchiachuang Collection originally included thousands of skulls as well as long bones, among which there were many complete sets. They are of different ages and both sexes, all with carefully recorded field notes by competent field workers. Practically all the specimens belong to the period of Shang, circa 1400-1100 B. C. World War II, started by the Japanese at Marco Polo Bridge, more than half ruined this particular collection; nevertheless, sufficient number of the skulls and other skeletal parts were successfully carried away to the Southwest for a thorough analysis of the physical characters of the Chinese people of the Shang Dynasy. Every one in the Institute knows that Dr.

T. L. Woo is a competent biometrician; he worked continually over ten years on this collection with the best instruments that money could buy during the war time as well as all the assistence, both technical and clerical, that he needed; and, above all, in an atmosphere of fellowship and goodwill of everybody. Members of the Archaeological Section of the Institute, who made the discovery, did all the collection, and were responsible for all the preservation and transportation, placed this extremely valuable collection most unreservedly in his hand, with a confidence unparalleled in the history of modern science, that he would do a thorough and competent job. Yet in 1947, after 13 years' waiting and sustained hope of his friends and colleagues, when he resigned from Academia Sinica for reasons that only he himself knows best, he absolutely refused to let the Editor of Archaeologia Sinica publish the results of his study! And up to the present, after the eclipse of another six years, nobody knows whether he has ever made any attempt to publish, or if he ever did, nobody here in Free China knows!

But the original collection, which accompanied the Institute in its wanderings in Southwest China during World War II, has followed the Institute to Taiwan also. By sheer accident, a few note books have been found together with the skeletal collection. On one of the note books, the outisde cover is marked with the following words in English: "5. Capacity and Some Principal Measurements of the Ancient Chinese Skulls from Houchiachuang." And, within it are recorded the raw data of the following seven cranial measurements of 161 Houchiachuang skulls, marked by the standard abbreviations as adopted in most biometrical publications: namely, L, Glabella-occipital Length; H', Basion-bregma Height; B, Maximum Parietal Breadth; OH, Vertical Auricular Height; S, Sagittal Arc from Nasion to Opisthion, Q, Transverse Arc; and U, Horizontal Circumference thru Ophryon. The author of the present paper has been able to check the measurements in a few instances, and found that they are accurate within one millimeter in all the cases checked. So it was decided to work out the averages, standard deviations as well as some of the indices on the basis of the above measurements. These notes here are a preliminary report of these calculations and the results of some comparative studies.

In the northwest of the village of Houchiachuang, was discovered the Royal Tombs of the Shang Dynasty in the spring of 1933 by members of the Anyang Excavation Party. Systematic digging started in the autumn season of the year following. For successively three seasons (1934-1935), all the competent field workers of the Archaeological Section of the National Research Institute of History and Philology were concentrated in this locality to participate this organized enterprize under the able leadership of Liang Ssu-yung. It was discovered from the very beginning of the excavation, that large scaled human sacrifice was practised in the Shang Dynasty. Beheaded skeletons were found in large numbers, orderly arranged, not only in the passages leading from the central chamber of the royal tomb, also in separate pits, located right besides the principal burial, and in which, skulls and postcranials were each buried separately and in groups. Each group usually consists of ten skulls or headless skeletons; occasionally, there may be more. In the field, these pits were known as skull pits or skeleton pits. It is from these pits that most of the collections were made by the field party, while the royal person in the central chamber of the principal tomb, in every case, disappeared without a trace long ago, thru tomb robbery: a practice, certainly as ancient as the custom of burying itself.

The number of skulls about which the measurements were done and given in the note book is 161, as already indicated above; actually the total collection is many times larger. Of the 161 measured skulls, there are 136 males and 25 females, all apparently of adult age. Not every skull is given with all the seven measurements owing to the defective condition found in some of the calvaria; for instance, the basion-bregma height was measured only on a little over two third of the total number of 161 skulls, due undoubtedly to the incomplete preservation of the basilar part of the cranium. Five indices have been calculated from the measurements given: the means, standard deviations, and coefficients of variation of the respective measurements and indices are given in the following table (table 1):

Table 1: Averages of Some Principal Measurements and Indices of the Skulls of Shang Dynasty, Excavated from Houchiachuang, Anyang

	Male			Female		
	Means	Standard Deviations	Coefficients of Variation	Means	Standard Deviations	Coefficients of Variation
L. Glabella-occipital Length.	181.27± .30(136)	5.20± .21	2.87± .12	175.18± .57 (24)	4.16± .40	2.37± .23
B. Maximum Parietal Breadth.	139.21± .31(135)	5.40± .22	3.88± .16	134.96± .59 (25)	4.40± .42	3.26± .31
H'. Basion-Bregma height.	139.12± .29 (96)	4.28± .21	3.08± .15	135.32± .71 (13)	3.80± .50	3.81± .37

OH. Auricular height.	117.19± ·25(126)	3.98± .17	3.40± .15	112.62± ·59 (16)	3.50± .42	3.11± .37
S. .Sagittal Arc.	375.62± .88(107)	12.03± .55	3.20± .15	364.60± .65 (18)	10.40±1.17	2.85± .32
Q'. Transversal Vertical Arc.	319.54± .63(125)	10.40± .44	3.25± .14	310.91±1.10 (21)	7.50± .78	2.41± .25
U. Horizontal Circumference.	516.47± .66(134)	11.25± .46	2.18± .09	499.37±1.69 (22)	11.55±1.17	2.31± .24
100 B/L	76.96± ·23(135)	3.95± .16	5.13± .21	76.87± .46 (24)	3.35± .33	4.36± .42
100 OH/L	64.71± .16(120)	2.58± .11	3.99± .17	64.12± .41 (16)	2.45± .29	3.82± .46
100 H'/L	76.96± .17 (96)	2.43± .12	3.16± .15	77.03± .61 (13)	3.25± ·43	4.22± .56
100 OH/S	84.46± .25(119)	4.05± .18	4.80± ·21	83.49± .57 (16)	3.39± ·40	4.06± .48
100 H'/B	100.41± ·36 (95)	5.14± .25	5.12± .25	100.53± .77 (13)	4.09± ·54	4.07± .54

The seven direct measurements and five indices calculated. from them are obviously insufficient for any large-scaled comparison; it would be not only unprofitable but also impracticable to attempt anything like the working out of Coefficient of Racial Likeness. Nevertheless, some elementary work along this line can still be done. The value of alpha (α) usually given in the publications of the Biometrical Laboratory had been fully worked out by Davidson Black in his comparative study of the aeneolithic materials of North China with other related groups: the author has therefore calculated, according to the standard formulae, which is:

$$\alpha = \frac{n_s\, n_s'}{n_s + n_s'} \left(\frac{M_s - M_s'}{\sigma_s} \right)^2$$

and its explanation is, "Let m characters be measured and let the sth character in the first race have M_s for the mean, and σ_s for standard deviation, these two constants being based on n_s individual measurements. Let the corresponding characters for the second race be M_s', σ_s', n_s'." (G. M. Morant, 1923: p. 205)

It is to be observed that in the above formulae, there is only one standard deviation employed; this is interpreted, according to Morant, by the assumption " that they (standard deviations) are equal to each other and to the standard deviation of the longest homogeneous series of crania available," (quoted by Davidson 'Black, 1923; p. 18). It has been the practice of the London Biometric School to make use of the values of various standard deviations of the series

E of Dynastic Egyptians in most of the Coefficient calculations. Following their example, Professor Black worked out all his Chinese series. In order to facilitate comparison, Professor Black's procedure has been again followed in this paper. The values of alpha (α) between the Houchiachuang series and Black's North China groups are calculated and given in Table 2.

Table 2.

Value of $\alpha = \dfrac{n_s\, n_s'}{n_s + n_s'} \left(\dfrac{M_s - M_s'}{\sigma_s'} \right)^2$ for the Houchiachuang series and Other groups:

	Houchiachuang Series and				
	Black's Aeneolithic Series.	Black's Pooled Pre-historical Series.	Black's North China Series.	Ch'ifêng Series.	Black's Non-Asiatic Series.
1. L.	0.07	0.91	12.26	0.09	0.50
2. B.	4.70	0.53	2.36	3.34	2.81
3. H'.	3.95	5.19	6.27	0.97	49.45
4. OH.	8.34	2.94	8.26	0.16	10.51
5. S.	0.01	2.38	9.36	0.11	18.67
6. Q.	18.60	15.75	2.75	1.85	12.20
7. U.	9.17	12.55	51.17	2.18	5.42
8. 100B/L	11.83	3.99	2.65	6.31	4.33
9. 100H'/L	3.68	3.15	0.00	0.05	46.24
10. 100H'/B	0.00	2.37	2.19	2.16	67.43
11. M: 1–10	6 04	4.98	9.73	1.72	21.76
12. M: (1–7) (8–10)	6.41 5.17	5.75 3.15	13.20 1.61	1.24 2.84	14.22 39.33

Aside from Professor Black's data, only the Ch'ifêng series is included in the comparative table given above. The location of Ch'ifêng is nearer to Anynag than many of the prehistorical sites of Kansu where Dr. J. G. Andersson made the original human skeletal collections described in Black's monograph. Like the Houchiachuang series, the Ch'ifêng collection also belongs to the North China Bronze Age althou several hundred years later. But unfortunately, the Ch'ifêng series is altogether too small; the number of measurements for each trait may be as few as two (Auricular Height), while the maximum number does not exceed eight. Nevertheless, it is interesting to note that as far as the seven direct measurements are concerned, Houchiachuang and Ch'ifêng are very near to each other; but with reference to the three indices, the Ch'ifêng series is not as close to the Houchiachuang's mean, as Black's North China series, in spite of the fact that the mean alpha-value (α) of the direct measurements, for the Houchiachuang and Black's North China series, is the largest, of all similar comparisons with the exception of the value for the Houchiachuang and the Non-Asiatic series.

It is to be observed also, that while the ascending order of the average alpha-value (α) of the seven direct measurements between Houchiachuang and other series, is: Ch'ifêng, Pooled Prehistorical, Aeneolithic, Recent North China, the order for the average of the three indices, is: Recent North China, Ch'ifêng, Pooled Prehistorical and Aeneolithic; in each case, Black's non-Asiatic series comes the last (See Table 2). Evidently, it appears that from the aeneolithic to the Shang Dynasty, the head form of the North China population changed to a considerable extent; but in the last three thousand years, that is, since the fall of the Shang Dynasty, althou the size of the calvaria of the North China population has somewhat reduced, their shape has remained almost unchanged. The most significant points of difference between the Houchiachuang and Black's North China Recent series, are: Cranial Circumference, Cranial Length and Sagittal Arc; in each case and in all the other four measurements too, the Houchiachuang average is the larger by at least one millimeter, the maximum difference being that of the cranial circumference, exceeding the North China Recent by more than 14 millimeters.

Turning now to the alpha-value (α) between the Houchiachuang and the aeneolithic series, it is the transverse arc that attains the maximum, while the average value of the sagittal arc for both series are almost identical (α-value = .01); the actual averages are 375.62 for the Houchiachuang as compared with 375.40 for the aeneolithic in the case of the measurements of the sagittal arc, and 319.54 for the Houchiachuang series as compared with 310.30 for the aeneolithic series in the case of the transverse arc. One can see from these comparisons, that the greater alpha-value (α) attained by the average of indices between these two series, has its origin in the fact that the Shang Dynasty skulls as represented by the Houchiachuang collection, are, on the whole, larger transversally, and also possess a greater breadth, while the head lengths of both the Shang Dynasty and the aeneolithic skulls are so close to each other that the average difference is less than half a millimeter. Whether such significant changes are due to an infusion of a broader headed element accompanying the establishment of the imperial power of the Shang in North China, or merely geographical⋯⋯as Andersson's aeneolithic collection was made chiefly in Kansu, while the Houchiachuang collection is 100 % northern Honan⋯⋯is a problem that still needs investigation. It is noticeable, however, that the average alpha-value (α) between the Houchiachuang and the Black's pooled prehistorical series, is more than one point smaller than that between the Houchiachuang and the aeneolithic, owing to the inclusion in the pooled prehistorical series a greater proportion of the Kansu finds, a fact that argues against a geographical interpretation.

Davidson Black in his study of the Kansu and Honan aeneolithic skulls published in 1928, made the following observation;

"⋯the mean height of the skull above the basion, whether measured vertically or to the bregma is significantly greater among the North China groups both prehistoric and recent than in the Non-Asiatic or Farringdon St. series. In respect to this character, the North China groups resemble such primitive races as the Aino and the Eskimo, as well as advanced North-Eastern Oriental Peoples, such as Japanese and Koreans⋯" (Black, 1928; p. 31)

In the summary table that follows this observation (Table 10), Black arranged the average basion-bregma heights of the aeneolithic skulls of various localities as the following:

Localities.	Number of measurements.	Average Cranial Height. (ba-b)
Sha Ching	9	136.8 mm.
Ssu Wa	2	138.5 mm.
Hsin Tien	8	137.1 mm.
Aeneolithic	23	136.8 ± .84 mm.
Pooled prehistoric	42	137.0 ± .61 mm.
North China Recent	86	137.2 ± .42 mm.

When these figures are compared with the average basion-bregma height of the 96 measurements of the Houchiachuang series, which is, 139.12 mm, all of them are somewhat lower. If the Houchiachuang series were divided according to the first cephalic index, the cephalic groups, would have the following three averages:

C. I. Groups.	No.	Average basion-bregma Height.
Dolico-group	24	140.6
Meso-group	56	138.8
Brachy-group	15	138.1

So, only the average measurement of the Ssu Wa is higher than the Houchiachuang brachy group, but none of the others comes up as high as the Houchiachuang brachycephalic mean, which is the lowest of the three cephalic groups. When these three averages are compared with the cranial height of the Aino (average, 139.5 mm according to Fawcett)* and Eskimo (average, 140.0 mm according to Morant)*, the dolico average of the Houchiachuang series is higher than both, while the meso and the brachy groups are lower than both, the total average comes in between these two series.

The average male basion-bregma height of the Ch'ifêng series based on two measurements, is 138.0 mm, the average of four Lopnor and Miran male skulls, collected by Bergman and studied by Carl Herman Hjortsjö and Anders Walander, is 141.8 mm. The latter is the only series in the neighborhood of North China, that possesses a higher basion-bregma height average; but, unfortunately, the number of specimens measured is too small for any valid deduction to be drawn.

It is also interesting to compare this particular measurement with the results of various European cranial studies. Carleton S. Coon in his "Races of Europe" published in 1939, compiled in Appendix I of his book (pp. 655-66) fifty three groups of means of principal 'European' cranial series. The mean measurement of basion-bregma height is given in all the series except one. Of the fifty two means, thirty nine are less than the Houchiachuang average, while thirteen are greater. Of the thirteen greater means, ten are based on less than twenty cases, the number of measurements of the other three groups is between twenty and forty-one. There are only six series of the fifty two groups with means based on more than fifty measurements, but none of the basion-bregma means of these larger series is higher than 135.0 mm. It would seem, therefore that this "Oriental Peculiarity," first pointed out by Professor

---

* See Black. 1928, p. 33, Table 10.

Table 3: Comparative Summary of Means o

(Male Adults)	L	B	H'
(1) Houchiachuang	181.27(126)	139.21(135)	139.13
(2) Aeneolithic (Black)	181.6 (25)	137.00 (25)	136.80
(3) Pooled Prehistoric (Black)	180.30 (41)	138.60 (42)	137.00
(4) Ch'ifeng	181.88 (8)	135.61 (7)	138.00
(5) Lop Nor & Miran	182.80 (4)	142.00 (4)	141.80
(6) Fushun Chinese (Shima)	180.80 (76)	139.70 (75)	139.20
(7) N. China Recent (Black)	178.50 (86)	138.20 (86)	137.30
(8) N. Chinese (Morant)	177.90 (46)	138.86 (46)	136.70
(9) N. Chinese (Koganei)	180.10 (70)	140.50 (70)	—
(10) Chinese (Morant)	177.10 (84)	139.50(102)	136.90
(11) Fukien Chinese (Harrower)	179.90 (36)	140.90 (36)	137.80
(12) Southern 〃 (Morant)	177.60(103)	139.40(120)	137.10
(13) Formosan 〃 (Morant)	179.90 (14)	139.40 (14)	—
(14) Hylam 〃 (Harrower)	168.25 (39)	147.79 (39)	135.96

(2), (3), (7), From Davidson Black, 1928; Table 20, end of t
(4), From S. Miyake and others, 1938; pp. 92–96, Tables 2–3.
(5), From Carl Herman Hjortsjö, 1942; p. 48, p. 50; Tables 1
(6), From G. Shima (島五郎), 1933; Tables 2, 6, 11, 14, 17, 19
(8), (9), (12), (13), From Morant, 1924; p. 48; Table 19.
(10), From Morant, 1923; p. 206, Table 1.
(11), (14), From Gordon Harrower, 1928, p. 251, Table (all

Davidson Black in his study of the aeneolithic, the pooled prehistoric as well as North China recent series is abundantly confirmed by the Houchiachuang measurements. It is important for future investigators to find out to what extent, the sagittal elevation has contributed towards the higher average of this particular metrical character, a cranial feature which the late Professor Wei-denreich considered as peculiarly Mongoloid, but a view which many physical anthropologists do not share. (Hooton: 1947, p. 748)

In table 3 are compiled some comparable materials with reference to the seven direct measurements and three indices related in this paper. Aside from the high average of the basion-bregma height of the Houchiachuang series already noted above, it is remarkable to note, as presented in Table 3, that if only the averages of the North China groups based on more than twenty cases were to be considered, the various means of the cephalic index would be:

Series.	No. of Measurements.	Cephalic Index.
Aeneolithic	25	74.96
Pooled Prehistorical	40	76.00
Houchiachuang	135	76.96
Fushun	75	77.30
North China recent	86	77.56
N. China (Koganci)	70	78.00
N. China (Morant)	46	78.10

Therefore, there is a noticeable tendency for the first cephalic index to increase in the course of time. While the four modern series do not vary more than one point, the average increase of this index from the aeneolithic period to the Shang Dynasty is exactly two points. The range of variation of the cephalic index of the Houchiachuang male series is:

C. I.	No.	%
Hyper-dolico. (65.00–69.99)	7	5.80%
Dolico. (70.00–74.99)	28	20.74%
Meso. (75.00–79.99)	75	55.55%
Brachy. (80.00–84.99)	23	17.04%
Hyper-brachy. (85.00–89.99)	1	0.74%
Ultra-brachy. (90.00—)	1	0.74%

The standard deviation of the cephalic index for the Houchiachuang male series as given in Table 1 is 3.95 ± .16, which is considerably higher than that of the standard Egyptian series (Egyptian E) usually given as 2.68 ± .04 (Pearson, 1924). It is a possible indication, according to the criteria established by the Biometrical Laboratory at any rate, of the non-homogeneity of the Houchiachuang collection, if cephalic index still means anything in Physical Anthropology.

Bibliography

Davidson Black. 1928. A Study of Kansu and Honan Aeneolithic Skulls and Specimens from Later Kansu Prehistoric Sites in Comparison with North China and Other Recent Crania. Palaeontologia Sinica, Ser. D. Vol. VI.

Carleton S. Coon. 1939. The Races of Europe. The Macmillan.

Henry Field. 1948. Contribution to the Anthropology of the Soviet Union. Smithsonian Misc. Collection. Vol. 110. No. 13. Publication 3947.

Gordon Harrower. 1928. A Study of the Crania of the Hylam Chinese. Biometrika. Vol. XXB. Pts. III and IV. pp. 245–293.

Earnest A. Hooton. 1947. Up from the Ape. The Macmillan Co.

Carl Herman Hjortsjö and Anders Walander. 1942. Das Schädel und Skelettgut der Archaeologischen Untersuchungen in Ost-Turkestan. (Reports from the Scientific Expedition to the North Western Provinces of China under the Leadership of Dr. Sven Hedin. The Sino-Swedish Expedition, Publication 19. VII: Archaeology, 3.)

Karl Jettmar. 1950. The Kara-Suk Culture and its South-Eastern Affinities. B. M. F. E. A. 22. pp. 83–126.

Karl Pearson and Adelaide G. Davin. 1924. On the Biometric Constants of the Human Skull. Biometrika. Vol. XVI. Pts. III and IV. pp. 328–363.

S. Miyake, T. Yosimi, and M. Nanba. 1938. Ueber die menschlichen Skelettfunde in den Gräbern von Hung-shan-hou bei Ch'ih-fêng. Archaeologia Orientalia. Ser. A. Vol. IV. pp. 89–100.

G. M. Morant. 1923. A First Study of the Tibetan Skull. Biometrika. Vol. XIV. pp. 193–260.
　　　　　　　1924. A Study of Certain Oriental Series of Crania, including the Nepalese and Tibetan Series in the British Museum. Biometrika. Vol. XVI. pp. 1–105.

T. L. Woo and G. M. Morant. 1932. A Preliminary Classification of Asiatic Races based on Cranial Measurements. Biometrika. Vol. XXIV. Pts. I, II.

G. Shima (島五郎). 1933. An Anthropological Study of Human Skulls found in the Suburb of Fushun (撫順郊外にて得たる支那人頭蓋骨の人類學的研究). The Journal of the Anthropological Society of Tokyo. Vol. XLVII. No. 8. pp. 423–537.

Recieved. Feb. 2, 1953.

Reprinted from the Annals of Academia Sinica, No. 1, June 1954

IMPORTANCE OF THE ANYANG DISCOVERIES IN PREFACING KNOWN CHINESE HISTORY WITH A NEW CHAPTER

Member of Academia Sinica;
Professor of Archaeology, National Taiwan University

It is my pleasant duty to-day to comply with the request of the Organizing Committee of the Congress and present to you an account about the "Importance of the Anyang Discoveries in Prefacing Known Chinese History with a New Chapter". I have taken this topic as it was communicated to me without any modification.

Measured by the best method and the most strict standard of 'Dating the Past', the beginning of the known Chinese History may be placed at 841 B. C.. This is almost 200 years after the downfall of the Yin Dynasty, even the shorter chronology, as preferred by many sinologues from the West, is taken as a point of reference. This gap can be only partially filled, aside from the concise historical documentation left in the Book of History, by the archaeological observations in Hsin-ts'un of Chün Hsien, one of the cemetery sites of the Western Chou period, found in Northern Honan. With the Anyang excavations as their precedents, however, this gap is brilliantly illuminated by the radiated lights of the Yin remains.

I propose to expound the importance of the Anyang discoveries by elaborating it under several sub-headings. First of all I should say, the result of the Anyang excavations has served to restore the confidence among the Chinese historians of this generation in the high degree of authenticity regarding the source materials of a number of early documents, especially those of Ssu-ma Ch'ien's Memoir Historique. This resurrected faith in the ancient historical writings is indispensable, before any research work along this line can be pursued with enthusiasm and sustained energy. Equally important, if not more so, is the fact that these discoveries have furnished the most substantial basis for the interpretation of the apparent sudden development of the civilization of the Chou Dynasty, whose archives and art monuments, political system and social institutions, material culture and philosophical speculations have remained much in obscurity, as to their origins and early developments. Anyang excavations supplied plenty of evidences showing that the Chinese civilization in the Yin Dynasty already attained some of the most fundamental oriental characteristics. It has become abundantly clear, after the Anyang discoveries have been made, that the Early Historical Chinese Culture is essentially a North China creation, enriched by the ability of the people responsible for this culture, to absorb all the useful cultural elements thru actual contacts with alien nations and adopt a receptive attitude towards new ideas, whose world migration was already current at the close of the neolithic time. The excavations have also produced material evidences linking the historical documents with a firm tie to the archaeological remains of the early historical and prehistorical periods. And, lastly, but not the least in importance, the skeletal remains recovered from the Anyang sites show an assemblage of physical traits deviating only within a limited scope from those of the aeneolithic northern Chinese. These are some of the items I propose to discuss.

Scientific archaeology was promoted in China long before the start of the Anyang excavations. Up to 1928, there was already a number of accurate scientific reports of careful diggings from the Chinese region, referred to by archaeologists all the world over. Those discoveries are, however, mainly prehistorical, therefore undatable; their relation to the traditional records remained uncertain. In 1928, the Anyang Excavation Party, under the auspices of the National Research Institute of History and Philology, Academia Sinica, started the field work in the village of Hsiao-t'un, along the bank of the Huan River (洹), in the outskirt of the city of Anyang hsien. It is a site that had already acquired a world reputation because of the inscribed oracle bones dug out from this site and brought to the attention of the antiquarians, ever since the time of the Boxers Movement. The inscribed oracle bones were important in the eyes of the collectors during the first quarter of this century chiefly for the reason that the inscriptions found on these relics were the earliest in China; they were hailed with religious reverence and considered as the most sacred writings of ancient China by a number of Chinese palaeographers. But, there was not without voice of dissension.

Chang Ping-lin, the leading classicist of this period, the foremost philologist of the classical school, a revolutionary and a friend of Dr. Sun Yat-sen, considered the inscriptions on the oracle bones as fakes, forgered by a group of quacks with Lo Chên-yü as the chief plotter. Whether Lo Chên-yü is a quack or not is still a pertinent question; but it happened that so far as the study of oracle bone inscriptions is concerned, he was certainly on the right track. He was, however, by no means the founder of this study; this honor belongs rightly to Sun Yi-jang, the famous annotator of Chou-li, the last of the thirteen Chinese Classics glossed by the scholarship of the Ch'ing Dynasty. He is undoubtedly the first of the Chinese palaeographers who recognized the true significance of the oracle bone inscriptions and gave to the world the earliest interpretation of these archaic Chinese characters.

Sun Yi-jang not only deciphered many individual characters found on the oracle bones, and successfully linked them with the bronze inscriptions of the Yin and the Chou; in many respects he was able to furnish Classical Philology of China a new orientation, which inspired and instilled a new spirit, into the succeeding generation, and led gradually to the founding of the National Research Institute of History and Philology within the frame of Academia Sinica.

So when Anyang was chosen in 1928 by the National Research Institute of History and Philology as the first site for systematic excavation, it was done only after a very careful deliberation and with the full confidence that it would turn out to be a key site for the interpretation of the ancient remains of the protohistorical period, discovered already in great abundance in North China. These expectations, it may be justifiably said, have been fulfilled as much as circumstances had permitted up to 1937, when the Anyang Excavation Party was compelled to stop work after the cannonade of the Marco Polo bridge, on the 7th of July.

In these nine years, fifteen seasons were spent in the field in Anyang, where a field headquarter was established by the Archaeological Section of the Institute during this period; and from this place reconnaisance and digging parties were sent out in successive seasons and to different directions. In the Anyang region itself, the village of Hsiao-t'un was chosen as the main site for field operation, while trial diggings were carried out in its near neighbourhood, where important discoveries were made from time to time; of which the most important and significant are the Hou-kang site in the southeast of Hsiao-t'un, and the Hou-chia-chuang site in the northwest of Hsiao-t'un. Hou-kang is the first stratified site that showed a cultural sequence, linking together the prehistorical to the historical period, properly studied by a competent archaeologist, while Hou-chia-chuang proved to be the cemetery site of the Yin Dynasty, of which the dwelling site is located in Hsiao-t'un.

I shall not burden you with any detailed catalogue of the artifacts discovered from this region; but it is necessary to acquaint you with the general nature of the discoveries. In the early twentieth and during that brief period known as the Chinese Renaissance, there was a very important group of intellectuals, who called themselves, "Doubters of Antiquity". These agnostics disbelieved ancient Chinese traditions in toto, and made the claim that the so-called Yin Dynasty was still in a stone age, whatever its meaning. Most of these "Doubters" were trained at the foot of the eminent Chang Ping-lin, and rebelled against their master in the tide of the Renaissance, but without much positive contribution. This period of vigorous intellectual chaos, however, is not without its social value; at least it helped to hasten the birth of scientific archaeology in China, althou scientific archaeology subsequently proved that both Chang Ping-lin and his rebellious pupils were in the wrong, as far as Chinese antiquity is concerned.

The total yield of inscribed oracle bones from twelve seasons' diggings at Hsiao-t'un amounts to 24,918 pieces according to the latest estimate of the Institute; so, it dispelled, once for all, any doubt about the genuineness of the oracle bone inscriptions. This, of course, does not mean that in the curio markets, there are no fakes. It definitely proves, however, that those forgeries are copies of something historically real. In the case of the employ-ment of bronze in the Yin Dynasty, hundreds of articles were found from the site of Hsiao-t'un alone, ranging from ceremonial vessels to weapons and articles of daily use. Besides, there were also discovered casting moulds, pottery article used in connection with the bronze foundry, and ingots of tin as well as copper ore like malachite. All these show abundantly that the Yin Dynasty was not only in a full-bloomed bronze age, actually Hsiao-t'un was one of the centers of the bronze industry in the Far East in the latter part of the second millenium B.C.. So those Doubters of Antiquity stopped their utterance of some of the most flaming nonsenses, as soon as the discoveries at Anyang were made known. Chang Ping-lin, after having learned these new discoveries in his declined years, tried to read clandestinely Lo Chên-yü's treatise on oracle bone inscriptions (Yin-Hsü-Shu-Ch'i), althou he never admitted it publicly. Nevertheless he stopped accusing Lo as a forger of this particular item.

Systematic study of the individual characters and the exact contents of the oracle bone inscriptions, initiated first by Sun Yi-jang and followed by the brilliant efforts of Professor Wang Kuo-wei and members of the National Research Institute led to the important conclusion that the Genealogy of the Royal House of the Yin Dynasty, as recorded by Ssu-ma Ch'ien is correct almost beyond any dispute. Practically all the names on the list of Kings which appear in Ssu-ma Ch'ien's chapter on the Yin Dynasty in the Memoir Historique, are also found in the inscriptions of the newly discovered archaeological specimens. The Yin people were devoted ancestor worshippers. Ceremonies and sacrificial offerings were performed at regular intervals. On each occasion, the name of the particular ancestor to whom the offerings were made or from whom advice was sought, was mentioned in the records of divination and incised on the bones used for this purpose. Sometimes, when a major service was to take place, all the ancestors or a number of them might be worshipped collectively, then a whole list of the names of the Kings and Queens in a definite order would appear in the oracle bone scripts. Specimens with such records are the most extraordinarily valuable, as they furnish, in addition to the names of individual kings and queens, also the order of succession of the various rulers. It is on the basis of inscriptions of this type, that the late Professor Wang Kuo-wei succeeded in the reconstruction of the Genealogy of the House of Yin and reaffirmed the high authenticity of the source materials of the Memoir Historique by Ssu-ma Ch'ien written more than two thousand years ago.

Professor Wang's effort to check and crosscheck the archaeological discoveries with various ancient historical documents and vice versa was particularly fortunate, because in the successful accomplishment of his work we find not only a substantial identification of the archaeological records with historical traditions, but also a strong link of history to prehistory. Works along this line have been further elaborated by archaeologists of Academia Sinica in the field, and new links appeared in the various tomb contents and pit deposits, where inscribed oracle bones were associated with bronzes, bronzes found together with potteries and various other artifacts whose history can be traced back to ages of even greater antiquity. In these links, early Chinese history was found merged into protohistory, and protohistory into prehistory in a close succession.

One of the most interesting groups of material evidences discovered at Hsiao-t'un and most fitting to illustrate these relations, is the finding of a vast number of uninscribed oracle bones, made both of the tortoise shells and the ox scapula, drilled, scorched and with crack signs, in which were found the answers to the queries according to ancient prescriptions, but without the incised characters as generally known. These unwritten documents of scapulimancy were evidently the earlier form and the forerunner of the inscribed bones; at the same time, they also represented an advanced stage of this occult practice, of which the more primitive form had left its evidences in the remains of the neolithic Black Pottery Culture in Ch'eng-tzu-yai, where at least six authentic pieces of oracle bones were discoverd from the lower stratum. They were prepared in a much more elementary way; the bones are the shoulder blades of ox and deer; no tortoise shell was employed.

So it became increasingly clear in the course of our excavations in North China, that only the royal house of the Yin Dynasty had developed the means and possessed the privilege to put on record by inscriptions of the queries made and the answers given, while the commoners in this era though equally devoted to this occult practice had to be satisfied with the crack signs, unrecorded. The latter was certainly the more ancient usage inherited from the neolithic age that left its remains on the Shantung peninsula and the Huai River valley as their centers. Scapulimancy was, on the basis of these findings, evidently originated among the people used to cattle and deer breeding, probably still nomadic, certainly without any writing but with plenty of rituals and superstitions. Both the writing and the employment of the tortoise shells are Yin innovations; they did not make much use of the shoulder blade of deer in spite of the fact that more than one species of this animal thrived in the neighborhood of Anyang during this period. Whether the Black Pottery people were the originators of scapulimancy or not is difficult to say; but the place of its origin may be located with some degree of assurance within the sphere of the Lungshan Culture.

While scapulimancy was evolved from a remote past in the Far East submerged beyond the latest phase of neolithic culture in North China, the development of the bronze dagger-axe Ko (戈), which lasted more than one thousand years from the mid-Yin period (c. 1400 B. C.), all thru the long reign of the Chou Dynasty, down to the time of Ch'in Shih Huang Ti (c. 246-210 B. C.), when this weapon finally merged with the spearhead, and developed into Chi (戟). I have elsewhere traced the evolution of this particular fighting implement and found that the dagger-axe of the Yin period is typologically the simplest, with a crude hafting technique, a blunt posterior part and no necking at all. The first development of 'Hu' or necking, took place in the early Chou period; it was gradually lengthened in the course of time, till finally the standard type of K'ao Kung Chi's model description was fully evolved in the period of the Warring States. The result of this study established two points: 1, the classical type of Ko prescribed by the text of K'ao Kung Chi was a late Chou development; it did not exist in early Chou or Yin; 2, the morphological development thru a period of over one thousand years, as shown by collections of the various periods, indicates a systematic endeavor made at the improvement of this weapon, with many trials and errors and a firm effort to achieve perfection. The weapon was therefore invented by the Yin people and developed by the Chou continuously without any interruption. The typological evolution of this fighting implement serves to link the Yin and the Chou culture together on a common foundation, which had never been so clear before the days of scientific archaeology.

The bronze works of the Yin Dynasty, of which the dagger-axe Ko constitutes only a minor example, are also typologically linked to the Stone Age Culture of North China, thru a series of comparative studies of potteries and stone artifacts. Many of the magnificent bronze articles discovered in Anyang derived their forms from neolithic prototypes; the shapes of bronze vessels after those made of pottery and wood, and bronze tools and weapons copied faithfully shapes of those of the stone. The continuity of forms exhibited thru different media furnish another clue, indicating the close relationship of the Yin Culture to the culture developed in the neolithic age.

The Yin Dynasty certainly introduced many new elements not found in any of the earlier remains; these new elements had enriched the cultural contents of Early China and inspired subsequently the creative genius of the Chou Dynasty. Some of them need a more comprehensive and detailed study before a definite opinion could be pronounced as to their beginnings and sudden appearance in China during this period; and to what extent and degree, the Yin people were responsible for these introductions. Under this heading, I should like to place such items as the system of writing as found on the oracle bones, the method of building by means of stamped earth, the chariot and the horse complex, and large scaled human sacrifice. The easy way out would be of course to attribute all these elements to foreign sources. But there are difficulties, aside from the chronological puzzle. The case of the oracle bone writing illustrates this point. There are more than two thousands of these characters, deciphered and undeciphered. Many of these characters were highly evolved and must have taken some time to reach at the stage as found on the oracle bones. The problem is, where did this evolution take place? Similar question may be asked of other newly introduced cultural traits of the Yin time. There is, of course, a number of discoveries from Hsiao-t'un that definitely show the many-sided contacts with the outside world China must have had during the Yin Dynasty, and even earlier. Among the bronzes, there are examples like the socketed celts and socketed spearheads; among potteries, the trumpet-shaped and round-bottomed jars; among stone artifacts, the T-shaped axe and the gouge: all these were evidently results of acculturation, and serve as substantial indications of China's intercourse with the Far West as early as the second millenium B. C.. But here we come across a difficulty commonly met with by all archaeologists, when exact dates are to be assigned to certain cultural forms, or a definite system of chronology is to be proposed in order to determine priority of various inventions in favor of certain areas. In the case of the chronology of the Yin Dynasty, in spite of the fact that indisputable scientific basis is still to be looked for, many eminent scholars seem to be highly satisfied with the floating data assembled from the oracle bone inscriptions and histroical documents. On the basis of such data, they would build various systems of chronology, each according to his own preference and opinionated interpretation of ancient Chinese history.

There is therefore an urgent need for the solution of this problem, and a great deal of patient work still needs be done before a satisfactory solution could be found. As long as there is no accurate scientific solution, it is at least safer and more healthy to keep back from being dogmaticly cocksure.

If the cultural contents of the Yin Dynasty as snown by the Anyang remains is to be outlined as a whole, the typically oriental factors, it seems to me, apart from the written scripts, are the following three features. They are scapulimancy, sericulture, and decorative art. There is little doubt that all these three elements were originated and developed in North China, representing respectively the religious, economic and artistic life of the early Chinese, prior to the beginning of the Chou Dynasty.

About the occult practice of scapulimancy, it is important to note that it was known neither to the ancient Mesopotamians, Hebrews, Egyptians, nor to the Greeks, Etruscans, Romans, althou since the Christian era, it had spread far and wide in Europe and North Africa. The fact that many of the oracle bones from the Anyang remains were inscribed with the ancient Chinese scripts, and up to the present, they constitute almost the only source of the earliest Chinese writing discovered by modern archaeology, indicates the importance of the role scapulimancy played in the development of the cultural life of this period.

The early history of sericulture has never been properly worked out; the mythological lore that sericulture was originated in the reign of the Yellow Emperor and invented by his first queen, like most folklores, would no doubt remain shrouded in ancient mystery. Modern archaeology, however, has established the fact that the textile industry of silk was one of the most important crafts of the Yin Dynasty. Silk fabrics, recovered on bronzes of the Yin age have been examined by experts with full confirmation as to their true nature; and, in the Yin scripts, both the character for silkworm and that for silk occur in a number of places. An artificially half-cut cocoon of the Bombyx mori was dug out by me personally from the painted pottery site at Hsi-yin in southern Shansi as early as 1926. Thus, similar to scapulimancy, the spinning and weaving industry of slik began its development in North China way back in the neolithic Age, and had remained an exclusively Chinese cultural complex till late historical time. Its diffusion to the West is a matter of known history.

I have in another paper on the "Diverse Backgrounds of the Decorative Art of the Yin Dynasty" discussed in some detail the different sources of the art patterns most commonly employed by the artists of this period. What is particularly emphasized in this paper is the theme that the decorative art of the Yin, as represented by the bronzes, sculptures and bone. carvings, in every case shows a uniform attempt to combine several traditions into one style. The main portion of these traditions, diverse as they were in their past, was evolved in the Far East with North China as the center. The outcome of these synthetic efforts was the creation and the development of an art system, balanced in composition and highly individualistic in style; it is a style that not only led to the further evolution in the Chou Dynasty, but also inspired many local development in different regions surrounding the whole Pacific area. It is essentially a symbolic art, dominated by animal motifs, at the same time still retaining a number of patterns geometrical in appearance. In this art, a discerning eye may be able to find the fusion of decorative elements originally developed in the Painted Pottery Culture, the Black Pottery Culture, and a Wood-carving Culture. Specimens of this art, that survived the onset of time, whether in bronzes or jades, stone sculptures or bone-carvings all show a vigour and ingenuity, seldom excelled by other art groups, prior to the biginning of the first millenium B. C..

Students of the ancient Chinese bronzes are all aware of the fact that without an adequate supply of archaeological evidences, it is one of the most difficult tasks to draw a line between the Yin and the Early Chou style of the bronze decoration. Nothing illustrates better the essential continuity of the Western Chou and the Yin Art than this puzzling experiences of the connoisseurs three thousand years after their creations.

But the Chou people are well-known revolutionaries; while preserving a great deal that was good and useful of the Yin, they introduced many changes and made improvements on the Yin pattern found in different spheres of social, religious and political activities. Detailed studies of the various changes, based on the newly discovered materials, have revealed, however, the interesting fact that the so-called revolutionary measures of the Early Chou, made famous thru their own propaganda as well as classical commentators, are in a number of cases only nominally so. The change of the code of crown succession may be taken as an example. The late Professor Wang Kuo-wei, in a paper on a comparative study of the Yin and the Chou institutions paid great tribute to the decisive step taken by Chou Kung. in the adoption of primogeniture as the fundamental code of crown succession in place of the Yin custom to pass sovereign power to the next brother after the death of the King. Fraternal successions had created many family feuds in the Yin Dynasty; they deteriorated the organizing power of the ruling house and undermined its prestige. These feuds no doubt were one of the main causes of the downfall of the dynasty. So Chou Kung, in order to avoid a repetition of similar misfortunes, changed the rule of inheritance for the royal house. All these versions are familiar enough to students of History of Ancient China. As a mattar of historical truth, however, if Ssu-ma Ch'ien s Genealogy of the Yin Dynasty is to be relied upon, which Professor Wang Kuo-wei had labored to support, the rule of filial succession was followed for already four generations by the House of Yin before its final downfall. So what was adopted in the beginning of the Chou, was in fact originated in the preceding dynasty. Whatever modifications of this new system the Chou might have introduced were apparently only a matter of details. And this can hardly be called a revolutionary measure.

This example may be taken to illustrate another point; that is, the Chou people were ethnically by no means much different from the Yin. Whatever political and social changes they effected after the seizure of the ruling power from the Yin was done purely out of political considerations, rather than following the dictate of tribal custom. The true relation between the Yin and the Chou has been much clarified by a number of recent historical researches. It has been shown by verses in the Book of Poetry that the Chou and the Yin had intermarried for two generations. The mother of the founder of the Chou Dynasty is a Yin princess. Thus the Chou succession to the Yin, as the sovereign power cf the ancient Chinese Empire, in the nomenclature of the ethnologists, is simply a case of avunculature.

While the Chou people were ethnically much related to the Yin, the same can not be said of the Yin's relations with their aeneolithic predecessors according to the preliminary results of physical anthropology. The average alpha-value of seven direct measurements on the skulls of the Yin series in comparison with similar measurements of Davidson Black's Pooled Prehistorical Series of North China has been calculated; and the result shows a difference that speaks of uncertainty of common origin of these two series. The Yin skulls are bigger than the prehistorical series in all the seven direct measurements taken for comparison: they are, head length and head breadth, auricular height and basion-bregma height, sagittal arc, transversal vertical arc, and horizontal circumference; the last two measurements and the basion-bregma height show the biggest differences. The Yin people, in other words, possessed a bigger head than the prehistorical folks of North China. The average cranial index of the Hou-chia-chuang skulls based on 135 measurements of the adult males, is 76.96; the average for the 25 aeneolithic series, reported by Davidson Black is 74.96, while the mean value for the 40 specimens of Black's Pooled Prehistorical Series, including the 25 aeneolithic skulls, is 76.00. There was an evident increase of the brachycephalic element in the composition of the Yin population as compared with the inhabitants of the prehistorical period.

But this must not be taken as an indication of any fundamental change of the ethnical composition of the Yin Dynasty Population as compared with the aeneolithic period. The limited number of measurements and traits chosen for comparison scarcely justifies any basic conclusion of this kind. Besides, there is hardly any doubt that the Yin people were essentially mongoloid, just as the inhabitants of North China in the prehistorical period were, and the Chinese of the historical period have always been. I have examined, at random, most of the upper frontal incisors still existant and intact in the Hou-chia-chuang skulls, and found them all shovel-shaped. It is a well-known theory that this particular morphological character is distinctively mongolian. The almost universal presence of such a physical trait among the Hou-chia-chuang skulls' is sufficient to prove their racial character.

China is continental in size; so whatever changes that may have taken place in this area, have been on a continental scale. The cultural and racial history of China is comparable in magnitude with those of the whole of Europe. Only viewed from this angle and studied on this basis may a proper perspective be gained in the interpretation of Chinese ancient history and her archaeological remains.

This paper was read before the Eighth Pacific Science Congress held at Manila, Philippines, Nov. 16–28, 1953. Reprinted from the Annals of Academia Sinica, 1955, No. 11, Part 1

DIVERSE BACKGROUNDS OF THE DECORATIVE ART OF THE YIN DYNASTY

Member of Academia Sinica;

Professor of Archaeology, National Taiwan University

A. Stone Sculptures

The first piece of stone carving in the round discovered from tne Yinhsü remains at Hsiao-t'un is a human torso with the limbs almost complete (Fig. 1); it was figured in the Preliminary Reports of Excavations at Anyang, part II, published in 1929, and also in the Illustrated London News, even earlier. A number of similar pieces of stone sculpture appeared in the successive seasons; but with the exception of one specimen, much smaller in size than the Hsiao-t'un torso, none of them assume a human shape. This single exception was discovered from the cemetery area at Houchiachuang on September 26, 1935 in Tomb 1217 (Fig. 2). Like the first piece from Hsiao-t'un, the second example was also found in a fragmentary condition. When these broken pieces were fitted together, the restored original represents the remnants of a human figure, sitting on the heel in a kneeling posture. The head was not recovered, and only the right half of the body was left in the disturbed stratum, when the late Mr. Ch'i Yen-p'ei, archaeologist of the National Research Institute, first opened it. But what an amazing contrast when it is compared with the torso from Hsiao-t'un! An article on a study of these two sculptural works from Yinhsü appeared in the latest number of the Bulletin of the National Research Institute of History and Philology (Li Chi, 1953.); I must reter to you to this article for details. In this paper I can only recite some of the basic comparative data and a brief summary of my conclusion to serve as an introduction to the discussion of to-day's topic.

The total weight of the Hsiao-t'un torso is 15.4 kg.; it is in a squatting posture but actually with the buttock carved flat at the same level with the bottom of the heels; the lower limb is completely flexed in front of the body, while the upper limb hang straight down to the elbow, at which the fore arms turn at a right angle straight to the front and end with the palms of the hands clasping the erected lower legs at about six centimeters below the knee. The length of the lower leg measures 22.9 cm.; it also represents the maximum height of the surviving stone. On the back part, there is a wide vertical trough, the whole surface of the back being covered with a layer of some kind of lime mixture and a sprinkling of red pigments. Both feet were entirely lost; at the lower end of the right leg, between the front and the lateral side, there is a small rectangular cavity, with a number of small circular depressions at its bottom. Whether this is for the reception of the foot separately carved or to be joined to something else, cannot be definitely said. The carving as a whole is well proportioned, with some renderings

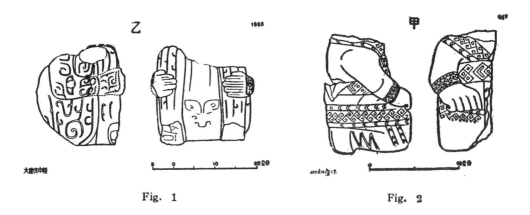

Fig. 1   Fig. 2

that have won the admiration of modern sculpturers; it certainly was the work of a virtuoso, the product of a long and rich tradition (Fig. 1).*

The Houchiachuang figure weighs only 1.29 kg.; the lower leg lies flat on the ground in a kneeling-sitting posture to support the entire weight of the whole body; its length measures only 9.2 cm., as compared with 22.9 cm. of the Hsiao-t'un leg. At the lower end of the leg, there is a sort of foot wrapped in some kind of footwear; on the hinder part of the heel is the base of the buttock. The upper arm swings down foreward and laterally, but turns towards the knee from the elbow, and terminats with the fist of the hand resting on the knee. There is no trough on the back. The carving is not only much smaller in size, but also inferior in workmanship to the Hsiao-t'un piece (Fig. 2).*

But the most striking differences are found on the ornamentations that

---

*cf. Li Chi. 1953. Pl. I-III.

adore the two figures. The arms and legs of the Hsiao-t'un piece are exposed without any covering and are tattooed all over, especially on the lateral sides, extending to the complete surface of the back of both hands. The patterns, rendered mostly by carving wide curvilinear lines with an average width of 5 mm., consist of spirals, eyes, long straight lines with short strokes and hook-shaped curves on the sides, arranged according to the morphology of the decorated parts. The Houchiachuang figure on the other hand is all clothed from shoulder to foot; the borders of the garments and the cuff of the sleeve are all decorated with a band, composed by double chevrons and interlocked T-pattern; there is a breast belt, the front part of which is still well preserved, and ornamented with lozenges arranged concentrically and continuously into various shapes. With the exception of the zigzag line in relief on the leg, all the décors are incised in narrow lines; hardly wider than one millimeter; most of the lines thus rendered are short and straight, the turning corners are definite and clear; at each turning, the incision usually starts anew. There is no continuous curvilinear line in the whole composition.

As I have discussed in my article cited above, much in detail, the significance of the kneeling-sitting posture of the Houchiachuang figure and the squatting-sitting posture of the Hsiao-t'un figure, and also dealt with quite at length their respective traditions and the parts these traditions played in the making of the earliest Chinese History, there doesn't seem to be any necessity to repeat them here. Allow me, however to summarize my main conclusions of this article.

Near at the close of the Neolithic Period of North China, there existed definitely two main cultural traditions with a possible third one that is archaeologically still somewhat obscure. In the Northwest and along the Sino-Mongolian border was the culture first developed by the Painted Pottery people, and most probably further developed and elaborated by the Hsia, the first of the dynastic Chinese known in History. To this period, the earliest Chinese bronzes and bronze foundry were usually attributed both according to the traditional classics and the antiquarians version. Most probably, the people of this dynasty practiced and believed in totemism in the light of some recent interpretation of certain folk literature that survived in the various compilations of the Chou philosophers. The center of the second tradition is to be located near the eastern coast, and was represented in the neolithic time by the Black Pottery Folks, who survived in the historical time and might be identified with the Eastern-I, also known as the squatting barbarians in ancient historical documents. The Black Pottery Folks possessed an exquisite feeling for form as exemplified by the best specimens of the ceramic remains discovered in Shantung. These potteries are only in rare cases ornamented with some simple geometrical decorations, or a few plant leaves, executed in fine lines, short and incised; plastic bird's head perching on the top of the cover of pot was discovered twice. These are about the whole list of the decorative items found on the black pottery so far. In contradistinction to the coastal remains of the prehistorical time, the art of the Yangshao Culture is distinguished by their exhibitions of colours and broad strokes painted by means of brush; the patterns of the painted decorations are in the main also geometrical. While the shapes of the various black potteries not only impress one with their graceful outlines, the sharp and bold turnings ingeniously executed, and frequently, among the best pieces, the uniform glossy and black colour; but it is also the rigid rhythm and complete harmony of every individual production that arouses in one a feeling almost near to austerity. The beauty of the painted pottery, on the other hand, lies almost entirely with the colour, the number of shapes of the complete pots obtaining at the time is a limited one, and they look just ordinary.

But the forefathers of the Yin people could not, by any historical or archaeological evidence, be positively identified with either of the above traditions. The founders of the Yin Dynasty were probably the earliest Chinese who developed the kneeling posture into a sitting habit, known later among the Japanese as 'seiza'; whether they learned this from the Egyptian scribes or developed independently, remains to be investigated. It seems pretty certain that at first, the ancestors of the Yin people conquered the Eastern-I and absorbed some of their art tradition; in return, they also taught them a new technique of fighting, on the condition, of course, that they should obey their command. With this newly trained army, they conquered the Hsia further west, and subsequently learned from the Hsia, whatever that was worthwhile learning. So the dynastic splendor of the Yin is the result of the coalescence of three distinct cultural traditions, of the Eastern-I, of the Western Hsia and of the proto-Yin. Such are the diverse backgrounds of the Yin art as well as many of the other cultural elements of this famous dynasty.

As I have stated the basis and the development of the present thesis, and expounded its theoretical nature already in another article, I propose now to elaborate it further in the present paper, confining myself, however, only to certain aspects of the problem concerning the representative and the symbolic art of the Yin people.

B. Bone Carvings

Let me start with some examples of the bone carvings. The first specimen which I wish to introduce to you is a handle piece about fifteen centimeters in length and almond-shaped crosswise, with a socket at the smaller end that measures 16 mm deep; the crossection of the socket, being lentil-shaped, measures 16 mm by 8 mm at the maximum (Pl. I: 1). The outside of this handle is completely carved from top to bottom, on both sides and in five units; three of these units are composed of t'ao-t'ie masks in pairs joined at the back and facing opposite sides. They are separated from each other by two longer and slenderer units of t'ao-t'ie in profile with a body attached to the head. These five units, essentially similar to each other, pile up on the handle with a vertical succession, that reminds one of the arrangement of the animal heads carved on the totem poles found in the northwest coast of Canada, except that the composition of the Hsiao-t'un handle seems to carry a subtler rhythm. It certainly rings true of the tradition of the Pacific Background which nurtured so many branches of art for many centuries, and of which the Hsiao-t'un example is probably one of its earliest productions.

The second specimen (Pl. I:2) looks very much like a ceremonial spearhead, with one end pointed and the other socketed, which measures 58 mm deep and nearly 20 mm, at its greatest width, while the total length of the whole article measures more than 19 cm. long and the maximum diameter at the socketed end is 4.4 cm; the pointed tip is broken off a bit. It might have served as a mounting piece of the handle of a more effective weapon; but this is a debatable question. The central décor of the ornaments is a horizontal band of reclined S-shaped patterns interlocking an "eye" design; which circumscribes the rim of the socketed end; the vacant space on both sides of stem of the reclined S is filled by long-tailed simple coils with hooks projecting laterally from the tail. The band is bordered on both sides by parallel grooved lines; side by side with the inner border, runs another grooved line from which four triangular blades descend, usually known as hanging blades, among students of ancient Chinese bronzes (Fig. 4:4, 5). Inside the triangles are incised with lines that run parallelly with the zigzags on the outside, and symmetrically arranged simple spirals at the top. The parallel lines are spaced at irregular intervals, which give the effects of one broad band and one fine line in relief. The innermost space is filled by a pair of hook-shaped and another pair of nail-shaped projections from the two lateral sides, also symmetrically arranged.

The third example (Pl. I:3) is much shorter, also stouter; the total length is 6.2 cm, the maximum diameter at the rim end is 3.3 cm: the other end is round without any opening. It is completely hollow inside, the whole thing is somewhat similar to a round bottomed small cup. It is almost certain that it must have served as a sort of cap, mounting on the end of some projected adjunct. In contrast with the first piece, it is simply decorated near to the rim of the mouth, with a broad central zigzag band, effected by a double series of incised alternate triangles and, bordering the zigzag band, are two series of alternatly arranged broad-banded triangles, each with a smaller and similar-shaped depression within. These depressions might have been originally inlaid with some coloured stones like turquois.

A fourth instance (Pl. I:4), the simplest of all, is a tube-shaped handle work, about a little over 11 cm long; it still keeps the mid-shaft morphology of an animal's long bone, and is originally hollow all thru, the diameter at each end, measuring about 4 cm, is slightly larger than the one at the middle. Near to the border at both ends and around them are each incised with a narrow band bordered by two lines within which are filled with irregular cross-hatched incisions.

These four specimens are both structurally and functionally more or less alike; they are either hollowed all thru like a tube, or socketed, or scooped from one end like a footless drinking cup with a round bottom. Whether they were used as a handle, a mounting piece, a cap or a finial, essentially they are the finishing part of something long. It is when we come to consider their ornamentations, they seem to fall apart. From the simple and irregularly cross-hatched bands to the carefully planned and meticulously carved t'ao-t'ie heads, there is a certain gap that could not be easily bridged over;

they represent different traditions. The crude cross-hatched design has its precedent both in the painted patterns in the northwest of China and the incised patterns of the coastal region; but the technique of its execution is that of the incised ware. Likewise, the broad zigzag band is also a pattern that was much used both by the Black Pottery artists and the Painted Pottery artists; again the method of execution shows a closer eastern affinity. However, the triangular small cavities that fill up the space within the bordered triangles, both technically and as a pattern, were distinctly derived from the inlaying tradition of woodcarving. We have quite a few examples of inlaid bones from our Yinhsü collection; in all these cases the lines are carved rather than incised; the carved parts are usually capacious enough to receive outside materials.

The hanging blades of the socketed spearhead are most likely a later development compared with the horizontal band above them. This décor, so popular with the bronze founders, might have some genetic relation with the hanging triangles discovered in Kansu (Fig. 4:2) and attributed by J. G. Andersson to the Ch'i Chia period. The horizontal band above the blades, composed by a series of reclined S-shaped patterns (Fig. 3:6) is also found in the ornaments of both the painted and the incised potteries. But the eye-design enclosed between the reclined S on the spearhead band can be traced back only to a black pottery example discovered in Jih-chao of Shantung (Fig. 3:5), on which holes are punctuated to represent the eyes instead of rectangular incisions. No similar examples are known among the painted pottery specimens.

The most interesting of all is of course the t'ao-t'ie handle. It is apparently something quite new in the art history of North China; no examples in any of the aeneolithic remains, discovered so far, could be cited as its precedent. The decorative patterns and their arrangements suggest three new principles, which were also well developed in the contemporary bronzes, and much later, in the North Pacific Coast of North America. They are, 1. the piling up of similar designs in vertical succession; 2. the junction of profiles of the animal body, split into two symmetrical halves, on a flat surface or curved one; 3. perfect symmetry and rigid rhythm. The t'ao-t'ie handle is an example of matured art, produced by a master; there is absolutely nothing primitive or elementary about the whole work. The question is, how did it come about?

To begin with, we must recognize the fact that the whole work was carved and inlaid; from the tip top to the very base of the bottom, one cannot find, except in some small corners for space filling, a single incised line; all the carved, short and broad cavities, judging by similar pieces of bone carvings discovered in the same site, had been originally filled by pieces of tarquois or lapis lazuli, or perhaps some other kind of coloured stones. So, technically, this piece af carving must be more nearly related to woodwork rather than any other branch of decorative art contemporaneous with it.

It is more than possible that a very extensive practice of wood carving existed in North China prior to the development of the bronze foundry. It might have been located in an area in the neighborhood of a forested region, but its center could not be exactly located yet. This art might be the contemporary of the various late neolithic cultures discovered in Inner Mongolia and North China, and have survived in the bronze age as an independent discipline. That there was a great wood carving industry in the Yin dynasty is out of the question; as decayed and disappeared wood-works like coffins, pedestals for drums and musical stones, chariot parts had all left their imprints, and some of their decorative pattern with the inlaid pieces of shells and coloured stones were still intact, on the bottom of their original buried ground, which were recovered and preserved by the Archaeological Section of Academia Sinica. All these imprints show the most magnificent patterns of dragons, tigers, phoenix, in the main, mostly animals, both sacred and profane.

The important question however is no longer whether a wood carving industry did exist in the late neolithic time, which many archaeologists ventured to guess even before the discoveries were made in Anyang. It is the discovery and the observation that the content of this art drew its patterns chiefly from the animal world, either natural or mythical but essentially totemic. It must have been a long development already when the wood carvers were finally persuaded to part a portion of their secret to the founders of bronze. By the time these founders had perfected their casting technique, they had also become familiar not only with the pattern books of the potters of the various regions, but also those of the wood carvers and perhaps the stone carvers also. For the present however I am not prepared to attach a greater antiquity to the development of the stone sculptures as compared with the bronzes.

C. Bronzes

It remains for me to say and show further the diverse backgrounds of the decorative art of the Yin dynasty as exemplified in the bronzes, recovered from this site.

In my first article on the "Study of the Hsiao-t'un¯ Bronzes", attention was concentrated on the shapes of the containers; seventy six vessels and six covers excavated by the field party of the Archaeological Section were described, with a detailed discussion about the origin and evolution of the various forms represented in this collection. These forms comprize: one round-bottomed, two flat-based, thirty four ringtoots with four covers, thirty six tripods with one cover, three quatripods and one cover without the covered article······ altogether seventy six containers, and six covers.

Most of these bronzes are decorated on the outside, but the area covered by decoration varies from article to article. Of the 76 containers, 15 are entirely plain, which constitute almost 20% of the total number of the hollow bronzes excavated from Hsiao-t'un. Four of the ring-foot vessels are completely covered with ornamentation, from the base of the foot to the very edge of the rim; of these four bronzes two belong to the Yu (卣) type, and one of the two is completely round while the other is completely square. The other two are all of the square type, known to Chinese collectors as Fang Yi (方彝), of which the side walls were built like a rectangular wooden box, plank-like and of even thickness, joined at right-angled corners. It is important to note that all the fully decorated vessels belong to the ring-foot class, and three quarters of them posses a body either completely square or nearly square.

The field of decoration is in the main divided into horizontal sections. Between the vessels entirely devoid of decoration and those fully covered, there are all sorts of gradation. Fourteen examples have been found with only one horizontal decorative band, 20 with two bands, 12 with three bands, 6 with four bands, 1 with five bands, 1 with six bands, and 2 with seven bands. The fully decorated vessels do not necessarily always show the greatest number of band divisions; the decorative fields of the two fully covered Fang Yi are respectively divided into three and four bands, whereas the round Hu (壺) covered by five bands of decoration still keeps the topmost section plain. It seems to be clear that there is a marked distinction between the round vessels and the square vessels, as far as the relative size of the decorative field is concerned. Of the six square vessels in the total Hsiao-t'un collection, three are completely covered by ornamentations as indicated above, the other three are nearly completely covered. In the case of the round vessels, while the number of specimens is many times greater than the square type, the effort made at decoration is much poorer; more than half of the number are either entirely plain or less than half covered. Of those that show a decorative field comparable in size with the square type, only one specimen is really as fully covered.

The most sumptuously decorated specimen is the square Yu (Pl. II:1) with seven horizontal divisions; its main body is adorned with four spiral-horned animals at the four corners, executed in high relief with the tip of the horn turning and sticking out freely from the body. Right above the four-sided main body are four sloping shoulder, on which rest eight free animal heads, including the two handle ends. The tall neck above the shoulder is decorated on four sides each with four horizontal sections in flat relief, mainly composed of animal designs; the turning corners which divide the four sides are each ornamented with a keel-like flange. The cover, the handle, and the chain that links the knob of the cover with the handle, are each and all decorated. The ring-foot at the bottom of the vessel is also fully covered with ornamentation. In fact nothing visible on the outside of the article is left plain. In contrast to this luxuriously decorated square Yu and five others of the square type similarly covered by animal compositions, are the 15 plain bronzes, all of which are completely round, whether tripods (Pl. II:2) or ring-foots. I have already shown in my first study of the Hsiao-t'un bronzes, that vessels of the round type, either directly copied, or were distantly evolved from, the ceramic shapes of Hsiao-t'un as well as the aeneolithic potteries of the Lungshan Culture. But the square articles find no such relatives in the ceramic remains of these sites.

This interesting observation led me at that time to the important conclusion that such square articles, which can find no genetic relation with any of the aeneolithic or Hsiao-t'un pottery types, were evolved from wooden vessels. As traces of wooden vessels of the Tou type had been actually discovered in Hsiao-t'un, so the deduction was well-grounded. The obvious further deduction would be that the square articles in bronze copied not only the forms but also the décors from the square articles in wood.

While the round articles in bronze imitated mainly the pottery forms of the Lungshan Culture or those of the Hsiao-t'un period, which were not much decorated, so they were also cast, especially in the earlier period, only with limited decoration composed of patterns originally developed by ancient potters.

On this theoretical basis, the following groups of facts can be interpreted with some validity:

1. Bronzes of the round type that retain ceramic shapes are often non-decorated.

2. Some bronzes still keep certain primitive geometrical pattern of the Yangshao and the Lungshan type as their main décor.

3. All the square articles in bronze excavated from Anyang are fully covered by ornamentation with an animal design dominating the whole field.

Facts group 3 would lead us to the further conclusion that the animal motifs were first developed in the art of wood carvings, which probably flourished in an environment resembling to the northwestern coast of North America of the 16th and the 17th century. The bone handle with a vertical succession of five units of t ao-t'ie links the ancient art of the Yin dynasty directly with what had been observed and described by Franz Boas and his school, of the art achievements of the Tlingit and Haida and their neighbors. This unique specimen, therefore, might be considered as the earliest example of the North Pacific art. Discovered as part of the Yin cultural remains, which were developed from such diverse backgrounds that showed also much contact with traditions further west, it proves once more that what the Yin dynasty achieved in Early China, besides the coalescence of the three different traditions originally developed in North China, Inner Mongolia and South Manchuria, is at the same time an integration of other cultural elements traceable to central Asia and further west as well as those which led to the creation and development of the art traditions of the Pacific area.

References

J. G. Andersson, 1943. Prehistory of the Chinese. Bulletin of the Museum of Far Eastern Antiquities. Stockholm. N:o 15. pp. 1–304.

Li Chi, 1943. Studies of Hsiao-t'un Bronzes. Part I. The Chinese Journal of Archaeology. Number Three. pp. 1–99.

Li Chi, 1953. Seiza, Squatting, and Sitting on Ground (跪坐蹲居與箕踞). Bulletin of the Institute of History and Philology, Academia Sinica. Vol. XXIV, pp. 283–301.

This paper was read before the Eighth Pacific Science Congress held at Manila, Philippines, Nov. 16–28, 1953. Reprinted from the Annals of Academia. Sinica, 1955, No. 11. Part 1

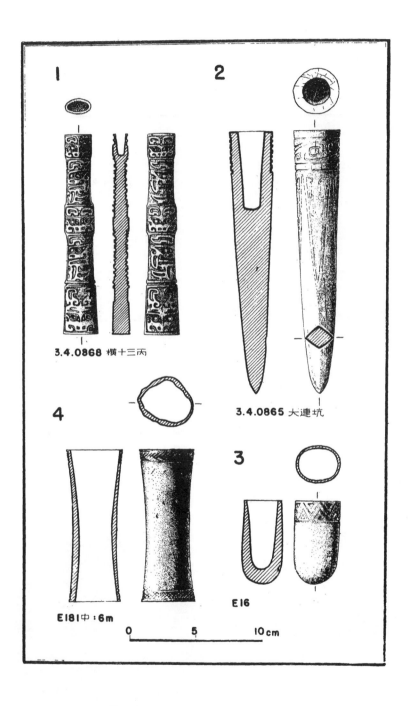

2, Bronze Tripod of Hsiao't'un, Round Type.

PLATE II.

1, Bronze Yu (卣) of Hsiao-t'un' Square Type.

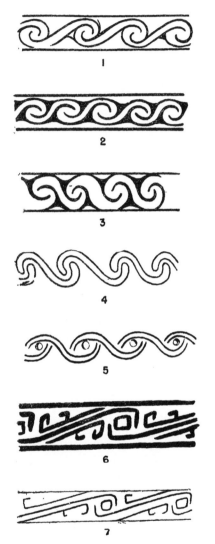

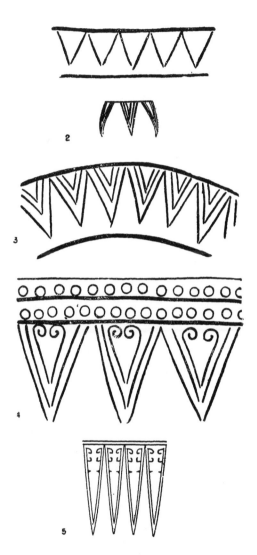

Figure 3. Evolution of the Interlocking of Reclined S-shaped Pattern.

1-4, from J. G. Andersson, 1943, pp. 288-289

5, after Black Pottery specimen from Jih-chao

6, Bone-carving of Hsiao-t'un, cf. Plate 1:2.

7, Stone-carving of Hsiao-t.un.

Figure 4. Development of the Pattern of Hanging Blades.

1, 3, 4, after Incised Potteries from Ch'eng-tzu-yai aud Hsiao-t'un.

2, from J.G. Andersson, 1943, Pl. 37.

5, Bone-carving of Hsiao-t'un, cf. Plate 1:2.

POTTERY AND BRONZE OF THE YIN-SHANG PERIOD

Member of Academia Sinica

Permit me to define the term Yin-Shang, which one frequently comes across in discussing the archaeological finds from Anyang. It is a well-known fact that the Shang dynasty moved its capital many times before it finally settled down at Yin (殷), now identified with the site at the modern village of Hsiao-t'un (小屯), located in the northwestern suburb of Anyang *hsien* (縣) in the northernmost part of the Honan province. According to the old tradition, the date of the founding of this capital at Yin by the king, P'an Keng (盤庚), has usually been given as the year corresponding to 1384 B. C. Althou a number of researches have recently been carried out on the chronological problems of this period, and some scholars would prefer a different date to be given to the founding of this new capital, but, as no really good reasons could be given for the suggested changes, it seems to be safer to keep the older date in order to avoid unnecessary confusions. Thus the Yin-Shang period used in this connection refers to the time when the Shang dynasty had its capital at Yin; it lasted, again according to tradition, about 273 years.

The characteristic potteries of this period may be described under several categories. The main divisions have been ·worked out and made on the general color scheme of the external surface, corresponding very closely to certain physical and chemical properties which had been examined with the help of specialists. The results of such divisions are known as the gray ware, the red ware, the white ware, and the stone ware. There is, in addition, a 5th group known as the black ware, found mainly in the pre-Yin-Shang stratum, surviving also in the deposit of the Yin-Shang period. Quantitatively, the bulk of the pottery finds of the Yin-Shang period belongs to the gray ware group, which constitutes more than 90% of the total collection, althou it is the white ware that has been generally taken by collectors and museum people as the classical Shang pottery. The existence of the stoneware in this period is quite a revelation to all students of ceramics who are interested in its history in the Far East. It is one of the important discoveries made by the field archaeologists of the Academia Sinica in the early 30th. The stone ware is remarkable in two respects: 1, its reduced and almost standardized power of absorption; and 2, it is frequently coated on the outside surface by a wash of thin slip, a sort of primitive glazing; this technique is perhaps the earliest experiment of its kind in the history of Chinese ceramics.

But it is the shapes of these wares with which we are mainly concerned in this paper. These are divisible into 143 types and 359 sub-types in my corpus designed specially for this collection. Of these types and sub-types, some belong exclusively to the pre-Yin-Shang period, namely, the greater number of the typical black wares. But the overwhelming majority are products of the Yin-Shang period.

Comparative study of the pottery shapes of the Yin-Shang period with those of the Yangshao and the Lungshan period indicate certain broad changes that had taken place from the prehistorical to the historical time. In both the Yangshao and the Lungshan cultural provinces, as is well-known, the tripods are the dominant group; and aside from this group, the Yangshao ceramics also include a large number of earthenwares with a flat base, both bowl-shaped and jar-shaped. Only rarely one comes across with a pot that bears a ring-foot or shows a pointed bottom. But within the sphere of the Lungshan cultural influence, there are, together with the tripods and the flat-based class, numerous examples of ring-footed wares, many of which may possess a high stemmed supporter in the form of a hollow tube which splays out at the lower terminal like an inverted beaker. Coming down to the Yin-Shang period, one finds that the potters of this age not only continued to produce wares with a flat-base or a ring-foot, as well as the tripods, there is in addition a group of wares with a round bottom without any supporter underneath. This group consists of no less than 13 main types and 24 sub-types, most of which seem to be the fashionable shapes of the Yin-Shang period and are unprecedented in the prehistorical remains of North China.

The distinct novel shapes found among the Yin-Shang earthen-wares are by no means confined to the round-bottomed class. There developed new types of pot shapes in all the other classes including the tripod. In my descriptive reports on the Hsiao-t'un Pottery, I listed more than 20 different varieties of restored vessels that yields a content exceeding 10 litres; practically all these comparatively large containers were the inventions of this period. They are found among the flat-based, the ring-footed, the tripod, as well as the round-bottomed group. In one respect, however, there is a dead uniformity about the pottery shape of the Yin-Shang period: with a few rare exceptions, almost all of the containers, no less than 1,500 samples have been recorded, are round-bodied.

This singular trait gains importance as soon as the clay vessels are compared with the bronze containers. The archaeological collection of the bronze vessels from Hsiao-t'un is much smaller in comparison with the pottery, the total number being only 76. Yet of these 76 bronze vessels, no less than five of them possess an angularly-turned body with either a square or a rectangular cross-section. When these square and rectangular articles are compared with potteries from this site which, in a few rare cases, possess an angularly turned body, they are structurally totally unrelated. But in the case of the round-bodied vessels, almost all the bronze articles could be traced to some prototype made in clay.

In my first study of the Hsiao-t'un bronzes, attempts were made to trace out the history of the development of each individual type; and I found that almost all the round-bodied tripods and the ring-footed vessels had a pottery origin. While the evolution of each individual type, like the *Ku* (觚) and the *Chüeh* (爵), was each accompanied by important changes at the different stages, but most of the changes could be accounted for. It is important to observe that such prototypes as they did occur, were more frequently found in the remains of the Lungshan culture, and only to a much lesser extent, in the Hsiao-t'un remains.

But bronze containers of the angular variety show a definitely different origin. I have on several previous occasions emphasized this particular point in my study of the Hsiao-t'un bronzes and tried to explain that this particular group of bronze vessels must have derived their shapes from a wooden proto-type. That there existed a highly developed wood-carving culture in early China in the northeastern section is well proved by remains of Anyang. The gorgeously designed pattern of decorations left by articles of wood near the central chamber of the royal tombs and its various approaches abundantly testify to the very highly developed stages of the art of the wood carvers. Corroborated with the discovery of many examples of stone sculptures in the round, there can be little doubt that in the pre-Yin-Shang period there existed a wood carving art in this region.

It is a common knowledge that technically speaking, while the potters find it easier to create a round body, wood carvers working on flat pieces of timbre provided by carpenters would naturally join them into angular bodies. Among the Anyang bronzes of the Yin-Shang period, the angularly turned type usually assume the following shapes:

1.　The box like *fang-yi* (方彝) group, usually with a square body and a roof-like cover; the body is raised from the bottom by a ring foot along its edge; the whole article including the cover is generally covered with decorative patterns, dominated by animal motives.

2.　The trough like fang-chi (方彝) group, a rectangular body raised from the bottom by four legs at the four corners, the rim on the narrower side is usually provided with a pair of standing lugs; the body, the legs and the lugs are all decorated. Occasionally the body may be made square.

3.　The bottle like fang-yu (方卣) group, a square box-like body with a elongated neck on top of it, and mainly in the round, topped by a cover, which is provided with a zoomorphic knob and attached to a U-shaped handle. The handle is movable at the two terminals, and joined to the body at the lower border of the neck. The whole article is almost always fully decorated with animal motifs frequently plastic and extremely life like. It usually possesses a ring foot, and in exceptional cases the goose neck may be left undecorated.

What is really remarkable about this group of bronzes is that almost every example that is known, whether scientifically excavated or described in collector's catalogues, is fully decorated from the very bottom to the tip-top, including handles, lugs, feet or any other gadget that may be attached to the body.

The contrast is especially striking when the round bodied bronze vessels are studied with reference to their bodily decorations. The following figures about the bronze containers from Hsiao-t'un are certainly significant. There are five square vessels among the Hsiao-t'un bronzes, they are all fully decorated. But of the seventy one round vessels, only one of them is decorated like the square bronze, while fifteen of them are completely plain, the remaining articles being only partly ornamented. Reduced to percentages, the following table is the most interesting:

BRONZE VESSELS FROM HSIAO-T'UN

Total Collection: Seventy Six

Scope of ornamentation	Round-bodied		Square-bodied	
	Number	Percentages	Number	Percentages
Fully covered	1	1.41%	5	100.00%
Partly covered	55	77.46%	—	—
No decoration	15	21.13%	—	—

The above figures argue strongly for a theory that the square vessels not only derive their shape from a wooden ancestry, but also inherited their ideals of bodily decoration. A supporting evidence to this theory is found in the rather simple appearance of the Hsiao-t'un pottery in general, with the exception of the white ware. It has been found that neither the gray ware nor the red not even the late developed stone ware indulged in the luxury of an over decorated external. Even among the famous white wares many samples are entirely devoid of formalized ornamentation.

A detailed study of the white pottery recovered from the Yin-Shang period at Hsiao-t'un and Hou-chia-chuang illustrates the intricate relationship between the pottery and the bronze of this period most clearly. There are no less than 27 types reconstructed of the white pottery in my recent study; only in seven instances, the shapes are exclusively those of the white ware, while the other shapes are shared in common by the gray and the red ware and occasionally the black ware. Among the seven white pottery types, two are evidently copied from the bronze, one being a *Li-ting* (鬲鼎) tripod, the other a *Chüeh* (爵) tripod; they are the only two samples from the tripod class found among the white ware. But ultimately, it should be remembered, both the *Li-Ting* and the *Chüeh* shapes were evolved from the pottery types of the Lungshan period and taken over by the bronze masters fairly early. Taken as a whole the morphology of the white ware is genetically more closely related to the gray ware, from which most of the 27 reconstructed shapes were derived, but their decorative externals must have a different origin. Like the *Li-Ting* and the *Chüeh* shapes, the majority of the patterns as analyzed recently show a close resemblances to the bronze décors; only a few of these designs can be proved to be of purely ceramic in its past history. One instance of the designs of the pure ceramic type is the décor known as the folding pattern composed of broad central zigzag bands in parallells; it is the one most frequently found on the white ware, and which the bronze founders copied only at a considerably later time.

The white pottery from the Yin-Shang period not only exhibited a great variety in shapes and patterns of decoration; its manufacturing process also underwent many changes, which include hand made, ring-building and wheel made process:—in fact, all the important techniques used on one or other occasion in pottery making as found in the prehistorical and protohistorical periods of North China.

But the origin of the white pottery as a whole is still a moot point. We found their presence in the earliest tomb in the Hou-chia-chuang cemetery as well as the latest. Attempts have been made to trace its history back to the neolithic period without however reaching at any definite conclusion. While the possibility of a pre-Shang origin of the white pottery is not to be excluded, it must be also pointed out that the rapid development of this branch of ceramics in the Yin-Shang period owed perhaps more to a preference given to the white colour by the royal dynasty, for reasons, religious or otherwise, still to be ascertained. Judged by the tomb contents of the Yin-Shang period, it must be said that the white pottery obviously occupied a much higher position than the bronze in the ceremonial order arranged for the dead; and bronze, as evidenced by recent archaeological discoveries, was also given a privileged position both socially and religiously in this period. Whether the white pottery was exclusively used for the dead is not yet quite definite, althou the overwhelming majority of the collection made by the archaeologists in the field were from the tombs. The king and the aristocratic class might have employed them for daily usage or on special occasions, but there is no certain proof that such were the case.

Unlike the white pottery, the glazed variety, or the stone-ware is definitely a Shang invention and appeared rather late in the Yin-Shang period. Technically, it is a great advancement in the art of pottery making. Both the hardness test and the porosity test of this particular ware showed a degree of uniformity and standard-ization, deficient in all the other Yin-Shang wares. The absorption power of the glazed and the stone ware was reduced to less than half a per cent, that as a storage jar for liqid material, it possesses a preserving power unrivaled by any other earthenware of contemporary making.

But the shapes of the stonewares, so far as those discovered from Anyang are concerned, are confined to only two types, with the square shouldered jar dominating. The second type is a variety of the high pedalled *tou* (豆) dish, of v{ich there is only one example discovered. Aside from the manufacturing process, the jar is unique in its possession of two pairs of lugs with vertical holes, and attached in opposite directions beside the margin of the shoulder. The vessel is usually decorated with a few strokes of incised lines, rendered in a narrow horizontal band, and combined in a number of different patterns. The size of this jar varies considerably, but the general outline of the shape remained almost the same among the many examples recovered from both Hou-chia-chuang and Hsiao-t'un.

Considering the problem of the pottery and the bronze of this period as a whole, it is probably safe to state it in the following order. In the middle of the 2nd millenium B. C., the art of pottery making in North China was already in a highly advanced stage. By the time that the Shang dynasty made Yin its capital, pottery developed in this region evidently had multiple origins. While the Yin-Shang period lasted, the potters improved their trade by a number of ingenious inventions mainly in response to the current demands, partly also to comply with the religious requirements. There is scarcely any doubt that some of the later inventions, and the development of the white pottery as a whole, were considerably influenced by the advancing bronze industry. But this is only part of the story. The bronze of this period, like the pottery, also had a past, althou less remote and more obscure. Still quite clearly it may be shown, the ancestral form of the bronze of this period imitated the pottery of the pre-Shang time in the making of the round-bodied containers, and later on, the bronze masters also copied the wood-carvers to produce vessels of the square and rectangular type. So it may be said that in the Yin-Shang period, each of these two industries had definitely gained the distinction, characteristic of its own trade; but their mutual influences are still discernible.

Prepared for the 24th International Congress of Orientalists

HUNTING RECORDS, FAUNISTIC REMAINS AND DECORATIVE PATTERNS FROM THE ARCHAEOLOGICAL SITE OF ANYANG

Member of Academia Sinica

The hunting records in the oracle bone inscriptions recovered from the archaeological site of Anyang have from very early time attracted the attention of studants of antiquities. Lo Chen-yü in the 1914 Edition of his *Yin hsü shu ch'i k'ao shih* extracted no less than 121 items under the category of game hunting; the names of the animals chased or captured were still preserved in the records in forty cases. Of these more or less complete records, there are twenty two instances of deer-chasing, six of goat chasing, two of boar hunting, and three of horse-chasing; in seven cases the names of the animals given in the text are still undecipherable. In a later edition, the list of these records was considerably augmented, there were mentions about captures of pheasants and hares. But big game was still not included in this new list, althou it was well known that the capture of elephant and tiger was frequently recorded in the inscriptions.

When the Institute of History and Philology of the Academia Sinica started excavation at Hsiao-t'un, the faunistic remains, from the very beginning, were given special attention and the collection soon reached a considerable size. With the cooperation of the Geological Society of China, the Hsiao-t'un fauna were soon placed in the expert hands of Pere Teilhard de Chardin and Dr. C. C. Young for scientific investigations. The results of the research of these two scientists were published in a fascicle of the PALAEONTOLOGIA SINICA with the title: On the Mammalian Remains from the Archaeological Site of Anyang. (Fascicle 1, Volume XII, Series C).

The animal bones from the collection at this site were identified and divided into three groups as a result of the study by these two scientists; they are respectively:

a. The wild indigenous animals, which include the Racoon dog, the Bear, the Badger, the Tiger, the Panther, the common Rat, the Hare, the Warer-deer, and the Sika deer.

b. The domesticated animals which include the Dog, the Pig, the Sheep, the Goat, and more tentatively, the Elaphurus, the Bos, the Water buffalo and the Macacus.

c. The foreign and imported group, in which are included the Whale, the Elephant, the Tapir and the Small Bear.

The above important conclusions were based on materials from the earlier collections; later diggings added greatly to the original collection but the World War II interrupted a second study of these new materials. It was not until after the Japanese surrender, when the Institute of History and Philology returned to Nanking, that Dr. C. C. Young was invited to study these additional data collected by the Institute's later expeditions. He found, however, that most of these new materials were specimens already described in the first monograph; the five species which were not described before are: a cat, a fox, a new species of rat, a rhinoceros and a new species of antelope. The last two animals are of particular interest to archaeologists as well as palaeontologists. Dr. Young was also able to make a statistical study of the numerically more important animals; in the statistical list he compiled, Sus vittatus (pig), Bubalus mephistopheles and Elaphurus menziesianus (deer), were each represented by more than 1,000 individual specimens in the Hsiao-t'un collection. The domesticated oxen, sheep, goats and dogs were quantitatively much inferior, and the number of horses ranked only with that of tigers, bears, bamboo rats and hares. It is to be remembered that these figures were based on the counting of the actual specimens that reached the Nanking headquarter and survived the ravage and bombardment of the World War II. So, by no means can it be taken to represent the true picture of our original collection. The number of horses may be taken to illustrate this point; from the chariot pits, there were usually a number of horses buried together with the cart; altogether the total amount of the horse specimens taken out from the Hsiao-t'un site is definitely greater than that of the bear or the tiger, which in Young's statistics occur as frequently as the horses. And again, rhinoceros is represented in the statistics by only one specimen, which disagrees violently with the hunting records, if one accepts the reading and the interpretation of the character *shih* (兕) as the correct equivalent of rhinoceros. The number of *Shih* captured by the hunting party as recorded in the oracle bone is certainly much more numerous than that of bears; and up to the present time the character for bear is not even identified. All these show a discrepancy which may be clarified by further investigation; but it is important to bear in mind that such discrepancy exists.

Stimulated by the zoological discoveries, our paleographers have also been busy in compiling the oracle bone records. There have been a great deal of mutual confirmations in these two branches of archaeological studies, as for instances the high frequencies and the great number recorded of the chasing and capture of members of the deer family; there are many different names for these animals in the ancient Chinese scripts, and the number of deer captured in one chase may be as many as four hundred and fifty. All these serve to corroborate with the archaeological evidences gained from the uncovering of great quantity of antlers of the Elaphurus and Pseudaxis. The records about the hunting of wild animals as fox, hare, wild boar, goats, antelopes, tiger and elephant can all be confirmed by their skeletal remains present in the faunistic assemblage in the stratified deposits of the Yin-Shang period. But there is not without some discord; the case of the bear has already been mentioned; and the dispute among the paleographers about the original meaning of the character *shih* (兕), whether it was a wild ox, buffalo, or rhinoceros is also a well known case. Besides, there are still many characters of animal names unidentified or unidentifiable; and correspondingly, many of these twenty nine mammalian animals described by the palaeontologists have not yet found a place in the word family of the Yin-Shang period. But on the whole one is justified to say that there is more agreement between these two branches of investigations than one is entitled to expect; the truthfulness of the oracle bone records has been abundantly testified to by the faunistic remains that have been proved to be existent in this period.

But the economical basis of the society of this period was a continuation of the neolithic community organized on agriculture, only in a more advanced stage. The large number of big sized potteries produced in this period are definite symbols of such a development. So the game huntings mentioned in the ancient inscriptions were evidently pursued for pleasure and excitement rather than for economic necessities as occurred in the late paleolithic period. Moreover, these pleasure-seeking activities were evidently confined to the royalties and the aristocratic class. If such pursuits were the monopolies of a privileged class, so were the articles of luxuries created and invented to satisfy their wants and meet their fancies. This provides an important background for the understanding of some of these luxuries that were produced at this time and survived the ravage of time. The artifacts under this category that were discovered recently by the spades of archaeologists consist mainly of the following groups of articles:-stone carvings, bronzes, ivories, bone carvings, jades, inlaid articles of wood, bone and laquers etc.

I shall confine myself however to the more concrete objects of which there have been discovered reliable examples. The main thesis of this paper is to trace the origin and evolution of the animal motifs as found on the art objects of the latter part of the Shang dynasty discovered recently by the archaeologists. I shall occupy myself with the task to show that majority of the animal patterns employed by the decorative artists of this period, whether carving a stone, casting a bronze, inlaying a wooden article, moulding a clay object, polishing a piece of jade, had originally an indigenous and naturalistic background.

It may be convenient to start with the group of horned animals. In the list provided by Teilhard and Young, the following animals possess horns: the deer, the ox, the buffalo, the goat, the sheep, the antelope, and the rhinoceros. Of these the deer, as noticed above, appeared most frequently both according to the inscriptions and the number of antlers left in the archaeological remains. That this animal, endowed with a variety of the most fantastically shaped antlers, should have seized the imagination of the decorative artists in a very early period is no wonder to modern historians; it is abundantly proved by its frequent appearances on the many art objects as the main part of the ornamental design. The most important example recovered recently from the archaeological site of Anyang is the deer head on the *Chi*-tetrapod; known also, erroneously I believe, as *Fang-ting*. It is recovered from the royal cemetery of Hou-chia-chuang. The main figure in the whole decorated field of this large bronze vessel which measures 62 cm. in height, is evidently the portrait of the head *en face* of a sika deer. It appeared four times on the body of the vessel and four times on the legs. The antlers were rendered in perfect symmetry, and appeared quite natural too. The deer head is flanked on the broader side of the vessel by two pairs of birds, all facing outwardly. This central figure was rendered in bold relief with its eyes, ears, horns and the under jaw all in a natural position; the flange protruding in the middle of the facial area, which takes up the position of the frontal head and the nose of the animal, is the only part that gives one the impression of stylization, a process which probably had already started, when this bronze was designed. Nevertheless its naturalism is preserved in the main; there seems to be no comparable piece in all the known collections of the Chinese bronzes.

Antler head is also a motif for the bone carvers; there is from the Hsiao-t'un collection a fragment of bone carving which shows two deer in vertical succession; the animals were shown in profile, with the horn branching off into five tines. It was evidently an effort to portrait a different variety of deer from the one which appeared on the tetrapod. In a catalogue of C. T. Loo about the collection of the archaic jades of China, it includes quite a few pieces of deer, carved both in the round and as plaques. The antlers shown are also of two varieties. All these serve to corroborate with the data from the faunistic remains of the family cervidae, which the palaeontologists found it necessary to divide into more than one genus. It is possible that a more intensive study of the art objects with a deer head scattered in different parts of the world may show that antlers of different species as well as different ages all be represented in the art of this period. To what extent the various shapes of deer's antler contributed to the formation of the *t'ao-t'ie*'s mask, which adores the majority of the sacrificial vessels of the Yin-Shang and the early Chou dynasty, certainly deserves some scientific investigation.

Less striking but more important are the decorative motifs derived from the buffalo and the ox group. These horned cattles were almost certainly domesticated in the latter part of the Shang dynasty. For a long while since the scientific digging started in China, there was a buffalo problem; the question is, whether the buffaloes were imported or domesticated in North China from the descendent of a pleistoscene ancestor, which abounded in both the Yellow River and the Yangtze River valley. At any rate the tradition goes back to very early time that among the illustrated heroes on the ancestral roll of the House of the Shang dynasty, one of them subdued both the ox (and buffalo!) and the horse. In the Yin-Shang site at Hsiao-t'un the bones of thousands of buffaloes and hundreds of oxen were picked, it may be said, at random. So it occurred no surprise, when it was discovered that some of the most beautiful pieces of stone carvings are those of the buffalo and the ox or their head. They are all good sculptures carved in the round with a tradition that might go back many centuries. On the bronzes, they were represented frequently as free animals' head; but one of the most magnificent and distinguished artistic achievements of the Yin-Shang period is the buffalo head that adores the biggest bronze tetrapod discovered by modern archaeology; it is a company piece of the deer tetrapod mentioned above, but much bigger in size, with a height of 74 centimeters. This symmetrically arranged buffalo face was executed in deep relief, the two horn curves almost duplicated the buffalo horns of the specimen described by Telhard and Young. The horns of these cattle were utilized in a variety of ways by the decorative artists of the Yin-Shang period and in combination with the facial elements of the head of other animals, it helped to contribute to the creation of a rich variety of animal masks.

One of the most piquant piece of animal representation on the Yin-Shang bronzes is the horned animal that covers all the four corners of a square *Yu*, a wine can with an inverted U-shaped handle which was found from one of the Hsiao-t'un tombs. This square article is completely covered by ornamentation from the tip top of the lid to the very base of the ring-foot. What arrests one's attention first and foremost however are the protruding horns that point out at the four corners of the body of the vessel. These horns spirals out almost screw-fashion, in a way that suggests the morphology of the horns which decorate the head of a Sonoran Bighorn. The horns of Ovis shangi however do not seem to possess such a sharp curvature, so it may be the representation of another species of the genus Ovis, living in this period, but its remains are not yet discovered. The more graceful curves of the ram horn were quite popular with the artists when they tried to decorate the terminals of a U-shaped handle for the *yu*.

Of the hornless animals, tiger and elephant are the most frequently represented. There is a complete marble figure of the tiger in the round; and another head of the same animal also carved in the round, althou much eroded in its appearance, but still retaining the vigor pertaining to a tiger and the bold lines rendered by the master. There are, in addition, several pendents of jade carved into the shape of this animal. It was frequently incised on musical stone, and cast on bronze fittings for chariots. All in all, it seems to be one of the most popular subjects for the artists.

The elephant is another one of the hornless animals that the Shang artists loved to depict on the art objects, especially thru the medium of jade. The biggest jade article recovered from the Hou-chia-chuang royal tombs, which measures 27 cm. long, is an elephant with, unfortunately, both the trunk and the tail broken off. There is a number of small elephants in our scientific collection, most of them being perforated. So far no bronze elephant has been discovered by the expedition; but since it is known in some authentic collections, it may be taken as good as the excavated one.

One piece of marble that came to us as a pleasant surprises is the figure of a bear carved in a sitting posture, which in its original appearance might have cheered the heart of many a modern child; unfortunately it is greatly eroded, and retained the barest outline when it was first taken out.

Among the domesticated animals, horse was medelled not infrequently; but only the head was rendered and usually as the terminal end of a pointed, backed knife; there are two examples from our archaeological finds. It is, however, never found either in marble or in jade as far as scientific diggings are concerned. But the dog, the oldest friend of man and the most faithful company of the ancient hunters, was completely neglected as a subject for art by the people of the Shang dynasty. On the other hand, there is at least one piece of marble that represent the genus Sus, a fat animal with a full round body and the merest trace of legs, which looks very much like the product of a modern breeder. The same animal is also recognized in a haphazard way, as incised on a piece of *Chieh* pottery.

Animals other than the mammalian group also appeared frequently as decorative motifs as well as models for individual carvings. Birds, reptiles, insects, amphibians, fishes, worms, were all utilized either as part of a decorative patterns or as an independent piece of art work, thru the media of bone, ivory, marble, jade, pottery and bronze; these materials have preserved the representative art of this period in the most concrete way, and proved the most substantially that there was an element of naturalism which must have already developed a long time before the coming of the fully matured style that characterized the major portion of the art objects of the Yin-Shang period. And even in this period, many of the animals carved in marble or cast in bronze are amazingly naturalistic. What is really significant is that they are in each and every case, representations of animals, indigenous in north China in the 2nd millenium B.C.. There seemed to be no extraneous element, as far as the undistorted animal figures are concerned.

The existence of an earlier stage of the animal style which flourished in the Shang dynasty and led to a continuous development in the following period may be traced back on two sets of evidences. The less noticeable but really important set are the series of heads of bird molded as a knob on the top of pottery lid which have been discovered from the remains of the Black Pottery Culture. In the Yin-Shang period, many bronze wine cans possess covers topped by a flying bird, partly as a knob but mainly as an ornamentation. The square *yu* mentioned above is a typical instance of this kind. Vessels of the square shape in the bronze age evidently derived their shape from a wooden prototype, otherwise it would be difficult to account for the shape of the body itself. There are definite evidences that the T-shaped and the straight line scores of the flanges on various bronzes were originated from the inlaying technique with which the mother-of-pearls were inserted into the decorative field on a wooden background; and the flanges themselves, in which such scores were most commonly found, and which had become entirely decorative on the bronze vessels, were a structural part of articles made of wood. Viewed against this background, these vestigial structures as well as some of their decorative elements became perfectly intelligible.

In the Hou-chia-chuang royal tombs, the field workers of the Institute of History and Philology, traced a number of magnificent remains of decorative art left from linen, laquers, wooden articles and other perishable materials. The most interesting example is the drum and its supporting frame which were restored from what had been left in the tomb (m 1217). The drum heap still retained the traces of the reptile skin, and on the wooden sides the inlaying pieces made of mother-of-pearls were still kept intact.

From this discovery and similar finds in other tombs, it is quite clear that the woodcarving art was developed side by side with an inlaying technique. The materials used for the inlaying purpose consisted mainly of the mother-of-pearls, which were cut into the shapes of many kinds. The shellcraft was a highly developed industry in the Yin-Shang period; many complete pieces of object d'art survived in the archaeological site in Anyang. But majority of these shell works are those cut into indvidual units in the shape of an eyeball, an ear, a horn, an underjaw with teeth, an individual tooth, an eyebrow etc, etc. Their function seems to be, to use a modern term, almost mechanized. Viewed as individual pieces, as most of them were so discovered in the disturbed strata, they may mean anything; but when they were discovered in situ and undisturbed, the whole thing reads like a book.

The discovery of these inlaying fragments of the shiny shells reveal a secret about the early development of Chinese decorative art that never before were suspected to have existed. The really important point is that this inlaying technique in parallel with the woodcarving art actually must have given the artists, when manipulating these mechanically cut units of shells, a sense of freedom, never enjoyed by the wood-carvers who had only stumps of wooden timber to deal with. It must be especially true, when the inlaying technicians were faced with the problem as how to delineate a plastic object on a flat background. Their solution was to split a tri-dimensional animal body into two equal halves and arrange the split units in the most symmetrical fashion on the plane of a two-dimentional decorative field. The success of this new arrangement created in the mind of these artists a sense of freedom that led them to indulge their imagination further in this direction; they started to manipulate the different parts of the whole body after this fashion and began to take liberty to transplant the part of the body of one animal on that of the other and vice versa, or exaggerate one part of the animal at the expense of the other part; such imaginative wanderlust was restricted only by the boundary of the decorative field. The decorative artists must have been perfectly delighted with this new sense of freedom; and soon, the sculptors, the potters, the jade carvers, and the bronze founders all followed suite. So the tiger's head may be attached to a simian body, and a pair of horns may be planted on a human skull. These monstrous creatures so freely created by professional creaftsmen must have given them a real delight, which provided them the impulse that drove them to work assiduously and perfect their workmanship. They were quite satisfied to leave to the lattter hisorians busy with possible interpretations about what they created. Nevertheless it is important to observe, the elementary materials with which these artists worked were all taken from their direct contact with the physical world in which they live. There is really nothing fanciful as far as these elements are concerned.

Prepared for The Xth Junior Sinologues Conference

EXAMPLES OF PATTERN DISSOLUTION FROM
THE ARCHAEOLOGICAL SPECIMENS OF ANYANG

In the corpus of the decorative patterns of the white pottery from Hsiao-t'un and Hou-chia-chuang, patterns 23, 24, and 25 arranged together show three definite stages of the dissolution of a pattern from a relatively well-organized unit to a loosely assembled jumble, (Fig. 1: a, b, c)[1]. This discovery rather intrigued me and induced me to look for further examples of this kind, that may indicate a securely based time sequence; for as two of the white pottery examples mentioned above, taken from Professor Umehara's books[2], had unknown provenances, they are consequently without precise dating value.

The result of my study of the hairpins excavated from Hsiao-t'un and Hou-chia-chuang more than fulfilled this expectation. I have, in a Chinese article[3], described somewhat in detail these examples of pattern dissolution, but as they are not easily available to a non-Chinese reading public, it may be appropriate to reproduce some of the material evidence here in order to develop the main point of the present thesis.

In Figure 2 are shown five bone hairpins, which obviously form a definite series, unfolding clearly five stages of dissolution of a pattern, carved as a rooster at the beginning of the series (Fig. 2: a), but ending in a purely geometrical shape (Fig. 2: e), which, if isolated from the series, might be susceptible to all sorts of uncertain interpretations.

Each of the middle three stages in this series is represented by more than one specimen, found both in the cemetery site of Hou-chia-chuang and the dwelling site of Hsiao-t'un. The Hou-chia-chuang specimens were discovered from a number of tombs showing definite stratified sequence, so it is possible to give them relative dates, for instance:

One specimen carved in the style of stage 2 (Fig. 2: b) was found in HPKM 1001, the earliest large tomb in this area, excavated by the Institute of History and Philology of the Academia Sinica. Another specimen carved in the style of stage 3 (Fig. 2: c) was discovered in HPKM 1002, whose approach cut across Tomb HPKM 1004; and HPKM 1004 in turn was superimposed on HPKM 1001. So HPKM 1002 is at least two generations later than HPKM 1001. It is obvious that it took at least a similar interval of time for stage 3 of this series of hairpins to be evolved from stage 2.

Examples illustrating stage 2 and stage 3 were both found in Hsiao-t'un, the dwelling site;

---

[1] Plate VI, Li Chi, "Evolution of the white Pottery of the Yin Dynasty", *The Bulletin of the Institute of History and Philology*, Academia Sinica, Vol. XXVIII, pp. 853–876.

[2] Sueji Umehara, *Étude sur la Ruine de l'ancienne Capitale des Yin*, Kyōto, 1932 Plate XXIII. Also, *Studies of Anyang Remains*, 1941, Kyōto, Plate XIII.

[3] Li Chi, "Chronological Relations between the Cemetery Site at Hou-chia-chuang and the Dwelling Site at Hsiao-t'un as evidenced by the Development of Hairpin Patterns", *BIHP*. Vol. XXIX, pp. 809–816.

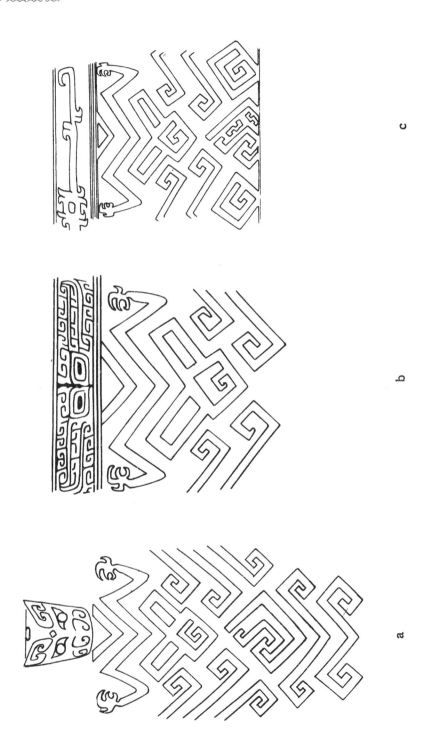

Fig. 1. Three Examples of a Decorative Pattern from White Potteries

a   b   c

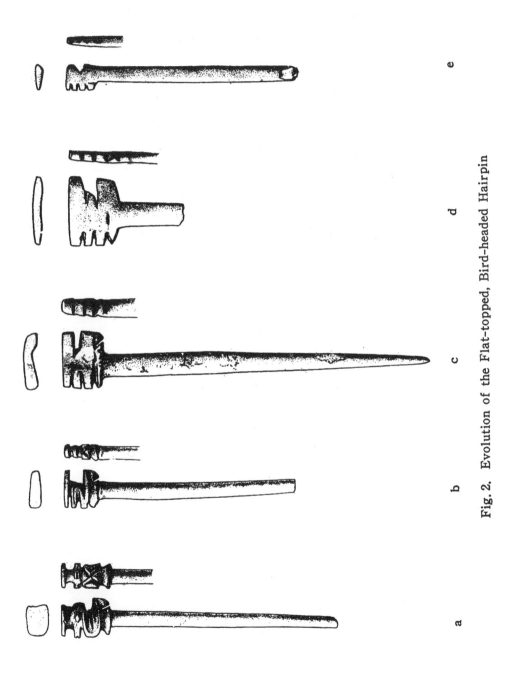

Fig. 2. Evolution of the Flat-topped, Bird-headed Hairpin

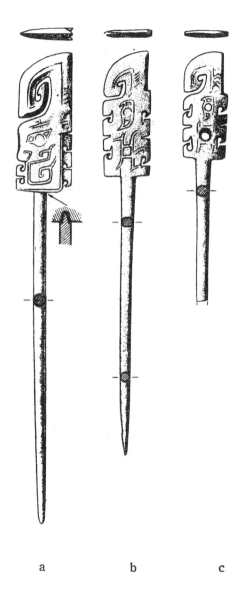

a   b   c

Fig. 3. Human Face and its Derivatives Adorning
the Top of Hairpins Carved of Precious Stones

a

b

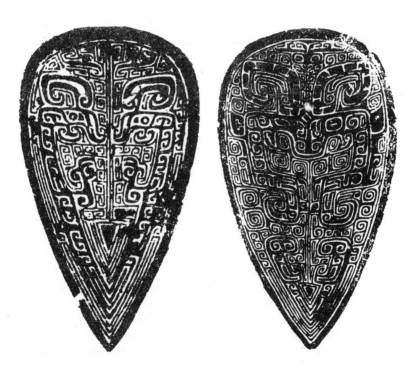

c d

Fig. 4. Four Examples of Decorative Bronzes

and what is even more interesting to find is that hairpins carved in the style of stage 1, a more or less realistic modelling of a rooster on a pole (Fig. 2: a) which never appeared in the cemetery site of Hou-chia-chuang, are represented by no less than three specimens in the Yin dynasty remains of Hsiao-t'un. Two of these specimens were found from the very bottom of some deep sunken storage pits (H 195, H 201) excavated at Hsiao-t'un, and the third one came from an early layer of a well stratified deposits (E 7). These discoveries serve to show, that the large tombs at the Hou-chia-chuang cemetery started with HPKM 1001, were built comparatively late, as compared with the founding of the capital site by the Yin people at Hsiao-t'un.

Hairpins at the stage 4 development (Fig. 2: d) were also found both at Hsiao-t'un and Hou-chia-chuang; but the find representing the last stage of this series (Fig. 2: e) is a solitary example, surviving only at Hsiao-t'un.

From the two sites, seventeen specimens composing this series were dicovered, their distributions in the five stages, are as the following:

Stage	Total Number Of Specimens	Distributions	Illustrations
1	3	All from Hsiao-t'un	Figure 2: a
2	6	5 from Hsiao-t'un 1 from Hou-chia-chuang	Figure 2: b
3	5	4 from Hsiao-t'un 1 from Hou-chia-chuang	Figure 2: c
4	2	1 from Hsiao-t'un 1 from Hou-chia-chuang	Figure 2: d
5	1	Hsiao-t'un	Figure 2: e

The above table clearly indicates that the history of this particular pattern of hairpins, — the flat topped bird group — is shorter at the cemetery site than at Hsiao-t'un. In Hou-chia-chuang, neither the beginning nor the end of this series was represented.

Hou-chia-chuang's specimens, however, have furnished valuable dating criteria. The relative sequence of stage 2 and stage 3 determined by the stratigraphical records from this site is of basic importance, as in this sequence, time interval is definitely correlated with stages of dissolution. I say "dissolution" because specimens representive of stage 2 still retain the bird's shape, while at stage 3 the general outline of the figure of a living bird is almost entirely lost in all the specimens. From this determination, stages 4 and 5 follow as a matter of course; and the three specimens from Hsiao-t'un constituting stage 1, not only typologically are the obvious source of inspiration for stage 2 but their provenances shown by the digging records also prove that they came from the early strata of some intact deposits of the Yin cultural horizon.

It remains to inquire whether this tendency to dissolution was always a gradual replacement of animal patterns by geometrical representations. This is obviously not the case; and it may be said that in this period, the dissolving process of the decorative patterns manifested itself in manifold ways, depending upon the field of decoration, the shape and the material to be decorated as well as the technique of its execution; and what is even more important, the inspiration of the decorative artist at the moment of his work. Two more examples may be cited to illustrate what is meant.

In Figure three (Fig. 3) are given illustrations of three hairpins, all carved of spodumene, which show quite clearly the dissolution of a human face. The earliest stage of this series is missing. But the first of the three figures (Fig. 3: a) still keeps a realistic representation of the upper part of the human countenance, while the under jaw is already dissolved. In Fig. 3: b, the dissolution of the original pattern representing the human face is nearly complete; it would be impossible to find any trace in this particular pattern, when examined by itself, of human representation except the eye. But the characteristic features of this type of eye are shared by many other animals in the decorative art of this period. What the stone carver really meant to express by this hairpin may forever remain a matter of guess. But it is obvious that the composition of this particular design is derived from the half-dissolved human face as shown in Figure 3: a. The quarter-turned position of the eye in this specimen may have special significance; but its retention, together with that of the curved crest at the top, serves as an unmistakable genetic link with the specimen illustrated in Figure 3: a. Specimen c of the same figure (Fig. 3: c) is a copy of specimen b (Fig. 3: b) with the addition of a punctuated round hole. It shows quite clearly that from this stage on, the "eye" element became gradually isolated from its original background, and followed an independent line of development down to the succeeding Chou dynasty

Franz Boas observed in his study of the art of the North Pacific Coast of North America that one of the methods of representation adopted by the native artists is to cut the animals in two equal halves so that: "the profiles are joined in the middle, or a front view of the head is shown with two adjoining profiles of the body[4]." It might be pointed out in this connection that this particular method of representation mentioned by Boas was practised in the Yin-Shang period in China more than three thousand years earlier. Figure 4 gives four examples of this kind, all taken from decorative pieces attached to chariots and cast on bronze. They were all excavated from Hou-chia-chuang. From the same site, animal figures cast or carved in plastic forms, which may serve as the prototypes of these split profiles, were also discovered. It is therefore a matter of simple deduction that this symmetrical arrangement resulting from the bisection of an animal body is also one of the dissolving processes which followed the period of realistic representation of the animal art. It is perhaps this particular branch which inherited the major part of the classical Yin-Shang tradition, and revived the animal style in a later period.

I have collected these few examples here just to show once more that every decorative pattern has a life history of its own; and each is different from the others. In the Yin-Shang dynasty, the animal style no doubt dominated the field of decorative art for quite a time. Then followed a period of dissolution, during which each individual pattern disintegrated after its own fashion. Some of these patterns degenerated into unrecognizable shapes, others were dissected into individual bodily parts, some of which might acquire a new growth in the course of time and become combined with other elements to give birth to new patterns. Still others were systematically bisected and rearranged into composite animals. The above examples show clearly what really happened.

[4] Franz Boas, *Primitive Art*. Oslo, 1927, p. 224.

Reprinted from "Artibus Asiae," In titute of Fine Arts, New York University, Vot. XXII, ½, 1959

The Tuan Fang Altar Set Reexamined

Director of the Institute of History and Philology, Academia Sinica, Nankang, Republic of China

I HAVE BEEN requested to reevaluate the Tuan Fang ritual wine set in The Metropolitan Museum of Art in the light of my recent studies of excavated Anyang bronzes. The latter may give us some new ideas on the dates and significance of the Metropolitan Museum set.

THE COMPOSITION OF THE SET AND ITS DISCOVERY IN THE TWENTIETH CENTURY

The group made its first appearance in the contemporary world in 1901, at Tou Chi T'ai, in the province of Shensi. Tuan Fang was viceroy of Shensi province in the last days of the Manchu dynasty, and he acquired this set for his own collection. Hence this group of bronzes is known as the Tuan Fang altar set. The Metropolitan Museum purchased it from Tuan Fang's heirs in 1924.

There are several illustrations indicating the composition of this set—that is, the actual number of pieces belonging to it. Three of the illustrations seem to be authentic: the line drawings lithographically reproduced in Tuan Fang's catalogue, *T'ao Chai Chi Chin Lu*;[1] the Metropolitan Museum photograph (Figure 1); the Umehara photographs.[2]

The line drawings of *T'ao Chai Chi Chin Lu* present twelve ritual bronzes on the altar—altogether thirteen objects in the drawing. In addition to these articles, a wine ladle is shown in the Metropolitan Museum

photograph; it was found inside the smaller *yu*.[3] The ladle does not appear in the complete drawing in the *T'ao Chai Chi Chin Lu*, but it does turn up on page 4 of this catalogue. It therefore seems to be part of the original set. Consequently, the set consisted, as far as we know, of fourteen objects.

In Umehara's monographs, there are twenty articles included in the various photographic reproductions of the group. The six additional components are all spoons, or *shao*, which according to John Ferguson (who negotiated the sale of the set to the Metropolitan Museum) came from a "second assignment" delivered to Tuan Fang by the dealer from whom he acquired the first group. The spoons are shown in a bundle vertically placed in the *tsun* vase; only the tops of the handles are visible in the picture. It is not possible to check the exact number of spoon handles as shown in the different photographs, but according to the description in Umehara's text, there are six. These spoons are also in the Metropolitan Museum's collection.[4]

The actual excavation of this bronze group is undocumented. In 1928, i.e., before the Anyang excava-

1. *T'ao Chai Chi Chin Lu*, catalogue of the Tuan Fang Collection, I (Peking, 1908) p. 1.

2. Sueji Umehara, *Etude archéologique sur le Pien-chin, ou série de bronzes avec une table pour l'usage rituel dans la Chine antique*, Memoire de Tôhô-bunka-gakuin, Kyoto Kenkyusho, 2 (Kyoto, 1933).

3. S. C. Bosch-Reitz, "The Tuang Fang Sacrificial Table," *The Metropolitan Museum of Art Bulletin* 19 (1924) pp. 141–144.

4. Acc. nos. 24.72.15–20.

FIGURE I
Tuan Fang altar set, from Tou Chi T'ai, Paochi Hsien. The Metropolitan Museum of Art, Munsey Fund, 24.72.1–14

tions, Osvald Sirén published an interesting account of the "mound" at Tou Chi T'ai in which the altar set was supposed to have been found.[5] In 1959, on the basis of the Anyang excavation results, Umehara suggested that this version of the discovery referred not to the Tuan Fang altar set, but to a second group of bronzes.[6] Consequently, we must consider the actual excavation of the group under discussion here as still unknown.

THE FORM AND STYLE OF THE TUAN FANG SET AND SOME ANYANG BRONZES

Since we have no excavation data to help us in dating, we have to depend upon a study of the actual artifacts for a more definite understanding of this well-known set of bronzes. In view of our increased knowledge of the burial customs of China's bronze age, we may start our reexamination by comparing the Tuan Fang altar set found at Tou Chi T'ai, and now in the Metropolitan Museum, with the bronze furniture discovered in Anyang by the Academia Sinica.

In the table below I have itemized the contents of eight burials from the tombs opened during the Anyang excavations of the mid-1930s; each of these burials had remained intact and included at least eight bronze ritual vessels. Tombs with fewer than eight pieces of this type of bronze furniture are not listed in the table. Six of the tombs chosen in the comparative table were excavated at Hsiao T'un, the other two at Hou Chia Chuang. Most of these tombs are probably of a sacrificial nature—the number of skeletons found in these eight tombs varies from one to as many as eight. It is interesting to note that HPKM1022 of Hou Chia Chuang locality is the only one-skeleton burial (Figure 2) among the eight Anyang tombs compared in the

5. Osvald Sirén, *A History of Early Chinese Art—the Prehistoric and Pre-Han Periods* (London, 1929) p. 24.
6. Sueji Umehara, "The Second Set of Ritual Vessels, Pen-chin, from Pao-chi-hsien, Shen-hsi Province," *Monumenta Orientalia* 1 (Tenri, Japan, 1959) p. 272.

SITES	Paochi, Shensi	Anyang, Honan							
LOCATIONS		Hsiao T'un						Hou Chia Chuang	
RITUAL BRONZES	Tou Chi T'ai	M 188	M 232	M 238	M 331	M 333	M 388	HPKM 1005	HPKM 1022
chih 觶形器	4						1		2
tsun 尊形器	1				2				
yu 卣形器	2			1	1				1
ku 瓢形器	1	1	2	3	3	2	2		1
chüeh 爵形器	1	1	2	3	3	2	2		2
chioh 角形器	1								
ho 盉形器	1				1				
chia 斝形器	1	2	2	1	3	2	2		2
fang-i 方彝形器				2					1
pien 甂形器		1							
p'ou 瓿形器		1	2		1	2	2		
ting 鼎形器		1	1		2	2	1		
yen 甗形器		1			1				
lei 罍形器				1					
tou 斗形器	1				1				
kuo 鍋形器					1				
p'an 盤形器			1						
ch'an 鏟形器								4	
kun 棍形器								6	
yü 盂形器								3	
hu 壺形器				1				3	
horn-shaped vessel 象形角器									1
chin 禁形器	1								
TOTAL 合計	14	8	10	12	19	10	10	16	10

FIGURE 2

HPKM1022, excavated at Hou Chia Chuang, Anyang Hsien. Academia Sinica, Nankang. Courtesy of the Institute of History and Philology

table. The bronze furniture of this tomb, as compared with the contents of the other seven, most closely resembles the Tuan Fang altar set in composition. The bronzes of the other seven tombs from Anyang all include some food vessels, such as *ting, p'ou, hsien,* which are found neither in the Tuan Fang altar set nor in HPKM1022 of the Anyang group.

It is interesting to compare in some detail the ritual bronzes excavated from HPKM1022 with the Tuan Fang altar set. Let us see to what extent these two sets of bronzes resemble each other and to what extent they differ. The component members of the HPKM1022 bronze furniture are: two *chih,* one *yu,* one *ku,* two *chüeh,* two *chia,* one *fang-i,* and one horn-shaped vessel (Figure 3); while those of the Tuan Fang altar set are: four *chih,* one *tsun,* two *yu,* one *ku,* one *chüeh,* one *ho,* one *chia,* one *chioh,* one ladle (*tou*), and one altar table (*chin*) (Figure 1). There are no *fang-i* or horn-shaped vessels in the Tuan Fang set. On the other hand, no *tsun, chioh,* or *ho* were found in HPKM1022, which lacked also an altar table and a ladle.

The resemblances as well as the differences of these two sets may be due to a variety of reasons. Before going into further detailed discussion of these problems, it might be more profitable to examine individually the homologous ritual vessels that are found in both sets. This group consists of the following types: *chih, yu, ku, chüeh,* and *chia.* The last three types of bronzes from Anyang have already been studied in great detail, and the results have been published in monographs in the new series of *Archaeologia Sinica.*[7] So we may start our comparison with these three better-known types.

Ku and *Chüeh* (Figures 4–8)

There are thirty-nine examples of *ku* from the Anyang tombs photographically reproduced in *Archaeologia Sinica.*[8] The one from HPKM1022 of Hou Chia Chuang (Figure 5)[9] is the best example among the *ku* series of the Anyang collection and possesses the unique feature of being partly cast from a deeply incised mother model by way of a negative clay mold. The

7. Li Chi and Wan Chia-pao, "Studies of the Bronze Ku-beaker," *Archaeologia Sinica* n.s. 1 (1964); "Studies of the Bronze Chüeh-cup," *Archaeologia Sinica* n.s. 2 (1966); "Studies of the Bronze Chia-vessel," *Archaeologia Sinica* n.s. 3 (1968).

8. Li Chi and Wan Chia-pao, "Ku-beaker."

9. Li Chi and Wan Chia-pao, "Ku-beaker," pl. XXIV.

FIGURE 3
Ritual bronzes, found in HPKM1022, Hou Chia Chuang. Academia Sinica, Nankang. Courtesy of the Institute of History and Philology

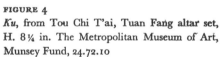

FIGURE 4
Ku, from Tou Chi T'ai, Tuan Fang altar set,
H. 8¼ in. The Metropolitan Museum of Art,
Munsey Fund, 24.72.10

FIGURE 5
Ku, from Hou Chia Chuang, HPKM1022,
R1029, H. 11 in. Academia Sinica, Nankang.
Courtesy of the Institute of History and Philology

FIGURE 6
Chüeh, from Tou Chi T'ai, Tuan Fang altar set,
H. 9⅞ in. The Metropolitan Museum of Art,
Munsey Fund, 24.72.9

decoration of the foot section is beautifully done in fretwork.

The *ku* from the Tuan Fang set is similar to the Hou Chia Chuang specimen in the following respects: it is decorated on all three sections; the lower and middle sections are both divided into four parts by projecting flanges; both the upper section and the lower section have border designs. But there are also important differences in the ornamental details. The following differences deserve special mention. On the Tuan Fang *ku*: there is no *yünleiwen* (cloud and thunder design) filling-in, and the animal designs are executed by simple broad lines; there is no fretwork; the flanges on the lower section are not cast in full length; the border designs are composed of animal figures instead of spiral-filled bands.

The similarities between these two homologous vessels are, however, more striking than the differences. The general outline, the proportions of the different parts, and the curvature of the lines bear a resemblance that makes the differences in ornamental details somewhat insignificant.

There are two *chüeh* in HPKM1022 of Hou Chia Chuang. Only one is found in the Tuan Fang set. The latter possesses a round bottom (Figure 6), while both examples from the Hou Chia Chuang tomb are flat based (Figures 7, 8). In ornamentation these three vessels bear a general resemblance, but the two specimens of Hou Chia Chuang differ from each other in certain respects: R1051 (Figure 8) is fully flanged on the body, with the main ornamentation divided into four sections, while R1050 (Figure 7) has no flanges, except for the well-developed nasal ridge. In addition, R1050 has no inscription, while R1051 carries a monoglyphic inscription 中 (Figure 39l) consisting of a vertical stroke passing through a small circle and bands flowing from the upper and lower parts of the vertical. This is the ancient form of the modern character 中 (*chung*, mean-

FIGURE 7
Chüeh, from Hou Chia Chuang, HPKM1022, R1050, H. 8⅛ in. Academia Sinica, Nankang. Courtesy of the Institute of History and Philology

FIGURE 8
Chüeh, from Hou Chia Chuang, HPKM1022, R1051, H. 8 in. Academia Sinica, Nankang. Courtesy of the Institute of History and Philology

ing middle). This inscription is located beneath the bow-shaped handle. The uprights on the rim of both of the Hou Chia Chuang *chüeh* cups are located near the turning point of the spout.

In addition to having a round bottom, the Tuan Fang *chüeh* possesses a fully developed flange that extends along the bottom of the tail (opposite the pouring spout) and reaches beyond the tail by nearly one centimeter. A similar flange appears underneath the spout, terminating about two centimeters short of its lip. On the top of the ox-headed handle there is a short flange bent below the rim, very much like a beam under a Chinese roof. The decoration of the Tuan Fang *chüeh* is in high relief against a *yünleiwen* background, in contrast to the Hou Chia Chuang examples, whose ornamentation is in low relief, with richer details of *yünleiwen*. The bulging eyeballs of the animal face are more prominent in the Hou Chia Chuang pieces. The location of the uprights is further from the spout junction in the Tuan Fang specimen than in the Hou Chia Chuang *chüeh* cups; this structural feature, which recalls the Chün Hsien specimen (M60)[10] of the Western Chou period, seems to be very common among the bronze *chüeh* specimens of Shensi origin. Unlike the Hou Chia Chuang examples, the Tuan Fang *chüeh* cup has fine decoration covering the outer surface of the three legs.

There are, however, points of resemblance between the Hou Chia Chuang *chüeh* and the Tuan Fang piece: all three legs on each piece are triangular in cross section, with elongated depressions on the two lateral sides; uprights are all capped by top-hat-shaped ornament; both the Tuan Fang *chüeh* and R1051 from Hou Chia Chuang have inscriptions under their bow-shaped handles.

Chia (Figures 9–11)

There are two tetrapod *chia* specimens from HPKM 1022 and one tripod *chia* from the Tuan Fang set. The three vessels in this group are functionally analogous, so they are all classified within the category *chia*. But structurally, with the exception of the similar arrangements of the two uprights on the rim and the handle at the side, they have very different appearances. The

10. *Chün Hsien Hsin Tsun*, Institute of Archaeology, Academia Sinica (Peiping, 1964).

FIGURE 9

Chia, from Tou Ch'i T'ai, Tuan Fang altar set, H. 10⅜ in. The Metropolitan Museum of Art, Munsey Fund, 24.72.7

FIGURE 10

Chia, from Hou Chia Chuang, HPKM1022, H. 7½ in. Academia Sinica, Nankang. Courtesy of the Institute of History and Philology

FIGURE 11

Chia, from Hou Chia Chuang, HPKM1022, H.
12 ⅜ in. Academia Sinica, Nankang. Courtesy of
the Institute of History and Philology

main features of their bodily structure are traceable to
different prototypes; their analogous ritual functions
may be totally unrelated to their bodily construction.

It must be pointed out that tetrapod *chia* are com-
paratively rare.[11] What seems to be particularly
significant is that the thirteen complete examples of
tripod *chia* from Anyang are typologically uniform. All
possess three independent legs of the *ting* type, while
the Tuan Fang tripod *chia* possesses *li*-model legs united
at the upper part exactly like a *li* tripod. After an
intensive search, it may be definitely stated that tripod
chia with *li*-model feet, so far as scientifically excavated
specimens are concerned, have not been found in the
Anyang area and its immediate neighborhood.

Yu (Figures 12–21)

The two *yu* flasks from the Tuan Fang set have been
graphically written about by Osvald Sirén. He called
them "Urns or Cans," and described them in the fol-
lowing terms:

... with lids and arched handles, intended for the keep-
ing and transport of the sacrificial wine. They are
practically of the same type, although one is somewhat
smaller and is placed on a square plinth. Both the urn
and the lid are divided by four fantastically profiled
ridges, which curve like the stem of a boat over the
swelling urn and stick out like pointed ears from the lid.
This zoomorphic hint is emphasized by the animal
heads on the handles which are crowned with ears
resembling elk-horns. The decorative motive is other-
wise ornithomorphic in character. Heraldically posed
birds, with large round eyes, long hooked beaks and
flame-like wings occur here in five borders, varying
somewhat in size and shape, but all fantastically wild
and bold. . . .[12]

There are four *yu* flasks excavated by Academia
Sinica archaeologists from the Anyang area (Figures
13–16). One of the four, registered as R1071 (Figures
13, 17–20), was found in Tomb HPKM1022. It is the
most elegantly shaped specimen of this class of bronze
vessels. It consists of three parts: the main body of the
flask covered by double lids. The middle section forms
a long neck in outside appearance and is made in the
shape of a beaker. This separate element constitutes the
actual cover immediately above the liquid container,
but in practice it also served the purpose of a beaker.
When in place on the *yu*, the beaker is inverted and sur-
mounted by a lid linked to the arched handle by a
looped device. The entire vessel, including the handle,
the cover, and the ring foot, is fully decorated with
beautifully composed ornamentation. The body and
elongated neck are covered by eight horizontal bands
of different design and varied decorative elements. The
animal shapes, wherever they occur, are highly meta-
morphosed. Whether or not they were of ornithomor-
phic origin is difficult to say. The harmony of this

11. A statistical counting of 130 *chia* vessels of all shapes in
various illustrated catalogues shows only 10 examples of tetrapod
type, less than eight percent of the total number. From the Anyang
area of the Shang-Yin period the total number of *chia* vessels is 16,
of which 13 are tripod and 3 are tetrapod (a much larger percentage
than average). See Li Chi and Wan Chia-pao, "Chia-vessel," p. 62.
12. Sirén, *Early Chinese Art*, p. 34.

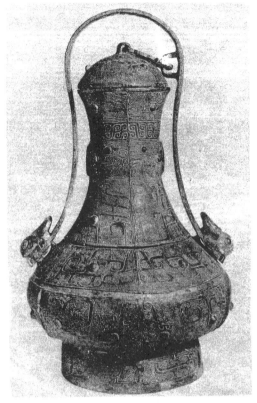

FIGURE 12

Yu, from Tou Chi T'ai, Tuan Fang altar set, H. 18 ⅛ in. The Metropolitan Museum of Art, Munsey Fund, 24.72.3 a, b

FIGURE 13

Yu, from Hou Chia Chuang, HPKM1022, R1071, H. 10¾ in. Academia Sinica, Nankang. Courtesy of the Institute of History and Philology

vessel's shape and decoration is an accomplishment of supreme skill by a master hand.

Another *yu* flask (R2065), discovered at Hsiao T'un M238 (Figure 15), while similar in shape to R1071, possesses no middle cover; it is a high-necked bottle, pure and simple; at the top, it is covered by a single lid, originally linked to the curved handle, very much as in R1071. The decorative motifs are, however, far less distorted; the animal heads that appear in the horizontal bands, arranged as on the preceding vessel, are definitely derived from some horned animals.

The third example of a *yu* flask (R2753) (Figure 16)

was found in M331; it is similar to the two already mentioned (R1071, R2065) in that it also has a high neck, immovable like that of R2065. But the main body is of square shape with beautifully designed spiral-horned animal heads facing outward at the four corners. The tips of all the spiral horns of the animal heads protrude freely out of the background; this method of executing the ornamental design is also used in the decoration of one of the *chih* cups from the Tuan Fang set (Figure 26). There is a steplike molding around the shoulder of the body of the square *yu* flask at the lower part of the high neck and, as in the two round *yu* flasks

FIGURE 14
Yu, from Hou Chia Chuang, HPKM2046, R1072, H. 8 in. Academia Sinica, Nankang. Courtesy of the Institute of History and Philology

FIGURE 15
Yu, from Hsiao T'un, M238, R2065, H. 12 in. Academia Sinica, Nankang. Courtesy of the Institute of History and Philology

FIGURE 16
Yu, from Hsiao T'un, M331, R2753, H. 11⅞ in. Academia Sinica, Nankang. Courtesy of the Institute of History and Philology

described above, the neck part is fully covered by ornaments in low relief. In addition, there are animal heads on different parts of the body.

The most interesting specimen of an Anyang *yu* flask is R1072 (Figures 14, 21), from Tomb HPKM2046. It is the only one that may be classified as a squat type. The main body is like a gourd truncated at the waist; the lid actually covers the rim of the vessel, extending down to the shoulder of the body. Unlike the high-necked flask, the knob of the cover is not linked to the swinging handle, nor was it ever meant to be.

This particular specimen is also unique among the Anyang group in that it is decorated only by a frieze circumscribing the top part of the body. The frieze consists of a series of realistic bird forms against a *yünleiwen* background, with two animal heads in relief placed near the middle between the two terminals of the movable handle. This is cast in imitation of twisted rope, ending in rings passing through two loop handles attached to the body; the loop handles and the animal heads are equidistant on the frieze. The top of the cover is similarly decorated by a circular band with birds as the main motif; the band is placed near the margin of the lid.

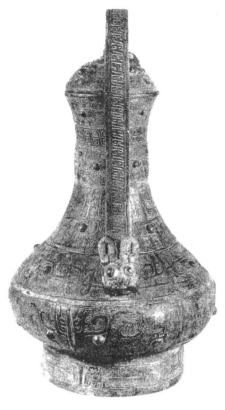

FIGURE 17

Lateral view of *yu*, from Hou Chia Chuang, HPKM1022, R1071 (Figure 13). Courtesy of the Institute of History and Philology

FIGURE 18

Yu, R1071, without middle section. Courtesy of the Institute of History and Philology

FIGURE 19

Detail of *yu*, R1071, showing loop-joining device. Courtesy of the Institute of History and Philology

FIGURE 20

The beaker-shaped middle section of R1071. Courtesy of the Institute of History and Philology

FIGURE 21

Lateral view of *yu*, from Hou Chia Chuang, HPKM2046, R1072 (Figure 14). Courtesy of the Institute of History and Philology

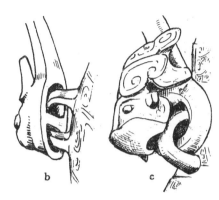

a   b   c

FIGURE 22

Three methods of loop-joining found in the bronze *yu* flasks of Hou Chia Chuang and Tou Chi T'ai

What is particularly interesting, in terms of structure, is the method of the joining of the curved handle with the loops on the body (Figure 22a). This method is practically the same as that observed on the two *yu* flasks of the Tuan Fang set, although, in the latter case, the loop rings of the handle are externally expanded to an elklike animal head (Figure 22c). On the other hand, in the case of the three high-necked *yu* flasks of the Anyang specimens, the terminal parts of the swinging handle are all cast in the form of an animal head with a crossbeam at its back, which passes through the loop handles on the flask body (Figure 22b)—a method of joining obviously quite different from the interlocked loop type commonly found in all the normal *yu* flasks without a tall neck.

Chih (Figures 23–28)

There are four *chih* goblets from the Tuan Fang altar set; one of the four, which Umehara named *tsun* (Figure 26), is fully covered with animal ornamentation, while the other three (Figures 23–25), comparatively thinner and taller in appearance, are all collared by a narrow horizontal band of *yünleiwen* design. On one of these the band is bordered on both sides by serially arranged small circles within bow strings. Two of the goblets are similarly decorated on the ring foot and the third has a plain foot rim.

From HPKM1022, two *chih* goblets are available for comparative study (Figures 27, 28). Both are covered by full ornamentation. The decoration of Figure 27 (R1075) is composed of animal masks and birds and is divided into horizontal bands of varying widths, while Figure 28 (R1076) is decorated with round and square spirals covering the entire surface—a perfect example of *yünleiwen* design. Both Anyang goblets have a dome-shaped cover with an umbrella-shaped button at the top of the cap, supported by a short stem. In general appearance, these two goblets are less bulbous than the animal goblet in the Tuan Fang group, but not as slender and tall as the other three of the set. It is a matter of common knowledge that the slender type of *chih* goblet became the fashion in the later period.

FIGURE 23
Chih, from Tou Chi f'ai, Tuan Fang altar set,
H. 5¾ in. The Metropolitan Museum of Art,
Munsey Fund, 24.72.11

FIGURE 24
Chih, from Tou Chi T'ai, Tuan Fang altar set,
H. 5¾ in. The Metropolitan Museum of Art,
Munsey Fund, 24.72.12

FIGURE 25
Chih, from Tou Chi T'ai, Tuan Fang altar set,
H. 5 in. The Metropolitan Museum of Art, Mun-
sey Fund, 24.72.14

FIGURE 29

Ho, from Tou Chi T'ai, Tuan Fang altar set, H. 5¾ in. The Metropolitan Museum of Art, Munsey Fund, 24.72.5 a, b

FIGURE 30

Ho, from Hsiao T'un, M331, R2072, H. 8¾ in. Academia Sinica, Nankang. Courtesy of the Institute of History and Philology

FIGURE 26

Chih, from Tou Chi T'ai, Tuan Fang altar set, H. 5¾ in. The Metropolitan Museum of Art, Munsey Fund, 24.72.6

FIGURE 27

Chih, from Hou Chia Chuang, HPKM1022, R1075, H. 6¾ in. Academia Sinica, Nankang. Courtesy of the Institute of History and Philology

FIGURE 28

Chih, from Hou Chia Chuang, HPKM1022, R1076, H. 6⅞ in. Academia Sinica, Nankang. Courtesy of the Institute of History and Philology

Nonhomologous Specimens (Figures 29–38)

As noted in the beginning of this article, there are a number of objects in the sets chosen for these comparative notes that find no counterpart in the other set. In HPKM1022 from Hou Chia Chuang, there are two such objects. One is the horn-shaped vessel (Figure 36), cast in exactly the same shape as the horn of an ox, with a cover at the larger end; the pointed tip is truncated. The other is the *fang-i* (Figure 38), a rather common type in most museum collections.

FIGURE 31

Tou, from Tou Chi T'ai, Tuan Fang altar set, L. 8 in. The Metropolitan Museum of Art, Munsey Fund, 24.72.8

FIGURE 32

Tou, from Hou Chia Chuang, L. 5 in. Academia Sinica, Nankang. Courtesy of the Institute of History and Philology

FIGURE 33

Tou, from Hou Chia Chuang, L. 12⅝ in. Academia Sinica, Nankang. Courtesy of the Institute of History and Philology

FIGURE 34

Tou, from Hsiao T'un, M331, L. 9½ in. Academia Sinica, Nankang. Courtesy of the Institute of History and Philology

Ritual bronzes from the Tuan Fang altar set that could not be paired in HPKM1022 are more numerous. First, there is the huge *tsun* vase, nearly 35 cm. (13¾ in.) tall (Figure 37), one of the three giant bronzes on the altar table. It is to be observed that this type of *tsun* is absent not only in the HPKM1022 tomb; what is particularly worthy of attention is the fact that it was never found in any of the more than a thousand opened Anyang tombs investigated by archaeologists. Even among the broken bronze fragments, scattered in different parts of the tomb area as well as the dwelling site, there is no indication that this type of bronze vessel was ever discovered.

The word *tsun* in bronze inscriptions was usually used as a general term denoting ritual bronzes of many different varieties, and it is the Sung antiquarians who first confined this term's usage to a particular group of the Shang and Chou bronzes. Jung Kêng followed the Sung tradition and started giving this term an even more specific definition, limiting its usage to those bronzes similar to *ku* and *chih* in shape, but larger in size.[13] Within this category, he was able to assemble no less than sixty-three examples.[14] Typologically speaking, it is obvious that this term as defined by Jung Kêng is still generic in nature, judging from the illustrations given by him as examples. In another part of the same work,[15] Jung Kêng defines two other types of bronzes in terms of *tsun*, as follows:

tsun: round, columnlike body, with flaring mouth and foot

ku: similar to *tsun* in shape, but smaller

chih: similar to *tsun* but shorter

The *tsun* in the Tuan Fang set may be taken as a typical example, by Jung Kêng's definition. But Jung Kêng's compendium also includes a number of vessels with a wide, angular shoulder below the top section. His normal type of *tsun*, like the one in the Tuan Fang

13. Jung Kêng, *The Bronzes of Shang and Chou, Yenching Journal of Chinese Studies*, Monograph Series, no. 17 (Peiping, 1941) I, p. 391.

14. Jung Kêng, "Bronzes," II, pls. 493–556.

15. Jung Kêng, "Bronzes," I, p. 22.

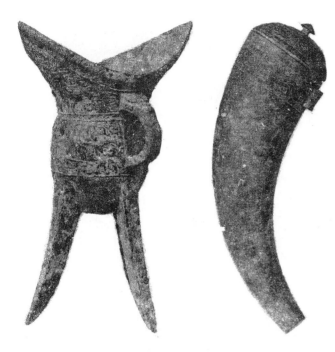

FIGURE 35
Chioh, from Tou Chi T'ai, Tuan Fang altar set, H. 5 in. The Metropolitan Museum of Art, Munsey Fund, 24.72.13

FIGURE 36
Horn-shaped *chioh*, from Hou Chia Chuang, HPKM1022, L. 11 ¼ in. Academia Sinica, Nankang. Courtesy of the Institute of History and Philology

FIGURE 37
Tsun, from Tou Chi T'ai, Tuan Fang altar set, H. 13¾ in. The Metropolitan Museum of Art, Munsey Fund, 24.72.4

FIGURE 38
Fang-i, from Hou Chia Chuang, HPKM1022, H. 10⅞ in. Academia Sinica, Nankang. Courtesy of the Institute of History and Philology

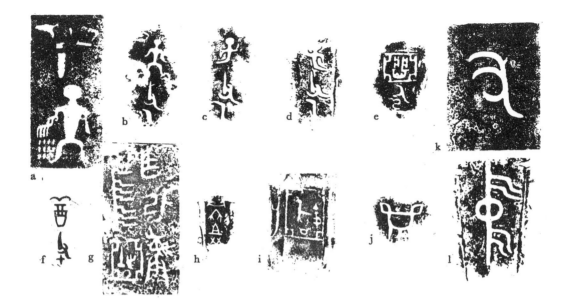

.FIGURE 39

Inscriptions from the bronzes of Tou Chi T'ai
(a–j) and Hou Chia Chuang (k, l)

    a. *Chia* (Figure 9)

    b. *Chih* (Figure 26)

    c, d. *Ho* (Figure 29)

    e. *Ku* (Figure 4)

    f. *Chih* (Figure 24)

    g. *Chih* (Figure 25)

    h. *Chioh* (Figure 35)

    i. *Chüeh* (Figure 6)

    j. *Yu* (Figure 12)

    k. *Fang-i* (Figure 38)

    l. *Chüeh* (Figure 8)

altar set, was never found in the Anyang excavation;
the shouldered type, however, appeared several times
in the Anyang tomb of the Shang-Yin period. It is
rather doubtful that these two varieties of Jung Kêng's
defined category can be traced to the same origin.

If we confine our attention to Jung Kêng's normal
type of *tsun*, that is, the expanded *ku* as shown in the
Tuan Fang group, no example could be cited from
Anyang by field archaeologists of the Academia Sinica.
But if the shouldered example of Jung Kêng's *tsun* is

used, scientific archaeology can give several examples
of *tsun* from the Anyang tombs of the Shang-Yin age.
Yet, historically speaking, neither the columnlike *tsun*
nor the shouldered type from Anyang could reflect the
original shape of the vessel by this name, the origin of
which may go back to neolithic pottery. If the primitive
pictorial representation of this article (Figure 39f) is
analyzed, the *tsun* in its original form apparently had a
rounded bottom. In later usage, the meaning of the
term *tsun* was gradually enlarged to cover a variety of
beaker-shaped bronzes that had something to do with
wine drinking.[16]

To continue our comparison of Anyang vessels with
the Tuan Fang set, the tripod *ho* pot (Figure 29) and
the long-handled *tou* ladle (Figure 31) included in the
Tuan Fang altar set, but absent in HPKM1022, might
be compared with counterparts in other Anyang
tombs (Figures 30, 32–34). The *ho* pot (R2072) from
the Anyang area, like the *chia* vessel from Anyang,
possesses three independent feet at the bottom. The *ho*

16. It is a constant source of confusion for students of Chinese
bronzes to assume an infallible identification of types of artifacts
and their names in current usage (that were created mainly by
Sung antiquarians). The group of bronzes named *tsun* may serve
as an example to illustrate this confusion.

from the Tuan Fang set, however, is footed like a *li*. There are other important differences between these two homologous articles: the *ho* of the Tuan Fang group has a spout near the rim and a handle to which the lid is chained, while the Anyang specimen possesses two loops on the body but does not have a handle, and has a very short spout, with the lip of its mouth falling much below the level of the rim of the pot.

Another type of tripod beaker, also classified as belonging to the wine-service set, is similar to the tripod *chüeh* beaker in every respect below the rim, but the mouth of the vessel is shaped quite differently (Figure 35). There is no upright or spout. It resembles an elongated boat with two tails pointing upward and arranged symmetrically. Antiquarians call this type of beaker *chioh* 角 , to differentiate it from the more regular type of wine beaker called *chüeh* 爵 .

In the second volume of Jung Kêng's compendium of the Shang and Chou bronzes, thirty-seven *chüeh* and *chioh* beakers are illustrated. A careful examination of these specimens shows at least four different varieties of the beaker-shaped drinking vessels cast in the bronze age. They are:

1. the regular type, with spout, tail, and uprights on the rim:
   a. without cover: twenty-two specimens
   b. with cover: one specimen
2. *chüeh* with two spouts having elongated rims, uprights, and a cover: two specimens
3. *chüeh* without uprights:
   a. with cover: two specimens
   b. without cover: one specimen
4. *chioh* with two taillike endings but no spout or uprights:
   a. with cover: four specimens
   b. without cover: five specimens

The thirty-nine *chüeh* beakers excavated from Anyang, like the one in the Tuan Fang altar set, belong to the standard type: Jung Kêng's type 1. The rim is composed of a spout and a tail, with one or two uprights on the rim. But in addition, the Tuan Fang set includes an example of type 4 (*chioh*) as listed in the above classification; it is without a cover. The decoration of the Tuan Fang *chioh* is executed in raised lines; at the top of the bow-shaped handle, there is an animal head. This bronze is without a counterpart from HPKM1022 or from any of the other Shang-Yin tombs excavated in the Anyang area. But, as already mentioned above, HPKM1022 possesses the unique, truly ox-horn-shaped bronze drinking vessel, to which antiquarians also have given the name *chioh* 角 . This vessel is a likeness of the projections from the bovine animal's frontal bone, i.e., his fighting organ, which in vernacular language is called a *chioh* 角 . Its imitation in bronze may be the earliest *chioh* type among the drinking vessels.

There are two other points to discuss in regard to the relationship between the bronzes of the Tuan Fang set and those found at Anyang, namely, the shape of the flanges and the inscriptions.

In "Studies of the Bronze Ku-beaker," the following concluding observations were made:

As the flanged specimens are found only in the E-area, [the eastern part of the Hou Chia Chuang cemetery site] there is no doubt some particular reason for this distinction. It may be due to its comparatively late development. . . . The flanges are not a feature peculiar to *ku* among the early bronzes, so their development on *ku* was perhaps partly inspired by flanges first developed on other types of bronze. . . . The history of ornament, insofar as the *ku* type is concerned . . . started a new era after the flange appeared.[17]

Hence, the development of flanges on *ku* came late among the Anyang bronzes of the Shang-Yin period; whatever its origin, the above conclusion seems to hold true as far as archaeological evidence goes. HPKM1022 is located in the E-area of Hou Chia Chuang; of the ten bronze ritual vessels found in this burial, no less than four (one *fang-i*, one *chüeh*, one *ku*, and one *chia*) have flanges. But when they are compared with the Tuan Fang bronzes, they certainly look somewhat underdeveloped. The three giant bronzes of the Tuan Fang altar set all possess excessively developed flanges with spikes dividing each of them into a number of sections. The same is true of the flanges of the *ku* and *chüeh*, which are also much more prominently developed than any of those of Hou Chia Chuang origin.

The exaggerated development of the flanges on the Tuan Fang vessels may be considered as a continuing evolutionary feature, whose origin may be traced to the Shang-Yin period. This statement is also partly based on the close typological similarities of the general

17. Li Chi and Wan Chia-pao. "Ku-beaker," pp. 127–128.

shapes among the homologous bronzes like the *ku*, the *chüeh*, the *yu*, and the *chih*.

I should like to comment on our present knowledge of the bronze inscriptions. It is a well-known theory, advanced by my esteemed friend Bernard Karlgren,[18] that there are three symbols inscribed on ancient Chinese bronzes that could be relied upon as a guide to define the Yin bronzes: they are what Karlgren called *Ya-hing*, *Si tsї sun*, and *Kü*. It is a rather curious fact that these symbols have been found in each instance only once on the inscribed bronzes in the excavated tombs of Anyang. It would certainly be remarkable if nearly all these "Yin" bronzes with the Karlgren symbols from the Anyang area should have been plundered before scientific digging started in 1928!

On the other hand, the bronzes of the Tuan Fang set from Tou Chi T'ai are almost all inscribed with some glyphic symbols. Three of the particular bronzes that carry such symbols are the *ku*, the *chüeh*, and one *chih*, all of which, however, typologically do not represent the standard type of testified Anyang finds of the Shang-Yin period. The other two symbols, namely *Si tsї sun* and *Kü*, were not found in either of the two groups of bronzes compared above.

GEOGRAPHICAL AND HISTORICAL FACTORS

Geographical and historical factors may have played an important role in the divergent evolution and type differentiations of early Chinese bronzes. Although a number of writers in the past did call attention to geographical factors, nobody seems to have realized that local divergences of the bronze types may have existed as early as the Shang-Yin period.[19]

During the time when the bronze industry was highly developed in the Anyang area, there was a parallel development in the Sian Fu area, in the northwest, where the capital of the Chou state was located. While there might have been a great deal of trade and inter-change of cultural objects between these two areas,

there must also have been local products peculiar to each region. What I am particularly concerned with is the development of the bronze industry. We know that certain types of artifacts were made only in a certain locality. Such local specializations have been found to occur in the case of pottery and stone tools. It should not be surprising if this was also true of the bronze industry.

Two examples of this are the *chia* and the *ho* pot. In these cases, although functionally they are analogous, the structural differences between the Tuan Fang and the Anyang examples are more than apparent. This point needs some careful consideration. We may begin with the *chia* vessel first. It has been pointed out already that all the Anyang specimens of *chia* of the Shang-Yin period from excavations possess *ting*-type feet, but that the *chia* from the altar set, on the other hand, has the feet of a *li*. Similarly the *ho* pot possesses a *li*-type foot in the Tuan Fang specimen, but a *ting*-type foot in the Anyang specimen. These two cases show that there

Sketch map showing the locations of three *hsien* (districts): Anyang, Paochi, and Yuanchü

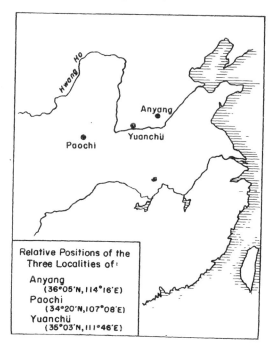

Relative Positions of the Three Localities of:

Anyang
(36°05'N, 114°16'E)
Paochi
(34°20'N, 107°08'E)
Yuanchü
(35°03'N, 111°46'E)

18. Bernard Karlgren, "Yin and Chou in Chinese Bronzes," *Bulletin of The Museum of Far Eastern Antiquities* 8 (Stockholm, 1936) p. 21.

19. Recent researches have brought forth the information that there existed earlier Shang bronzes, which were more primitive than the finds in the Anyang area and were produced in western Honan, near the modern city of Lo Yang.

might be local distinctions that should be independently analyzed in order to avoid chronological confusions.

There are, of course, other instances of such parochial differences of style; for example, the absence of the *fang-i* and horn-shaped vessel in the altar set, and the unique altar table and the so-called *tsun* in the Tuan Fang group, for which we find no parallels in the Anyang excavations.

The fact that the Tuan Fang set has vessels dating from Shang and Chou should not startle us in view of the fact that Shang and Chou coexisted for many generations—a historical fact now fully confirmed by modern archaeological investigations. Just as there existed a predynastic Yin culture in the Anyang area, similarly there was a long period of predynastic Chou culture, part of which was contemporaneous with the dynastic Shang-Yin era. It is historically known that Chou was a vassal state in the service of the Yin court and the royal house of the Yin intermarried with the feudal lords of the Chou. Recent excavations along the Wei River valley also proved the existence of a long predynastic culture dating back to the neolithic period before the Chou developed into a power strong enough to overthrow the ruling dynasty.

In the consideration of such ritual vessels as those in the Tuan Fang set, the source of supply of the metals used in casting is a matter of some interest. This question has been recently investigated by both geologists and students of history. It has been determined that while tin was found in ingot shape in Anyang, indicating it was probably imported from a long distance, copper ore was definitely smelted *in situ*, as testified by its remains in many lumps and fragments of malachite. Consequently, in our opinion, the source of these minerals containing copper must be located not too far from Anyang.[20]

Geologists can testify to the existence of a number of copper mines within a distance of 300 km. from Anyang.[21] Those located in southern Shansi are of special interest in the present discussion. The six mines of

20. Motonosuke Amano, "Mining and Agriculture in the Yin Dynasty," *Journal of Oriental Studies (Toho Gakuho)* 23 (Kyoto, 1953) pp. 231–258.

21. Shih Chang-ju, "Bronze Casting in the Shang Dynasty," *Bulletin of the Institute of History and Philology* 26 (Academia Sinica, 1955) pp. 95–139.

Yüan Chü district, on the northern bank of the Yellow River in southern Shansi province, occupy a position almost halfway between Anyang and the Wei River valley. If the Shang-Yin industrialists could make use of the copper ore from Yüan Chü, the Chou people of Shensi could also have transported these ores to the Wei River valley. I have mentioned the Yüan Chü copper deposit in particular because it is one of the best known in northern China and is still being mined. The Northern Sung dynasty had one of its official mints located in this district.

CONCLUSIONS

We now can make an attempt to answer the queries that led to this discussion. Let me take them up according to the order in which they were made.

The question about the composition of the Tuan Fang altar set implied in the beginning of this article may be summed up as follows: Is this set now as it was found in the original burial? My answer is: It is possible. In the past, different dates have been given to different items. The *chioh* was labeled as Early Shang, the *ku* and *chih* as Shang, the *tsun, ho, chia,* and *yu* as Early Chou. As the entire group presumably was buried in an Early Chou tomb, it is not surprising to find a few articles older than Chou included in the sacrificial offerings. This was really an old practice, encountered repeatedly in tombs of the Shang-Yin dynasty.

I agree, therefore, in general with the idea that the individual articles in the Tuan Fang altar set were cast in different periods. However, the various dates originally assigned by the Metropolitan Museum may be given a reappraisal in the light of present knowledge. In view of the recent discoveries near Chêng-chou and Lo Yang, the term "Early Shang" now bears a quite different meaning. The *chioh* of the Tuan Fang altar set could hardly be that early, if it were Shang at all. But the dwarfed *tsun* (Figure 26) (called *tsun* by Umehara, and reclassified here as *chih*), which has been dated as Early Chou, might be a local product of the Shang-Yin period, from Shensi province. It is not necessary for me to repeat what has already been said in the individual comparisons. If we bear in mind that local styles already existed as early as the time of predynastic Chou in Shensi, we might avoid errors originating from periodization on the basis of a single criterion—whether the criterion be stratigraphical, ornamental, structural, or epigraphical. I have pointed out on other occasions that there are six different aspects of ancient Chinese bronze studies,[22] which, while closely related to one another, should nevertheless be pursued individually and independently in the detailed analyses. These six aspects are: casting method, shapes, ornaments, inscriptions, nomenclature, and functions. Analyses of the first four may be based on direct observations of the actual artifacts. The last two groups of data are mainly documentary in nature; they concern both the historical records and the meaning of early script and language.

The precedent for the Tuan Fang altar set is found in the set HPKM1022, whose ritual bronzes, although slightly different in composition from the Tuan Fang group, were also all designed for the wine service.

In the classic *Shoo King, or The Book of Historical Documents*, there is a chapter "The Announcement About Drunkenness," considered to be an authentic Early Chou document, in which the founder of the Chou dynasty cautioned "the princes of the various states, all the high officers, with their assistants and the managers of affairs"[23] about the ruinous consequences of indulgence in the use of spirits. But throughout this announcement, which incidentally reads very much like a preamble to the Eighteenth Amendment to the American Constitution, one exception is always made: that is, their use in "the great sacrifice." It is evidently the belief of the time that the offering of intoxicating liquids was to be limited to the dedication to Ieaven and the worship of the dead, and wine consumption should be limited exclusively to those occasions. If any living people should be tempted to this habit, they are doomed.

It is important to bear in mind that in Early Chou it was the belief of the founder of the dynasty that:

When Heaven has sent down its terrors and our people have . . . lost their virtue, this might also be invariably traced to their indulgence in spirits, yea, the ruin of states, small and great, by these terrors, may be also traced invariably to their crime in the use of spirits.[24]

Thus, according to the State Announcement, "Spirits were used only in the great sacrifices"[25] in the beginning of the new dynasty.

But in the preceding Shang-Yin period, especially when the last ruler, King Chou, was in power, he built a subterranean tank to store wines in order to indulge to the utmost in the delight of a drinking spree. The royal addiction to wine drinking naturally encouraged general lay consumption, especially among the privileged and the rich.

I believe it is for these reasons that the luxurious wine set cast in bronze in the Shang-Yin period, as represented by the HPKM1022 group, shows so much grace, delicacy, and superb taste, in beautifully preserved examples such as the *ku* beaker, the *chüeh* cups, the *chih* goblets, and above all the *yu* flask. In contrast to this group, most of the individual articles of the Tuan Fang altar set from Tou Chi T'ai look not only unworldly but almost otherworldly in appearance; the spiky flanges and the powerful shapes of most bronzes from this set give one an awesome impression. They were perhaps loftier in conception and more sacred in purpose. But they were hardly fitting for the daily use of living people, even in the remote Chou period; they are certainly less human in taste. Their awesomeness, however, must have suited the occasions when "the great sacrifices" were to be performed!

ADDITIONAL BIBLIOGRAPHY

Huang Chün, *Yeh-chung p'ien-yü*, nos. 1–3 (Peiping, 1935, 1937, 1942).

Institute of Archaeology, Academia Sinica, *Cheng-chou Erh-li-kang* (Peiping, 1959); *Lo-yang Chung-chou-lu* (Peiping, 1959); *Archaeology in New China* (Peiping, 1962); *Excavations at Fêng Hsi* (Peiping, 1962).

Shensi Provincial Museum, *Ch'ing T'ung Ch'i T'u Shih* (Peiping, 1960).

22. Li Chi, "How to Study Chinese Bronzes," *The National Palace Museum Quarterly* 1 (1966).

23. James Legge, trans., *The Shoo King, or The Book of Historical Documents*, The Chinese Classics, III (Shanghai, 1935) p. 399.

24. Legge, *Shoo King*, p. 401.

25. Legge, *Shoo King*, pp. 399–401.

Reprinted from Metropolitan Museum Journal, Vol. 3, 1970

李濟考古學論文集（上、下）

1977年7月初版　　　　　　　　　　定價：新臺幣5000元（上、下不分售）
2020年10月二版
有著作權・翻印必究
Printed in Taiwan.

著　　者　李　　　濟
封面設計　李　東　記

出　版　者　聯經出版事業股份有限公司　　　副總編輯　陳　逸　華
地　　　址　新北市汐止區大同路一段369號1樓　總編輯　涂　豐　恩
叢書編輯電話　(02)86925588轉5311　　　總經理　陳　芝　宇
台北聯經書房　台北市新生南路三段94號　　社　長　羅　國　俊
電　　　話　(02)23620308　　　　發行人　林　載　爵
台中分公司　台中市北區崇德路一段198號
暨門市電話　(04)22312023
台中電子信箱　e-mail：linking2@ms42.hinet.net
郵政劃撥帳戶第0100559-3號
郵撥電話　(02)23620308
印　刷　者　世和印製企業有限公司
總　經　銷　聯合發行股份有限公司
發　行　所　新北市新店區寶橋路235巷6弄6號2樓
電　　　話　(02)29178022

行政院新聞局出版事業登記證局版臺業字第0130號

本書如有缺頁，破損，倒裝請寄回台北聯經書房更換。　ISBN　978-957-08-5568-5（精裝）
聯經網址：www.linkingbooks.com.tw
電子信箱：linking@udngroup.com

國家圖書館出版品預行編目資料

李濟考古學論文集（上、下）/李濟著 . 二版 .
新北市 . 聯經 . 2020年10月 . 1040面＋16面拉頁 .
19×25.5公分
ISBN　978-957-08-5568-5（一套：精裝）

1.考古學　2.文集

790.7　　　　　　　　　　　　　　　109009273